قضاء الخلفاء الراشدين

وصاياهم للعمال، أقضيتهم وأحكامهم، القُضاة في عصرهم

الدكتورة سهى بعيون

دار الكتب العلمية
Dar Al-Kotob Al-ilmiyah
DKi
أسسها محمد علي بيضون سنة 1971 بيروت - لبنان
Est. by Mohammad Ali Baydoun 1971 Beirut - Lebanon
Etablie par Mohamad Ali Baydoun 1971 Beyrouth - Liban

الكتاب : قضاء الخلفاء الراشدين
وصاياهم للعمال
أقضيتهم وأحكام
القضاة في عصرهم

التصنيف : تاريخ

المؤلف : الدكتورة سهى بعيون

الناشر : دار الكتب العلمية - بيروت

عدد الصفحات : 320

قياس الصفحات : 17*24

سنة الطباعة : 2010

بلد الطباعة : لبنان

الطبعة : الأولى

الآراء والإجتهادات الواردة في هذا الكتاب
تعبر عن رأي المؤلف وحده
ولا تلزم الناشر بأي حال من الأحوال

Title : The judiciary
of The Orthodox Caliphs
(Their commandments to Their employers,
Their judgements and rules
and judjes at Their age)

Classification : History

Author : Dr. Suhā Baᶜyūn

Publisher : Dar Al-kotob Al-Ilmiyah

Pages : 320

Size : 17*24

Year : 2010

Printed : Lebanon

Edition : 1st

ISBN 978-2-7451-6852-8
ISBN 2-7451-6852-5
9782745168528
90000

بِسْمِ اللَّهِ الرَّحْمَنِ الرَّحِيمِ

المقدمة

الحمد لله ربّ العالمين والصلاة والسلام على سيد المرسلين، وعلى آله وصحبه أجمعين.

أما بعد، فإنّ العدل هو أحد قواعد الدنيا التي لا انتظام لها إلاّ به، ولا صلاح فيها إلاّ معه، وهو الداعي إلى الألفة، والباعث على الطاعة، وبه تتعمر البلاد، وبه تنمو الأموال، وليس شيء أسرع في خراب الأرض، ولا أفسد لضمائر الخلق من الجور، لأنه ليس يقف عند حدّ، ولا ينتهي إلى غاية. والعدل من أوّل الصفات التي يجب أن تتوفّر في الحاكم. وقد ورد في القرآن الكريم: ﴿ وَإِذَا حَكَمْتُمْ بَيْنَ النَّاسِ أَنْ تَحْكُمُوا بِالْعَدْلِ ﴾[٢].

وأشيرَ إلى لزومه ولزوم العدالة في مواضع عديدة أخرى. وكذلك كان شأن الجاهليين في لزوم توفّر العدل عند الحكّام حتى يصلحوا للحكم، وفي مراعاة العدالة عند إصدار الأحكام.

والغاية من وضع الأحكام وأمر المجتمع بتطبيق ما جاء فيها، هي ضبط ذلك المجتمع ومنع أفراده من تجاوز بعضهم لحقوق بعض آخر، وسلبهم ما يملكون، وذلك لإشاعة العدل، ورفع الاعتداء الذي هو الظلم وهو نقيض العدل. فمن أجل تحقيق العدالة سنّت الشرائع والأحكام، والعدالة هي المساواة وعدم الانحياز.

فلقد كان القضاء، وما زال، أمراً عظيماً في كل المجتمعات البدوية أو المتحضرة، منذ فجر التاريخ، وسيبقى كذلك إلى أنْ يرث الله الأرض ومن عليها. فهو آخر ملجأ يأوي إليه المظلوم الذي هُضِمَ حقّه ليُعاد إليه، وهو الوازع الذي جعلته الشرائع السماوية والقوانين الأرضية، سلطاناً يحفظ الحقوق والأموال والدماء

---

(٢) سورة: النساء، آية: ٥٨.

والأعراض من الهدر والضياع. ولهذه الاعتبارات كان شعار القضاء هذا الميزان، الذي يزن بالعدل والقسط، فيعيد التوازن، حين اختلاله إلى نصابه الشرعي.

وقد جاء الإسلام لينظم شؤون المجتمع الإسلامي في كل نواحيه. وكان القضاء من أهمها، ومن أوائلها. فكانت آيات الكتاب الكريم، ونصوص السُّنة الشريفة، مناراً لكل باحث في موضوع ((القضاء)).

فإن القضاء في الإسلام يمثل صورة مشرقة في التاريخ الإسلامي، ويتبوأ مركزاً مهماً في الشريعة الغراء، ويحتل ركناً أساسياً في الفقه الإسلامي، وتتمثل فيه الصورة الحقيقية للتطبيق الصحيح لأحكام الله تعالى.

إنّ الشريعة الإسلامية أمرتْ بالحكم بين الناس بالعدل. وقد أحدثت للوصول إلى هذه الغاية تنظيماً للقضاء، يتقيّد به الحاكم والمتقاضون على السواء، وهذا التنظيم الشامل لم يكن معهوداً من قبل.

فقد بدأ القضاء الإسلامي بظهور الإسلام، ونمى وترعرع طوال العهد الراشدي، وأثمر ونضج وحقق الغاية المرجوّة منه في العهد الأموي والعهد العباسي.

إنّ القضاء في العهد الراشدي يمثل البناء الكامل والتنظيم الشامل، ويعطي الصورة البرّاقة للقضاء الإسلامي، ويعتبر مثلاً وقدوة طوال العهود التالية.

عنوان البحث: «**قضاء الخلفاء الراشدين**»، تناولت في هذه الدراسة القضاء في عهد الخلفاء الراشدين، النظم القضائية وإجراءات التقاضي في عهد الخلفاء الراشدين، وذكرتُ بعض أقضيتهم رضي الله عنهم، والقضاة في عصرهم، كما ذكرتُ بعض الأقضية التي قضوا بِها.

من كتب السنن التي رجعتُ إليها والتي تتحدّث عن تعيين القضاة في العهد الراشدي: سنن أبي داود، مسند أحمد، سنن الترمذي، المستدرك على الصحيحين في الحديث للحاكم، وسنن الدارقطني.

ومن المصادر المهمة: أخبار القضاة لوكيع، صبح الأعشى للقلقشندي، كتاب أدب القاضي للماوردي، الولاة والقضاة للكندي، أعلام الموقعين عن رب العالمين لابن قيّم الجوزيّة، وغير ذلك.

وأشرتُ إلى كتب التراجم منها: سير أعلام النبلاء للذهبي، والاستيعاب لابن عبد البر، والإصابة في تمييز الصحابة لابن حجر العسقلاني، والطبقات الكبرى لابن سعد.

أمّا **الخطة التي اتبعتها في هذا البحث**، فقد قسّمْته إلى ثمانية فصول وخاتمة، كما يلي:

الفصل الأول: مفهوم القضاء في الإسلام

الفصل الثاني: التنظيم القضائي الإداري

الفصل الثالث: التنظيم الموضوعي للقضاء

الفصل الرابع: إجراءات التقاضي

الفصل الخامس: القضاء في عهد أبي بكر الصديق رضي الله عنه

الفصل السادس: القضاء في عهد عمر بن الخطاب رضي الله عنه

الفصل السابع: القضاء في عهد عثمان بن عفّان رضي الله عنه

الفصل الثامن: القضاء في عهد علي بن أبي طالب رضي الله عنه

الخاتمة والاستنتاجات: وتشمل خلاصة البحث.

وقسمت كل فصل إلى مباحث وفقرات رئيسية وعناوين جانبية. واعتمدت على كتب السنن، والمصادر الأصيلة في التاريخ الإسلامي، والمصادر الأصيلة في القضاء في الإسلام، وتاريخ القضاء، وأدب القضاء، والتراجم، والمعاجم، كما استفدت من الدراسات الحديثة حول هذا الموضوع.

الفصل الأول
مفهوم القضاء في الإسلام

١ - تعريف القضاء

٢ - طلب القضاء والترغيب في القيام فيه بالعدل وبيان محل التحذير منه

٣ - أجر المجتهد

٤ - آراء العلماء في القضاء وتولية القضاة

٥ - صفات القاضي

٦ - أهمية القضاء في العهد الراشدي

١ - تعريف القضاء

في اللغة:

في لسان العرب:

((القضاء: الحُكْم، والجمع الأقْضِية. والقضيةُ مثله، والجمع القَضايا.

وقضى عليه يَقْضي قضاء وقضيّةً، والاسم: القَضِيَّة.

واسْتُقْضِيَ فلان: أي جُعِل قاضِياً يحكم بين الناس.

وقَضَّى الأميرُ قاضِياً: كما تقولُ أمَّرَ أميراً. وتقول: قَضى بينهم قضيَّة وقضايا. والقضايا: الأحكام، واحدتُها قضيّة.

يقال: قَضى يَقْضي قضاءً، فهو قاضٍ، إذا حَكَم وفَصَل.

وقضاء الشيء: إحْكامُه، وإمْضاؤه، والفراغ منه، فيكون بمعنى الخَلْق.

وقال الزُّهري: القضاء في اللغة على وجوه، مرجعها إلى انقطاع الشيء وتمامه. وكلُّ ما أُحْكِمَ عمله أو أُتِمَّ أو خُتِمَ أو أُدِّيَ أداءً، أو أُوجِبَ، أو أُعْلِمَ، أو أُنْفِذَ، أو أُمْضَيَ، فقد قُضِيَ. قال: وجاءت هذه الوجوه كلّها في الحديث.

وقضى القاضي بين الخصوم: أي قطع بينهم في الحكم.

ورجل قَضِيٌّ: سريع القضاء))[٣].

وقال الزبيدي في تاج العروس:

((القضاء: الفصل في الحكم، ومنه قوله تعالى: ﴿ وَلَوْلَا كَلِمَةٌ سَبَقَتْ مِن رَّبِّكَ إِلَىٰ أَجَلٍ مُّسَمًّى لَّقُضِيَ بَيْنَهُمْ ﴾[٤] أي لفصل الحكم بينهم. ومنه قضى القاضي بين الخصوم أي قطع بينهم في الحكم.

وقضى عليه عهداً: أوصاه وأنفذه. ومعناه الوصيّة. وبه يفسّر قوله تعالى:

﴿ وَقَضَيْنَا إِلَىٰ بَنِي إِسْرَائِيلَ فِي الْكِتَابِ ﴾[٥] أي عهدنا.

وفي قضاء الحكومة الذي هو إحكامها وإمضاؤها.

القاضي: هو القاطع للأمور المحكم لها، والجمع قضاة. وجمع القضاء أقضية،

---

(٣) ابن منظور، لسان العرب، ج١٥، ص١٨٦-١٨٧-١٨٨.

(٤) سورة: الشورى، آية: ١٤.

(٥) سورة: الإسراء، آية: ٤.

وجمع القضية قضايا.

والمقاضاة مفاعلة من القضاء بمعنى الفصل والحكم. وقاضاه: رافعه إلى القاضي))(٦).

قال النُّبَاهي المالقي(٧) في كتابه تاريخ قضاة الأندلس: ((لفظ القضاء يأتي في اللغة على أنحاء مَرْجعها إلى انقطاع الشيء وتمامه.

يُقالُ: ((قضى الحاكم)) إذا فصل في الحكم؛ ((وقضى دَيْنه)) أي قطع ما لغريمه قبَله بالأداء؛ و((قضيتَ الشيء)) أحكَمتَ عمله؛ ومنه قوله تعالى: (إِذَا قَضَى أَمْرًا) (٨) أي أحكمه وأنفذه))(٩).

التعريف الشرعي:

أمّا القضاء في العرف الشرعي فهو الفصل بين الناس في الخصومات حسماً للتداعي وقطعاً للنزاع بالأحكام الشرعية المتلقاة من الكتاب والسُّنة وهو من أعمال الرسل عليهم السلام، يدلّ على ذلك قوله تعالى: (وَدَاوُودَ وَسُلَيْمَانَ إِذْ يَحْكُمَانِ فِي الْحَرْثِ إِذْ نَفَشَتْ فِيهِ غَنَمُ الْقَوْمِ وَكُنَّا لِحُكْمِهِمْ شَاهِدِينَ (٧٨) فَفَهَّمْنَاهَا سُلَيْمَانَ وَكُلًّا آتَيْنَا حُكْمًا وَعِلْمًا) (١٠)، وقال تعالى: (يَا دَاوُودُ إِنَّا جَعَلْنَاكَ خَلِيفَةً فِي الْأَرْضِ فَاحْكُمْ بَيْنَ النَّاسِ بِالْحَقِّ وَلَا تَتَّبِعِ الْهَوَى فَيُضِلَّكَ عَنْ سَبِيلِ اللَّهِ إِنَّ الَّذِينَ يَضِلُّونَ عَنْ سَبِيلِ اللَّهِ لَهُمْ عَذَابٌ شَدِيدٌ بِمَا نَسُوا يَوْمَ الْحِسَابِ (٢٦)) (١١) (١٢).

---

(٦) الزبيدي، تاج العروس، ج ١٠، ص ٢٩٦-٢٩٧.

(٧) هو علي بن عبد الله بن محمد بن الحسن الجذامي المالقي النباهي، أبو الحسن، المعروف بابن الحسن. قاضي، من الأدباء المؤرخين. ولد بمالقة سنة ٧١٣ هـ ١٣١٣م، ورحل إلى غرناطة، ثم ولي خطة القضاء بها. وأرسل مرتين في سفارة سياسية من غرناطة إلى فاس (سنة ٧٦٧ و٧٨٨ هـ). توفي بعد سنة ٧٩٢ هـ بعد سنة ١٣٩٠ م. ولابن الحسن كتب مفيدة منها ((المرقبة العليا فيمن يستحق القضاء والفتيا)) سماه ناشره ((تاريخ قضاة الأندلس)) و((نزهة البصائر والأبصار)). الزركلي، الأعلام، ج ٤، ص ٣٠٦.

(٨) سورة: مريم، آية: ٣٥.

(٩) النباهي، تاريخ قضاة الأندلس، ص ٢.

(١٠) سورة: الأنبياء، آية: ٧٨-٧٩.

(١١) سورة: ص، آية: ٢٦.

(١٢) ابن عرنوس، تاريخ القضاء في الإسلام، ص١٠.

قال القلقشندي[١٣]: ((القاضي: هو عبارة عمن يتولى فصل الأمور بين المتداعيَيْن في الأحكام الشرعية. وهي وظيفة قديمة كانت في زمن النبي صلى الله عليه وسلم.

فقد ذكر القُضاعي أنّه صلى الله عليه وسلم ولّى القضاء باليمن عليّ بن أبي طالب ومُعاذ بن جبل وأبا موسى الأشعري؛ وأنّ أبا بكر رضي الله عنه ولّى القضاء عمر بن الخطاب رضي الله عنه.

ثم هو مشتقٌّ من القضاء؛ واختُلِف في معناه فقال أبو عبيد: هو إحكام الشيء والفراغ منه، ومنه قوله تعالى: (وَقَضَيْنَا إِلَى بَنِي إِسْرَائِيلَ فِي الْكِتَابِ) [١٤] أي أخبرناهم بذلك وفرغنا لهم منه.

قال أبو جعفر النحاس: وسُمِّي القاضي قاضياً لأنه يُقال قضى بين الخصمين إذا فصل بينهما وفرغ، وقيلَ معناه القطعُ، يُقال قضى الشيء إذا قطعه، ومنه قوله تعالى:(فَاقْضِ مَا أَنْتَ قَاضٍ) [١٥]. وسمي القاضي بذلك لأنه يقطع الخصومة بين الخصمين بالحُكم))[١٦].

قال ابن فرحون[١٧]: ((قضى القاضي، أي: ألزم الحق أهله. والدليل على ذلك قوله تعالى: (فَلَمَّا قَضَيْنَا عَلَيْهِ الْمَوْتَ) [١٨] أي ألزمناه وحكمنا به عليه.

(١٣) هو أحمد بن علي بن أحمد الفزاريّ القلقشندي ثم القاهري: المؤرخ الأديب البحاثة. ولد في قلقشندة (من قرى القليوبية، بقرب القاهرة، سمّاها ياقوت قرقشندة) سنة ٧٥٦ هـ ١٣٥٥م، ونشأ وناب في الحكم وتوفي في القاهرة سنة ٨٢١ هـ ١٤١٨م. وهو من دار علم، وفي أبنائه وأجداده علماء أجلاء. أفضل تصانيفه ((صبح الأعشى في قوانين الإنشا)) ومن تصانيفه ((نهاية الأرب في معرفة أنساب العرب)). الزركلي، الأعلام، ج ١، ص ١٧٧.

(١٤) سورة: الإسراء، آية: ٤.

(١٥) سورة: طه، آية: ٧٢.

(١٦) القلقشندي، صبح الأعشى، ج٥، ص٤٥١.

(١٧) هو إبراهيم بن علي بن محمد، ابن فرحون، برهان الدين اليعمري، عالم بحّاث، ولد ونشأ ومات في المدينة. وهو مغربي الأصل، نسبته إلى يعمر بن مالك، من عدنان. رحل إلى مصر والقدس والشام سنة ٧٩٢ هـ وتولى القضاء بالمدينة سنة ٧٩٣ هـ، ثم أصيب بالفالج في شقّه الأيسر، فمات بعلّته عن نحو ٧٠ عاماً سنة ٧٩٩ هـ ١٣٩٧م. وهو من شيوخ المالكية، من مؤلفاته ((تبصرة الحكّام في أصول الأقضية ومناهج الأحكام)) و((طبقات علماء الغرب)). الزركلي، الأعلام، ج ١، ص ٥٢.

(١٨) سورة: سبأ، آية ١٤.

وقوله تعالى: (فَاقْضِ مَا أَنتَ قَاضٍ) [١٩] أي ألزم بما شئت واصنع ما بدا لك)) [٢٠].

وقال ابن فرحون: ((وأمّا حكمه: فهو فرض كفاية، ولا خلاف بين الأئمّة أنّ القيام بالقضاء واجب ولا يتعيّن على أحدٍ إلاّ أن لا يوجد منه عوض.

وأمّا حكمته: فرفْعُ التهارج [٢١]، وردّ التواثب، وقمع الظالم، ونصر المظلوم، وقطع الخصومات، والأمر بالمعروف والنهي عن المنكر)) [٢٢].

في القرآن الكريم:

ورد لفظا: الحكم والقضاء، ومشتقاتهما، في الكتاب العزيز، في مواضع مختلفة، وبمعان متعددة.

وإنّ مواضع التشريع والأمر والنهي، إنّما وردت في مادة ((حكم))، ومشتقاتها، ولم ترِد في مادة ((قضى)) ومشتقاتها، إلاّ في آية واحدة في قوله تعالى: (فَلَا وَرَبِّكَ لَا يُؤْمِنُونَ حَتَّى يُحَكِّمُوكَ فِيمَا شَجَرَ بَيْنَهُمْ ثُمَّ لَا يَجِدُوا فِي أَنفُسِهِمْ حَرَجًا مِّمَّا قَضَيْتَ) [٢٣]، وهي موجّهة إلى الرسول صلى الله عليه وسلم، ووضعتْ قاعدة أصلية في تنظيم القضاء، هي إلزام المتقاضيين بحكم القاضي.

غير أنّه لا بدّ من الإشارة إلى أنّ الله تعالى قد وصف نفسه بما هو أهل في صدد القضاء فقال: (وَاللَّهُ يَقْضِي بِالْحَقِّ) [٢٤].

وقال تعالى: (وَلِكُلِّ أُمَّةٍ رَسُولٌ فَإِذَا جَاءَ رَسُولُهُمْ قُضِيَ بَيْنَهُم بِالْقِسْطِ وَهُمْ لَا يُظْلَمُونَ (٤٧) وَيَقُولُونَ) [٢٥]. وأمثال ذلك.

أمّا لفظ ((حكم)) ومشتقاته، فقد جاء فيه الأمر بالعدل والحقّ، في مواضع كثيرة.

---

(١٩) سورة: طه، آية: ٧٢.
(٢٠) ابن فرحون، تبصرة الحكّام، ج ١، ص ٩.
(٢١) الهَرْجُ: الاختلاط. والهَرْجُ: الفتنة في آخر الزمان. والهَرْجُ: شدّة القتل وكثرته. ابن منظور، لسان العرب، ج٢، ص٣٨٩.
(٢٢) ابن فرحون، تبصرة الحكّام، ج١، ص٩-١٠.
(٢٣) سورة: النساء، آية:٦٥.
(٢٤) سورة: غافر، آية: ٢٠.
(٢٥) سورة: يونس، آية: ٤٧.

منها قوله تعالى: (دَاوُودُ إِنَّا جَعَلْنَاكَ خَلِيفَةً فِي الْأَرْضِ فَاحْكُمْ بَيْنَ النَّاسِ بِالْحَقِّ وَلَا تَتَّبِعِ الْهَوَى فَيُضِلَّكَ عَنْ سَبِيلِ اللَّهِ إِنَّ الَّذِينَ يَضِلُّونَ عَنْ سَبِيلِ اللَّهِ) [٢٦].

قال وكيع[٢٧]: ((فاستخلفه في أرضه لإقامة حكمه، واتباع سبيله، وحذّره اتباع الهوى، والضلالة عن القصد))[٢٨].

قال الماوردي[٢٩] في المراد بقوله (وَلَا تَتَّبِعِ الْهَوَى) :

((وفي قوله: (وَلَا تَتَّبِعِ الْهَوَى) وجهان:

أحدهما - الميل مع من تَهواه.

والثاني - أن تحكم بِما تَهواه))[٣٠].

ومنها ما وُجِّهَ إلى الرسول صلى الله عليه وسلم، كقوله تعالى: (إِنَّا أَنْزَلْنَا إِلَيْكَ الْكِتَابَ بِالْحَقِّ لِتَحْكُمَ بَيْنَ النَّاسِ بِمَا أَرَاكَ اللَّهُ وَلَا تَكُنْ لِلْخَائِنِينَ خَصِيمًا (١٠٥))[٣١].

ومِمّا وجّه إلى رسول الله صلى الله عليه وسلم قوله تعالى: (وَأَنْزَلْنَا إِلَيْكَ الْكِتَابَ بِالْحَقِّ مُصَدِّقًا لِمَا بَيْنَ يَدَيْهِ مِنَ الْكِتَابِ وَمُهَيْمِنًا عَلَيْهِ فَاحْكُمْ بَيْنَهُمْ بِمَا أَنْزَلَ

---

(٢٦) سورة: ص، آية: ٢٦.

(٢٧) هو محمد بن خلف بن حيان بن صدقة الضبي، أبو بكر، الملقب بوكيع: قاض، باحث، عالم بالتاريخ والبلدان. ولي القضاء بالأهواز، وتوفي ببغداد سنة ٣٠٦ هـ، ٩١٨م. له مصنفات، منها ((أخبار القضاة وتواريخهم))، يعرف بطبقات القضاة؛ و((الطريق)) و((الرمي والنضال)) و((والمكاييل والموازين)). الزركلي، الأعلام، ج ٦، ص ١١٤-١١٥.

(٢٨) وكيع، أخبار القضاة، ج١، ص ١.

(٢٩) هو علي بن محمد بن حبيب، أبو الحسن الماوردي. أقضى قضاة عصره. من العلماء الباحثين، أصحاب التصانيف الكثيرة النافعة. ولد في البصرة سنة ٣٤٦ هـ ٩٧٤م، وانتقل إلى بغداد. وولي القضاء في بلدان كثيرة، ثم جُعل ((أقضى القضاة)) في أيام القائم بأمر الله العباسي. وكان يميل إلى مذهب الاعتزال، وله المكانة الرفيعة عند الخلفاء، وربما توسط بينهم وبين الملوك وكبار الأمراء في ما يصلح به خللاً أو يزيل خلافاً. نسبته إلى بيع ماء الورد، ووفاته ببغداد سنة ٤٥٠ هـ ١٠٥٨م. من كتبه ((أدب الدنيا والدين)) و((الأحكام السلطانية)) و((تسهيل النظر)) في سياسة الحكومات، و((أعلام النبوة)) و((قانون الوزارة)) و((سياسة الملك)) وغير ذلك. الزركلي، الأعلام، ج ٤، ص ٣٢٧.

(٣٠) الماوردي، أدب القاضي، ج١، ص١٦-١٧-١٨-١٩.

(٣١) سورة: النساء، آية: ١٠٥.

اللَّهُ وَلَا تَتَّبِعْ أَهْوَاءَهُمْ عَمَّا جَاءَكَ مِنَ الْحَقِّ)[٣٢].

ومن الآيات ما وُجِّه إلى الناس كافة، كقوله تعالى: (إِنَّ اللَّهَ يَأْمُرُكُمْ أَنْ تُؤَدُّوا الْأَمَانَاتِ إِلَى أَهْلِهَا وَإِذَا حَكَمْتُمْ بَيْنَ النَّاسِ أَنْ تَحْكُمُوا بِالْعَدْلِ)[٣٣].

قال الماوردي في تفسير الحكم والعدل في قوله تعالى في وصف داود وسليمان: (وَكُلًّا آتَيْنَا حُكْمًا وَعِلْمًا) [٣٤]:

((وفي المراد بالحكم والعلم وجهان:

أحدهما - أنّ الحكم: الاجتهاد. والعلم النص.

والثاني - أنّ الحكم: القضاء. والعلم: الفتيا.

قال الحسن البصري: ((لولا هذه الآية، لرأيتَ الحُكّام قد هلكوا. لكن الله تعالى عذر هذا باجتهاده، وأثنى على هذا بصوابه))[٣٥].

إنّ القضاء في الجاهلية كان عرفياً، وكان اختيارياً، يلجأ المتقاضيان إلى الحَكَم الذي يختاران. والظاهر أنّ الناس ظلّوا فترة على هذا النحو، في حلّ مشكلاتِهم، والرسول صلى الله عليه وسلم لا ينكر عليهم ذلك، لا سيّما وأنّ آيات التشريع لم يكتمل نزولَها، ولم يتبيّن الحلال من الحرام، ولم تعرف الأحكام القرآنية في فصل المنازعات، ولم تتم تنظيماتها في السُّنة النبوية.

وقد أخرج ابن أبي حاتم والطبراني بسند صحيح عن ابن عباس، قال: ((كان أبو برزة الأسلمي كاهناً يقضي بين اليهود فيما يتنافرون فيه، فتنافر إليه ناس من المسلمين، فأنزل الله تعالى: (أَلَمْ تَرَ إِلَى الَّذِينَ يَزْعُمُونَ أَنَّهُمْ آمَنُوا بِمَا أُنْزِلَ إِلَيْكَ وَمَا أُنْزِلَ مِنْ قَبْلِكَ يُرِيدُونَ أَنْ يَتَحَاكَمُوا إِلَى الطَّاغُوتِ وَقَدْ أُمِرُوا أَنْ يَكْفُرُوا بِهِ وَيُرِيدُ الشَّيْطَانُ أَنْ يُضِلَّهُمْ ضَلَالًا بَعِيدًا (٦٠))[٣٦] إلى قوله: (إِلَّا إِحْسَانًا وَتَوْفِيقًا) [٣٧][٣٨].

(٣٢) سورة: المائدة، آية: ٤٨.
(٣٣) سورة: النساء، آية: ٥٨.
(٣٤) سورة: الأنبياء، آية: ٧٩.
(٣٥) الماوردي، أدب القاضي، ج١، ص١٢١-١٢٢.
(٣٦) سورة: النساء: آية: ٦٠.
(٣٧) سورة: النساء: آية: ٦٢.
(٣٨) السيوطي، لباب النقول في أسباب النزول، ص ٧٢.

هذه الآية كانت أصلاً من أصول التنظيم القضائي في الإسلام، إذ أوجبت عدم التحاكم إلى الطاغوت، والمراد به هنا: ما سوى الكتاب والسُّنة، أي: الباطل.

فالقرآن هو الأصل الذي ينبغي على القاضي أن يرجع إليه في أحكامه. كانت هذه هي القاعدة الأولى التي أقرّتْها الشريعة الإسلامية، وما خالفها، وما تعارض معها، فهو ((طاغوت)).

ثم نزلتْ آية أخرى تتعلّق بسلطة القاضي الأول، وهو الرسول صلى الله عليه وسلم، وهي قوله تعالى: (**فَلَا وَرَبِّكَ لَا يُؤْمِنُونَ حَتَّى يُحَكِّمُوكَ فِيمَا شَجَرَ بَيْنَهُمْ ثُمَّ لَا يَجِدُوا فِي أَنْفُسِهِمْ حَرَجًا مِمَّا قَضَيْتَ وَيُسَلِّمُوا تَسْلِيمًا(٦٥)**)[٣٩][٤٠].

قال الماوردي في تفسير هذه الآية:

((قال عبد الله وعروة ابنا الزبير بن العوام[٤١]: نزلت هذه الآية في الزبير ورجل من الأنصار قد شهد بدراً، وقيل إنّه حاطب بن أبي بَلْتَعَة[٤٢]، تخاصَما إلى رسول الله صلى الله عليه وسلم، في شِراجِ[٤٣] الحرَّة[٤٤] كانا يَسْقيان به نخلا لهما. فقال النبي صلى الله عليه وسلم: «**سق، يا زبيرُ ثم أرسِلِ إلى جارِك**». فغضب الأنصاريُّ وقال:

---

(٣٩) سورة: النساء، آية:٦٥.
(٤٠) القاسمي، نظام الحكم في الشريعة والتاريخ الإسلامي (السلطة القضائية)، ص٤٩.
(٤١) هو الزبير بن العوام بن خويلد الأسدي القرشي، أبو عبد الله، الصحابي الشجاع، أحد العشرة المبشّرين بالجنّة، وأوّل من سلّ سيفه في الإسلام. ولد سنة ٢٨ ق هـ ٥٩٤ م، وهو ابن عمّة النبي صلى الله عليه وسلم، أسلم وله ١٢ سنة. وشهد بدراً وأحداً وغيرهما. وكان على بعض الكراديس في اليرموك. وشهد الجابية مع عمر بن الخطاب. وجعله عمر في من يصلح للخلافة بعده. له ٣٨ حديثاً. توفي سنة ٣٦هـ ٦٥٦ م. الزركلي، الأعلام، ج ٣، ص ٤٣.
(٤٢) هو حاطب بن أبي بلتعة اللخمي. صحابي، ولد سنة ٣٥ قبل الهجرة، ٥٨٦م، شهد الوقائع كلها مع رسول الله صلى الله عليه وسلم وكان من أشدّ الرماة في الصحابة. وكانت له تجارة واسعة. بعثه النبي صلى الله عليه وسلم بكتابه إلى المقوقس صاحب الإسكندرية. ومات بالمدينة سنة ٣٠ هجرية، ٦٥٠م. وكان أحد فرسان قريش وشعرائها في الجاهلية. الزركلي، الأعلام، ج ٢، ص ١٥٩.
(٤٣) الشِّراج: مَجاري الماء من الحِرار إلى السَّهل واحدها شرْج. ابن منظور، لسان العرب، ج٢، ٣٠٧.
(٤٤) الحرّة: الحرة أرض ذات حجارة سود نَخِرة كأنها أُحرقتْ بالنار، والجمع الحرّات والأحرّون والحرار والحرّون. والحرار في بلاد العرب كثيرة، أكثرها حوالي المدينة إلى الشام. ياقوت الحموي، معجم البلدان، ج ٢، ص ٢٤٥.

أنْ كان ابْنَ عمَّتِكَ؟! فتلوَّنَ وجْهُ رسول الله صلى الله عليه وسلم حتى عرف أنّه قد ساءه، ثم قال: «**يا زُبَيْرُ احْبِسِ الماءَ إلى الجِدْرِ أو إلى الكعبين ثم خل سبيل الماء**». فنزل قوله تعالى: (فَلَا وَرَبِّكَ لَا يُؤْمِنُونَ) أي لا يعلمون بما يوجبه الإيمان. (حَتَّى يُحَكِّمُوكَ) أي يرجعوا إلى حكمك. (فِيمَا شَجَرَ بَيْنَهُمْ) أي فيما تنازعوا فيه.

وسمّيت المنازعة مشاجرة لتداخل كلامهما كتداخل الشجر الملتفّ.

(ثُمَّ لَا يَجِدُوا فِي أَنْفُسِهِمْ حَرَجًا مِمَّا قَضَيْتَ) فيه وجهان:

أحدهما - شكّاً، قاله مجاهد.

والثاني - إثماً. قاله الضحاك.

(وَيُسَلِّمُوا تَسْلِيمًا) يحتمل وجهين:

أحدهما - يسلّموا ما تنازعوا فيه لحكمك.

والثاني - يستسلموا إليك تسليماً لأمرك))[٤٥].

(فَلَا وَرَبِّكَ) أي ليس الأمر كما يزعمون أنّهم آمنوا، وهم يخالفون حكمك(فِيمَا شَجَرَ بَيْنَهُمْ) أي اختلف واختلط من أمرهم والتبس عليهم حكمه ((حَرَجاً)) أي شكّاً وضيقاً. ودلّت الآية على أنّ من لم يرض بحكم رسول الله صلى الله عليه وسلم فهو غير مؤمن أنصارياً أو مهاجرياً، أو أياً كان[٤٦].

وقال الله تعالى: (فَاحْكُمْ بَيْنَهُمْ أَوْ أَعْرِضْ عَنْهُمْ وَإِنْ تُعْرِضْ عَنْهُمْ فَلَنْ يَضُرُّوكَ شَيْئًا وَإِنْ حَكَمْتَ فَاحْكُمْ بَيْنَهُمْ بِالْقِسْطِ إِنَّ اللَّهَ يُحِبُّ الْمُقْسِطِينَ(٤٢))[٤٧].

عن ابن عباس: ((أنّ الآيات من المائدة التي قال الله فيها: (فَاحْكُمْ بَيْنَهُمْ أَوْ أَعْرِضْ عَنْهُمْ وَإِنْ تُعْرِضْ عَنْهُمْ فَلَنْ يَضُرُّوكَ شَيْئًا وَإِنْ حَكَمْتَ فَاحْكُمْ بَيْنَهُمْ بِالْقِسْطِ إِنَّ اللَّهَ يُحِبُّ الْمُقْسِطِينَ(٤٢)) إنّما أنزلت في الديّة بين بني النَّضير وبين بني قُرَيظة، وذلك أنّ قتْلى بني النَّضير، وكان لهم شرف، يُؤدّون الدية كاملة، وأنّ بني قريظة كانوا يؤدّون نصف الدية، فتحاكموا في ذلك إلى رسول الله صلى الله عليه وسلم، فأنزل الله ذلك فيهم،

---

(٤٥) الماوردي، أدب القاضي، ج١، ص١٢٢-١٢٣-١٢٤-١٢٥-١٢٦.
(٤٦) ابن خليفة، موسوعة فتاوى النبي صلى الله عليه وسلم، ج ٣، ص ١٦٨.
(٤٧) سورة المائدة، آية: ٤٢.

فحملهم رسولُ الله صلى الله عليه وسلم على الحقّ في ذلك، فجعل الديّة سواء))[٤٨].

في السُّنة:

ورد لفظا القضاء والحكم في السنة، في مواضع كثيرة، منها:

عن أبي هريرة؛ قال: قال رسول الله صلى الله عليه وسلم: «**إنّ خَيْرَكُمْ** (أوْ مِنْ **خَيْرِكُمْ**) **أحاسِنُكُمْ قضاء**»[٤٩].

وعن أنس، عن النبي صلى الله عليه وسلم قال: «**من ابْتَغَى القضاء، وسأل فيه شُفَعَاء، وُكِلَ إلى نفسِه. ومَنْ أُكْرِهَ عليه، أنْزَلَ اللهُ عليه ملَكاً يُسَدِّدُهُ**»[٥٠].

عن علي، قال: بعثني رسول الله صلى الله عليه وسلم إلى اليمن. فقلتُ: يا رسول الله! تبعثني وأنا شاب أقضي بينهم، ولا أدري ما القضاء؟ قال: فضرب بيده في صدري. ثم قال: «**اللهم اهْدِ قَلْبَهُ وثَبِّتْ لسانه**».

قال: فما شككتُ بعد في قضاء بين اثنين[٥١].

روى الدارقطني عن مسروق[٥٢]، عن عبد الله عن النبي صلى الله عليه وسلم قال: «**ما من حاكم يحكم بين الناس إلاّ يُبعث يوم القيامة وملك آخذ بقفاه، حتى يوقفه على شفير جهنم، ثم يلتفت إلى الله مغضباً، فإن قال: ألقه، ألقاه في المهوى أربعين خريفاً**» وقال مسروق: لأن أقضي يوماً بحق، أحبّ إليّ من أن أغزو سنة في سبيل الله عز وجلّ[٥٣].

وقد ورد لفظا القضاء والحكم في السنة، في مواضيع طلب القضاء والترغيب في

(٤٨) ابن هشام، السيرة النبوية، ج ٢، ص ٥٦٦.
(٤٩) سنن ابن ماجة، كتاب الصدقات، باب حسن القضاء، ج ٢، ص ٥٥، حديث رقم ١٩٦٧ (٢٤٢٣).
(٥٠) سنن الترمذي، أبواب الأحكام، باب ما جاء عن رسول الله صلى الله عليه وسلم في القاضي، ج٢، ص٣٩٢ - ٣٩٣، حديث رقم (١٣٣٩).
(٥١) سنن ابن ماجه، كتاب الأحكام، باب ذكر القضاة، ج٢، ص٣٣، حديث رقم ١٨٦٩ (٢٣١٠).
(٥٢) هو مسروق بن الأجدع بن مالك الهمداني الوادعي، أبو عائشة. تابعي ثقة، من أهل اليمن. قدم المدينة في أيام أبي بكر. وسكن الكوفة. وشهد حروب علي. وكان أعلم بالفتيا من شريح، وشريح أبصر منه بالقضاء. توفي سنة ٦٣ هـ ٦٨٣م. الزركلي، الأعلام، ج ٧، ص ٢١٥.
(٥٣) سنن الدارقطني، كتاب الأقضية والأحكام، ج٤، ص٢٠٥، حديث رقم (٩).

القيام فيه بالعدل، والتحذير من الدخول فيه، وأجر المجتهد، وغير ذلك، وسأذكر هذه المواضيع.

٢ - طلب القضاء والترغيب في القيام فيه بالعدل وبيان محل التحذير منه

ورد في الأحاديث عن رسول الله صلى الله عليه وسلم ما يدلّ على كراهية طلب القضاء والحرص عليه. فمن طلب القضاء وأراده، وُكِلَ إليه، أي ترك الله إعانته عليه وتركه إلى تدبير نفسه، ومن لم يسأل القضاء ويطلبه ولكن أكره عليه أعانَه الله عليه. ووردت أقوال عن الصحابة رضي الله عنهم في هذا الموضوع.

قال ابن فرحون: ((واعلم، أنّ طلب القضاء والحرص عليه حسرة وندامة في عرصات يوم القيامة. روي عن النبي صلى الله عليه وسلم أنّه قال: «**ستحرصون على الإمارة وتكون حسرة وندامة يوم القيامة فنعمت المرضعة وبئست الفاطمة**»[٥٤]. فمن طلب القضاء وأراده وحرص عليه، وُكِلَ إليه وخيف عليه الهلاك، ومن لم يسأله وامتحن به وهو كاره له خائف على نفسه فيه، أعانَه الله عليه))[٥٥].

وروي عن النبي صلى الله عليه وسلم: «**مَنْ طلبَ القضاءَ واسْتعانَ عليهِ وُكِّلَ إليه، ومَنْ لم يَطْلُبْهُ ولَمْ يَسْتَعِنْ عليهِ أنزلَ الله ملَكاً يُسَدِّدُهُ**»[٥٦].

قيل: إنّما كان كذلك لأنّه متى طلب وسأل فقد اعتمد على فقهه وورعه وذكائه، فصار معجباً بنفسه فَحُرِم عن التوفيق وسلب التسديد، ومتى أجبر عليه فقد اعتمد على الله عزّ وجلّ فألهمه الله الصواب وسدده للرشاد، قال الله عز وجلّ: ﴿ وَمَنْ يَتَوَكَّلْ عَلَى اللَّهِ فَهُوَ حَسْبُهُ﴾[٥٧] وقوله: (ملك يسدّده) أي يهديه للصواب ويرشده للحقّ[٥٨].

وعن عبد الرحمن بن سَمُرة[٥٩] قال: قال لي رسولُ الله صلى الله عليه وسلم: «**يا**

---

(٥٤) صحيح البخاري، كتاب الأحكام، باب ما يُكْرَهُ مِن الحرص على الإمارة، ج٨، ص٤٤٧، حديث رقم (٧١٤٨). وفيه: ((وستكون ندامة)) بدلاً من ((تكون حسرة وندامة))، و((فنِعْمَ المُرضِعة)) بدلاً من ((فنعمت المرضعة)).

(٥٥) ابن فرحون، تبصرة الحكّام، ج١، ص١٤.

(٥٦) سنن أبي داود، كتاب الأقضية، باب في طلب القضاء والتسرّع إليه، ج ٢، ص ٥٠٧، حديث رقم (٣٥٧٨).

(٥٧) سورة: الطلاق، آية: ٣.

(٥٨) الخصّاف، شرح أدب القاضي، ص١١.

(٥٩) هو عبد الرحمن بن سَمُرَة بن حبيب بن عبد شمس العَبْشمي الكلبي، يكنى أبا سعيد. له صحبة،

عبدَ الرحمنِ بن سَمُرةَ لا تسألِ الإمارَة، فإنْ أُعطيتَها عنْ مسْألَةٍ وُكِلْتَ إليْهـا، وإنْ أُعطيتَهـا عن غيرِ مسألةٍ أُعِنْتَ عليها، وإذا حَلفْتَ على يمينٍ فرأيْتَ غيرَها خَيْراً منها فائتِ الـذي هـو خَيْرٌ، وكَفِّرْ عنْ يمينِكَ»[٦٠].

قال الشوكاني: ((قوله: (وُكِلتَ إليها) أي صُرِفت إليها. ومعنى الحديث أنّ من طلب الإمارة فأعطيها تُركتْ إعانته عليها من أجل حرصه، ويستفاد من هذا أنّ طلب ما يتعلّق بالحكم مكروه، فيدخل في الإمارة والقضاء والحسبة ونحو ذلك. وأن من حرص على ذلك لا يُعان. وبالجملة فإذا كان الطالب مسلوب الإعانة تورّط فيما دخل فيه وخسر الدنيا والآخرة فلا تحلّ تولية من كان كذلك، ربما كان الطالب للإمارة مريداً بِها الظهور على الأعداء والتنكيل بِهم فيكون في توليته مفسدة عظيمة))[٦١].

وعن أبي ذر قال: قُلتُ: يا رسولَ اللهِ ألا تستعمِلُني؟ قال: فضربَ بيدِهِ على مَنْكِبي، ثم قال: «**يا أبـا ذرٍّ إنّكَ ضعيفٌ، وإنّها أمانةٌ، وإنّها يومَ القيامةِ خِـزيٌ وندامـةٌ، إلاّ مَـنْ أخَـذَها بِحقِّهـا وأدّى الذي عليهِ فيها**»[٦٢].

قال الشوكاني: ((قال النووي: هذا أصل عظيم في اجتناب الولاية ولا سيما لمن كان فيه ضعف، وهو من دخل فيها بغير أهلية ولم يعدل فإنّه يندم على ما فرط منه إذا حوزي بالخزي يـوم القيامـة. وأمـا مـن كان أهلاً وعدل فيها فأجره عظيم كما تظاهرت به الأخبار، ولكن الدخول فيها خطر عظيم، ولـذلك امتنـع الأكابر))[٦٣].

وقال: ((فيه دليل على أنّ من كان ضعيفاً لا يصلح لتولي القضاء بين المسلمين.

=

وكان إسلامه يوم الفتح، وشهد غزوة تبوك مع النبي صلى الله عليه وسلم؛ ثم شهد فتوح العراق؛ وهو الذي افتتح سجستان وغيرها في خلافة عثمان ثم نزل البصرة. استعمله عبد الله بن عامر على سجستان، وغزا خرسان ففتح بِها فتوحاً، ثم رجع إلى البصرة؛ وإليه تُنسب سكة بن سمرة بالبصرة، فمات بِها سنة خمسين. ابن حجر، الإصابة في تمييز الصحابة، ج ٤، ص ٢٦٢-
٢٦٣.

(٦٠) صحيح البخاري، كتاب الأحكام، باب من سأل الإمارة وُكِلَ إليها، ج٨، ص٤٤٦، حديث رقم (٧١٤٧) - وكيع، أخبار القضاة، ج٣، ص٤١.

(٦١) الشوكاني، نيل الأوطار، ج ٨، ص ٢٦٧.

(٦٢) صحيح مسلم، كتاب الإمارة، باب كراهية الإمارة بغير ضرورة، ج ٣، ص ٢٢٤، حديث رقم ١٦ (١٨٢٥).

(٦٣) الشوكاني، نيل الأوطار، ج ٨، ص ٢٦٨.

وقال المهلب: لا يكفي في استحباب القضاء أن يرى نفسه أهلاً لذلك، بل أنْ يراه الناس أهلاً له))[٦٤].

ونظر عمر بن الخطاب رضي الله عنه إلى شاب في وفد قد قدموا عليه فأعجبه حاله فإذا هو يسأل القضاء، فقال له عمر رضي الله تعالى عنه: إن الأمر لا يقوى عليه من يحبه[٦٥].

ووردت الأحاديث عن رسول الله صلى الله عليه وسلم في خطر تولي القضاء والتحذير من الدخول فيه. فعن أبي هريرة، عن النبي صلى الله عليه وسلم قال: «**مَنْ وَلِيَ القضاء، أو جُعِلَ قاضياً بين الناسِ، فقد ذُبِحَ بغير سِكّين**»[٦٦].

وقد خصص وكيع في كتابه ((أخبار القضاة)) سبع صفحات كاملات لتخريج هذا الحديث، ولألفاظه المختلفة التي تدور حول معنى واحد.

قوله: (فقد ذُبِحَ بغيرِ سِكّين) قال ابن الصلاح: المراد ذبح من حيث المعنى لأنه بين عذاب الدنيا إن رشد وبين عذاب الآخرة إنْ فسد. وقال الخطابي ومن تبعه: إنّما عدل عن الذبح بالسكين ليعلم أنّ المراد ما يخاف من هلاك دينه دون بدنه، وهذا أحد الوجهين. والثاني أنّ الذبح بالسكين فيه إراحة للمذبوح، وبغير السكين كالخنق أو غيره يكون الألم فيه أكثر، فذكر ليكون أبلغ في التحذير[٦٧].

ورد الحديث محذّراً عن الدخول في القضاء، لأنّ الذبح بغير السكّين أشدّ، ولأنّ الذبح بغير السكّين لا يؤثر في الظاهر ويؤثر في الباطن نحو الخنق والقتل بالحزن والغمّ، وكذا القضاء لا يؤثر في الظاهر هلاكاً، فإنّه جاء في الظاهر، ويؤثر في الباطن، لأنّه هلاك في الباطن أي القضاء بغير الحقّ[٦٨].

(٦٤) الشوكاني، نيل الأوطار، ج ٨، ص ٢٧٥.
(٦٥) ابن فرحون، تبصرة الحكّام، ج١، ص١٤.
(٦٦) سنن الترمذي، أبواب الأحكام، باب ما جاء عن رسول الله صلى الله عليه وسلم في القاضي، ج٢، ص٣٩٣، حديث رقم (١٣٤٠) - سنن ابن ماجه، كتاب الأحكام، باب ذكر القضاة، ج٢، ص٣٣، حديث رقم ١٨٦٨ (٢٣٠٨) - مسند أحمد، ج ١٢، ص ١٣١، حديث رقم (٧١٤٥) - سنن الدارقطني، كتاب الأقضية والأحكام، ج٤، ص٢٠٤، حديث رقم (٥) - سنن أبي داود، كتاب الأقضية، باب في طلب القضاء، ج ٢، ص ٥٠٦، حديث رقم (٣٥٧١). ورواية أبي داود: ((من وُلّيَ القضاء فقد ذُبِحَ بغيرِ سِكينٍ)).
(٦٧) الشوكاني، نيل الأوطار، ج ٨، ص ٢٧٠.
(٦٨) الخصّاف، شرح أدب القاضي، ص ٩.

فهو يعني خطورة هذا المنصب الكبير، الذي تتعلّق به الأموال والدماء والأعراض. وأنّ القاضي حقّاً يبقى في جهدٍ متواصل، وقلق نفسي مستمّر، إلى أنْ يتبيّن له وجه الحقّ. وهذا الجهد، وهذا القلق، يعرفهما الذي كابدهما وعاناهما. ولعلّ من بعض معاني هذا الحديث تشبيه الجهد والقلق، بالذبح بغير سكّين. وهذا يمثل صورة رائعة من صور المثابرة، والتحرّي، والبحث، وسهر الليل، والتماس الحقّ بكل وسائله[٦٩].

قال الخصّاف[٧٠]: (وقد جاء في كراهية القضاء وفي الدخول فيه من الأحاديث غير هذا، وقد دخل في القضاء قوم صالحون، واجتنبه قوم صالحون، وتركُ الدخولِ فيه أمثلُ وأصلحُ وأسلم في الدين والدنيا)[٧١].

وروى الدارقطني عن مسروق، عن عبد الله عن النبي صلى الله عليه وسلم قال: «**ما من حاكم يحكم بين الناس إلاّ يُبعث يوم القيامة وملك آخذ بقفاه، حتى يوقفه على شفير جهنم، ثم يلتفت إلى الله مغضباً، فإن قال: ألقه، ألقاه في المهوى أربعين خريفاً**» وقال مسروق: لأن أقضي يوماً بحق، أحبّ إليّ من أن أغزو سنة في سبيل الله عز وجلّ[٧٢].

وكان مسروق ابتليَ بالقضاء فذكر محاسنه، كما هو العادة المستمرّة أنّ من ابتلي بشيء يذكر محاسنه، وإنّما قال ذلك لأنّ الجهاد أمر بالمعروف، وفي القضاء ذلك وإيصال الحقّ إلى مستحقّه ونصرة المظلوم وغير ذلك فكان نفعه أعمّ من نفع الجهاد، وبقدر النفع تثبت الأفضلية[٧٣].

وعن ابن بُرَيْدَة، عن أبيه، عن النبي صلى الله عليه وسلم قال: «**القضاةُ ثلاثةٌ: واحدٌ في الجنّةِ واثنانِ في النارِ، فأمّا الذي في الجنّةِ فرجُلٌ عرَف الحَقَّ**

(٦٩) القاسمي، نظام الحكم في الشريعة والتاريخ الإسلامي (السلطة القضائية)، ص٤١.
(٧٠) هو أحمد بن عمر بن مهير الشيبانيّ، أبو بكر المعروف بالخصّاف. فرضيّ حاسب فقيه. كان مقدماً عند الخليفة المهتدي بالله، فلما قُتل المهتدي نُهب فذهب بعض كتبه. وكان ورعاً يأكل من كسب يده. توفي ببغداد سنة ٢٦١ هـ ٨٧٥م. له تصانيف منها ((أدب القاضي)) و((الحيل)) و((الوصايا)) و((المحاضر والسجلات)) وغير ذلك. الزركلي، الأعلام، ج ١، ص ١٨٥.
(٧١) الخصاف، شرح أدب القاضي، ص١٣.
(٧٢) سنن الدارقطني، كتاب الأقضية والأحكام، ج٤، ص٢٠٥، حديث رقم (٩).
(٧٣) الخصّاف، شرح أدب القاضي، ص ٨.

فقضى به، ورجل عرفَ الحقَّ فجارَ في الحُكْمِ فهو في النار، ورجلٌ قضى للناسِ على جَهلٍ فهو في النارِ»[٧٤].

وعن ابن بريدة عن أبيه رضي الله عنه قال: قال رسول الله صلى الله عليه وسلم: «**قاضيان في النار وقاض في الجنّة، قاض قضى بالحق فهو في الجنّة، وقاض قضى بجور فهو في النار، وقاض قضى بجهله فهو في النار**»، قالوا: فما ذنب هذا الذي يجهل، قال: «**ذنبه أن لا يكون قاضياً حتى يعلم**»[٧٥].

وخصص وكيع لهذا الحديث ست صفحات وأورد رواياته وأسانيده المختلفة، ومنها: «**القضاة ثلاثة، قاضيان في النار، وقاضٍ في الجنَّة، قاضٍ قضى بغير ما أنزل اللهُ فهو في النار، وقاضٍ قضَى بالهوى فهو في النار، وقاضٍ قَضَى بما أنزل اللهُ فهو في الجنّة**»[٧٦].

قوله: (القضاة ثلاثة الخ) في هذا الحديث أعظم وازع للجهلة عن الدخول في هذا المنصب الذي ينتهي بالجاهل والجائر إلى النار. وبالجملة فما صنع أحد بنفسه ما صنعه من ضاقت عليه المعايش فزجَّ بنفسه في القضاء لينال من الحطام وأموال الأرامل والأيتام ما يحول بينه وبين دار السلام، مع جهله بالأحكام أو جوره على من قعد بين يديه للخصام من أهل السلام[٧٧].

وروى أبو داود عن أبي هريرة، عن النبي صلى الله عليه وسلم قال: «**من طلبَ قضاءَ المسلمينَ حتى ينالَهُ ثم غلبَ عَدْلُهُ جورَهُ فلَهُ الجنَّةُ، ومَنْ غَلَبَ جَوْرَهُ عَدْلَهُ فَلَهُ النَّارَ**»[٧٨].

قوله: (ثم غلب عدله جوره) أي كان عدله في حكمه أكثر من ظلمه، وظاهره أنّه ليس من شرط الأجر الذي هو الجنّة أن لا يحصل من القاضي جور أصلاً، بل المراد أن يكون جوره مغلوباً بعدله، فلا يضرّ صدور الجور المغلوب بالعدل، إنّما الذي يضرّ

---

(٧٤) سنن أبي داود، كتاب الأقضية، باب في القاضي يخطئ، ج ٢، ص ٥٠٦، حديث رقم (٣٥٧٣).
(٧٥) الحاكم، المستدرك على الصحيحين في الحديث، كتاب الأحكام، ج ٤، ص ٩٠.
(٧٦) وكيع، أخبار القضاة، ج١، ص١٥.
(٧٧) الشوكاني، نيل الأوطار، ج ٨، ص ٢٧٤.
(٧٨) سنن أبي داود، كتاب الأقضية، باب في القاضي يخطئ، ج ٢، ص ٥٠٧، حديث رقم (٣٥٧٥).

ويوجب النار أن يكون الجور غالباً للعدل[٧٩].

إنّ وظيفة القضاء خطيرة جدّاً، لما ينبغي لها من نزاهة ورزانة، وعلم وعدالة، واجتهاد ودقّة لمعرفة الحقيقة ولتطبيق الحكم الشرعي، ولما ينجم عن كل ذلك من مسؤولية. لذا، كان كثير من العلماء يشفقون من ذلك، ويرفضون منصب القضاء.

ولذا، لمّا عرض عثمان بن عفّان منصب القضاء على عبد الله بن عمر، اعتذر هذا عن القبول، رغم إصرار عثمان.

فقد روى وكيع عن عبد الله بن مَوْهَب، قال عثمان بن عفّان لابن عمر: اذهبْ فاقْضِ بين الناس؛ فقال: أوَ تعافيني يا أمير المؤمنين؟ قال: عزمتُ عليكَ؛ قال: فقال ابن عمر: أما سمعتَ رسول الله صلى الله عليه وسلم يقول: **من استعاذَ بالله فأعيذوه**؟ وأنا أعوذُ بالله أن أكون على القضاء؛ فقال عثمان: ما يَمْنَعُكَ أن تكونَ على القضاء وقد كان أبوك يقضي؟ قال: إنّي سمعتُ رسول الله صلى الله عليه وسلم يقول: «**من كان قاضياً فقضى بالجورِ فهو في النار، ومن قضى فأخطأ فهو في النار، ومن قضى فأصابَ الحقَّ فبالحري أنْ ينجو**» فما راحتي إلى ذلك؟[٨٠].

وعن قتادة عن أبي العالية عن علي قال: القضاةُ ثلاثةٌ، فاثنان في النار وواحدٌ في الجنّة؛ فأمّا اللذان في النار فرجلٌ جارَ على الحقّ متعمّداً ورجلٌ اجتهدَ برأيه فأخطأ، وأمّا الذي في الجنّة فرجلٌ اجتهدَ برأيه في الحقّ فأصاب، فقلتُ لأبي العالية: ما بالُ هذا الذي اجتهدَ برأيه في الحقّ فأخطأ، قال: لو شاء لم يجلس يقضي وهو لا يُحسنُ يقضي.

وقال في تفسير أبي العالية: دليل على وزر من اجتهد برأيه وهو من غير أهل الاجتهاد[٨١].

وعن ابن أبي أوفى، قال: قال رسول الله صلى الله عليه وسلم: «**اللهُ مع القاضي، ما لم يجُرْ. فإذا جارَ تخلّى عنه ولزَمَهُ الشيطان**»[٨٢].

---

(٧٩) الشوكاني، نيل الأوطار، ج ٨، ص ٢٦٨.
(٨٠) وكيع، أخبار القضاة، ج١،ص١٧- ١٨.
(٨١) المتقي الهندي، كنز العمّال، ج٥، ص٨٠١.
(٨٢) سنن الترمذي، أبواب الأحكام، باب ما جاء عن رسول الله صلى الله عليه وسلم في القاضي، ج٢،ص٣٩٥، حديث رقم (١٣٤٥).

وعن عبد الله بن أبي أوفى؛ قال: قال رسول الله صلى الله عليه وسلم: «**إنَّ اللهُ مع القاضي، ما لم يجُرْ. فإذا جارَ وكَلَه إلى نفسهِ**»[٨٣].

عن مَعْقَل بن يسار المُزَني رضي الله عنه قال: أمرني رسول الله صلى الله عليه وسلم أن أقضي بين قومي، فقلتُ: ما أُحْسِن القضاء، قال: «**افصل بينهم**»، فقلت: ما أحسن الفصل، فقال: «**اقض بينهم فإنّ الله تبارك وتعالى مع القاضي ما لم يَحِفْ عمداً**»[٨٤].

هذه الأحاديث وأمثالها وأشباهها كثير، وما تبعها من الحكم بالهوى، والتحذير منه، وجزاء فاعله، وحكم الراشي والمرتشي. وليست هذه الصور الترهيبية التي وردت إلاّ خطاباً للمؤمنين الذين يرون الآخرة خيراً لهم من الأولى، وهي أفعل في نفوسهم، وأشدّ تأثيراً من التأديب بالعزل أو بالطرد، ومن الإحالة على المحاكمة والحبس، فهذه أمور دنيوية تنتهي في يوم موعود. أمّا الذين آمنوا بربِّهم، وحسبوا حساب الآخرة، فإنّ تحذيرهم بعذاب الآخرة يردعهم عن عصيان الأوامر، أو ارتكاب النواهي.

ومن أقوال الصحابة والسلف رضي الله عنهم في الترهيب من القضاء وتخويف القضاة:

كان عمر رضوان الله عليه إذا أتاه الخصمان بَرك على رُكْبَتَيْه وقال: ((اللهم أعِنّي عليهما، فإنّ كل واحدٍ منهما يردّني عن ديني))[٨٥].

ومن كلام عمر رضي الله عنه في تخويف القضاة:

وقال عمر بن الخطاب رضي الله عنه: ويل لديّان أهل الأرض من ديّان أهل السماء، يوم يلقونه، إلاّ من أمر بالعدل، وقضى بالحقّ، ولم يقض بِهوى، ولا لقرابة، ولا لرغبة، ولا لرهبة، وجعل كتاب الله مرآة بين عينيه[٨٦].

---

(٨٣) سنن ابن ماجه، كتاب الأحكام، باب التغليظ في الحيف والرشوة، ج٢، ص٣٣، حدث رقم ١٨٧٠ (٢٣١٢).
(٨٤) الحاكم، المستدرك على الصحيحين في الحديث، كتاب معرفة الصحابة، ج ٣، ص ٥٧٧ - وكيع، أخبار القضاة، ج ١، ص٣٦-٣٧.
(٨٥) ابن سعد، الطبقات الكبرى، ج ٣، ص ٢٨٩.
(٨٦) وكيع، أخبار القضاة، ج ١، ص٣٠-٣١ - ابن قيّم الجوزيّة، أعلام الموقعين عن ربّ العالمين، ج١، ص٣٠ - ابن الجوزي، مناقب أمير المؤمنين عمر، ص ١٨٢.

الدَّيّان: الحاكم والقاضي. ومنه الديّان في صفة الله عزّ وجلّ[(٨٧)].

فكأنّه يقول: ويل لحاكم أهل الأرض من الله عزّ وجلّ، إلاّ من أمر بالعدل وقضى بالحقّ.

قال علي بن أبي طالب: ((لو يعلم الناسُ ما في القضاء، ما قضوا في ثمن بعرة! ولكن لا بُدّ للناس من القضاء، ومن أمرة برّة أو فاجرة))[(٨٨)].

عن محمد بن واسع[(٨٩)]، قال: بلغني أنّ أوّل من يُدعى يومَ القيامة إلى الحساب القُضاة[(٩٠)].

ونقل وكيع عن أيوب[(٩١)] قال: رأيتُ أعلم الناس بالقضاء أشدّهم له كراهة[(٩٢)].

جزاء من يكون في قضائه خلاف:

عن عثمان بن عطاء، عن أبيه؛ قال إذا هَلَكَ الحَكَمُ عُرِض عليه في قبره كل قضيّة قضى بِها؛ فإن كان في شيء منها خلافٌ ضُرِبَ بمِرْزَبة[(٩٣)] من حديد ضربة يَسْعُل منها قَبْرُهُ[(٩٤)].

عن معاذ بن جبل؛ قال: إنّ من أبغض عباد الله إلى الله عبداً لَهِجَ[(٩٥)] برواية القضاء، حتى سمّاه جُهّال الناس عالماً، فإذا أكثر من غير طائلٍ أُجلِس قاضياً بين الناس، ضامناً لتخليص ما التبَس على غيره، فمثله كمثلِ غَزْلِ العنكبوت، إن أُخطِئَ به لا يعلمُ، لا يعتذر مما لا يعلم فيُعذر، ولا يقول لما لا يعلم: لا أعلم، تبكي منه

---

(٨٧) ابن منظور، لسان العرب، ج ١٣، ص ١٦٧-١٦٩.

(٨٨) وكيع، أخبار القضاة، ج١، ص٢١.

(٨٩) هو محمد واسع بن جابر الأزدي، أبو بكر: فقيه ورع، من الزهاد. من أهل البصرة. عرض عليه قضاؤها، فأبى. وهو من ثقات أهل الحديث. توفي سنة ١٢٣هـ ٧٤١م. الزركلي، الأعلام، ج٧، ص١٣٣.

(٩٠) وكيع، أخبار القضاة، ج١، ص٢٢.

(٩١) هو أيّوب بن أبي تيمة كيسان السختياني البصري، أبو بكر: سيد فقهاء عصره. تابعي، من النساك الزهاد، من حفاظ الحديث. كان ثبتاً ثقة. روي عنه ٨٠٠ حديث. ولد سنة ٦٦هـ ٦٨٥م، وتوفي سنة ١٣١هـ ٧٤٨م. الزركلي، الأعلام، ج ٢، ص ٣٨.

(٩٢) وكيع، أخبار القضاة، ج١، ص٢٣.

(٩٣) المِرْزَبة: المِطْرَقةُ الكبيرة التي تكون للحدّاد. ابن منظور، لسان العرب، ج١، ص٤١٧.

(٩٤) وكيع، أخبار القضاة، ج١، ص٣٢.

(٩٥) لهِجَ: لهِجَ بالأمر لَهجاً: أُولِعَ به واعتاده. ابن منظور، لسان العرب، ج٢، ص٣٥٩.

المواريثُ، وتُضرَج منه الدماء، وتُستحلّ بقضائه الفروج الحرام، فمن يَعْدُ في هذا البصر- وَصْفَه، كان محقوقاً بدرِّ البكاء، وطول النياحة على نفسه[٩٦].

قال ابن فرحون في تبصرة الحكّام: ((اعلم أنّ أكثر المؤلفين من أصحابنا وغيرهم بالغوا في الترهيب والتحذير من الدخول في ولاية القضاء، وشدّدوا في كراهية السعي فيها، ورغبوا في الإعراض عنها والنفور والهرب منها، حتى تقرر في أذهان كثير من الفقهاء والصلحاء أنّ من ولي القضاء فقد سهل عليه دينه وألقى بيده إلى التهلكة، ورغب عمّا هو الأفضل، وساء اعتقادهم فيه، وهذا غلط فاحش يجب الرجوع عنه والتوبة منه. والواجب تعظيم هذا المنصب الشريف ومعرفة مكانه من الدين، فبه بعثت الرسل، وبالقيام به قامت السموات والأرض، وجعله النبي عليه السلام من النعم التي يُباح الحسد عليها))[٩٧].

وقال: ((واعلم، أنّ كل ما جاء من الأحاديث التي فيها تخويف ووعيد، فإنّما هي في حقّ قضاة الجور العلماء، أو الجهّال الذين يُدخِلون أنفسهم في هذا المنصب بغير علم. ففي هذين الصنفين جاء الوعيد. وأمّا قوله صلى الله عليه وسلم: «**ومن وَلِيَ القضاء فقد ذُبحَ بغير سكين**» فقد أورده أكثر الناس في معرض التحذير من القضاء.

وقال بعض أهل العلم: هذا الحديث دليل على شرف القضاء وعظيم منزلته، وأنّ المتولّي له مجاهد لنفسه وهواه، وهو دليل على فضيلة من قضى بالحق إذ جعله ذبيح الحق امتحاناً، لتعظُمَ له المثوبة امتناناً. فالقاضي لما استسلم لحكم الله، وصبر على مخالفة الأقارب والأباعد في خصوماتِهم، فلم تأخذه في الله تعالى لومة لائم حتى قادهم إلى مُرّ الحقّ وكلمة العدل، وكفّهم عن دواعي الهوى والعناد، جعل ذبيح الحق لله، وبلغ به حال الشهداء الذين لهم الجنة.

وقد ولّى رسول الله صلى الله عليه وسلم علي بن أبي طالب ومعاذ بن جبل ومعقل بن يسار رضي الله عنهم القضاء، فنعم الذابح ونعم المذبوح.

فالتحذير الوارد في الشرع إنّما هو عن الظلم لا عن القضاء، فإنّ الجور في الأحكام واتباع الهوى فيه، من أعظم الذنوب وأكبر الكبائر. قال الله تعالى: ﴿ وَأَمَّا

(٩٦) وكيع، أخبار القضاة، ج١، ص٣٣-٣٤.
(٩٧) ابن فرحون، تبصرة الحكّام، ج١، ص١٠.

الْقَاسِطُونَ فَكَانُوا لِجَهَنَّمَ حَطَبًا (١٥)))[٩٨] [٩٩].

وقال ابن فرحون: ((وأمّا قوله عليه السلام «**القضاة ثلاثة قاضيان في النار وقاضٍ في الجنّة. قاضٍ عمل بالحق في قضائه فهو في الجنّة، وقاضٍ علم الحقّ فخان متعمداً فذلك في النار، وقاضٍ قضى بغير علم واستحيا أن يقول لا أعلم فهو في النار**»[١٠٠].

فصحّ أنّ ذلك في الجائر العالم والجاهل الذي لم يؤذن له في الدخول في القضاء، وأمّا من اجتهد في الحقّ على علم فأخطأ، فقد قال عليه الصلاة والسلام ((**إذا اجتهد الحاكم فأصاب فله أجران، وإنْ أخطأ فله أجر**)). وبمثل ذلك نطق الكتاب العزيز في قوله تعالى: (وَدَاوُودَ وَسُلَيْمَانَ إِذْ يَحْكُمَانِ فِي الْحَرْثِ إِذْ نَفَشَتْ فِيهِ غَنَمُ الْقَوْمِ وَكُنَّا لِحُكْمِهِمْ شَاهِدِينَ (٧٨)فَفَهَّمْنَاهَا سُلَيْمَانَ وَكُلًّا آتَيْنَا حُكْمًا وَعِلْمًا)[١٠١] فأثنى على داود باجتهاده وأثنى على سليمان بإصابته وجه الحكم))[١٠٢].

قال محمود بن عرنوس: ((يقول علماء الحنفية إنّ الدخول في القضاء رخصة وتركه عزيمة، دخله قوم عظام وتركه آخرون. قال صاحب البدائع[١٠٣]: اختلف في أنّ القبول أفضل أم الترك. احتج القائلون بأفضلية الترك بما رُوي عن النبي صلى الله عليه وسلم: «**من استعمل على القضاء فقد ذبح بغير سكين**»[١٠٤].

وهذا جار مجرى الزجر عن تقلد القضاء. واحتج المفضلون الدخول بصيغ الأنبياء والمرسلين وصنع الخلفاء الراشدين، ولأن القضاء بالحق إذا أريد به وجه الله يكون عبادة خالصة بل هو من أفضل العبادات، والحديث المذكور محمول على

(٩٨) سورة: الجنّ، آية: ١٥.
(٩٩) ابن فرحون، تبصرة الحكّام، ج١، ص١١.
(١٠٠) الحديث سبق تخريجه.
(١٠١) سورة: الأنبياء، آية: ٧٨-٧٩.
(١٠٢) ابن فرحون، تبصرة الحكّام، ج١، ص١١-١٢.
(١٠٣) هو أبو بكر بن مسعود بن أحمد الكاشاني علاء الدين. فقيه حنفي، من أهل حلب. له ((بدائع الصنائع في ترتيب الشرائع))، فقه، و((سلطان المبين في أصول الدين)). توفي في حلب سنة ٥٨٧ هجرية. الزركلي، الأعلام، ج ٢، ص ٧٠.
(١٠٤) سنن الدارقطني، كتاب الأقضية والأحكام، ج٤، ص٢٠٤، حديث رقم (٥).

القاضي الجاهل أو العالم الفاسق أو الطالب الذي لا يأمن على نفسه))[١٠٥].

والذي نراه في هذا الموضوع الخطير، أنّ السُّنة قد شجّعت على تولي القضاء، ولم تنفّر منه إلاّ العاجزين عنه، أو أصحاب الأهواء.

٣ - أجر المجتهد

حثَّ الإسلام الإنسان، في القرآن والسُّنة، على البحث والدرس، والاستنباط والاجتهاد، فجعل للمجتهد المخطئ أجراً واحداً، وللمصيب أجرين.

قال ابن القيّم: ((وقد جوّز النبي صلى الله عليه وسلم للحاكم أنْ يجتهِدَ رأيه وجعل له على خَطَئِه في اجتهاد الرأي أجراً واحداً إذا كان قصدُه معرفةَ الحقِّ واتباعَه))[١٠٦].

عن عمرو بن العاص، أنّه سمع رسول الله صلى الله عليه وسلم قال: «**إذا حَكَمَ الحاكِمُ فاجتهدَ ثم أصابَ، فله أجران. وإذا حكمَ فاجْتَهد، ثم أخطأ، فله أجْرٌ**»[١٠٧].

وهذا دليل على أنّ المجتهد يخطئ ويصيب فإن أصاب فله أجران: أجر الاجتهاد، وأجر إظهار الحق، وإن أخطأ فله أجر واحد وهو أجر الاجتهاد، لكن هذا إذا اجتهد في محل الاجتهاد بأن لم يكن هناك نص، فأمّا إذا كان المحل ليس بمحل الاجتهاد بأن كان هناك نص فإنّه لا يثاب[١٠٨].

قال الماوردي: ((فجعل له - للقاضي - في الإصابة أجرين: أحدهما على الاجتهاد، والآخر على الإصابة. وجعل له في الخطأ أجراً واحداً على الاجتهاد دون الخطأ))[١٠٩].

قال الشوكاني: ((ولكن هذه الترغيبات إنّما هي في حقّ القاضي العادل الذي لم

(١٠٥) ابن عرنوس، تاريخ القضاء في الإسلام، ص٧١-٧٢.
(١٠٦) ابن قيّم الجوزيّة، أعلام الموقّعين عن ربّ العالمين، ج١، ص١٥٥.
(١٠٧) صحيح مسلم، كتاب الأقضية، باب بيان أجر الحاكم إذا اجتهد فأصاب أو أخطأ، ج٣، ص١٤٨، حديث رقم ١٥ (١٧١٦) - سنن أبي داود، كتاب الأقضية، باب في القاضي يخطئ، ج ٢، ص ٥٠٦، حديث رقم (٣٥٧٤) - سنن ابن ماجه، كتاب الأحكام، باب الحاكم يجتهد فيصيب الحق، ج٢، ص٣٤، حديث رقم (١٨٧٢).
(١٠٨) الخصّاف، شرح أدب القاضي، ص١٦.
(١٠٩) الماوردي، أدب القاضي، ج١،ص ١٢٧-١٢٨.

يسأل القضاء ولا استعان عليه بالشفعاء، وكان لديه من العلم بكتاب الله وسنّة رسوله ما يعرف به الحق من الباطل بعد إحراز مقدار من آلاتِهما يقدر به على الاجتهاد في إيراده وإصداره. وأمّا من كان بعكس هذه الأوصاف أو بعضها فقد أوقع نفسه في مضيق وباع آخرته بدنياه، لأنّ كل عاقل يعلم أنّ من تسلّق القضاء وهو جاهل بالشريعة المطهرة جهلاً بسيطاً أو جهلاً مركبّاً، أو من كان قاصراً عن رتبة الاجتهاد فلا حامل له على ذلك إلاّ حبّ المال والشرف أو أحدهما، فعلم من هذا أنّ الحامل للمقصرين على التهافت على القضاء والتوثب على أحكام الله بدون ما شرطه ليس إلاّ الدنيا لا الدين))[١١٠].

وغنيٌّ عن البيان أنّ المجتهد يجب أنْ تجتمع فيه صفات الاجتهاد، وأهمّها: العلم بالكتاب والسُّنة، وبأقوال السابقين، وقوة العقل التي تؤدي إلى القدرة على الاجتهاد. فما كلّ عالِم يصحُّ أن يكون مجتهداً، أو تنطبق عليه صفات الاجتهاد، وكل مجتهد عالِم بلا ريب. والقاضي مجتهد بلا خلاف، لأنّ النصوص تنتهي، والوقائع لا تنتهي[١١١].

٤ - آراء العلماء في القضاء وتولية القضاة

يجمع الباحثون على أنّ القضاء: علم، وفهم، وورع. إلاّ أنّ جمهورهم قدّم الفهم على العلم. ذلك بأنّ وسيلة ((العلم)) هي الذاكرة والحفظ، أمّا وسيلة ((الفهم)) فهي العقل، وتمييز الخطأ من الصواب، والحق من الباطل، والنفاذ إلى ما وراء الألفاظ، والاستدلال من الحركات والإشارات، وخائنة الأعين، وما تخفي الصدور[١١٢].

وللعلماء في هذا الموضوع أقوال كثيرة. من أجمل ذلك ما قاله النُّباهي المالقي في كتابه تاريخ قضاة الأندلس:

((وخُطّة القضاء في نفسها، عند الكافة، من أسنى الخُطط: فإنّ الله تعالى قد رفع درجة الحُكّام، وجعل إليهم تصريف أمور الأنام، يحكمون في الدماء والأبضاع والأموال، والحلال والحرام. وتلك خُطّة الأنبياء ومن بعدهم من الخلفاء، فلا شرف في الدنيا، بعد الخلافة، أشرف من القضاء ...))[١١٣].

وعقد الماوردي في كتابه أدب القاضي فصلاً دلّل فيه على أنّ القضاء واجب

(١١٠) الشوكاني، نيل الأوطار، ج ٨، ص ٢٧٢.
(١١١) القاسمي، نظام الحُكم في الشريعة والتاريخ الإسلامي (السلطة القضائية)، ص٤٤.
(١١٢) القاسمي، نظام الحُكم في الشريعة والتاريخ الإسلامي (السلطة القضائية)، ص ٦٧.
(١١٣) النباهي، تاريخ قضاة الأندلس، ص٢.

بالعقل والعُرف، بعد أن أورد الأدلّة من الكتاب والسُّنة والإجماع، ثم قال:

((وقد حكم الخلفاء الراشدون بين الناس، وقلّدوا القضاة والحُكّام. فحكم أبو بكر، رضي الله عنه، بين الناس، واستخلف القضاة، وبعث أنَساً إلى البحرين قاضياً. وحكم عمر بين الناس، وبعث أبا موسى الأشعري إلى البصرة قاضياً، وبعث عبد الله بن مسعود إلى الكوفة قاضياً. وحكم عثمان بين الناس، وقلّد شُريحاً القضاء.

وحكم علي بين الناس، وبعث عبد الله بن عباس إلى البصرة قاضياً وناظراً. فصار بذلك من فعلهم - أي الراشدين - إجماعاً))(١١٤).

ثم ساق دليل العقل والعرف فقال:

((ولأنّ القضاء أمر بالمعروف، ونَهي عن المنكر، والله تعالى يقول: ﴿ الْآمِرُونَ بِالْمَعْرُوفِ وَالنَّاهُونَ عَنِ الْمُنْكَرِ ﴾(١١٥).

ولأنّ الناس، لِما في طباعهم من التنافس والتغالب، ولِما فُطِروا عليه من التنازع والتجاذب، يقلُّ فيهم التناصر، ويكثر فيهم التشاجر والتخاصم، إمّا لشبهة تدخل على من تديَّن، أو لعناد يقدم عليه من تجوّز، فدعت الضرورة إلى قَوْدِهم إلى الحق والتناصف بالأحكام القاطعة لتنازعهم، والقضايا الباعثة على تناصفهم. ولأن عادات الأمم به جارية، وجميع الشرائع به واردة. ولأنّ في أحكام الاجتهاد ما يكثر فيه الاختلاف، فلم يتعيّن أحدهما بين المختلفين فيه إلاّ بالحكم الفاصل، والقضاء القاطع))(١١٦).

ونقل وكيع عن ابن أبي ليلى(١١٧) قوله عن القضاء في صدر الإسلام:

---

(١١٤) الماوردي، أدب القاضي، ج١، ص١٣٣-١٣٤-١٣٥.

(١١٥) سورة: التوبة، آية: ١١٢.

(١١٦) الماوردي، أدب القاضي، ج١، ص١٣٥-١٣٦.

(١١٧) هو محمد بن عبد الرحمن بن أبي ليلى يسار بن بلال بن أحَيحة الأنصاري الكوفي. كان محمد من أصحاب الرأي، وتولى القضاء بالكوفة وأقام حاكماً ثلاثاً وثلاثين سنة، ولي لبني أمية ثم لبني العباس. وكان فقيهاً مفنّناً. وتفقّه محمد بالشعبيّ، وأخذ عنه سفيان الثوري، وقال الثوري: فقهاؤنا ابن أبي ليلى وابن شبرمة. وكانت ولادته سنة أربع وسبعين للهجرة؛ وتوفي سنة ثمان وأربعين ومائة بالكوفة، وهو باق على القضاء، فجعل أبو جعفر المنصور ابن أخيه مكانه، رضي الله عنه.
ابن خلكان، وفيات الأعيان، ج٤، ص١٧٩-١٨١. وذكر وكيع في أخبار القضاة ترجمته وبعض قضاياه وطريقته في القضاء، في الجزء الثالث من الصفحة ١٢٩حتى ١٤٤، وصفحة ١٤٨-١٤٩.

((كان الناس يختصون في الحقوق على الجهل، وكل واحد يريد أنْ يدفع الحق إلى صاحبه، فكان القاضي بينهما مثل المفتي ...والناس اليوم إنّما هم بغاة!))(١١٨).

ولو أنّك قرأت أقضية ابن أبي ليلى عند وكيع(١١٩)، أو ترجمته في وفيات الأعيان لابن خلكان(١٢٠)، ورأيت أي رجل كان هذا القاضي، وأي عقل عظيم رُزِق، لعجبتَ من هذا الرأي الذي يدلّ على كثير من حسن الظن، وطيبة القلب، ونبل الطوية، ولعجبت من نقل وكيع لهذا الرأي، لأن وكيعاً نفسه قد سجّل أحكام قضاة الصدر الأول، وفيها الكثير من تجني الناس بعضهم على بعض. والناس هم الناس.

صحيح أنّ الناس في صدر الإسلام كانوا أقرب إلى التقوى، وأخوف لحدود الله، وأنّ الناس في منتصف القرن الثاني للهجرة، حيث كان ابن أبي ليلى قاضياً، قد تغيّروا كثيراً، وشاع فيهم الطمع والفساد، ولكن هذا لا يعني قط أنّ ((الناس كانوا يختصمون على الجهل، وكل واحد يريد أن يدفع الحقّ إلى صاحبه))، وهذا تاريخ القضاة لوكيع ينطق بما يخالف هذا الرأي.

وإنّ تولية القضاة فرض كما يقول أبو بكر بن مسعود علاء الدين(١٢١) صاحب كتاب البدائع لأنه ينصب لأمر مفروض وهو القضاء. قال الله تعالى: ﴿ يَـٰدَاوُۥدُ إِنَّا جَعَلْنَـٰكَ خَلِيفَةً فِى ٱلْأَرْضِ فَٱحْكُم بَيْنَ ٱلنَّاسِ بِٱلْحَقِّ ﴾(١٢٢). وقال مخاطباً نبينا: (فَاحْكُمْ بَيْنَهُمْ بِمَا أَنْزَلَ اللّٰهُ) (١٢٣).

والقضاء هو الحُكم بين الناس بالحق فنصب القاضي لإقامة الفرض فكان فرضاً. ولأن نصب الإمام الأعظم فرض ولمساس الحاجة إليه لتنفيذ الأحكام وإنصاف المظلوم من الظالم، وقطع المنازعات التي هي مادة الفساد، وغير ذلك من المصالح التي لا تكون إلا بالإمام. ومعلوم أنّ الإمام لا يمكنه القيام بما نصب له بنفسه، فيحتاج

(١١٨) وكيع، أخبار القضاة، ج٣، ص١٣٦.
(١١٩) وكيع، أخبار القضاة، ج ٣، ص١٢٩-١٤٣-١٤٨-١٤٩.
(١٢٠) ابن خلكان، وفيات الأعيان، ج ١، ٤٥٢.
(١٢١) هو أبو بكر بن مسعود بن أحمد الكاشاني علاء الدين، فقيه حنفي، من أهل حلب. له ((بدائع الصنائع في ترتيب الشرائع))، فقه، و((السلطان المبين في أصول الدين)). توفي في حلب سنة ٥٨٧ ﻫ - ١١٩١م. الزركلي، الأعلام، ج٢، ص٧٠.
(١٢٢) سورة: ص، آية: ٢٦.
(١٢٣) سورة: المائدة، آية: ٤٨.

إلى نائب يقوم مقامه في ذلك. ولهذا كان رسول الله صلى الله عليه وسلم يبعث إلى الآفاق قضاة، فبعث معاذاً إلى اليمن. وبعث عتاب بن أسيد إلى مكة. فكان نصب القاضي من ضرورات نصب الإمام[١٢٤].

٥ - صفات القاضي

أصرّ الخلفاء الراشدون على أنْ يكون القاضي وسائر الموظفين من العلماء الفقهاء، ونوّهوا بأهميّة العلم في ولايتهم. ومن أقوال عمر لأحد قضاة الشام: ((إذا جلسْتَ، فقل: اللهم إنّي أسألكَ أنْ أفتي بعلم، وأقضي بحلم))[١٢٥].

ثم ينبغي للقاضي أنْ يتحلّى ببعض الصفات، المعروفة بآداب القاضي.

كان يشترط في القاضي غزارة العلم والتقوى والورع والعدل.

رأي عمر بن الخطاب رضي الله عنه:

وفي كتاب أخبار القضاة لوكيع خبر نُسِب إلى عمر بن الخطاب رضي الله عنه، جاء فيه: ((ينبغي أن يكون في القاضي خصال ثلاث: لا يصانع، ولا يضارع[١٢٦]، ولا يتّبع المطامع))[١٢٧].

وروى وكيع عن القطّان بن سُفيان، عن أبيه؛ قال: قَرأتُ كتاب عمر بن الخطاب إلى أبي موسى: ((لا تَسْتَقْضِينّ إلاّ ذا مال، وذا حَسَب؛ فإنّ ذا المال لا يرْغَب في أموال الناس، وإنّ ذا الحَسب لا يَخْشى العواقب بين الناس))[١٢٨].

وروي عن عمر بن الخطّاب رضي الله تعالى عنه أنّه قال: ((ما من أمير أمّر أميراً أو استقضى قاضياً محاباة إلاّ كان عليه نصف ما اكتسب من الإثم، وإن استقضاه نصيحةً للمسلمين كان شريكه فيما عمل من طاعة الله تعالى، ولم يكن عليه شيء ممّا عمل منه. وروي عن عمر بن الخطّاب رضي الله تعالى عنه أنّه قال: ((ما من أمير أمّر أميراً أو استقضى قاضياً محاباة إلاّ كان عليه نصف ما اكتسب من الإثم، وإن استقضاه نصيحةً للمسلمين كان شريكه فيما عمل من طاعة الله تعالى، ولم يكن عليه شيء ممّا عمل من معصية الله تعالى، وليختر رجلاً من أهل الدين والفضل والورع والعلم))، كما

(١٢٤) ابن عرنوس، تاريخ القضاء في الإسلام، ص ٦٨.
(١٢٥) محمصاني، تراث الخلفاء الراشدين في الفقه والقضاء، ص ١٧٠-١٧١.
(١٢٦) الضارِعُ: المتذلّلُ للغنيّ. ابن منظور، لسان العرب، ج ٨، ص ٢٢١.
(١٢٧) وكيع، أخبار القضاة، ج١، ص٧٠.
(١٢٨) وكيع، أخبار القضاة، ج١، ص٧٦-٧٧.

فعل أبو بكر في استخلافه عمر رضي الله عنهما(١٢٩).

رأي علي بن أبي طالب رضي الله عنه:

وكتب علي بن أبي طالب رضي الله عنه إلى الأشتر النخعي، حين ولاّه على مصر كتاباً فوض له فيه اختيار القاضي بعد أن أرشده إلى الصفات الواجبة فيه قال:

((ثم اخترْ للحكم بين الناس أفضل رعيَّتك في نفسك ممن لا تضيق به الأمور ولا تُمْحِكُه(١٣٠) الخصوم ولا يتمادى في الزَّلَّة، ولا يَحْصَرُ(١٣١) من الفيء(١٣٢) إلى الحقّ إذا عرفه، ولا تستشرف نفسه على طمع، ولا يكتفي بأدنى فهم إلى أقصاه، وأوقفهم في الشُبُهات، وآخذهم بالحجج، وأقلّهم تبرّماً بمراجعة الخصوم، وأصبرهم على كشف الأمور، وأصرمهم عند اتضاح الحُكْم، ممن لا يزدهيه(١٣٣) إطراء، ولا يستميله إغراء، وأولئك قليل))(١٣٤).

ثم يشير إلى رزقه ومكانته فيقول:

((ثم أكثرْ تعاهد قضائه، وأفسحْ له في البذل ما يزيل علّته، وتقلُّ معه حاجته إلى الناس، وأعطِه من المنزلة لديك ما لا يطمع فيه غيره من خاصّتك، فيأمن بذلك اغتيال الرجال له عندك))(١٣٥).

ونلاحظ أنّ هذا العهد قد تضمّن صفات القاضي، كما تضمّن حقوقه وواجباته.

٦ - أهمية القضاء في العهد الراشدي

يحتلّ العهد الراشدي أهميّة خاصة، وميزة فريدة، وسأكتفي هنا ببيان هذه الأهميّة من الناحية القضائية.

(١٢٩) ابن فرحون، تبصرة الحكّام، ج١، ص ٢١.
(١٣٠) المَحْكُ: التمادي في اللّجاجة عند المُساوَمة والغضب ونحو ذلك. ورجل محِكٌ ومُماحِك إذا كان لجوجاً عسر الخُلُق. ابن منظور، لسان العرب، ج ١٠، ص ٤٨٦.
(١٣١) الحَصَرُ: ضربٌ من العِيِّ. حَصِر الرجل حَصَراً مثل تعبَ تَعَباً. ابن منظور، لسان العرب، ج٤، ص١٩٣.
(١٣٢) الفَيْء: الرُّجوع. ابن منظور، لسان العرب، ج١، ص١٢٧.
(١٣٣) ازدهاه: استخفّه وتَهاون به. ابن منظور، لسان العرب، ج ١٤، ص ٣٦١.
(١٣٤) ابن عرنوس، تاريخ القضاء في الإسلام، ص١٧.
(١٣٥) ابن عرنوس، تاريخ القضاء في الإسلام، ص١٧.

بدأ العهد الراشدي بظهور فجوة كبيرة في التاريخ الإسلامي بوفاة الرسول صلى الله عليه وسلم، وانقطاع الوحي، وظهرت هذه الفجوة عند إعلان نبأ الوفاة، واضطراب الناس، ولكن سرعان ما استقرّت الأمور، وبويع الخليفة أبو بكر، واطمأنّوا لاختتام النبوة والرسالة، واتجهوا إلى الالتزام والتطبيق والعمل.

وتجلّت أهميّة العهد الراشدي بصلته بالعهد النبوي وقربه منه، فكان العهد الراشدي عامة، والجانب القضائي خاصة، امتداداً للقضاء في العهد النبوي، مع المحافظة الكاملة والتامة على جميع ما ثبت في العهد النبوي، وتطبيقه بحذافيره، وتنفيذه بنصه ومعناه.

ولكن العهد الراشدي شهد انتشار الإسلام خارج الجزيرة العربية، وتمّ فتح البلدان العظيمة، ودخل الناس في دين الله أفواجاً، ولم تكن حالة البلاد المفتوحة كحال الحجاز والجزيرة من جوانب عديدة، ولم يكن حال الداخلين الجدد في الإسلام كحال الصحابة من المهاجرين والأنصار وبقية القبائل العربية، فتفاوتت درجة الإيمان، واختلفت درجة الالتزام، ولذلك واجه العهد الراشدي هذه التغييرات والمستجدات، وكان على مستوى الكفاية والمسؤولية والتنظيم لمواجهة كل جديد، ووضع الأسس والقواعد والتنظيمات التي تكفل حماية الحقوق، وتأمين العدالة، وحفظ الأموال والأنفس، حتى يتفيأ المسلمون بظلال الدين الحنيف، وينعموا بخيره العميم، وقد حصل ذلك فعلاً.

ولذلك تظهر أهمية العهد الراشدي في القضاء بأمرين أساسيين:

١ - المحافظة على نصوص العهد النبوي في القضاء، والتقيد بما جاء فيه، والسير في ركابه، والاستمرار في الالتزام به.

٢ - وضع التنظيمات القضائية الجديدة لترسيخ دعائم الدولة الإسلامية الواسعة، ومواجهة المستجدات المتنوعة.

ونظراً لقصر مدّة العهد الراشدي من جهة، فإنّ التغيّرات والمستجدات والتنظيمات القضائية كانت قليلة ونادرة ومحصورة في عهد أبي بكر وعثمان رضي الله عنهما، وأخذت مداها الواسع في عهد عمر الفاروق، وبرزت فيها بعض الجوانب في عهد الإمام علي رضي الله عنه.

الفصل الثاني
التنظيم القضائي الإداري

امتاز العهد الراشدي بالتنظيم الإداري للقضاء، فاهتم الخلفاء الراشدون بوضع النظام الدقيق للقضاء، وشؤونه الصحيحة، لتغطية التوسّع في الدولة، والقضاء، وشرح المبادئ والأصول التي قررها القرآن الكريم والسُّنّة النبوية.

١ - تعيين القضاة

الأصل أنّ الخليفة هو قاضي الأمّة، وهو صاحب الحق الأساسي في فصل الخصومات بين الناس، كما كان الرسول صلى الله عليه وسلم، حال حياته، قاضي المسلمين الأول. وحيث أنّ الرسول صلى الله عليه وسلم قد أجاز أنْ ينوب عنه قضاة في مصره، وفي الأقاليم، لذلك كان من الجائز أن ينيب الخليفة من يقضي عنه، في مصره، وفي الأقاليم أيضاً.

ومن أعظم مراسيم تعيين القضاة وأحلاها وأوجزها، المرسوم الذي بعث به عمر بن الخطاب إلى أهل الكوفة، بتعيين عبد الله بن مسعود قاضياً عليهم. فقد روى وكيع عن عمر أنّه قال: ((أنتم رأس العرب، وجماعتها، وأنتم سهمهم الذي أرمي به إذا خشيتُ مِنْ هاهنا وهاهنا، وقد بعثْتُ إليكم عبد الله بن مسعود، خيره لكم، وآثرتكم به على نفسي))[١٣٦].

لم يقتصر اهتمام الخلفاء الراشدين بالقضاء في ممارسته في المدينة وحاضرة الدولة، بل قاموا بتعيين القضاة بالمدينة نفسها وفي سائر الأقاليم، وذلك في أربعة نماذج:

أ - **تعيين القضاة في حاضرة الدولة الإسلامية**، فقد استعمل أبو بكر رضي الله عنه عمر على القضاء في المدينة.

ولمّا ولي عمر الخلافة قال ليزيد ابن أخت النمر: اكفني بعض الأمور، يعني صغارها[١٣٧].

وولّى عمر أبا الدرداء قاضياً في المدينة.

(١٣٦) وكيع، أخبار القضاة، ج٢، ص١٨٨.
(١٣٧) وكيع، أخبار القضاة، ج١، ص١٠٤-١٠٥.

وروى وكيع عن خارجة بن زيد، قال: ((كان عمر بن الخطاب كثيراً ما يستخلِف زيد بـن ثابـت إذا خرج إلى شيء من الأسفار، وقلّما رجع من سفر إلاّ أقطع زيد بن ثابت حديقة من نخْلٍ))[١٣٨].

وروى وكيع عن نافع ((أنّ عمر استعمل زيد بن ثابت على القضاء، وفرض له رزقاً))[١٣٩].

وكان فقهاء الصحابة يفتون، ويرجع إليهم الناس في بيان الأحكام والتحكيم وفض الخلاف[١٤٠].

روى وكيع عن الشعبي، أنّه سمع أبا هريرة يقول: قال رسول الله صلى الله عليه وسلم: ((**القضاء في الأنصار**))، ولَمّا وقعت خصومة بين عمر وأبيّ، جعلا زيد بن ثابت بينهما، فأتياه، وقال لـه عمر: ((وفي بيته يؤتى الحكم))[١٤١]. وسيرة علي في القضاء بالمدينة طوال عهد الخلفاء الثلاثة مشهورة وكثيرة.

وبقي الأمر كذلك في عهد عثمان وعلي رضي الله عنهما، حتى بعد انتقال مركز الخلافة إلى الكوفة في زمن علي، وبقي الصحابة يمارسون أعمال الفتوى والتحكيم وفصل الخلاف في المدينة، وكان شريح يتولى قضاء الكوفة، واستخلف علي رضي الله عنه ابن عباس على المدينة.

ب - تعيين الولاة في الأمصار أمراء وقضاة في نفس الوقت، وهذا ما تمّ طول العهد الراشدي، وهو الصورة العامة والغالبة، وبعض هؤلاء الولاة كانوا معيّنين من العهد النبوي وأقرّهم أبو بكر عليها، واستمرّ بعضهم إلى عهد عمر وعثمان وعلي، مثل أبي موسى الأشعري والي زبيد من أرض اليمن، ومعاذ بن جبل والي الجَنَد من اليمن، وعتّاب بن أسيد والي مكّة، والعلاء بن الحضرمي والي البحرين، وعثمان بن أبي العاص والي صنعاء... وعيّن الخلفاء الراشدون ولاة على الأمصار، وكانوا يمارسون القضاء أيضاً، كما سنرى من قضاة كل خليفة، وكان كل خليفة في الغالب يقرّ الولاة والقضاة الذين عيّنهم من سلفه.

---

(١٣٨) وكيع، أخبار القضاة، ج١، ص ١٠٨.
(١٣٩) وكيع، أخبار القضاة، ج١، ص١٠٨.
(١٤٠) الزحيلي، تاريخ القضاء في الإسلام، ص ٨٧.
(١٤١) وكيع، أخبار القضاة، ج١، ص١٠٨.

ج - تعيين قضاة متفرّغين لعمل القضاء فقط، أو مع أعمال أخرى كالتعليم، وبيت المال، وجباية الصدقات، ولكنّهم مستقلّون عن الولاة، وظهر هذا الصنف في عهد عمر وعثمان وعلي فقط، وسوف نرى أسماء هؤلاء القضاة فيما بعد.

د - كان الخلفاء الراشدون يطلبون أحياناً من الولاة في الأمصار تعيين القضاة، وكانوا في الغالب يطلقون أيديهم في الانتقاء والاختيار للأصلح، فمن ذلك ما كتبه عمر رضي الله عنه إلى معاذ بن جبل وأبي عبيدة بن الجرّاح حين بعثهما إلى الشام، وقال لهما: انظروا رجالاً من صالحي مَنْ قبلكم فاستعملوهم على القضاء،(١٤٢) وأرشد عمر إلى اختيار القضاة، فكتب إلى أبي موسى: ((لا تَسْتَقْضِينّ إلاّ ذا مال، وذا حسب؛ فإنّ ذا المال لا يرْغَب في أموال الناس، وإنّ ذا الحسب لا يخشى العواقب بين الناس))(١٤٣).

وكان قضاة المدينة يُعَيَّنون من قِبَل ولاتِها، فقد جاء في طبقات ابن سعد:

((كان ولاة المدينة هم الذين يختارون القضاة ويولّوهم))(١٤٤).

وكان الخليفة أحياناً يطلب من الوالي تعيين شخص بعينه، ففي الولاة والقضاة للكندي: ((أنّ عمر بن الخطاب رضي الله عنه كتب إلى عمرو بن العاص بتولية قيس بن أبي العاص القضاء في مصر، وهو أوّل قاضٍ قضى بِها في الإسلام))(١٤٥).

ومن ذلك ما فعله عمر رضي الله عنه أنّه كتب إلى عمرو بن العاص، والي مصر، بأن يولي كعب بن يسار بن ضِنَّة(١٤٦) القضاء في مصر، بعد موت القاضي قيس بن أبي

---

(١٤٢) الزحيلي، تاريخ القضاء في الإسلام، ص٨٨-٨٩.
(١٤٣) وكيع، أخبار القضاة، ج١، ص٧٦-٧٧.
(١٤٤) ابن سعد، الطبقات الكبرى، ج٥، ١٥٨ - القاسمي، نظام الحكم في الشريعة والتاريخ الإسلامي، ص١٢٥.
(١٤٥) الكندي، الولاة والقضاة، ص٣٠١.
(١٤٦) هو كعب بن يسار بن ضِنة بن ربيعة بن قَزَعة بن عبد الله بن مخزوم بن غالب بن قطيعة بن عَبْس العَبْسي- هو صحابي شهد فتح مصر واختط بِها؛ ويقال إنّ ولي القضاء بِها. وإنّ عمر بن الخطاب كتبَ إلى عمرو بن العاص أن يجعل كعب بن ضِنّة على القضاء، فأرسل إليه عمرو؛ فقال كعب: لا والله لا ينجيه الله من الجاهلية ثم يعود فيها أبداً إذ نجاه الله منها، فتركه عمرو. ابن حجر، الإصابة في تمييز الصحابة، ج ٥، ص ٤٥٨-٤٥٩ - ابن عبد البر، الإستيعاب في معرفة الأصحاب، ج ٣، ص ١٣٢٦.

العاص[١٤٧].

وكان الخلفاء ينتقون الولاة والقضاة، ويتحرّون كفايتهم القضائية، ويزوّدونهم بالنصائح والكتب، ولمّا رأى عمر رضي الله عنه فراسة شريح القضائية، وحنكته القضائية، وفكره الثاقب في فهم الأمور، وتحليل القضايا، أرسله قاضياً إلى الكوفة[١٤٨].

وكان عثمان رضي الله عنه يعرف فضل عبد الله بن عمر، ومكانته في الفقه والورع والزهد والتقوى، ولذلك قال له: ((اذهب فاقضِ بين الناس))[١٤٩] ولمّا راجعه في ذلك وطلب إعفاءه، قال له عثمان: ((ما يمنعك أن تكون على القضاء، وقد كان أبوك يقضي؟))[١٥٠]، وكان عمر وعثمان وبقية الصحابة يلجأون إلى علي رضي الله عنه في القضاء والملمّات والمعضلات، ويشاورونه في القضاء وغيره.

قال النباهي المالقي: وكان عمر يتعوّذ من مُعْضِلة[١٥١] ليس فيها أبو حسن. فكان عمر يقول: ((لولا عليٌّ، هلك عُمر!))[١٥٢].

فكان أرسخ الصحابة في العلم بالقضاء. فقد روى وكيع عن ابن عمر، قال: قال رسول الله صلى الله عليه وسلم: ((أقضى أمّتي علي))[١٥٣].

وكان الخلفاء يتحرّزون من تعيين الفاسق والفاجر والضعيف، قال عمر رضي الله عنه: ((من استعمل فاجراً وهو يعلم أنّه فاجر، فهو فاجر مثله))، وقال أيضاً: ((لا يستعمل الفاجر إلاّ الفاجر))، وقال ابن عمر: ((لا يُولي الخائن إلاّ خائن))[١٥٤].

وكان عمر يتشدد في اختيار القاضي، فقد ذكر ابن فرحون في تبصرة الحكّام: روي عن عمر بن الخطّاب رضي الله تعالى عنه: ما من أمير أمّر أميراً، أو استقضى قاضياً محاباة، إلاّ كان عليه نصف ما اكتسب من الإثم، وإن استقضاه نصيحةً للمسلمين

(١٤٧) الزحيلي، تاريخ القضاء في الإسلام، ص ٨٩.
(١٤٨) القصة موجودة في أخبار القضاة لوكيع، ج٢، ص١٨٩ - ١٩٠.
(١٤٩) وكيع، أخبار القضاة، ج١، ص١٧.
(١٥٠) وكيع، أخبار القضاة، ج١، ص١٨.
(١٥١) عَضَلَ بي الأمرُ وأعْضَلَ بي وأعْضَلَني: اشتدَّ وغَلُظَ واسْتَغْلَق. وأمر مُعْضِلٌ: لا يُهْتَدَى لوجهه. والمُعْضِلاتُ: الشدائد. ابن منظور، لسان العرب، ج ١١، ص ٤٥٢.
(١٥٢) النباهي، المالقي، تاريخ قضاة الأندلس، ص٢٣.
(١٥٣) وكيع، أخبار القضاة، ج١، ص٨٨.
(١٥٤) وكيع، أخبار القضاة، ج١، ص٦٩.

كان شريكه فيما عمل من طاعة الله تعالى، ولم يكن عليه شيء مِمّا عمل من معصية الله تعالى[(١٥٥)].

وعن ابن سيرين، رحمه الله، قال: قال عمر بن الخطاب رضي الله عنه: ((والله لأنزعنّ القضاء من فلاناً، ولأستعملنّ على القضاء رجلاً إذا رآه الجاهل فَرقه))[(١٥٦)].

وكان الخلفاء الراشدون يرفضون غالباً تولية أحد لمودّة أو قرابة أو شفاعة.

فقد قال الفاروق: ((من استعمل رجلاً لمودّة أو لقرابة لا يستعمله إلاّ لذلك، فقد خان الله ورسوله والمؤمنين)). وقال: ((من استعمل فاجراً، وهو يعلم أنّه فاجر فهو مثله))[(١٥٧)].

وقال الإمام عليّ بمعناه: ((لا تقبلنّ في استعمال عمّالك وأمرائك شفاعة إلاّ شفاعة الكفاية والأمانة))[(١٥٨)].

ويستثنى من هذا التحوّط الراشدي ما رويَ عن عثمان بن عفّان من توليته كثيراً من أهله وأقاربه. فلذا نقم الناس عليه، وكان ذلك من المطاعن التي أثيرتْ ضدّه، فأدّتْ مع غيرها إلى اغتياله[(١٥٩)].

وأوصى علي عامله الأشتر بكتاب عظيم، وفيه: ((ثم انظر في أمور عمّالك فاستعملهم اختباراً ولا تولّهم محاباة وأثرةً، فإنّهم جماع من شُعَب الجور والخيانة، وتوخ منهم أهل التجربة والحياء من أهل البيوتات الصالحة والقَدَم في الإسلام المتقدمة. فإنّهم أكثر أخلاقاً وأصحّ أعراضاً وأقلّ في المطامع إشرافاً، وأبلغ في عواقب الأمور نظراً، ثم أسبغ عليهم الأرزاق فإنّ ذلك قوة لهم على استصلاح أنفسهم، وغنى لهم عن تناول ما تحت أيديهم وحجّة عليهم إنْ خالفوا أمرك أو ثلموا أمانتك...))[(١٦٠)].

<u>الترشيح:</u>

وكانوا، إذا شغر منصب القضاء، أو مرض القاضي العامل مرضاً لا يُرجى معه

(١٥٥) ابن فرحون، تبصرة الحكّام، ج١، ص٢١.
(١٥٦) ابن الجوزي، مناقب أمير المؤمنين عمر، ص١٢٠.
(١٥٧) ابن الجوزي، مناقب أمير المؤمنين عمر، ص ٧٨.
(١٥٨) محمصاني، تراث الخلفاء الراشدين في الفقه والقضاء، ص ١٤٤.
(١٥٩) محمصاني، تراث الخلفاء الراشدين في الفقه والقضاء، ص١٤٥.
(١٦٠) كرد علي، الإدارة الإسلامية في عزّ العرب، ص٥٩.

شفاء، سألوا الخبيرين بالأكفياء لهذا المنصب، لئلاّ يصل إليه من ليس هو له أهل[١٦١].

من ذلك ما رواه وكيع، قال: ((إنّ أبا الدرداء[١٦٢] كان يقضي على أهل دمشق، وأنّه لـمّا حضر أبو معاوية عائداً له، فقال له: مَن ترى لهذا الأمر بعدك؟ قال: فَضَالة بن عُبَيْد[١٦٣]))[١٦٤].

توجيهات الخليفة قبل التعيين:

من الأمور المعتادة في تاريخ القضاء العربي، أنّ الخليفة كان يزوّد القضاة بوصاياه وتعليماته وفتاويه، في كتب يبعث بها إليهم عفواً من تلقاء نفسه، أو جواباً عن أسئلتهم[١٦٥].

فعندما كان الخلفاء الراشدون يولّون أحد الولاة أو العمّال، كانوا ما غالباً يزوّدونهم بتعليمات ووصايا، توجب عليهم التزام التقوى والاستقامة، والعدل والعفّة.

ونستبين من هذه الوصايا والتعليمات، أنّ على الولاة واجب العدل بين الرّعيّة، حتى يقوم هؤلاء بطاعتهم، وأنّ عليهم مداومة رعايتهم، واجتناب ظلمهم، وعدم الابتعاد عنهم أو إهمال أمورهم.

ثم لَمّا كانت خلافة عمر بن الخطاب، رأى أنْ يزوّد أكثر قضاته بتوجيه مكتوب. وحيث أن توجيهات عمر، قد تضمنت قواعد عامة في القضاء، ومنها ما هو تنظيم وترتيب، ومنها ما هو أحكام مهّمة، ومنها ما هو مبادئ، ومنها ما هو أدخل فيما يسمى اليوم علم أصول المحاكمات.

٢ - عزل القاضي

وقع أوّل عزل للقاضي في الإسلام عام ٢٣ من الهجرة أيام عمر بن الخطاب. فقد روى الكندي:

---

(١٦١) القاسمي، نظام الحُكم في الشريعة والتاريخ الإسلامي، ص١٣٥.

(١٦٢) ولي أبو الدرداء القضاء بدمشق في دولة عمر، وولي القضاء بدمشق، في دولة عثمان. وسأذكره فيما بعد بين قضاة عمر وقضاة عثمان.

(١٦٣) هو فَضَالة بن عُبَيْد بن نافذ بن قيس الأنصاري الأوسي، أبو محمد، صحابي شهد أُحُداً وما بعدها. وشهد فتح الشام ومصر. وسكن الشام. وولي الغزو والبحر بمصر. ثم ولاّه معاوية قضاء دمشق، وتوفي فيها سنة ٥٣ ﻫ - ٦٧٣ م. له ٥٠ حديثاً. الزركلي، الأعلام، ج٥، ص١٤٦.

(١٦٤) وكيع، أخبار القضاة، ج٣، ١٩٩.

(١٦٥) محمصاني، تراث الخلفاء الراشدين في الفقه والقضاء، ص ١٦٧.

((أنّ كعب بن ضِنَّة العبسي حضر فتح مصر وأنّ عمر بن الخطاب، رضي الله عنه، كتب إلى عمرو بن العاص أن يولّيه القضاء - وكان كعب حكماً في الجاهلية - فامتنع كعب من ذلك، فقال عمرو: لا بدَّ من السمع والطاعة لأمير المؤمنين. فاقضِ بين الناس، حتى أكتب إلى أمير المؤمنين، فقضى كعب حتى أعفاه عمر، رضي الله عنه، من القضاء ... وأنّ كعباً قضى بمصر شهرين، ثم ورد كتاب عمر رضي الله، فعزله))[١٦٦].

ومن حوادث العزل، ما رواه وكيع: ((أنّ عمرَ استعمل قاضياً، فاختصم إليه رجلان في دينار، فحمل القاضي ديناراً فأعطاه للمدَّعي. فقال عمر: اعتزل قضاءَنا))[١٦٧].

وهذا بخُلق عمر أشبه. فالقاضي متى ظهر له الحقّ وجب عليه الحُكم، وقد أشار إلى ذلك في أكثر من عهد. فهذا التخاذل في استيفاء الحقوق ليس من مصلحة المجتمع، ويشجع البغاة والسفهاء على التطاول إلى ما ليس لهم.

٣ - استقلال القاضي

إنّ الشريعة الإسلامية، قد أكّدت استقلال القضاء، عن أية سلطة أخرى، كما أكّدت استقلال القاضي عن أي مؤثر آخر. فالقاضي هو ملاذ المظلومين، وهو موئل المكروبين الذين ضاعت حقوقهم، وهو مأمور أن يُعيد الحقوق إلى أصحابِها، وبأن يوقف الباغين عند حدودهم. وهذا لا يمكن أن يتوفر إلاّ إذا كان حُرّاً في تقرير الحق والباطل، والحلال والحرام، والنور والظلام. وإذا مُسَّتْ هذه الحرية، أو تأثر هذا الاستقلال بأي مؤثر كان، لم يعد هناك من قضاء، ولم يبقَ على وجه الأرض قاضٍ، بالمعنى الذي يريده الإسلام.

كان القضاء مقترناً بالولاية في الغالب في العهد النبوي، وفي خلافة أبي بكر وجزءٍ من خلافة عمر، فكان رسول الله صلى الله عليه وسلم يتولى القضاء مع رئاسة الدولة والسلطة التنفيذية، وكان الولاة يمارسون القضاء والولاية معاً في معظم الأحيان، وبقي الأمر كذلك في خلافة أبي بكر رضي الله عنه، وفي مطلع خلافة عمر رضي الله عنه، لم يوجد فصل بين القضاء والولاية في الغالب.

ولكن التغيير الذي ذكرناه سابقاً في العهد الراشدي، والتطوّر الجديد في الدولة،

---

(١٦٦) الكندي، الولاة والقضاة، ص ٣٠٥.
(١٦٧) وكيع، أخبار القضاة، ج ١، ص ٨١.

والتوسع الشاسع في الخلافة وأعمال الولاة في الولايات الكبيرة، كان باعثاً للخليفة الراشد عمر أن ينظم الأمور، ويتجاوب مع مقتضيات المصلحة العامة التي ينشدها الشرع والدين ونشر الدعوة وتأمين العدالة، فعمد إلى توزيع الأعمال، وتخصيص المكلّفين بِها، واقتضى الأمر أن يوفر الخليفة جهده للأمور الخارجية وشؤون الأقطار، والمهام الجسيمة، فأصدر أمره بفصل أنواع الولايات بعضها عن بعض، وخص كل ولاية بشخص يتولى شؤونَها، فأصبح للقضاء ولاية خاصّة، وسلطة مستقلّة تقريباً في بعض المدن والبلدان، وأصدر أمره بفصل أعمال القضاة عن أعمال الولاة، وعيّن القضاة في عاصمة الدولة، وفي مدن الأمصار الكبيرة، فولّى أبا الدرداء قضاء المدينة، وشريح بن الحارث قضاء الكوفة، وأبا موسى الأشعري قضاء البصرة، وقيس بن أبي العاص قضاء مصر، وعبادة بن الصامت قضاء فلسطين والشام. وكان عمر يرسل عدداً من الصحابة إلى جهة معيّنة، وبلد خاص، ويخصص عمل القضاء والفصل بين الخصومات بأحدهم، فقد بعث إلى الكوفة عمّار بن ياسر[١٦٨]، وعثمان بن حُنَيْف[١٦٩]، وعبد الله بن مسعود، ووزّع بينهم الأعمال، وجعل ابن مسعود القاضي والمعلّم[١٧٠].

فكان عمر بن الخطاب أوّل من عيّن القضاة المستقلّين في الولايات، وخصّهم بولاية القضاء وحدها وبشكل مستقلّ عن الأمراء والولاة، وجعل عمر سلطة القضاء تابعة له مباشرة، وصار يراسل القضاة، ويسأل عنهم، ويطلب منهم مكاتبته والرجوع إليه في شؤون القضاء، دون أن يتدخل الوالي في أعمالهم، كما سنرى.

ولَمّا كان هذا التنظيم القضائي في فصل السلطة القضائية عن الولاية، وجعلها سلطة مستقلّة جديداً في الدولة، وعلى الولاة، فقد وقع الاختلاف في تفسيره، وحصل

(١٦٨) هو عمّار بن ياسر بن عامر الكناني المذحجي العنسي القحطاني، أبو اليقظان. صحابي، من الولاة الشجعان ذوي الرأي. وهو أحد السابقين إلى الإسلام والجهر به. ولد سنة ٥٧ قبل الهجرة، ٥٦٧م. هاجر إلى المدينة، وشهد بدراً وأحداً والخندق وبيعة الرضوان. وهو أول من بنى مسجداً في الإسلام (بناه في المدينة وسماه قباء) وولاه عمر الكوفة، فأقام زمناً وعزله عنها. وشهد الجمل وصفين مع علي، وقتل في الثانية سنة ٣٧ هـ ٦٥٧م وعمره ثلاث وتسعون سنة. له ٦٢ حديثاً.
الزركلي، الأعلام، ج ٥، ص ٣٦ - ابن حجر، الإصابة في تمييز الصحابة، ج ٤، ص ٤٧٣-٤٧٤.

(١٦٩) ذكرته بين قضاة علي رضي الله عنه.

(١٧٠) الزحيلي، تاريخ القضاء في الإسلام، ص٩٠-٩١.

تنازع على السلطة بين الولاة والقضاة في بعض البلدان، ورفع الأمر إلى أمير المؤمنين عمر بن الخطاب رضي الله عنه فأكّد على فصل القضاء عن الولاية، وصرّح باستقلال القضاة، وعدم خضوعهم للولاة، وذلك في عدّة مناسبات.

منها قصّة معاوية رضي الله عنه والي الشام، مع عبادة بن الصامت قاضي فلسطين، كما رواه الأوزاعي قال: ((أوّل مَنْ تولى قضاء فلسطين عُبادة بن الصامت، وكان معاوية قد خالفه في شيء أنكره عليه عبادة في الصرف (بتنفيذ حكم قضائي من عبادة) فأغلظ له معاوية في القول، فقال له عُبادة: لا أساكنكَ بأرضٍ واحدة أبداً، ورحل إلى المدينة. فقال له عمر: ما أقدمك؟ فأخبره، فقال: ارجع إلى مكانك؛ فقبح الله أرضاً لست فيها، ولا أمثالك، وكتب إلى معاوية: لا إمرة لك على عبادة))[١٧١].

ويظهر من هذه القصّة أنّ عمر أكّد الفصل بين الولاية والقضاء، وحجب سلطة معاوية الوالي والحاكم عن أعمال ونفوذ عبادة القاضي، وجعل علاقة القاضي بالخليفة مباشرة، فتحقق فصل السلطة القضائية، وظهرت بذور استقلال القضاء في الدولة الإسلامية.

ولكن هذا الفصل لم يكن كاملاً من جهة، ولم يكن عامّاً من جهة أخرى، وذلك أنّ القضاء في الغالب يختصّ بفصل المنازعات والخصومات المالية والبدنية والتعزير، وبقي الخليفة والولاة، في بعض الأحيان، محتفظين بالحكم في الحدود والجنايات، ولم تدخل هذه الأمور في أعمال القضاة المستقلّين إلاّ جزئيّاً، وفي مرحلة لاحقة، وبالتدريج، كما أنّ تعيين القضاة المستقلّين لم يكن شاملاً لجميع البلدان، وإنّما وضع عمر رضي الله عنه نقطة الارتكاز، وقرر المبدأ، وطبّقه في بعض الحالات، وعلى بعض البلدان، وعلى بعض الولاة، بحسب الحاجة والمصلحة، وظروف البلاد وسعتها وحاجتها إلى شخصين أم إلى شخص واحد، إلى أنْ استقرّ فصل القضاء نِهائياً، واستقلال السلطة القضائية عن الولاة والحكّام والأمراء في العهد الأموي والعباسي، بينما بقي الأمر وسطاً في العهد الراشدي، فاستقلّ بعض القضاة عن الولاة، وبقي معظم الولاة يمارسون السلطتين القضائية والتنفيذية في كثير من المدن والأمصار، وذلك بحسب الحاجة والمصلحة، التزاماً بالقاعدة الشرعية المقررة أنّ تصرفات الإمام في

(١٧١) ابن عبد البر، الإستيعاب في معرفة الأصحاب، ج٢، ص٨٠٨.

الرعيّة منوطة بالمصلحة[١٧٢].

حرص الخلفاء، في أكثر العصور الإسلامية، على حفظ حرمة القضاء، وتوفير المهابة للقضاة، وضمان الاستقلال والحرية لهم. كذلك كان أكثر القضاة يترفّع عن كل ما يخلّ باستقلالهم وحريتهم. ولكن هذا لا يعني تجاهل وجود الخليفة كلّياً، ولا يترتّب عليه أن لا تقوم بين القاضي وبين الخليفة أيّة علاقة.

٤ - رزق القاضي

لمّا بويع أبو بكر بالخلافة فرضوا له راتباً ليتفرّغ لأعمال المسلمين وتصريف شؤونِهم بما يشغله عن الكسب الخاص، ففرضوا له ما يكفيه ويكفي عياله، واستمرّ الأمر كذلك في عهد عمر ومن بعده.

وسار هذا الأمر في العهد الراشدي على معظم الولاة والعمّال والقضاة.

قال الماوردي: ((ولأنّه إذا باع واشترى لم يؤمن أن يسامح ويحابي، فتميل نفسه عند المحاكمة إليه، إلى ممايلة من سامحه وحاباه، ولأنّ في مباشرته بُذْلَة تقلُّ بِها هيبته، فكان تصاونه عنها أولى))[١٧٣].

وكذلك كان عمر يخرج إلى السوق لأجل التكسّب لعياله، والتعفف عن الناس. ولمّا استُخلِف، قال: ((أنزلتُ مال الله عندي بمنزلة مال اليتيم، فإن استغنيت عففت عنه، وإن افتقرتُ أكلتُ بالمعروف)). وعن عمر قال: ((إنّي أنزلتُ نفسي من هذا المال بمنزلة ولي اليتيم، إن استغنيتُ استعففتُ، وإن احتجتُ استقرضتُ، فإذا أيسرتُ قضيتُ)). وكان يقول: ((لا يحلّ لي من هذا المال إلاّ ما كنتُ آكلاً من صلب مالي))[١٧٤].

وكان الخلفاء الراشدون، لا سيما عمر الفاروق وعثمان بن عفان، يرتبون أرزاقاً لجميع الموظفين، من أئمة ومؤذنين، وقضاة ومعلّمين[١٧٥].

وأخرج أبو داود عن ابن السَّاعِدِيِّ قال: ((استعملَني عمر على الصَّدَقة، فلما فرَغْتُ أمَرَ لي بعُمَالة (ما يأخذه العامل من الأجرة) فقلتُ: إنّما عَمِلْتُ لله. فقال: خُذْ ما أُعْطيتَ؛ فإنّي قد عَمِلتُ على عهدِ رسولِ الله صلى الله عليه وسلم فعمّلَني (أي أعطاني

(١٧٢) الزحيلي، تاريخ القضاء في الإسلام، ص٩٢-٩٣.
(١٧٣) الماوردي، أدب القاضي، ج ١، ص ٢٣٨-٢٣٩.
(١٧٤) ابن الجوزي، مناقب أمير المؤمنين عمر، ص ١٠٢-١٠٣.
(١٧٥) محمصاني، تراث الخلفاء الراشدين في الفقه والقضاء، ص ١٤٥.

عمالتي)))[١٧٦].

لا نعلم شيئاً عن الرزق الذي خصّصه الخليفة الأول أبو بكر الصدّيق للقضاة في عهده، ولا عن مقداره إذا كان قد خُصِّص[١٧٧].

إلى أن جاء عهد عمر رضي الله عنه، وعيّن رجالاً مخصوصين في القضاء، وحدّد لهم رزقاً وراتباً معيّناً، فاستحدث عمر فرض الأرزاق للقضاة يتقاضونه من بيت مال المسلمين مباشرة، أو من أحد فروعه، أو أحد موارده في البلدان والأمصار، وذلك لقاء تفرّغهم لهذا العمل الجليل في الفصل بين الناس والحكم بينهم، حتى لا تضيع حقوق الناس، وينشغل القضاة بطلب الرزق في عمل آخر[١٧٨].

وكان عمر رضي الله عنه يرغب بالتوسعة على القضاة لما في تحقيقه من المصالح العامة.

فقد ذكر الخصّاف (عن نافع أنّ عمر رضي الله عنه كتب إلى أبي عبيدة ومعاذ بن جبل بالشام أن: انظروا رجالاً من أهل العلم من الصالحين ممن قبلكم فاستعملوهم على القضاء ووسّعوا عليهم في الرزق) وهذا لأنّ القاضي محبوس بحق المسلمين فيجب كفايته في مال المسلمين، وذلك من بيت المال لأنّ الحبس سبب استحقاق الكفاية[١٧٩].

ومن المعلوم أنّ عمر بن الخطّاب هو الذي فصل القضاء عن الولاية، ومن المعلوم أيضاً أنّ بيت مال المسلمين لم ينشأ إلاّ في زمنه، فإنّه أول من ضبط الأعمال ودوّن الدواوين في الإسلام، وهو أوّل من رتّب أرزاق القضاة، فجعل للقاضي سليمان بن ربيعة الباهلي خمسمائة درهم في كل شهر، ورتّب لشريح مائة في كل شهر أيضاً[١٨٠].

وكان عمر رضي الله عنه يرزق العامل بحسب حاجته.

ولمّا علم عمر رضي الله عنه أنّ أبا عبيدة كان يلبس الغليظ من الثياب، بعث إليه

(١٧٦) سنن أبي داود، كتاب الخراج والفيء والإمارة، باب في أرزاق العمّال، ج ٢، ص ٣٤٣، حديث رقم (٢٩٤٤).
(١٧٧) القاسمي، نظام الحكم في الشريعة والتاريخ الإسلامي، ص ٢١١.
(١٧٨) الزحيلي، تاريخ القضاء في الإسلام، ص ١٠٣.
(١٧٩) الخصّاف، شرح أدب القاضي، ص ٨٠.
(١٨٠) ابن عرنوس، تاريخ القضاء في الإسلام، ص ٢٩.

بألف دينار، ليوسّع على نفسه بالطعام واللباس[١٨١].

وكان يرزق عامله على حمص عياض بن غنم[١٨٢] كل يوم ديناراً وشاة ومداً[١٨٣].

وذكر الخصّاف (أنّ عمر رضي الله عنه رزق أبا موسى رضي الله عنه ستة آلاف في السنة وهو على البصرة، وأعطى عثمان بن أبي العاص أرضاً بالمدينة في عمالته)[١٨٤].

وقد روى وكيع عن نافع أنّ عمر استعمل زيد بن ثابت على القضاء وفرض له رزقاً[١٨٥].

وأنّه أرسل عمّار بن ياسر وعثمان بن حُنَيْف وعبد الله بن مسعود إلى الكوفة، وفرض لهم رزقاً[١٨٦].

وقد روى وكيع أنّ عمر بن الخطاب بعث عمّار بن ياسر على صلاة أهل الكوفة؛ وبعث عبد الله بن مسعود على بيت المال والقضاء[١٨٧].

وكان ابن مسعود القاضي والمعلّم، وناظر بيت المال، وكان راتبه مائة درهم في كل شهر، وربع شاة في كل يوم[١٨٨].

فخصّصهم يومياً بشاة، نصفها لعمّار، والربع لكل من رفيقيه. وقال في كتابه إليهم: ((إنّما مثلي مثلكم، كمثل ما قاله الله في ولي اليتيم: من كان غنياً فليستعفف،

---

(١٨١) محمصاني، تراث الخلفاء الراشدين في الفقه والقضاء، ص١٥٠.
(١٨٢) هو عياض بن غَنْم بن زهير بن أبي شداد الفهري. قائد من شجعان الصحابة وغزاتهم. هاجر الهجرة الثانية إلى أرض الحبشة، وشهد بدراً، وأحداً، والخندق، والمشاهد. أسلم قبل الحديبية، وتوفي بالشام سنة عشرين وهو ابن ستين سنة. وكان ابن عمّته أبي عبيدة، فاستخلفه على حمص لمّا مات، وقيل إن أبا عبيدة كان خاله فأقرّه عمر قائلاً: لا أُبدِّل أميراً أمّره أبو عبيدة. وفتح بلاد الجزيرة في أيام عمر. وهو أوّل من اجتاز ((الدرب)) إلى الروم غازياً.
ابن حجر، الإصابة في تمييز الصحابة، ج ٤، ص ٦٢٩-٦٣٠ - الزركلي، الأعلام، ج ٥، ص ٩٩.
(١٨٣) كرد علي، الإدارة الإسلامية في عزّ العرب، ص ٤٧.
(١٨٤) الخصّاف، شرح أدب القاضي، ص ٨٢.
(١٨٥) وكيع، أخبار القضاة، ج ١، ص ١٠٨.
(١٨٦) الزحيلي، تاريخ القضاء في الإسلام، ص ١٠٤.
(١٨٧) وكيع، أخبار القضاة، ج ٢، ص ١٨٨.
(١٨٨) الزحيلي، تاريخ القضاء في الإسلام، ص ١٠٤.

ومن كان فقيراً فليأكل بالمعروف))[١٨٩].

وروى وكيع: ((لمّا وجه عمر ابن مسعود على الكوفة قال: إنّي وجّهتك معلّماً ليس لك سوط ولا عصا، فاقتصر على كتاب الله فإنّه كفاك وإيّاهم، ولا تقبل الهديّة وليست بحرام، ولكنّي أخاف عليك القالة))[١٩٠].

وقد روى الذهبي عن الشعبي، أنّ عمر رزق شريحاً مائة درهم على القضاء[١٩١].

واستمر رزق القضاة في عهد عثمان كما كان في عهد عمر، بل قد توسّعت الأموال والعطايا في عهد عثمان إلى القضاة والولاة وجميع الناس.

عن الحسن رحمه الله، أنّ عمر وعثمان بن عفان، رضي الله عنهما، كانا يرزقان الأئمة والمؤذنين، والمعلمين والقضاة[١٩٢].

وبقي الأمر كذلك في عهد علي رضي الله عنه، وأيّد سيرة عمر في التوسعة على القضاة.

الإمام علي وهو المعروف بالزهد والقناعة فقد قال لعامله على مصر في شأن القضاة ((وأفسح له في البذل ما يزيل علّته وتقل معه حاجته إلى الناس)). ورتّب لشريح خمسمائة درهم في كل شهر، فيكون راتبه في العام ستة آلاف درهم، بينما كان الإمام علي يكتفي بقصعة ثريد في كل يوم من بيت المال[١٩٣].

وروى وكيع: ((عن شريح أنّه كان يأخذ على القضاء خمسمائة درهم كل شهر، ويقول: أستوفي منهم وأوفيهم)). وأنّ شريح كان يقول: ((أجلس لهم على القضاء، وأحبس عليهم نفسي، ولا أُرزق؟))[١٩٤].

لأنه كان كثير العيال فلا يكفيه أقل من ذلك[١٩٥].

(١٨٩) محمصاني، تراث الخلفاء الراشدين في الفقه والقضاء، ص ١٤٥.
(١٩٠) وكيع، أخبار القضاة، ج ٢، ص ١٨٨.
(١٩١) الذهبي، سير أعلام النبلاء، ج ٤، ص ١٠٢.
(١٩٢) ابن الجوزي، مناقب أمير المؤمنين عمر، ص ١٠٥.
(١٩٣) ابن عرنوس، تاريخ القضاء في الإسلام، ص ٢٩.
(١٩٤) وكيع، أخبار القضاة، ج ٢، ص ٢٢٧.
(١٩٥) الخصّاف، شرح أدب القاضي، ص ٨١.

وهكذا كان العمّال يرزقون من بيت المال بحسب حاجتهم وبلدهم.

فإن التوسعة على القضاة في أرزاقهم كانت مبدأً عاماً من يوم أن وُجدت الأرزاق في الدواوين ويظهر أنّها كانت تصرف مقدّماً[١٩٦].

(١٩٦) ابن عرنوس، تاريخ القضاء في الإسلام، ص ٣٠.

الفصل الثالث
التنظيم الموضوعي للقضاء

١ - مصادر القضاء في العهد الراشدي

٢ - تخصيص القضاء في العهد الراشدي

٣ - قضاء المظالم

٤ - قضاء الحسبة

٥ - الحدّ

٦ - التعزير

امتاز العهد الراشدي بالتنظيم الموضوعي للقضاء، وبلغ هذا التنظيم الموضوعي قمّته في عهد عمر بن الخطاب رضي الله عنه نظريّاً وعمليّاً، واستمرّ كذلك من الناحية العمليّة بعد ذلك.

١ - مصادر القضاء في العهد الراشدي

اعتمد القضاة في العهد الراشدي على نفس المصادر التي اعتمدها رسول الله صلى الله عليه وسلم وقضاته، وهي الكتاب والسُّنة والاجتهاد، ولكن ظهر في العهد الراشدي أمران:

الأول: تطور معنى الاجتهاد والعمل به، وما نتج عنه من مقدمات ووسائل وغايات، فظهرت المشاورة والشورى، والإجماع، والقياس.

الثاني: ظهور مصادر جديدة لم تكن في العهد النبوي، وهي السوابق القضائية التي صدرت عن السلف الصالح من الصحابة والتابعين من عهد خليفة إلى عهد خليفة آخر.

فصارت مصادر القضاء في العهد الراشدي هي: الكتاب، السُّنة، الاجتهاد، الإجماع، القياس، السوابق القضائية، ويظلل ذلك كله الشورى والمشاورة في المسائل والقضايا والأحكام(١٩٧).

وقد وردت نصوص كثيرة، وروايات عديدة تؤكد هذه المصادر السابقة، ونقتطف جانباً منها:

نقل ابن القيّم عن ميمون بن مهران قال: كان أبو بكر الصدّيق إذا ورد عليه حُكم نَظَرَ في **كتاب الله تعالى**، فإن وَجَدَ فيه ما يقضي به قضى به، وإن لم يجد في كتاب الله نظر في **سُنة** رسول الله صلى الله عليه وسلم، فإن وَجَدَ فيه ما يقضي به قضى به، فإن أعياه ذلك سأل الناس: هل علمتم أنّ رسول الله صلى الله عليه وسلم قَضَى فيه بقضاء؟ فربما قام إليه القوم فيقولون: قضى فيه بكذا وكذا، فإن لم يجد سُنّة سنَّها النبي صلى الله عليه وسلم **جَمَعَ رؤساء الناس فاستشارهم**، فإذا **اجتمع** رأيُهم على شيء قضى به، وكان عمر يفعل ذلك، فإذا أعياه أن يجدَ ذلك في **الكتاب والسُّنة** سأل: هل كان أبو بكر قضى فيه بقضاء؟ فإن كان لأبي بكر قضاء قضى به، وإلاّ جمع علماء الناس و**استشارهم**، فإذا **اجتمع** رأيهم عل شيء

(١٩٧) الزحيلي، تاريخ القضاء في الإسلام، ص١١٧-١١٨.

قضى به[١٩٨].عن الشعبي قال: كتب عمر إلى شريح: ما في **كتاب الله، وقضاء النبي عليه السلام** فاقضِ به، فإذا أتاك ما ليس في كتاب الله، ولم يقضِ به النبي عليه السلام، فما **قضى به أئمة العدل** فأنت بالخيار، إن شئت أن **تجتهد رأيك**، وإن شئت **تؤامرني**[١٩٩]، ولا أرى في مؤامرتك إياي إلاّ أسلم لك[٢٠٠].

فقد رأينا أنّ عمر نفسه كان يستقلّ باجتهاده في بعض المسائل الصغيرة التي كان يستطيع أن يتحمّل مسؤولية الحكم فيها.

وروى الشعبي عن شريح: قال لي عمر: ((اقضِ بما استبان لك من **كتاب الله**، فإن لم تعلم كل كتاب الله، فاقضِ بما استبان لك من **قضاء رسول الله** صلى الله عليه وسلم، فإن لم تعلم كل أقضية رسول الله صلى الله عليه وسلم فاقضِ بما استبان لك من **أئمة المهتدين**، فإن لم تعلم كلَّ ما قضَتْ به أئمة المهتدين، **فاجتهد رأيك، واسْتَشِر أهلَ العلم والصلاح**))[٢٠١].

وفي كتاب عمر بن الخطّاب إلى شُرَيح: ((إذا وَجَدْتَ شيئاً في **كتاب الله** فاقْض به، ولا تلتفت إلى غيره، وإن أتاك شيء ليس في كتاب الله فاقْضِ **بما سنّ رسول الله** صلى الله عليه وسلم، فإنْ أتاك ما ليس في كتاب الله ولم يَسُنّ رسول الله صلى الله عليه وسلم فاقضِ بما **أجمع عليه الناس**، وإن أتاك ما ليس في كتاب الله ولا سنّة رسول الله صلى الله عليه وسلم ولم يتكلّم فيه أحد قبلك، فإن شئتَ **أن تجتهد رأيَك** فتقدم، وإن شئت أن تتأخر فتأخر، وما أرى التأخرَ إلاّ خيراً لك))[٢٠٢].

(١٩٨) ابن قيّم الجوزيّة، أعلام الموقعين عن ربّ العالمين، ج١، ص٤٩-٥٠.
(١٩٩) آمَرَهُ في أمْرِهِ ووامَرَه واسْتأمَرَهُ: شاوره. ومن المؤامَرَة المشاورة. ابن منظور، لسان العرب، ج ٤، ص ٣٠.
(٢٠٠) وكيع، أخبار القضاة، ج٢، ص ١٨٩.
(٢٠١) ابن قيّم الجوزيّة، أعلام الموقعين عن ربّ العالمين، ج١، ص٦٦-٦٧-١٥٦.
(٢٠٢) ابن قيّم الجوزيّة، أعلام الموقعين عن ربّ العالمين، ج١، ص٤٩.

وكانت مصادر القضاء ومنهج القضاء في عهد عثمان كما كانت في عهد أبي بكر وعمر، وسار عثمان على نفس المنهج السابق، وهو ما ظهر وتأكد في نص بيعة عثمان بالخلافة فيما رواه الإمام أحمد عن أبي وائل قال: قلتُ لعبد الرحمن بن عوف: كيف بايعتم عثمان وتركتم علياً؟ قال: ما ذنبي، قد بدأت بعلي، فقلتُ: أبايعُك على كتاب الله وسُنّة رسوله، وسيرة أبي بكر وعمر، قال: فقال: فيما استطعتُ، قال: ثم عرضتُها على عثمان، فَقَبِلها))[٢٠٣].

ونقل وكيع عن عبد الله بن مسعود رضي الله عنه قال: من كان منكم قاضياً فليقْضِ بما في **كتاب الله**، فإن جاءه ما ليس في كتاب الله، فليقضِ بما **قال رسول الله**، فإن جاءه ما لم يَقُل رسول الله **فليجتهد**، فإن لم يفعل فَلْيفرّ ولا يَسْتَحي[٢٠٤].

وروى الحاكم عن عبد الله بن مسعود رضي الله عنه قال: ((من عرض له قضاء فليقضِ بما في **كتاب الله**، فإن جاءه أمر ليس في كتاب الله عز وجلّ فليقضِ **بما قضى به النبي** صلى الله عليه وسلم، فإن جاءه أمر ليس في كتاب الله عز وجلّ ولم يقضِ به نبيّه صلى الله عليه وسلم، فليقضِ **بما قاله الصالحون**، فإن جاءه أمرٌ ليس في كتاب الله ولم يقضِ به نبيه صلى الله عليه وسلم ولم يقضِ به الصالحون، **فليجتهد رأيه**، فإن لم يحسن فليفرّ ولا يستحي))[٢٠٥].

وذكر سفيان بن عُيَيْنَة عن عبيد الله بن أبي يزيد قال: سمعت ابن عباس إذا سئل عن شيء، فإن كان في كتاب الله قال به، وإن لم يكن في كتاب الله، وكان عن رسول الله صلى الله عليه وسلم قال به، فإن لم يكن في كتاب الله، ولا عن رسول الله صلى الله عليه وسلم، وكان عن أبي بكر وعمر قال به، فإن لم يكن في كتاب الله، ولا عن رسول الله صلى الله عليه وسلم، ولا عن أبي بكر وعمر اجتهد رأيه[٢٠٦].

ونخلص من ذلك إلى أنّ مصادر القضاء في العهد الراشدي هي المصادر في

---

(٢٠٣) مسند أحمد، ج ٢، ص ١٥، حديث رقم (٥٥٧).
(٢٠٤) وكيع، أخبار القضاة، ج١، ص ٧٦.
(٢٠٥) الحاكم، المستدرك على الصحيحين في الحديث، كتاب الأحكام، ج٤، ص٩٤.
(٢٠٦) ابن قيّم الجوزيّة، أعلام الموقّعين عن ربّ العالمين، ج١، ص٥١.

العهد النبوي، مع تفصيل فيها، وهي:

١ - الكتاب، وهو القرآن الكريم.

٢ - السُّنة النبوية.

٣ - الاجتهاد، وهذا المصدر يتضمن عدّة أمور، وتطوّر قليلاً عمّا كان في العهد النبوي، وتجاوب مع الأحداث والمستجدات، وأخذ أشكالاً عدّة وهي:

أ - الإجماع:

فإن لم يجد القاضي نصّاً في القرآن والسُّنة، رجع إلى العلماء، واستشار الصحابة والفقهاء، وعرض عليهم المسألة، وبحثوا فيها، واجتهدوا، فإن وصل اجتهادهم إلى رأي واحد، فهو الإجماع، وهو اتفاق مجتهدي عصر من أمّة محمد صلى الله عليه وسلم في أمر شرعي، وهو المصدر الثالث من مصادر التشريع الإسلامي باتفاق العلماء، وظهر لأول مرّة في العهد الراشدي، ووردت فيه نصوص كثيرة، وبحوث طويلة في كتب الفقه، وأصول الفقه وتاريخ التشريع(٢٠٧).

وإنّ كل ما قضى به الخلفاء الراشدون في مختلف المسائل الدستورية والقانونية بعد مشاورة الصحابة رضوان الله عليهم، هو حجّة لمن بعدهم من المسلمين، لا بدّ لهم اليوم من التسليم بِها كما هي. ذلك لأنه لا معنى لإجماع الصحابة على رأي أو أمر إلاّ أنّه يمثل فهماً صحيحاً لكتاب الله أو طريقاً سليماً في العمل بآياته. وذلك أنّهم استفادوا من صحبة النبي صلى الله عليه وسلم، واغترفوا من مناهل علمه ومعرفته وطول ملازمته، فمن المستبعد اتفاقهم على خطأ في أمر الدين.

ومن ذلك ما روي عن أبي بكر وعمر، أنّهما إن لم يجدا الحكم في الكتاب أو السنّة، جمعا رؤساء الناس، واستشاراهم. فإذا اجتمع رأيهم على شيء قضيا به.

وبمعناه خطب عمر بباب الجابية، من قرى دمشق، فنوّه بالحديث الشريف: ((يا أيّها الناس، اتّقوا الله في أصحابي، ثم الذين يلونَهم، ثم الذين يلونَهم... عليكم بالجماعة، وإيّاكم والفرقة))(٢٠٨).

وكذلك جاء في خطبة عثمان بن عفّان بعدما بويع: ((أمّا بعد: فإنّي قد حُمِّلت وقد قبلت: ألا وإنّي متّبع ولست بمبتدع؛ ألا وإنّ لكم عليّ بعد كتاب الله عزّ وجلّ

---

(٢٠٧) الزحيلي، تاريخ القضاء في الإسلام، ص١٢٢.
(٢٠٨) محمصاني، تراث الخلفاء الراشدين في الفقه والقضاء، ص ١٢٤.

وسنّة نبيّه صلى الله عليه وسلم، ثلاثاً: اتباع مَن كان قبلي فيما اجتمعتم عليه وسننتم، وسَنُّ سنة أهل الخير فيما لم تستّوا عن ملأ، والكفّ عنكم إلا فيما استوجبتم))[٢٠٩].

ولكن القضايا والمسائل التي حصل فيها الإجماع قليلة، وإنّ إمكانيته محصورة في المدينة المنورة عاصمة الخلافة، ومجمع الصحابة والعلماء والفقهاء، وهذا يندر في الأمصار الأخرى.

فمن ذلك ما روى ابن حزم عن عبد الله بن عباس أنّه دخل على عثمان بن عفان فقال له:

إنّ الأخوين لا يردّان الأم إلى السدس، إنّما قال الله تعالى: (فَإِنْ كَانَ لَهُ إِخْوَةٌ فَلِأُمِّهِ السُّدُسُ)[٢١٠]، والأخوان في لسان قومك ليسوا بأخوة، فقال عثمان: لا أستطيع أن أنقض أمراً كان قبلي توارثه الناس ومضى في الأمصار[٢١١].

وهذا معناه أنّه إجماع تمّ قبل مخالفة ابن عباس، ولا يعتدّ بمخالفته.

والإجماع يتضمن ثلاثة عناصر رئيسية: المشاورة، والاجتهاد، والاتفاق، فإن فقد عنصر منها لجأ القاضي إلى المصدر التالي:

ب - السوابق القضائية:

التي قضى بِها السابقون من الخلفاء والصالحين وكبار الصحابة رضي الله عنهم، وهذا ما عبّر عنه صراحة عمر رضي الله عنه في سوابق أبي بكر، وما أمر به قضاته وولاته[٢١٢].

وصرّح به ابن عباس رضي الله عنه قال: إذا بلغنا شيء تكلّم به عليٌّ قضاءً، أو فتيا لم نُجاوزه إلى غيره.[٢١٣]

من فروع الاجتهاد في المبادئ الشرعية أنّ القاضي لا يتقيّد باجتهاد غيره من القضاة السابقين. لكن إذا حكم قاضٍ في قضية ما، فليس لمن يأتي بعده أنْ ينقض حكمه، عملاً بما يسمّى اليوم بقوة القضية المحكوم بِها. وهذا ما أخذ به القاضي

---

(٢٠٩) الطبري، تاريخ الرسل والملوك، ج٤، ص٤٢٢.
(٢١٠) سورة: النساء، آية: ١١.
(٢١١) ابن حزم، المحلى، ج٩، ص٢٥٨.
(٢١٢) الزحيلي، تاريخ القضاء في الإسلام، ص١٢٣.
(٢١٣) وكيع، أخبار القضاة، ج١، ص٩١.

شريح.[٢١٤]

فقد روى وكيع أن شريحاً كان إذا ادّعى رجل قال: أنّه قُضي- لي؛ قال: إنّي لا أدري ما كان قبلي، ويقضي.[٢١٥]

وروى وكيع أنّ شُريحاً كان يقول: لا أردّ قضاء من كان قبلي.[٢١٦]

وهذا ما بيّنه صراحة ابن القيّم فقال: ((وحقيق بمن كانت آراؤهم بِهذه المنزلة أن يكون رأيهم لنا خيراً من رأينا لأنفسنا، وكيف لا وهو الرأيُ الصادرُ من قلوب ممتلئة نوراً وإيماناً، وحكمة وعلماً، ومعرفة وفَهْماً عن الله ورسوله، ونصيحة للأمة، وقلوبِهم على قلب نبيهم، لا واسطة بينهم وبينه، وهم ينقلون العلم والإيمان من مِشْكاة النبوة غضّاً طريّاً، لم يَشُبْه إشكال، ولم يشُبْه خلاف، ولم تُدَنِّسه معارضة، فقياسُ رأي غيرهم بآرائهم من أفسد القياس))[٢١٧].

ونحن إذا رجعنا إلى كتب الحديث والتاريخ والسيرة، وجدناها حافلة بالنصوص والسوابق من أعمال الصحابة التي جاءوا بِها لتسيير أمر الدولة الإسلامية بعد النبي صلى الله عليه وسلم. فما أعمالهم هذه إلاّ أسوة نتأسى بِها وقدوة تقتدي بِها. والذي ما زالت الأمة - منذ أول أمرها إلى يومنا هذا - تتلقاه بالقبول والإذعان[٢١٨].

ج - القياس:

لكن السوابق القضائية قليلة أيضاً، فإن لم يجد القاضي نصاً ولا إجماعاً، ولا سابقة قضائية، اعتمد على الاجتهاد كما جاء في حديث معاذ، ويأتي في أوليات الاجتهاد قياس مسألة لم يرد نص عليها بمسألة ورد فيها نص، وهذا هو المصدر الرابع للتشريع والفقه والأحكام، وهذا ما جاء في رسالة عمر رضي الله عنه لأبي موسى الأشعري[٢١٩]، قال: ((ثم قايس الأمور عند ذلك، واعرف الأمثال، ثم اعمد فيما ترى إلى أحَبّها إلى الله، وأشبهها بالحق))[٢٢٠].

---

(٢١٤) المحمصاني، المجتهدون في القضاء، ص٤٣.
(٢١٥) وكيع، أخبار القضاة، ج٢، ص٣٥٤.
(٢١٦) وكيع، أخبار القضاة، ج٢، ص٣٥٨.
(٢١٧) ابن قيّم الجوزيّة، أعلام الموقّعين عن ربّ العالمين، ج١، ٦٤-٦٥.
(٢١٨) المودودي، نظرية الإسلام وهديه في السياسة والقانون والدستور، ص٢٣٨.
(٢١٩) الزحيلي، تاريخ القضاء في الإسلام، ص١٢٣-١٢٤.
(٢٢٠) ابن قيّم الجوزيّة، أعلام الموقّعين عن ربّ العالمين، ج١، ص٦٨.

وبيّن هذا ابن القيّم فقال: ((وقد كان أصحاب رسول الله صلى الله عليه وسلم يجتهدون في النوازل، ويقيسون بعض الأحكام على بعض، ويعتبرون النظير بنظيره))(٢٢١). ثم نقل قول علي رضي الله عنه: ((كلُّ قومٍ على بيّنة من أمرهم، ومصلحة مع أنفسهم يُزْرون على مَنْ سواهم، ويُعْرَف الحقّ بالمقايسة عند ذوي الألباب))(٢٢٢)، ثم نقل ابن القيّم أمثلة وأدلّة للقياس منها.

قال ابن قيّم: ((وقايَسَ علي بن أبي طالب وزيد بن ثابت في المكاتَبِ))(٢٢٣).

ومن ذلك قياس الصحابة حدّ الشرب على حدّ القذف. فقد ذكر ابن قيّم عن عِكْرِمة أنّ عمر بن الخطّاب رضي الله عنه شاوَرَ الناسَ في حدِّ الخمر، وقال: إنّ الناس قد شربوها واجترؤا عليها، فقال له عليّ كرّم الله وجهه: إنّ السكران إذا سكر هَذَى، وإذا هذَى افْتَرَى، فاجعله حدَّ الفِرْية، فجعله عمر حدّ الفرية ثمانين(٢٢٤).

ولمّا شهد أبو بكرة وأصحابه على المغيرة بن شُعْبة بالحدّ ولم يكملوا النِّصاب حَدَّهم عمر، قياساً على القاذف، ولم يكونوا قَذَفَة بل شهوداً(٢٢٥).

فالصحابة رضي الله عنهم مَثَّلوا الوقائع بنظائرها، وشبّهوها بأمثالها، ورَدّوا بعضها إلى بعض في أحكامها، وفتحوا للعلماء باب الاجتهاد، ونَهجوا لهم طريقه، وبيّنوا لهم سبيله(٢٢٦).

د - الرأي:

كان الرسول صلى الله عليه وسلم في أثناء حياته يرسل القضاة والمعلّمين إلى البقاع المختلفة في جزيرة العرب، وكان يرشدهم أنْ يتّبعوا في قضائهم الكتاب والسنّة، فإن لم يجدوا فيهما الحكم المطلوب اجتهدوا وحكموا حسبما يقضي به اجتهادهم. فلمّا توفي الرسول صلى الله عليه وسلم جدّت مشكلات كثيرة لم يقع نظير لَها أثناء حياته، فاجتهد الخلفاء الراشدون واستشاروا الصحابة، وأقدموا بشجاعة على ما أدّاه

(٢٢١) ابن قيّم الجوزيّة، أعلام الموقّعين عن ربّ العالمين، ج١، ص١٥٥.
(٢٢٢) ابن قيّم الجوزيّة، أعلام الموقّعين عن ربّ العالمين، ج١، ص ١٥٥.
(٢٢٣) ابن قيّم الجوزيّة، أعلام الموقّعين عن ربّ العالمين، ج١، ص ٥٠.
(٢٢٤) ابن قيّم الجوزيّة، أعلام الموقّعين عن ربّ العالمين، ج ١، ص ١٦١.
(٢٢٥) ابن قيّم الجوزيّة، أعلام الموقّعين عن ربّ العالمين، ج ١، ص ١٦٥.
(٢٢٦) ابن قيّم الجوزيّة، أعلام الموقّعين عن ربّ العالمين، ج ١، ص ١٦٦.

إليهم اجتهادهم من نتائج.

لجأ الخلفاء الراشدون، إلى استنباط الأحكام من مصدر جديد من التشريع، وبذلك نما التشريع بالرأي، وساعد على نموه أنّ النبي صلى الله عليه وسلم أرشدهم إليه، في حياته بأقواله وأفعاله باجتهاد من اجتهد في زمنه، لأنه في أكثر حالاته مستمد من القرآن والسُّنة، ومقتبس من الأصول والأحكام والمبادئ الواردة فيهما[٢٢٧].

وكان عمر رضي الله عنه من أظهر الصحابة استعمالاً للرأي، وقد ضرب فيه بسهم وافر، وساعده على ذلك اتساع رقعة الدولة الإسلامية في زمنه، اتساعاً عظيماً وسريعاً، وما صادفه من الأحوال الاقتصادية والسياسية والاجتماعية، التي نتجت عن هذه الفتوحات، والتي كانت تتطلب تشريعاً يطبق عليها وعلى أمثالها. فقد روي عنه الشيء الكثير من الأحكام المستنبطة، من استعمال الرأي، والتي كانت هدىً ونوراً لمن أتى بعده من الفقهاء[٢٢٨].

ويروى عن عمر أنّه قال: ((السُّنة ما سنّه الله، ورسوله صلى الله عليه وسلم، لا تجعلوا خطأ الرأي سنّة للأمّة))[٢٢٩].

فإن لم يكن للمسألة والقضية أصل في النصوص لتقاس عليها، اعتمد القاضي على الاجتهاد بالرأي فيما هو أقرب إلى الحق والعدل والصواب وقواعد الشرع، ومقاصد الشريعة، وهو ما تكرر في النقول السابقة، في رسائل عمر لشريح ولغيره.

وقد أفتى أبو بكر رضي الله عنه بالرأي والقياس.

ثم إنّ الرأي، الذي كان أحدهم يقول به اجتهاداً، يمكن الأخذ به بسبب الضرورة، من غير التزام لاتباعه، والعمل به.

فلذا، كان يحتاط أحدهم، عند هذا الاضطرار، بالقول إنّ اجتهاده يعبّر عن رأي خاص. فإن كان صواباً، فمن الله. وإن كان خطأ، فمنه هو، ويستغفر الله عنه. ويضيف بأنّ الرأي، الذي يشير به، من شاء أخذه، ومن شاء تركه[٢٣٠].

عن ابن سيرين قال: ((لم يكن أحد بعد النبي صلى الله عليه وسلم أهْيَبَ لِما لا

---

(٢٢٧) مشرفة، القضاء في الإسلام، ص٤٢.
(٢٢٨) مشرفة، القضاء في الإسلام، ص ٩٧-٩٨.
(٢٢٩) ابن قيّم الجوزيّة، أعلام الموقعين عن ربّ العالمين، ج١، ص٤٣.
(٢٣٠) محمصاني، تراث الخلفاء الراشدين في الفقه والقضاء، ص ١٢٨.

يعلم من أبي بكر، ولم يكن أحد بعد أبي بكر أَهْيَبَ لِما لا يعلم من عمر، وإن أبا بكر نزلَتْ به قضيةٌ، فلم يجد لها في كتاب الله أصلاً، ولا في السُّنة أثراً، فقال: أجتهد رأيي، فإن يكن صواباً فمن الله، وإن يكن خطأ فمنّي، وأستغفر الله))[٢٣١].

وقد روي هذا التحفّظ عن أبي بكر وعمر في مسألة إرث الكلالة.

عن الشعبي قال: سئل أبو بكر عن الكَلالة، فقال: إنّي سأقول فيها برأيي، فإن يكن صواباً فمن الله، وإن يكن خطأ فمنّي ومن الشيطان، أراه ما خلا الوالِدَ والولَد[٢٣٢].

فلما استُخلِفَ عمر قال: ((إنّي لأستحي من الله أن أردَّ شيئاً قاله أبو بكر))[٢٣٣].

وقد أجمع المفسّرون واستدلّ الخلفاء أبو بكر وعمر وعثمان أنّ ((الكلالة)) معناه: ((من مات ليس له والد ولا ولد))[٢٣٤].

وقاله عمر وعلي في قياس حدّ الخمر على حدّ القذف. وقاله عثمان في توريث المطلّقة طلاقاً باتاً في مرض الموت، ووافقه الصحابة على ذلك[٢٣٥].

وقال عبد الله بن مسعود وقد سئل عن المفوضة: ((أقول برأيي، فإن يكن صواباً فمن الله، وإن يكن خطأ فمنّي ومن الشيطان، والله ورسوله منه بريء))[٢٣٦].

وعن ابن شِهابٍ أنَّ عمر بن الخطابِ قال وهو على المِنْبَرِ: ((يا أيُّها الناسُ، إنَّ الرأْيَ إنّما كان من رسولِ الله صلى الله عليه وسلم مُصيباً لأنَّ الله كانَ يُرِيَه، وإنّما هو مِنَّا الظنُّ والتَّكلُّفُ))[٢٣٧].

وفي كتاب عمر رضي الله إلى شريح (إن شئت أن تجتهد وتتقدّم فتقدّم) يعني إن شئت أن تجتهد فاجتهد رجاء أن توفق للصواب فيكون لك أجران (وإن شئت أن تتأخّر فتأخّر) يعني إن شئت أن تمتنع من الاجتهاد فامتنع مخافة أن تقصر في طريقه فتخطئ

---

(٢٣١) السيوطي، تاريخ الخلفاء، ص٩٥ -٩٦ - ابن قيّم الجوزيّة، أعلام الموقعين عن ربّ العالمين، ج١، ص٤٣.
(٢٣٢) ابن قيّم الجوزيّة، أعلام الموقّعين عن ربّ العالمين، ج ١، ص ٦٥.
(٢٣٣) ابن قيّم الجوزيّة، أعلام الموقعين عن ربّ العالمين، ج١، ص١٥٦.
(٢٣٤) محمصاني، تراث الخلفاء الراشدين في الفقه والقضاء، ص٤٠٦.
(٢٣٥) محمصاني، تراث الخلفاء الراشدين في الفقه والقضاء، ص ١٢٨.
(٢٣٦) ابن قيّم الجوزيّة، أعلام الموقّعين عن ربّ العالمين، ج ١، ص ٥٠.
(٢٣٧) سنن أبي داود، كتاب الأقضية، باب في قضاء القاضي إذا أخطأ، ج ٢، ص ٥٠٩، حديث رقم (٣٥٨٦).

الحق، قال (ولا أرى التأخّر إلاّ خيراً لك) أي أسلم لدينك[٢٣٨].

وهكذا، كان الخلفاء الراشدون لا يجيزون الرأي، إلاّ للضرورة عند عدم النص أو الإجماع.

وقال الخصّاف: (عن عمر بن الخطّاب رضي الله عنه أنّه قضى بقضاء فقال له رجل: هذا والله الحق! فسكت عمر وعاد إلى القضاء، فعاد الرجل إلى ذلك القول، فسكت عمر، وعاد إلى القضاء، فعاد الرجل إلى ذلك القول، فقال عمر: ما يدريك؟ والله ما يدري عمر أصاب الحقّ أم أخطأ، ولكنه لا يأْلُ). في هذا دليل على أنّ المجتهد يخطئ ويصيب. وقول عمر رضي الله عنه: لا يَأْلُ، يعني: لا يقصّر[٢٣٩].

تغيّر الإجتهاد:

أقرّ بعض الراشدين، لا سيما عمر الفاروق، جواز تغيير الاجتهاد وفق تغيّر العادات والحاجات، الناجم عن تقلّب الأزمنة والأمكنة والأحوال.

ذكر الخصّاف: (عن ابن سيرين قال: قال عمر بن الخطّاب رضي الله عنه: إنّي قضيْتُ في الحدّ بقضايا مختلفة كل ذلك لا آلُ فيه عن الخير). فيه دليل أنّ المجتهد يخطئ ويصيب، وفيه دليل أيضاً على أنّ ما ثبت بالاجتهاد لا ينقض بالاجتهاد، فإنّ عمر رضي الله عنه لم ينقض شيئاً من قضاياه في الحدّ حين تغيّر اجتهاده[٢٤٠].

وعلى كل حال، فالفتاوى المبنية على الاجتهاد، تتغيّر بتغيّر الأزمنة والأمكنة والأحوال. فقد جاء في القاعدة الكلّيّة أنّه: ((لا ينكر تغيّر الأحكام بتغيّر الأزمان))[٢٤١].

قال السرخسي: ((روي أنّ عمر كان يقضي في حادثة بقضية ثم ترفع إليه تلك الحادثة فيقضي بخلافها، فكان إذا قيل له في ذلك قال: تلك كما قضينا وهذه كما يقضى))[٢٤٢].

وقال الشعبي رحمه الله: حفظت من عمر رضي الله عنه في الحدّ سبعين قضيّة لا يشبه بعضها بعضاً. وبِهذا يتبيّن أنّ الاجتهاد لا ينقض باجتهاد مثله، ولكن فيما يستقبل

---

(٢٣٨) الخصّاف، شرح أدب القاضي، ص٢٤.
(٢٣٩) الخصّاف، شرح أدب القاضي، ص ١٦.
(٢٤٠) الخصّاف، شرح أدب القاضي، ص ١٧.
(٢٤١) محمصاني، تراث الخلفاء الراشدين في الفقه والقضاء، ص١٢٩.
(٢٤٢) السرخسي، المبسوط، ج ١٦، ص ٨٤.

يقضي بما أدّى إليه اجتهاده[٢٤٣].

إنّ بيع الأمة التي استولدها سيدها كان جائزاً على عهد النبي صلى الله عليه وسلم وأبي بكر. ولكن عمر نَهى عن بيعهِنّ، قائلاً: ((خالطتْ دماؤنا دماءهنَّ))[٢٤٤].

وفي باب العقوبات أنّ السارق يعاقب بقطع اليد بنص قرآني. ومع ذلك، أسقط الفاروق هذه العقوبة في عام المجاعة، بسبب الضرورة[٢٤٥].

وأنّ من عقوبات الزاني غير المحصن، أنّ غير المرتبط بزواج صحيح، كان التغريب أو النفي سنة كاملة، وذلك وفاقاً للسنّة النبوية. ولكن روي عن عمر أنّه نفى ربيعة بن أميّة بن خلف، فلحق بالروم. فألغى عمر التغريب، قائلاً: ((لا أغرّب بعدها أحداً))[٢٤٦].

وهكذا، أثبت الخلفاء الراشدون أنّ الشريعة السمحة كانت ولا تزال مبنية على العدل والإنصاف والإحسان، وعلى مصلحة العباد العامة. وأنّها مرنة، تساير مقتضيات كل زمان، وكل مكان، وكل حال.

كان الاجتهاد في عهد الخلفاء الراشدين مقصوراً على فتاوى يفتي بِها من سئل في حادثة وقعت لشخص بالفعل، وكانت لا تخرج في حكمها عن الكتاب والسُّنة، فيأخذ المجتهدون من ظواهر النصوص ومعقولها، الحكم المراد تطبيقه في الفتوى. وقد أصبح الرأي أو الاجتهاد أو القياس، عملاً خطيراً في تطوير مبادئ الشريعة الإسلامية في عصورها التالية، فبعد أن كان مقصوراً على حالات فرديّة، اتخذ شكلاً علمياً منظماً تبعاً لتطوّر المجتمع الإسلامي، وتقدمه، وبنوا عليه أكثر الأحكام الجديدة، نظراً لتفرّع المعاملات التي لم يصادفها نص من الكتاب أو السنّة.

وكان رائدهم في هذا الاجتهاد، ما تَهديه إليه عقولهم، من المبادئ العامة التي يستخلصونَها من روح النصوص، ومن حكم التشريع فيها[٢٤٧].

---

(٢٤٣) السرخسي، المبسوط، ج ١٦، ص ٨٤.
(٢٤٤) محمصاني، تراث الخلفاء الراشدين في الفقه والقضاء، ص ١٣١.
(٢٤٥) محمصاني، تراث الخلفاء الراشدين في الفقه والقضاء، ص ١٣١.
(٢٤٦) محمصاني، تراث الخلفاء الراشدين في الفقه والقضاء، ص ١٣١-١٣٢.
(٢٤٧) مشرفة، القضاء في الإسلام، ص٤٣.

الشورى:

إنّ مبدأ الشورى في الحكم، بالقياس إلى ظروف الزمان والمكان التي طبق فيها، هو الديمقراطية بعينها، التي تنطوي على اشتراك الشعب في الحكم، وعلى سعة صدر الحاكمين بالتواصل معهم. وهذا ما جرت عليه تصرفات الخلفاء الراشدين(٢٤٨).

لقد سبق البيان أنّ على القاضي أنْ يحكم بمقتضى القرآن الكريم والسُّنة وإجماع الأئمّة المهتدين. وعليه في ذلك أن يستشير أهل العلم والصلاح، كما فعل الخلفاء الراشدون، وكما أوصوا قضاتَهم بفعله.

فقد دلّتْ سيرة الخلفاء الراشدين على أنّهم اتفقوا على مشاورة الجماعة فيما لا نص عليه. وتؤيد ذلك أقوالهم وأفعالهم العديدة في هذا الصدد.

تقيّد الخلفاء الراشدون في تصرفاتِهم جميعاً، بمبدأ الشورى، الثابت بالكتاب الكريم والسنّة الشريفة. وقد اتّبع الخلفاء الراشدون هذه السُّنة الشريفة، فكانوا يتشاورون في القضايا، ويستنبطون الأحكام من الكتاب والسُّنة.

وكان في كل عصر جماعة اشتهروا بالفقه واستنباط الأحكام، يستعين بِهم القاضي ويستفتيهم إذا أشكل عليهم أمر، وأهم ما كان يدعوهم إلى ذلك أنّ سُنّة رسول الله صلى الله عليه وسلملم تكن مجموعة في كتاب بل كانت في صدور الناس، يحفظ أحدهم منها ما لا يحفظه الآخر، فربما عرضت للقاضي مسألة فلا يرى فيها نصّاً ويكون النص وهو الحديث عند غيره، وكان القضاء في هذه المُدّة ملازماً للإفتاء كما يظهر في قضاء أبي بكر وعمر(٢٤٩).

استشارة أبو بكر كبار الصحابة:

فلمّا ولي أبو بكر وانقطع الوحي الربّاني أخذ خليفة النبيّ يستوحي من القرآن والسُّنة النبوية ويسترشد بِهَدْيِها في حلّ القضايا التي تلاقيها خلافة المسلمين، فهو لا يقطع بأمر إلا ويستفتي فيه كتاب الله وقلبه وكبار أصحاب رسول الله صلى الله عليه وسلم، وقد سار بسياسة الشورى لإقرار الإسلام إيّاها ولموافقتها لروح العرب المحبّة للديمقراطية الكارهة للاستبداد، النافرة من الديكتاتورية، ولكنه كان مع حبّه للديمقراطية والشورى كان يفكّر فيما يُشار عليه به ويناقشه، فإذا رآه صواباً سار

(٢٤٨) محمصاني، تراث الخلفاء الراشدين في الفقه والقضاء، ص ٩٤.
(٢٤٩) ابن عرنوس، تاريخ القضاء في الإسلام، ص١٩-٢٠.

بِمقتضاه، وإذا رآه معوجاً تحاشاه[٢٥٠].

وهكذا سار أبو بكر بأمور المسلمين سياسة مطابقة لروح الشرع في أمور الدين، ولم يخالف روح الشرع في أمور الدنيا.

وفي الواقع، كان أبو بكر يستشير الثلاثة الراشدين، كما فعل في ميراث الجدّة.

قال الماوردي: ((وشاور أبو بكر الصحابة في الجدّة أمّ الأمّ، وشاور عمر في الجدّة أمّ الأب حتى فرضا لكل واحدة منهما السُّدُس))[٢٥١].

وكان أبو بكر لا يقطع أمراً دون استشارة كبار الصحابة وبخاصة عمر وأبي عبيدة، كان أبو بكر مشبعاً بروح الإسلام الديمقراطية الشورية، فكان لا يقطع بأمر دون أخذ آراء أصحاب رسول الله صلى الله عليه وسلم وبخاصة عمر وأبو عبيدة، أو غيرهما من جلّة المسلمين الأوّلين، أمثال علي وعثمان وعبد الرحمن وابن عباس وخالد وغيرهم[٢٥٢].

عن القاسم أنّ أبا بكر الصدّيق رضي الله عنه كان إذا نزل به أمر يريد فيه مشاورة أهل الرأي وأهل الفقه، دَعا رجالاً من المهاجرين والأنصار، ودعا عمرَ، وعثمان، وعليّاً، وعبد الرحمن ابن عوفٍ، ومعاذَ بن جبلٍ، وأبيّ بن كعبٍ، وزيد بن ثابتٍ - رضي الله عنهم - ؛ وكل هؤلاء كان يُفتي في خلافة أبي بكر، وإنّما تصيرُ فتوى الناس إلى هؤلاء.

فمضى أبو بكر على ذلك، ثم وُلِّي عمر، فكان يدعو هؤلاء النفرَ، وكانتِ الفَتْوى تصير وهو خليفةٌ إلى عثمانَ وأبيّ وزيدٍ[٢٥٣].

ومن الأمثلة في مشاورة أبي بكر أهل الرأي في عهده نذكر ما وقع بين أبي بكر وعمر في إقطاع أرض لبعض الصحابة:

جاء عيينة بن حصين، والأقرع بن حابس إلى أبي بكر رضي الله عنهم، فقال: يا خليفة رسول الله! إنّ عندنا أرضاً سبْخة[٢٥٤] ليس فيها كلأ، ولا منفعة؛ فإذا رأيت أن

(٢٥٠) طلس، الخلفاء الراشدون، ص٧١.
(٢٥١) الماوردي، أدب القاضي، ج١، ص٢٥٧-٢٥٨.
(٢٥٢) طلس، الخلفاء الراشدون، ص٧٢.
(٢٥٣) المتقي الهندي، كنز العمّال، ج٥، ص٦٢٧.
(٢٥٤) سَبَخَة: وهي الأرض التي تعلوها الملوحة ولا تكاد تُنْبِتُ إلاّ بعضَ الشجر. ابن منظور، لسان العرب، ج ٣، ص ٢٤.

تُقْطِعناها لعلّنا نحرثها، ونزرعها؛ فأقطعها إياهما وكتب لهما عليه كتاباً وأشهد فيه عمر رضي الله عنه - وليس في القوم - ، فانطلقا إلى عمر ليُشهداه. فلما سمع عمر ما في الكتاب تناوله من أيديهما ثم تفل فيه ومحاه، فتذمّرا وقالا مقالة سيئة. قال عمر: إنّ رسول الله صلى الله عليه وسلم كان يتألفكما والإسلام يومئذ ذليل، وإنّ الله قد أعزّ الإسلام فاذهبا فاجهدا جهدكما، لا رعى الله عليكما إن رَعَيتما. فأقبلا إلى أبي بكر وهما يتذمران، فقالا: والله ما ندري أنت الخليفة أم عمر؟ فقال: بل هو ولو شاء كان. فجاء عمر مُغْضَباً حتى وقف على أبي بكر فقال: أخبرني عن هذه الأرض التي أقطعتها هذين الرجلين، أرض هي لك خاصة، أم هي بين المسلمين عامّة؟ قال: بل هي بين المسلمين عامّة. قال: فما حملك أن تخصّ هذَيْن بِها دون جماعة المسلمين؟ قال: استشرتُ هؤلاء الذين حولي، فأشاروا عليّ بذلك. قال: فإذا استشرتَ هؤلاء الذين حولك أَوَكلّ المسلمين أوْسَعْتَ مشورة ورضىً؟ فقال أبو بكر: قد كنتُ قلتُ لك: إنّك أقوى على هذا مِنّي ولكنّك غلبتني[٢٥٥].

اشتهر عمر بعدله بين الناس، وعرف أبو بكر بتفانيه في إقامة العدل فكان دائماً يستشيره في كثير من القضايا.

استشارة عمر رضي الله عنه الصحابة:

وكان عمر عالماً ومتفقّهاً بأمور الدين ممّا جعله من أصحاب الشورى الأوائل عند الرسول صلى الله عليه وسلم، ومكّنه علمه وفقهه أن يكون على رأس القضاء أبان عهد أبي بكر ورائداً للاجتهاد أبان ولايته[٢٥٦].

قال الخصّاف: (عن أبي هريرة رضي الله عنه قال: ما رأيت أحداً بعد رسول الله صلى الله عليه وسلم أكثر مشاورة لأصحابه منه. يعني من عمر رضي الله عنه)[٢٥٧].

وكانت المشاورة والشورى من أهم الوسائل التي يستعين بِها القضاة، كما ورد في الروايات والكتب والرسائل السابقة، وهو ما أكّده عمر رضي الله عنه قولاً وفعلاً، لكثرة محبته للشورى مع فقهه، وكان لا يقطع أمراً عظيماً إلاّ بعد استشارة كبار

(٢٥٥) الكاندهلوي، حياة الصحابة، ج٢،ص١٥٥-١٥٦.
(٢٥٦) مجدلاوي، الإدارة الإسلامية في عهد عمر بن الخطّاب، ص ١٠٠.
(٢٥٧) الخصّاف، شرح أدب القاضي، ص٧٦.

الصحابة وفقهائهم، فكانت أعماله ثمرة ناضجة من الآراء الصائبة.

وقد نقل ابن قتيبة قول عمر رضي الله عنه: ((الرأي الفرد كالخيط السَّحِيل[٢٥٨]، والرأيان كالخَيْطيْن المبرمَين، والثلاثة مِرار لا يكاد ينتقض))[٢٥٩].

وإنّ ملاك النظم الحكوميّة كلّها نظام الشورى الذي أقامه عمر على أحسن ما يقام عليه في زمانه، فجمع عنده نخبة الصحابة للمشاورة والاستفتاء. فكان عمر، مع تَهيّب الناس له، ألين من غيره في تقبّل الحقّ واستشارة العلماء فيما ينزل به من الطوارئ.

قال السرخسي: ((عن الشعبي قال: كانت القضية ترفع إلى عمر رضي الله عنه، وربما يتأمل في ذلك شهراً، ويستشير أصحابه، عملاً بقوله عليه الصلاة والسلام: «**التأني من الله والعجلة من الشيطان**»[٢٦٠]))[٢٦١].

فعرفنا أنّه ينبغي للقاضي أن يتأنّى ويشاور عند اشتباه الأمر.

وفي طبقات ابن سعد برواية عامر قال: ((إذا اختلف الناسُ في أمر، فأنظر كيف قضى فيه عمر، فإنّه لم يكن يقضي في أمر،لم يقْضِ فيه قبله، حتى يشاور))[٢٦٢].

وقال الشعبي: من سرّه أن يأخذ بالوثيقة من القضاء، فليأخذ بقضاء عمر، فإنّه كان يستشير[٢٦٣].

قال ابن قيّم الجوزيّة: ((وكانت النازلة إذا نزلَتْ بأمير المؤمنين عمر بن الخطّاب رضي الله عنه ليس عنده فيها نصٌّ عن الله ولا عن رسوله جَمَعَ لها أصحاب رسول الله

---

(٢٥٨) السَّحيل: الخيطُ غير مفتول. والسَّحيل من الحِبال: الذي يُفْتل فَتْلاً واحداً كما يفْتِل الخيّاط سِلْكه، والمُبْرَم أن يجمع بين نسيجَتَين فَتُفْتَلا حَبْلاً واحداً. ابن منظور، لسان العرب، ج ١١، ص ٣٢٨.

(٢٥٩) ابن قتيبة، عيون الأخبار، ج ١، ص ٧٢.

(٢٦٠) سنن الترمذي، أبواب البر والصلة، باب ما جاء في التَّأنّي والعَجَلَة، ج ٣، ص ٢٤٧-٢٤٨، حديث رقم (٢٠٨١). ونص الحديث: عن سعدٍ الساعِديِّ عن أبيه عن جدّه قال: قال رسول الله صلى الله عليه وسلم: ((الأناةُ مِنَ اللهِ والعجلَةُ من الشَّيْطانِ)).

(٢٦١) السرخسي، المبسوط، ج١٦، ص٨٤.

(٢٦٢) القاسمي، نظام الحكم في الشريعة والتاريخ الإسلامي، ص٣٢٨ - المتقي الهندي، كنز العمّال، ج ٥، ص ٨٣٨.

(٢٦٣) ابن الجوزي، مناقب أمير المؤمنين عمر، ص ٢٥١.

صلى الله عليه وسلم ثم جعلها شُورَى بينهم))[٢٦٤].

كان عمر رضي الله عنه يستشير أعلام الصحابة وفقهائهم من المهاجرين والأنصار، وتمحيص آرائهم كل تمحيص، فكانت له شورى خاصّة يلتمسها في مثل عثمان بن عفان، والعباس بن عبد المطّلب، وعبد الرحمن بن عوف، وعليّ بن أبي طالب، وعبد الله بن عباس، وغيرهم، وشورى عامّة صورتها أنْ يتقدّم له كلّ من له رأي من المسلمين، عندما يعرض الأمر عليهم في المسجد، وربّما استشار بعد ذلك خاصّته زيادة في التحفّظ، وكثيراً ما كان يرجع عن رأيه إذا ما ثبت له خطأه[٢٦٥].

وكان عمر يعتمد على علي بن أبي طالب. قال النباهي المالقي: وكان عمر يتعوّذ من مُعْضِلة ليس فيها أبو حسن. فكان عمر يقول: ((لولا عليٌّ، هلك عُمر!))[٢٦٦].

وقال السرخسي: ((وكان عمر رضي الله عنه يستشير الصحابة رضوان الله عليهم مع فقهه، حتى كان إذا رفعت إليه حادثة قال: ادعوا إليّ عليّاً وادعوا إليّ زيد بن ثابت وأبيّ ابن كعب رضي الله عنهم، فكان يستشيرهم ثم يفصل بما اتفقوا عليه، فعرفنا أنّه لا ينبغي للقاضي أن يدع المشاورة وإن كان فقيهاً))[٢٦٧].

وإنّ مشورة الغائب بالكتاب بمنزلة مشورة الحاضر بالخِطاب، ولهذا كان عمر رضي الله عنه يكتب إلى أبي موسى الأشعري رضي الله عنه بأشياء، وكان أبو موسى رضي الله عنه يكتب إليه يشاوره في الحوادث[٢٦٨].

وكان أبو بكر وعمر يستشيران عثمان بن عفان رضي الله عنهم، ويعملان برأيه في الأعمال الجليلة والمهمة[٢٦٩].

استشارة عثمان بن عفّان رضي الله عنه الصحابة:

ولمّا أفضى الأمر إلى عثمان حافظ على الأوضاع التي وضعها عمر. واعتمد عثمان لأوّل ولايته في مشورته على من اعتمد عليهم الشيخان من قبل، وفي الولايات على بعض من كانوا عمّالاً لعمر، ثم على أناس من أهله وعشيرته، وممن اعتمد عليه

(٢٦٤) ابن قيّم الجوزيّة، أعلام الموقّعين عن ربّ العالمين، ج١، ٦٦.
(٢٦٥) مشرفة، القضاء في الإسلام، ص٩٩-١٠٠.
(٢٦٦) النباهي، المالقي، تاريخ قضاة الأندلس، ص٢٣.
(٢٦٧) السرخسي، المبسوط، ج ١٦، ص ٧١.
(٢٦٨) الخصّاف، شرح أدب القاضي، ص٢١.
(٢٦٩) الزحيلي، تاريخ القضاء في الإسلام، ص١٢٦.

مروان بن الحكم[٢٧٠]. وكان مروان في ولايته على المدينة يجمع أصحاب الرسول صلى الله عليه وسلم يستشيرهم ويعمل بما يُجمعون عليه[٢٧١].

فقد روى وكيع عن عبد الله بن سعيد (أبو عبد الرحمن بن سعيد) قال: ((رأيت عثمان بن عفان في المسجد إذا جاءه الخصمان قال لهذا: اذهب فادع عَلِيّاً، وللآخر: فادْعُ طلحة بن عُبيد الله، والزُّبير، وعبد الرّحمن، فجاءوا، فجلسوا، فقال لهما: تكلّما، ثم يُقْبل عليهم فيقول: أشيروا عَليَّ؛ فإن قالوا ما يوافق رأيه أمضاه عليهما، وإلاّ نظر فيقومون مُسَلّمين))[٢٧٢].

فكان عثمان رضي الله عنه يشاور علياً وطلحة والزبير رضي الله عنهم بمحضر من الخصوم[٢٧٣].

وقال الماوردي: ((وشاور عمر في ديّة الجنين وفي التي أجهضت ما في بطنها. وشاور عثمان في الأحكام))[٢٧٤].

مشاورة علي رضي الله عنه الصحابة:

وكان عليّ رضي الله عنه يعتمد على القرآن الكريم في قضائه ثم على قضاء من

(٢٧٠) هو مروان بن الحكم بن أبي العاص بن أميّة بن عبد شمس بن عبد مناف، أبو عبد الملك. خليفة أموي، هو أوّل من ملك من بني الحكم ابن أبي العاص، وإليه ينسب ((بنو مروان)) ودولتهم ((المروانية)). ولد بمكة سنة ٢ هـ ٦٢٣م، ونشأ بالطائف، وسكن المدينة فلما كانت أيّام عثمان جعله في خاصّته واتخذه كاتباً له. ولمّا قتل عثمان خرج مروان إلى البصرة مع طلحة والزبير وعائشة، يطالبون بدمه. وقاتل مروان في وقعة ((الجمل)) قتالاً شديداً، وانهزم أصحابه فتوارى. وشهد ((صفين)) مع معاوية، ثم أمّنه عليّ، فأتاه فبايعه. وانصرف إلى المدينة فأقام إلى أن ولي معاوية الخلافة، فولاه المدينة (سنة ٤٢ - ٤٩هـ). ولي يزيد بن معاوية الخلافة، ومات يزيد وتولى ابنه معاوية بن يزيد، ثم اعتزل معاوية الخلافة، وكان مروان قد أسنّ فرحل إلى الجابية (في شمالي حوران) ودعا إلى نفسه، فبايعه أهل الأردن (سنة ٦٤) ودخل الشام فأحسن تدبيرها، وخرج إلى مصر وقد فشت في أهلها البيعة لابن الزبير، فصالحوا مروان، فولّى عليهم ابنه ((عبد الملك))، وعاد إلى دمشق فلم يطل أمره، وتوفي بالطاعون سنة ٦٥ هـ ٦٨٥م. ومدة حكمه تسعة أشهر و١٨ يوماً. وهو أول من ضرب الدنانير الشامية، وكتب عليها ((قُلْ هو الله أحدٌ)). الزركلي، الأعلام، ج ٧، ص ٢٠٧.

(٢٧١) كرد علي، الإدارة الإسلامية، ص ٥٥.

(٢٧٢) وكيع، أخبار القضاة، ج١، ١١٠.

(٢٧٣) الخصّاف، شرح أدب القاضي، ص٧٥.

(٢٧٤) الماوردي، أدب القاضي، ج١، ص٢٥٨.

سبقوه من الخلفاء الراشدين، وكان إذا لم يجد، رجع إلى استشارة الصحابة في المسألة المعروضة عليه[٢٧٥].

قال الماوردي: ((وكان علي بن أبي طالب قليل الاستشارة فيها (في الأحكام)، فقيل لأنّه لم يبقَ في عصره عديل يشاوره، وقيل لأنّه قد كان شاهد استشارة قرينه فاكتفى بِها))[٢٧٦].

وقد نوّه الإمام عليّ بالمشاورة، فقال: ((من استبدّ برأيه هلك، ومن شاور الرجال شاورها بعقولها. والاستشارة عين الهداية))[٢٧٧].

وعلى هذا النحو نشأت شورى القضاء منذ فجر الإسلام، أيام الخلفاء الراشدين. فلا نجد أحداً منهم يستحي من الاستشارة.

ومن قضاة الخلفاء نذكر شريح:

وشريح كان من أشهر القضاة الفقهاء في صدر الإسلام، وكان قاضياً لعمر، وعثمان وعلي.

وقد ذكر وكيع في ترجمته: ((كان شريح يشاور مسروقاً))[٢٧٨].

وروت كتب التراجم أنّ مسروقاً ((كان أعلم بالفتيا من شريح، وشريح أبصر منه بالقضاء))[٢٧٩].

وعند وكيع قول يرجح أنّه صادر في أواخر القرن الأول جاء فيه: ((كانت القضاة لا تستغني أن يجلس إليهم بعض العلماء، يقوّموهم إذا أخطأوا))[٢٨٠].

انقضى زمن الخلفاء الراشدين ولم يدوّن فيه كتاب إلاّ ما كان من أمر كتابة المصحف، وكان مرجع الناس في أمر دينهم ودنياهم كتاب الله وسُنّة رسوله صلى الله عليه وسلم، فإذا اشتبه عليهم أمر من الأمور رجعوا إلى الخلفاء وفقهاء الصحابة واستظهروا باجتهادهم رأياً عملوا به.

إنّ القرآن الكريم دُوّن وأذيع بين الناس، وإنّه قد فكّر في تدوين السُّنة، ولكنّهم

(٢٧٥) مشرفة، القضاء في الاسلام، ص ١٠٥.
(٢٧٦) الماوردي، أدب القاضي، ج١، ص٢٥٨-٢٥٩.
(٢٧٧) محمصاني، تراث الخلفاء الراشدين في الفقه والقضاء، ص٩٣.
(٢٧٨) وكيع، أخبار القضاة، ج٢، ص٢٢٩.
(٢٧٩) الزركلي، الأعلام، ج٧، ص٢١٥.
(٢٨٠) وكيع، أخبار القضاة، ج٢، ص٤١٥.

اكتفوا بروايتها وحفظها في الصدور. أمّا أحكامهم الاجتهادية فلم يدوّنوها، ولم يفكروا في تدوينها، لأنّها استنباطات راعوا فيها مصالح الناس في عصرهم، وأدّاهم إليها اجتهادهم، وما فهموه من النصوص، وعلل التشريع. فهم لا يعتبرونَها في منزلة الكتاب والسُّنة، بل مجرد آراء فردية، إن تكن صواباً فمن الله، وإن تكن خطأً فمن زلل الفكر ومن الشيطان. وخافوا أن يشغلوا المسلمين بِهذه الاجتهادات، عن الرجوع إلى الكتاب والسُّنة(٢٨١).

٢ - تخصيص القضاء في العهد الراشدي

يعتمد تخصيص القضاء على أساس توزيع القضايا والمنازعات على عدد من القضاة، ويقوم على تعدد القضاة، زماناً ومكاناً وموضوعاً، فيوجد اختصاص زماني، ومكاني، وموضوعي.

الاختصاص الزماني للقضاة، فلم يظهر له أثر في العهد الراشدي، فلم يعيّن قاض للنظر في بعض النهار، وآخر في بعضه الثاني، ولم يعيّن قاض للعمل في بعض أيّام الأسبوع دون غيرها، بل كانت ولاية القاضي الزمانية عامّة وشاملة لجميع الأوقات.

أما الاختصاص المكاني فكان واضحاً في العهد الراشدي، كما كان في العهد النبوي، فكان القاضي يعيّن للقضاء، ويخصص له الخليفة أو الوالي بلداً معيّناً، أو مدينة، أو قطراً كاملاً، وظهر لنا سابقاً تعيين القاضي في المدينة المنورة، أو في مكّة أو في الكوفة، أو في البصرة، أو في الشام، أو في فلسطين، أو في مصر، أو في اليمن، أو في ناحية من اليمن، أو في حضرموت، أو في البحرين، كما ثبت تعيين أو وجود عدّة قضاة في المدينة المنورة في زمن عمر وعثمان رضي الله عنهما، بالإضافة إلى تولي الخليفة نفسه القضاء، فكان عليّ وزيد رضي الله عنهما يتوليان القضاء في المدينة، كما عيّن عمر رضي الله عنه أبا السائب يزيد ابن أخت النمر قاضياً أيضاً في المدينة، وعيّن أبا الدرداء قاضياً في المدينة أيضاً، وكان زيد وعلي يقضيان فيها، ويتمّ توزيع العمل بينهم بحسب الاختصاص الموضوعي(٢٨٢).

وقد روى وكيع عن أبي موسى؛ أنّ النبي صلى الله عليه وسلم بعثه على نِصف

(٢٨١) مشرفة، القضاء في الإسلام، ص٤٢-٤٣.
(٢٨٢) الزحيلي، تاريخ القضاء في الإسلام، ص١٢٦-١٢٧.

اليمن، ومعاذ بن جبل على نصف اليمن(٢٨٣).

الاختصاص الموضوعي أو النوعي:

كان القاضي يتولى جميع الاختصاصات القضائية التي تُعرض عليه، ويُطلَب منه فصل الخصومة فيها، سواء أكان الخلاف - كما نقول بلغة اليوم - مدنياً أم جزائياً، أم إدارياً، أم يتعلق بالأحوال الشخصية، أم كان خلافاً بين الجند، أم غير ذلك مِمّا يمكن أن يُعرض على القضاة. ثم كان أن اتّسعت رقعة الدولة الإسلامية، وتكاثر عدد سكانِها، وكثرت خلافاتُها، فدعا ذلك وُلاة الأمر إلى تخصيص بعض القضاة، ببعض الخلافات(٢٨٤).

وكان الاختصاص الموضوعي، أو النوعي واضحاً في العهد الراشدي، وظهر الاختصاص الموضوعي في عدّة جوانب، باعتبار أنّ القاضي نائب عن الخليفة ووكيل عنه، وللخليفة أن يقيّد ويحدد اختصاص النائب والوكيل؛ وتجلّى الاختصاص الموضوعي في عدّة مظاهر، وهي:

١ - **قاضي الجند**: هو القاضي الذي كان يسير مع الجند، ليفصل الخصومات التي يمكن أن تقع بينهم وبين غيرهم. وطبيعي أنّ مصادر قضاء الجند، هي مصادر القضاء العادي نفسها. وقد أُحدث هذا القضاء للمرة الأولى أيام الرسول صلى الله عليه وسلم: فقد بعث معاذ بن جبل إلى اليمن قاضياً للجند، كما بعث عليّ بن أبي طالب قاضياً إليها. ثم ازدادت الحاجة إلى هذا النوع من القضاء أو استمرّت(٢٨٥). فكان أبو الدرداء قاضي الجند في زمن عمر وعثمان(٢٨٦).

وأشار القلقشندي إلى بعض اختصاصات قاضي الجند، فقال:

((وأن يكون مستعِدّاً للأحكام التي يكثُر فصلها في العسكر: كالغنائم، والشركة والقسمة، والمبيعات، والردّ بالعَيْب؛ وأن يُسرع في فصل القضاء بين الخصوم، لئلاّ يكون في ذلك تشاغل عن مواقع الحرب ومقدماته، وغير ذلك مِمّا يجري هذا

---

(٢٨٣) وكيع، أخبار القضاة، ج١، ص١٠٠-١٠١.
(٢٨٤) القاسمي، نظام الحكم في الشريعة والتاريخ الإسلامي، ص٢٥٥.
(٢٨٥) القاسمي، نظام الحكم في الشريعة والتاريخ الإسلامي، ص٢٥٨.
(٢٨٦) وكيع، أخبار القضاة، ج٣، ص١٩٩.

المجرى))[٢٨٧].

٢ - كانت **القضايا الكبيرة والمهمّة والخطيرة في الجنايات والقصاص والحدود** تنظر في الغالب من قبل الخليفة في العاصمة، وهذا ما حرص عليه عثمان رضي الله عنه، وتنازل عنه أبو بكر رضي الله عنه نِهائيّاً زمن خلافته لعمر، وكان عمر وعليّ رضي الله عنهما ينظران أحياناً في الحدود والجنايات، كما كان بعض الولاة ينظرون فيها في البلدان خشية الفتنة، لأنّها تحتاج إلى هيبة القضاة وسلطة الحكّام، وهي في الغالب قليلة ونادرة لا تشغلهم عن الولاية، وقد يتنازل عنها الخليفة أو الوالي للقاضي.

كما كان الخلفاء في الغالب والولاة ينظرون قضايا المظالم والحسبة، أو يعيّنون قاضياً خاصّاً للمظالم والحسبة[٢٨٨].

٣ - **تعيين قضاة للأمور البسيطة**، فمن ذلك: ((لمّا ولي عمر الخلافة قال ليزيد ابن أخت النمر: اكفني بعض الأمور، يعني صغارها))[٢٨٩]، وفي رواية أنّ عمر قال له: ((اكفني صِغار الأمور، فكان يقضي في الدرهم ونحوه))[٢٩٠].

٤ - **تعيين قضاة للأمور المهمة والخطيرة**، وهذا ما نسمّيه بقضاء الأحداث.

ويتبيّن أنّ المراد ((بالأحداث)): الجرائم الكبرى التي تقع في المجتمع.[٢٩١]

ولعلّ عمر بن الخطّاب رضي الله عنه هو أوّل مَنْ أحدث هذا النوع من القضاء. فقد ورد في الطبري، حين التحدُّث عن عمّال عمر بن الخطّاب: ((وأمّا الكوفة، فإنّ عامله عليها كان عمّار بن ياسر، وكان إليه الأحداث)).[٢٩٢]

وجاء في أخبار القضاة لوكيع: ((لَمّا استُخلِف عثمان، أقرّ أبا موسى على البصرة، على صلاتِها، وأحداثِها)).[٢٩٣]

---

(٢٨٧) القلقشندي، صبح الأعشى، ج١١،ص ٩٦.
(٢٨٨) الزحيلي، تاريخ القضاء في الإسلام، ص١٢٨.
(٢٨٩) وكيع، أخبار القضاة، ج١، ص١٠٤-١٠٥.
(٢٩٠) وكيع، أخبار القضاة، ج١، ص١٠٦.
(٢٩١) القاسمي، نظام الحكم في الشريعة والتاريخ الإسلامي، ص٢٥٧.
(٢٩٢) الطبري، تاريخ الرسل والملوك، ج٤، ص١٤٥.
(٢٩٣) وكيع، أخبار القضاة، ج١، ص٢٧٤.

وحكى الأزهري وابن المسيّب أنّ عمر رضي الله عنه في وسط خلافته قال لعليّ: ((اكفني بعض الأمور)) أي المهمة والخطيرة، لأنّ علياً كان أقضى الصحابة.[٢٩٤]

ولكن هذا الاختصاص الموضوعي أو النوعي كان استثناء، وفي حالات قليلة، ومحصورة، وأنّ المبدأ العام، والقاعدة أنّ القاضي في العهد الراشدي كان ذا اختصاص شامل لجميع القضايا المالية والأحوال الشخصية، وفي الأبدان والجنايات والقصاص، والحدود، وكان الخلفاء غالباً يرسلون القضاة، ولا يحدّدون لهم ما يحكمون فيه، ولا يطلبون منهم الرجوع إليهم إلاّ في الأحوال المعضلة وخاصّة فيما لا نص فيه بالقرآن والسُّنة، وما يعتمد على الاجتهاد والرأي، وكان الخليفة يطلب منهم مراجعته ومشاورته على سبيل التخيير والإرشاد والاستئناس، وليس على سبيل الإلزام والحتم. وقد مرّ معنا كتاب عمر رضي الله عنه إلى شريح، ويقول فيه: ((إن شئت أن تجتهد رأيك، وإن شئت تؤامرني، ولا أرى في مؤامرتك إياي إلاّ أسلم لك)).[٢٩٥]

وكان القضاة في المدينة والأمصار يرجعون أحياناً إلى الخليفة، ويستشيرونه في بعض الأمور لمعرفة الحكم الشرعي، وللاستئناس، وفي أحيان أخرى يصل الحكم إلى الخليفة فيقرّه كما صدر، ولو كان في القضايا الرئيسة. والأمثلة على ذلك كثيرة، منها:

روى وكيع ((أنّ عبد الله بن مسعود أُتي برجل من قريش، وجد مع امرأة في ملحفتها، ولم تقم البيّنة على غير ذلك، فضربه عبد الله أربعين وأقامه للناس، فانطلق قوم إلى عمر بن الخطّاب، فقالوا: فضح منّا رجلاً، فقال عمر لعبد الله: بلغني أنّك ضربتَ رجلاً من قريش، فقال: أجل ...، قال: أرأيتَ ذلك؟ قال: نعم، قال: نِعْم ما رأيت، قالوا: جئنا نستعديه عليه فاستفتاه)).[٢٩٦]

وعن عمر رضي الله عنه أنّه لقي رجلاً فقال: ما صنعتَ؟ قال: قضى عليٌّ وزيد بكذا، قال: لو كنتُ أنا لقضيتُ بكذا، قال: فما منعك والأمر إليك؟ قال: لو كنتُ أردُّك إلى كتاب الله أو إلى سُنّة نبيه صلى الله عليه وسلم لفعلت، ولكن أردّك إلى رأيي،

(٢٩٤) الزحيلي، تاريخ القضاء في الإسلام، ص١٢٨.
(٢٩٥) وكيع، أخبار القضاة، ج٢، ص ١٨٩.
(٢٩٦) وكيع، أخبار القضاة، ج٢، ص ١٨٨.

والرأي مشترك، فلم يَنْقُضْ ما قال عليّ وزيد.[٢٩٧]

وروى وكيع عن عبد الله بن شبرمة أنّ قتيلاً أصيب في وادعة من هَمْدان، ولا يعلم له قاتل، فكتب فيه شريح بن الحارث إلى عمر بن الخطّاب، فكتب عمر: أن خذ من وادعة خمسين رجلاً، الخُبْر، والخُبْر، ثم استحلفهم بالله ما قتلوا، ولا يعلمون له قاتلا، ففعل ذلك ففعلوا، فكتب إليه شُريح: أنّهم قد حلفوا، فكتب إليه عمر: بِهذا برئوا من الدم، فما الذي يخرجهم من العقل؟ (الديّة)، دع عليهم عقلَه.[٢٩٨]

ولكن نظراً لقلّة دعاوى الجنايات والحدود، وللتحرّز فيها، والمشاورة فيها، ومكاتبة الخلفاء عنها، وكثرة الخلافات المالية والشخصية بالنسبة لها، كان أكثر اختصاص القضاة بالقضايا المدنية، وهذا ما دفع ابن خلدون وغيره للظنّ أنّ القضاة في العهد الراشدي كانوا مقيّدي الاختصاص[٢٩٩]، فقال: ((إنّ القاضي إنّما كان له في عصر الخلفاء الفصل بين الخصوم فقط، ثم دُفِع لهم بعد ذلك أمور أخرى على التدريج بحسب اشتغال الخلفاء والملوك بالسياسة الكبرى))[٣٠٠]. وهذا الكلام ليس على إطلاقه، وإنّما يصحّ في بعض الحالات وعلى بعض القضاة، وليس عامّاً عليهم، وخاصّة في الولايات، ومع القضاة المعيّنين خصيصاً لذلك.[٣٠١]

خطّة المواريث:

قواعد الإرث في الشريعة الإسلامية ضرب من الرياضيات، لا يمكن إتقانها إلاّ بعد تمرين وممارسة وكدّ وجدّ. وما زالت المحاكم الشرعيّة في أيّامنا هذه تولي أمر المواريث رجلاً اختصاصيّاً، يسمّونه ((الفَرَضِيّ))، وقد اشتقّوا اسمه من كلمة ((الفرائض)) المعروفة، التي تفيد على الغالب ((علم الفرائض)) الإسلامي، وهو يعني توزيع إرث المتوفّى بين أصحاب الفروض وبقية الورثة من العصبات وذوي الأرحام.[٣٠٢]

ولقد كان الصحابي زيد بن ثابت، رضي الله عنه أعلمَ الصحابة بالفرائض،

(٢٩٧) ابن قيّم الجوزيّة، أعلام الموقعين عن ربّ العالمين، ج١، ص ٥٢.
(٢٩٨) وكيع، أخبار القضاة، ج٢، ص١٩٣-١٩٤.
(٢٩٩) الزحيلي، تاريخ القضاء في الإسلام، ص١٣١.
(٣٠٠) مقدمة ابن خلدون، ص٢٢١.
(٣٠١) الزحيلي، تاريخ القضاء في الإسلام، ص١٣١.
(٣٠٢) القاسمي، نظام الحُكم في الشريعة والتاريخ الإسلامي، ص٢٦٧-٢٦٨.

وكذلك عليّ ابن أبي طالب. فقد روى وكيع عن ابن عمر، قال: قال رسول الله صلى الله عليه وسلم: «**أقضى أمّتي علي**».(٣٠٣) وقال رسول الله صلى الله عليه وسلم: «**أعلَمهم بالفرائض زيد**».(٣٠٤)

وهذا يعني بالبداهة أنّ كلاً من عليّ بن أبي طالب وزيد بن ثابت قد رُزق عقلاً رياضيّاً قويّاً.

قضاء وولاية بيت المال:

منذ عهد فجر المسلمين بالحياة القضائية، ولّى عُمر بن الخطاب عبد الله بن مسعود القضاءَ وبيت المال. فقد روى وكيع في كتابه أخبار القضاة عن مجلز: ((أنّ عمر بن الخطاب بعث عمّار بن ياسر على صلاة أهل الكوفة؛ وبعث عبد الله بن مسعود على بيت المال والقضاء)).(٣٠٥)

٣ - قضاء المظالم

لَمّا كانت ولاية المظالم داخلة بحسب أصولها في القضاء، وجب أن نذكر شيئاً عنها.

في اللغة:

في لسان العرب:

تظلَّم منه: شكا من ظُلْمِه. وتظلّم الرجلُ: أحال الظُّلْمَ على نفسه.

والمُتظلِّم: الذي يشكو رجلاً ظلمَه.

ويقال: تظلَّم فلانٌ إلى الحاكم من فلانٍ فظلَّمَه تظليماً أي أنصفه من ظالِمِه وأعانه عليه.

والظَّلَمَة: المانعون أهلَ الحقوقِ حُقوقَهم.

قال سيبويه: أمّا المَظْلِمةُ فهي اسم ما أُخِذَ منك.(٣٠٦)

في الإصطلاح:

ولمّا عمّ ظلم العمّال وكثر جبروت الأمراء، عجز القضاة العادلون عن الحكم

(٣٠٣) وكيع، أخبار القضاة، ج١، ص ٨٨.
(٣٠٤) ابن سعد، الطبقات الكبرى، ج٢، ص٣٥٩.
(٣٠٥) وكيع، أخبار القضاء، ج٢، ص١٨٨.
(٣٠٦) ابن منظور، لسان العرب، ج١٢، ص٣٧٤.

في بعض الأحكام، فكان يتولى ولاية المظالم شخص قوي الشكيمة واسع النفوذ، يمكنه أن يحكم فيما عجز القضاة عن الحكم فيه.

يهدف قضاء المظالم إلى محاسبة الولاة والأمراء والقادة وذوي النفوذ وأصحاب السلطة إذا صدر من أحدهم ظلم للرعيّة، أو اعتداء على بعضهم، أو تجاوز في تطبيق أحكام الشرع، أو استغلال للسلطة، أو انحراف في تحقيق المصالح العامّة.(٣٠٧)

فهي وظيفة نشأت لفساد الناس، فكان كل حكم يعجز عنه القاضي، ينظر فيه من هو أقوى منه يداً، فكان الغرض الأساسي من إنشائها هو وقف تعدّي ذوي الجاه والحسب، ويرأسها قاضي المظالم.(٣٠٨)

وقد عرّف الماوردي وأبو يعلى الفرّاء قضاء المظالم فقالا:

((ونظر المظالم هو قود المتظالمين إلى التناصف بالرهبة، وزجر المتنازعين عن التجاحد بالهيبة)).(٣٠٩)

الفرق بين ولاية القضاء وولاية المظالم:

فولاية المظالم - وإن كانت من صور القضاء - أهم منه شأناً، وأعمق أثراً، فهي كما قال ابن خلدون:

((وكان الخلفاء من قبل يجعلون للقاضي النظر في المظالم، وهي وظيفة ممتزجة من سطوة السَّلطنة ونصفة القضاء، وتحتاج إلى علوّ يد وعظيم رهبة، تقمع الظالم من الخصمين، وتزجر المعتدي، وكأنّه يُمضي ما عجز القضاة أو غيرهم عن إمضائه. ويكون نظره في البيّنات والتقرير، واعتماد الأمارات والقرائن، وتأخير الحكم إلى استجلاء الحقّ، وحمل الخصمين على الصلح، واستحْلاف الشهود؛ وذلك أوسع من نظر القاضي)).(٣١٠)

وذكر الماوردي وأبو يعلى الفرّاء عشرة أوجه في الفرق بين نظر المظالم ونظر القضاة، نذكر منها:

١ - أنّ لناظر المظالم من فضل الهيبة وقوّة اليدّ ما ليس للقضاة في كفّ

(٣٠٧) الزحيلي، تاريخ القضاء في الإسلام، ص٩٣.
(٣٠٨) مشرفة، القضاء في الإسلام، ص١٧٣.
(٣٠٩) الماوردي، الأحكام السلطانية، ص٧٧ - الفرّاء، الأحكام السلطانية، ص٥٨.
(٣١٠) مقدمة ابن خلدون، ص٢٢٢.

الخصوم عن التجاحد ومنع الظلمة من التغالب والتجاذب.

٢ - أنّ نظر المظالم يخرج من ضيق الوجوب إلى سعة الجواز فيكون الناظر فيه أفسح مجالاً وأوسع مقالاً.

٣ - أنّه يستعمل من فضل الإرهاب، وكشف الأسباب بالأمارات الدالّة، وشواهد الأحوال اللائحة ما يضيق على الحكّام. فيصل به إلى ظهور الحقّ، ومعرفة المبطل من المحقّ.

٤ - أن يقابل من ظهر ظلمه بالتأديب، ويأخذ من بان عدوانه بالتقويم والتهذيب.[٣١١]

<u>**اختصاصات النظر في ديوان المظالم وأصول المحاكمة لديه:**</u>

إختصاصات والي المظالم:

إنّ صلاحية والي المظالم وأعماله هو تنفيذ ما وقف من أحكام القضاة، لضعفهم عن إنفاذه، فكأنّه يُمضي ما عجز القضاة عن إمضائه، وعجزهم عن المحكوم عليه لتعزّزه، وقوة يده، أو لعلوّ قدره، وعظم خطره. فيكون ناظر المظالم أقوى يداً، وأنفذ أمراً، فهو كما قال الماوردي وأبو يعلى الفرّاء في الأحكام السلطانية: ((أنّ لناظر المظالم من فضل الهيبة وقوّة اليد ما ليس للقضاة في كفّ الخصوم عن التجاحد ومنع الظلمة من التغالب والتجاذب)).[٣١٢]

فينفذ والي المظالم الحكم على من توجّه عليه، بانتزاع ما في يده، أو بإلزامه الخروج بما في ذمّته.

لقد نظر الأقدمون إلى حالة المجتمع، وتفاوت طبقاته، وتمتع بعضها بمزايا استثنائية، ووجدوا لكل حالة علاجاً، فمنحوا والي المظالم هذا الاختصاص، لئلاّ تتعطّل الأحكام، ولكي ينتصف المظلوم من الظالم. ويلاحظ أنّ واجب والي المظالم هنا تنفيذي محض، لا يحقّ أن يتعدّاه إلى أصل الحكم.[٣١٣]

أصول المحاكمة لدى ديوان المظالم:

((إنّ نظر المظالم يخرج من ضيق الوجوب إلى سعة الجواز فيكون الناظر فيه

(٣١١) الماوردي، الأحكام السلطانية، ٨٣ - الفرّاء، الأحكام السلطانية، ص٦٣.
(٣١٢) الماوردي، الأحكام السلطانية، ص٨٣ - الفرّاء، الأحكام السلطانية، ص٦٣.
(٣١٣) القاسمي، نظام الحكم في الشريعة والتاريخ الإسلامي، ص٥٧٢.

أفسح مجالاً وأوسع مقالاً)).[٣١٤]

وهذا يعني أنّ لولاة المظالم أن لا يتقيّدوا كلّ التقيّد، في استثبات الحقوق، بالقواعد التي يسير عليها القضاة عادة، بل يجوز لهم أن يتعدّوها، وأن يسلكوا كل طريق يمكن أن يؤدّي إلى كشف الحقيقة.[٣١٥]

ولهذا قالوا: ((أنّه - أي والي المظالم - يستعمل من فضل الإرهاب، وكشف الأسباب بالأمارات الدالّة، وشواهد الأحوال اللائحة ما يضيق على الحكّام. فيصل به إلى ظهور الحقّ، ومعرفة المبطل من المحقّ)).[٣١٦]

الأصل التاريخي لولاية المظالم وآراء العلماء في ذلك:

يرى علماء السياسة الشرعية أنه لم يجلس للمظالم أحد من الخلفاء الراشدين، وأنّ عبد الملك بن مروان[٣١٧] كان أوّل مَنْ جلس من الخلفاء للنظر في ظلمات الناس، وقد أفرد يوماً يتصفح فيه قصص المتظلمين، وأنّه أول من جلس مجلساً ((رسمياً)) للنظر في شكاوى المتظلمين.

قال الماوردي والفراء: ((لم ينتدب للمظالم من الخلفاء الأربعة أحد، لأنّهم - في الصدر الأول - مع ظهور الدين عليهم، بين من يقوده التناصف إلى الحق، أو يزجره الوعظ عن الظلم، وإنّما كانت المنازعات تجري بينهم في أمور مشتبهة يوضحها حكم القضاة، فإن تجوّر من جفاة أعرابهم متجوّر، ثناه الوعظ أن يدبر، وقاده العنف أن يحسن. فاقتصر خلفاء السلف على فصل التشاجر بينهم بالحكم والقضاء، تعييناً للحق من جهته، لانقيادهم إلى التزامه. واحتاج علي عليه السلام حين تأخرت إمامته واختلط الناس فيها وتجوروا إلى فصل صرامة في السياسة وزيادة يتيقظ في الوصول إلى

(٣١٤) الماوردي، الأحكام السلطانية، ص٨٣ - الفرّاء، الأحكام السلطانية، ص ٦٣.
(٣١٥) القاسمي، نظام الحكم في الشريعة والتاريخ الإسلامي، ص٥٧٤.
(٣١٦) الماوردي، الأحكام السلطانية، ص٨٣ - الفرّاء، الأحكام السلطانية، ص٦٣.
(٣١٧) هو عبد الملك بن مروان بن الحكم الأموي القرشي، أبو الوليد. من أعاظم الخلفاء ودهاتهم. ولد سنة ٢٦ هـ ٦٤٦م، نشأ في المدينة، فقيهاً واسع العلم، متعبّداً ناسكاً. استعمله معاوية على المدينة وهو ابن ١٦ سنة. وانتقلت إليه الخلافة بموت أبيه (سنة ٦٥ هـ) فضبط أمورها وظهر بمظهر القوة، فكان جباراً على معانديه، قويّ الهيبة. ونقلت في أيامه الدواوين من الفارسية والرومية إلى العربية، وضبطت الحروف بالنقط والحركات، وهو أول من صك الدنانير في الإسلام، وأول من نقش بالعربية على الدراهم. توفي في دمشق سنة ٨٦ هـ ٧٠٥ م. الزركلي، الأعلام، ج ٤، ص ١٦٥.

غوامض الأحكام، فكان أول من سلك هذه الطريقة واستقل بِها، ولم يخرج فيها إلى نظر المظالم المحض لاستغنائه عنه... ثم انتشر الأمر بعده حتى تجاهر الناس بالظلم والتغالب ولم يكفهم زواجر العظة عن التمانع والتجاذب فاحتاجوا في ردع المتغلبين وإنصاف المغلوبين إلى نظر المظالم الذي يمتزج به قوّة السلطنة بنصفة القضاء، فكان أوّل من أفرد للظلمات يوماً يتصفّح فيه قصص المتظلمين من غير مباشرة للنظر عبد الملك بن مروان، فكان إذا وقف منها على مشكل أو احتاج فيها إلى حكم منفذ ردّه إلى قاضيه ابن إدريس الأزدي منفّذ فيه أحكامه لرهبة التجارب من عبد الملك بن مروان في علمه بالحال ووقوفه على السبب، فكان ابن إدريس هو المباشر وعبد الملك هو الآمر. ثم زاد من جور الولاة وظلم العتاة ما لم يكفهم عنه إلاّ أقوى الأيدي وأنفذ الأوامر. فكان عمر بن عبد العزيز رحمه الله أوّل من ندب نفسه للنظر في المظالم، فردّها وراعى السنن العادلة وأعادها، وردّ مظالم بني أميّة على أهلها... ثم جلس لها من خلفاء بني العباس جماعة فكان أول من جلس لها المهدي ثم الهادي ثم الرشيد ثم المأمون، فآخر من جلس لها المهتدي.)).[٣١٨]

وقال المقريزي[٣١٩] في هذا الموضوع: ((وأوّل من نظر في المظالم من الخلفاء أمير المؤمنين علي ابن أبي طالب رضي الله تعالى عنه، وأول من أفرد للظلمات يوماً يتصفّح فيه قصص المتظلمين من غير مباشرة النظر عبد الملك بن مراون، فكان إذا وقف منها على مشكل واحتاج فيها إلى حكم ينفذ ردّه إلى قاضيه ابن إدريس الأزديّ فينفّذ فيه أحكامه، وكان ابن إدريس هو المباشر وعبد المالك الآمر. ثم زاد الجور فكان عمر بن عبد العزيز رحمه الله أوّل من ندب نفسه للنظر في المظالم فردّها. ثم جلس

(٣١٨) الماوردي، الأحكام السلطانية، ص ٧٧ - الفراء، الأحكام السلطانية، ص ٥٩ - النويري، نهاية الأرب في فنون الأدب، ج ٦، ص ٢٦٩.

(٣١٩) هو أحمد بن علي بن عبد القادر، أبو العباس الحسيني العبيدي، تقي الدين المقريزي. مؤرخ الديار المصريّة. أصله من بعلبك، ونسبته إلى حارة المقارزة (من حارات بعلبك في أيامه)، ولد في القاهرة سنة ٧٦٦هـ ١٣٦٥م، ونشأ ومات فيها، وولي فيها الحسبة والخطابة والإمامة مرات، واتصل بالملك الظاهر برقوق، فدخل دمشق مع ولده الناصر سنة ٨١٠هـ وعرض عليه قضاؤها فأبى، وعاد إلى مصر. من تآليفه كتاب ((المواعظ والاعتبار بذكر الخطط والآثار))، و((السلوك في معرفة دول الملوك))، وغير ذلك. توفي سنة ٨٤٥هـ ١٤٤١م. الزركلي، الأعلام، ج ١، ص ١٧٧-١٧٨.

لها خلفاء بني العباس، وأوّل من جلس منهم المهديّ[٣٢٠] محمد ثم الهادي موسى ثم الرشيد هارون، ثم المأمون عبد الله وآخر من جلس منهم المهتدي بالله محمد بن الواثق)).[٣٢١]

فإنّ التعميم بأنه لم يجلس للمظالم أحد من الخلفاء الراشدين يقتضي بعض الإيضاح، وأن علي رضي الله عنه هو ((أول من سلك هذه الطريقة واستقلّ بِها، ولم يخرج فيها إلى نظر المظالم المحض))، كما قال الماوردي والفراء، فإنّ عمر بن الخطاب قد فعل ذلك، ولكن بالطريقة الإدارية التي اجتهد فيها. فلقد كان يدعو عماله كل سنة في موسم الحج، ويستمع إلى شكاوى الناس، ويُقص منهم، وكان إذا وردت عليه شكوى من أحد عماله استدعاه وأنصف الشاكي. وكان إذا اشتكي إليه من ابن أحد ولاته، أو أمرائه، استدعاه مع ولده واقتصّ منهما، وقصته مع عمرو بن العاص وولده مشهورة، أضف إلى ذلك أنّ عمر قد قاسم بعض العمّال أموالهم، ولم يستثن أحداً، وسأورد بعض الأمثلة.

وقال ابن خلدون:

((وكان الخلفاء من قبل يجعلون للقاضي النظر في المظالم... وكان الخلفاء الأوّلون يباشرونَها (أي قضاء المظالم) بأنفسهم إلى أيّام المُهتدي من بني العبّاس، وربّما كانوا يجعلونَها لقضاتِهم كما فعل عمر رضي الله عنه مع قاضيه أبي إدريس الخولاني)).[٣٢٢]

فإنّ ابن خلدون يقول أنّه كان هناك قضاء مظالم يباشروه الخلفاء بأنفسهم وأنّ عمر بن الخطاب كان يجعل قضاء المظالم لقضاته.

كان خلفاء بني أميّة قد خصّصوا يوماً لنظر مظالم الرعيّة من الحكّام والولاة والأمراء، ثم تساهل بعض خلفائهم في هذا المبدأ، ولمّا جاءت الدولة العباسية عاد

(٣٢٠) قال المسعودي: ((وكان المهدي محبباً إلى الخاص والعام، لأنّه افتتح عهده بالنظر إلى المظالم، والكف عن القتل، وأمن الخائف، وإنصاف المظلوم، وبسط يده في الإعطاء..)) المسعودي، مروج الذهب، ج ٢، ص ٢٤٨-٢٤٩.
وجلس للمظالم بنفسه وبين يديه القضاة. وقد بلغ من حبه للعدل وميله إلى ردّ المظالم لأصحابِها. حسن إبراهيم حسن، تاريخ الإسلام، ج ٢،ص٤٤.
(٣٢١) المقريزي، كتاب المواعظ والاعتبار بذكر الخطط والآثار، ج ٢، ص ٢٠٧.
(٣٢٢) مقدمة ابن خلدون، ص٢٢٢.

الخلفاء إلى تولي المظالم بأنفسهم أحياناً، أو يسندون هذا المنصب إلى أحد وزرائهم، أو أحد قضاتهم.[٣٢٣]

إنّ ((ديوان المظالم)) اتّخذ صيغته المبدئية، في العهد العباسي أيام المهدي. وتذكر المصادر للمرة الأولى أيام المهدي أسماء ((أصحاب المظالم)).

وعيّن المهدي للمظالم والياً خاصاً، وأنشأ لها ديواناً، يعرف بديوان المظالم.[٣٢٤] وقد تولى ديوان المظالم لفترة أيام المهدي القاضي عبد الله بن شبرمة.[٣٢٥]

وقد حرص بعض الخلفاء العباسيين على الجلوس للنظر في المظالم. فقد ذكر المسعودي أنّ الخليفة المهتدي (٢٥٥ - ٢٥٦هـ(بنى قبّة لها أربعة أبواب وسماها ((قبة المظالم))، كان يجلس فيها للعام والخاص. وهو آخر خلفاء بني العباس جلس للمظالم والقضاء فيها، حتى عادت الأملاك إلى مستحقها.[٣٢٦]

فما نراه من أمثلة على محاسبة الولاة وأصحاب الجاه في العهد النبوي والراشدي، كان محدوداً إذا ما قارنّاه بالمظالم في عهد عبد الملك بن مروان وأيام المهدي من بني العباس، فهو شبيه بقضاء المظالم، وهو ضرباً من القضاء العالي، وهو الركيزة والأساس للبناء الذي اكتمل فيما بعد حتى أصبح نظاماً مكتملاً سمي فيما بعد بقضاء المظالم. فقد ظهرت بذرة قضاء المظالم منذ العهد النبوي، ونمت طوال العهد الراشدي، وأثمرت ونضجت وحققت الغاية المرجوة منها في العهد الأموي والعهد العباسي.

قضاء المظالم في عهد الخلفاء الراشدين رضي الله عنهم:

كان الخلفاء الراشدون يجلسون للقضاء في المسائل المتصلة بشخصيات عظيمة كالولاة والأمراء وذوي الجاه والقوّة وهي شبيهة بقضاء المظالم، وهذا كله ضمن القضاء، وكان الخلفاء الراشدون يواصلون مراقبة عمّالهم، للتحقيق من نزاهتهم، ومن طريقة عيشهم وسيرتِهم. وسأورد بعض الأمثلة عن هذه الأقضية.

---

(٣٢٣) الزحيلي، تاريخ القضاء في الإسلام، ص٢٥٠.
(٣٢٤) الزحيلي، تاريخ القضاء في الإسلام، ص٢٥٠ - كرد علي، الإدارة الإسلامية، ١٣٦.
(٣٢٥) وكيع، أخبار القضاة، ج ٣، ص ٤٨.
(٣٢٦) المسعودي، مروج الذهب، ج٤، ص ٩٦ - حسن إبراهيم حسن، تاريخ الإسلام، ج٣، ص ٣١٤ - كرد علي، الإدارة الإسلامية، ص ١٧٥ - الماوردي، الأحكام السلطانية، ص ٧٧.

المظالم أيّام أبو بكر رضي الله عنه:

ويعلن أبو بكر رضي الله عنه قيامه برفع الظلم، وإقامة الحق والعدل على جميع الناس، وذلك في أول خطبة له بعد تولي الخلافة، فقال بعد أن حمد الله تعالى وأثنى عليه: ((أمّا بعد أيّها الناس فإنّي قد وُلّيت عليكم ولست بخيركم، فإن أحسنت فأعينوني، وإن أسأت فقوموني، الصدق أمانة، والكذب خيانة، والضعيف فيكم قوي عندي حتى أريح عليه حقّه إن شاء الله، والقوي فيكم ضعيف حتى آخذ الحقّ منه إن شاء الله...)).(٣٢٧)

وكان أبو بكر الصدّيق يتابع أعمال الولاة في الأمصار، والقادة والحروب والقتال والفتوح، ويحرص على معرفة أحوالهم في الرعيّة، كما كان يتفقّد أحوال عامّة المسلمين.

المظالم أيّام عمر رضي الله عنه:

ولمّا بويع عمر بالخلافة سار على منهج أبي بكر في رفع الظلم، وإقامة الحق والعدل على جميع الناس، وكانت أول خطبة خطبها لمّا ولي الخلافة تشبه خطبة أبي بكر، وقال فيها: ((أيّها الناس، إنّه والله ما فيكم أحد أقوى عندي من الضعيف حتى آخذ له الحقّ، ولا أضعف عندي من القوي حتى آخذ الحقّ منه)).(٣٢٨)

وكما اعتبر عمر نفسه مسؤولاً عن إقامة العدل فكذلك اعتبر نفسه مسؤولاً عن مقاومة الظلم بشتى أنواعه وأشكاله، والصادر عن عمّاله بشكل خاص حتى أنّه عدّ نفسه في هذه الحالة بمثابة الظالم الفعلي في حال معرفته بالظلم وعدم مبادرته لإصلاحه.

عن عمر رضوان الله عليه قال: ((أيّما عامل لي، ظلم أحداً، وبلغتني مظلمته ولم أغيّرها فأنا ظلمته)).(٣٢٩)

وكان عمر رضي الله عنه إذا أخطأ مع إنسان طلب منه أن يقتصّ منه فوراً، وسلّمه الدُّرة التي في يده، وقال له: ((اقتص مني يا فلان))، ويقيم الحدّ على ولده، ويعامله

---

(٣٢٧) السيوطي، تاريخ الخلفاء، ص٦٥.
(٣٢٨) الزحيلي، تاريخ القضاء في الإسلام، ص٩٥ - كرد علي، الإدارة الإسلامية،ص٢٧.
(٣٢٩) ابن الجوزي، مناقب أمير المؤمنين عمر، ص ١١٦.

كبقية الناس، وسيرته في المظالم باهرة وزاهية ومشرقة.

عن سالم بن عبد الله، قال: نظر عمر رضوان الله عليه، إلى رجل أذنب ذنباً، فتناوله بالدرّة. فقال الرجل: يا عمر، إن كنت أحسنتُ فقد ظلمتني، وإن كنتُ أسأتُ فما علمّتني. فقال: صدقت فاستغفر الله لي، فاقتص من عمر، فقال الرجل: أهبها لله وغفر الله لي ولكَ.(٣٣٠)

وكان عمر ينصف الشعب والرعية من أصحاب النفوذ والسلطة، ومن ذلك قصّة الفزاري الذي لطمه جبلة بن الأيهم فاشتكاه لعمر، فحكم عليه بالقصاص.(٣٣١)

لم يكن الوالي في نظر عمر إلاّ فرداً كغيره من الأفراد، يجري عليه حكم العدل كما يجري على جميع الأفراد الآخرين، فكان إذا شكا من العامل أحقر الرعيّة، جرّه إلى المحاكمة، وهنا يقف الاثنان موقف المساواة، حتى يتبين الحق في جانب أحدهما، فإذا ثبت لعمر إدانة عامله اقتصّ منه.(٣٣٢)

وعن طاوس أنّ عمرَ قال: أرأيتم إن استعملتُ عليكم خيرِ مَن أعلمُ، ثم أمرتُه بالعدلِ أقضيتُ ما عليَّ. قالوا: نعم، قال: لا، حتى أنظر في عمله أعَمَلَ بما أَمرتُه أم لا.(٣٣٣)

كان عمر رضي الله عنه يواصل مراقبة عمّاله، للتحقيق من نزاهتهم، ومن طريقة عيشهم وسيرتِهم.

مثاله، أرسل الفاروق مرّة إلى أبي عبيدة بن الجرّاح أربعمائة دينار، ومثلها إلى معاذ بن جبل، وكلف الرسول بأن ينظر ماذا يفعل بِها كل منهما. فرأى أنّهما وزّعاها بين الفقراء حسب حاجتهم. فأخبر عمر بذلك، فقال: ((إنّهم إخوة، بعضهم من بعض)).(٣٣٤)

وقضى عمر بن الخطّاب رضي الله تعالى عنه بمصادرة عمّاله بأخذ شطر

(٣٣٠) ابن الجوزي، مناقب أمير المؤمنين عمر، ص١١٣.
(٣٣١) الزحيلي، تاريخ القضاء في الإسلام، ص٩٧.
(٣٣٢) مشرفة، القضاء في الإسلام، ص ١٠٠.
(٣٣٣) المتقي الهندي، كنز العمّال، ج ٥، ص ٧٦٨.
(٣٣٤) محمصاني، تراث الخلفاء الراشدين في الفقه والقضاء، ص١٥٠.

أموالهم، فقسمها بينهم وبين المسلمين.(٣٣٥)

وكان عمر رضي الله عنه حريصاً كلّ الحرص على محاسبة عمّاله، والاقتصاص من الولاة، وردّ المظالم إلى أهلها، وكان يدعو عمّاله كلّ سنة في موسم الحجّ، ويستمع إلى شكاوى الناس من كلّ بلد على أميرهم، ويقتصّ منهم، ليمنع إساءة استعمال السلطة والنفوذ، وإذا حصل شيء من المظالم أثناء العام، ورفع إلى عمر في المدينة أو وصل إليه من الأقطار، استدعى العمّال الذين ترد عليهم الشكاوى، وأنصف المظلومين منهم، ومن أشهر الأمثلة التاريخية المأثورة المشهورة على ذلك قصّته مع القبطي الذي ضربه ابن عمرو في مصر، فاستدعاه مع والده، واقتصّ للقبطي، وكشف النقاب أنّ تلك المظلمة سببها وجود عمرو الأب في الولاية فوجه إليه اللوم والتعزير، وقال كلمته الخالدة: ((متى استعبدتم الناس وقد ولدتْهم أمّهاتُهم أحراراً))، وكان العمّال يخافون الافتضاح على رؤوس الأشهاد في موسم الحج، ويجتنبون ظلم الرعية، ويقيمون الحق والعدل بينهم.(٣٣٦)

فقد جعل عمر موسم الحجّ موسماً عامّاً للمراجعة والمحاسبة واستطلاع الآراء في أقطار الدولة من أقصاها إلى أقصاها. فهي ((جمعيّة عموميّة)) كأوفى ما تكون الجمعيّات العموميّة في عصر من العصور.(٣٣٧)

فكان العمّال يخافون الافتضاح على رؤوس الأشهاد في موسم الحج، فيتجنّبون ظلم الرعيّة، ويسيرون بين الناس بالعدل والإنصاف، وقد خطب عمر في الناس كثيراً لبثّ هذه الروح في الرعيّة، وقد ذكر الطبري في تاريخ الأمم والرسل من خطبه:

عن أبا حصين، قال: كان عمر إذا استعمل العمّال خرج معهم يشيّعهم، فيقول: إنّي لم أستعملكم على أمّة محمد صلى الله عليه وسلم على أشعارهم، ولا على أبشارهم؛ وإنّما استعملتكم عليهم لتقيموا بِهم الصلاة، وتقضوا بينهم بالحق، وتقسِموا بينهم بالعدل؛ وإنّي لم أسلّطكم على أبشارهم ولا على أشعارهم؛ ولا تجلدوا العرب فتُذلّوها، ولا تُجمِّروها(٣٣٨) فتفتِنوها، ولا تغفلوا عنها فتحرِموها؛ جرّدوا القرآن، وأقلّوا

---

(٣٣٥) ابن فرحون، تبصرة الحكّام، ج ٢، ص٢٢٠.
(٣٣٦) الزحيلي، تاريخ القضاء في الإسلام، ص٩٦.
(٣٣٧) العقّاد، عبقريّة عمر، ص ١٠٦.
(٣٣٨) تجميرُ الجيش: جَمْعهُم في الثُّغور وحَبْسُهُم من العودِ إلى أهليهم. ابن منظور، لسان العرب، ج ٤، ص ١٤٦.

الرواية عن محمد صلى الله عليه وسلم؛ وأنا شريككم. وكان يقتصّ من عمّاله، وإذا شُكِيَ إليه عامل له، جمع بينه وبين مَنْ شكاه؛ فإن صحّ عليه أمرٌ يجب أخْذُه به أخَذَه به.(٣٣٩)

وكان عمر شديداً على ولاته؛ يخشى أن يُرهبوا الناس فيذلّوا نفوسَهم ويعلّموهم الجبن ويطبعوهم على الصغار؛ فكان يفتح صدره لأيّة شكاية في أحد عمّاله؛ فيعلن ذلك لعامّة المسلمين في خطبه. وكما كان عمر حريصاً على كرامة المسلمين وعزّة نفوسهم، يحميهم وينتصف لهم من عداوة الولاة والأرستقراطيين منهم، كذلك كان أحرص الناس على أموال المسلمين ومصالحهم.(٣٤٠)

أضف إلى ذلك بعض الأقوال المأثورة عن عمر، والتي تعتبر من القواعد العامّة في الحكم والإدارة، والتي هي صورة من قضاء المظالم والأساس التي بني عليها.

منها قوله: ((قد كان قوم منعوا الحقّ، حتى اشترِيَ منهم شراءً، وبذلوا الباطل حتى افتُدِيَ منهم فداءً)). ومنها قوله: ((لا تضربوا المسلمين فتذلّوهم، ولا تمنعوهم حقّهم فتكفّروهم)).(٣٤١)

وكان دائماً يطمئن المسلمين من ناحية شدّته وأنّه ساهر على راحتهم وإعطاء حقوقهم.

وقد قام الولاة في الأمصار بعمل عمر في المدينة، اقتداء به، فالناس على دين ملوكهم، وإذا عدل السلطان لم يجسر أحد من الولاة وغيرهم على ظلم، ولأنّ الولاة مسؤولون أمام الله تعالى، وأمام عمر ليس عمّا يصدر عنهم فحسب، بل عمّا يقع في دائرة عملهم، ومن يتّبع سيرة ولاة عمر رضي الله عنه يجدهم لا يقلّون عنه في العدل ومنع الظلم، ومحاسبة النفس، ومراقبة الله، وتطبيق شرعه، وإقامة الحق ومنع الظلم، ومن ذلك سيرة سعد بن أبي وقّاص، وعمير بن سعد والي حمص، وأبي عبيدة بن الجرّاح، ومعاوية بن أبي سفيان، وسعيد بن عامر.(٣٤٢)

وفي سيرة عمر رضي الله عنه أيضاً أنّه أوّل من عيّن شخصاً مخصوصاً

---

(٣٣٩) الطبري، تاريخ الرسل والملوك، ج ٤، ص ٢٠٤.
(٣٤٠) حسن إبراهيم حسن، تاريخ الإسلام، ج ١، ص ٢٤٧.
(٣٤١) القاسمي، نظام الحكم في الشريعة والتاريخ الإسلامي، ص٥٥٨-٥٥٩.
(٣٤٢) الزحيلي، تاريخ القضاء في الإسلام، ص٩٨-٩٩.

لاقتصاص أخبار العمّال، وتحقيق الشكايات التي تصل إلى الخليفة من عمّاله، وهو محمد بن مسلمة[٣٤٣] [٣٤٤].

فقد عيّن عمر رضي الله عنه محمد بن مسلمة قاضياً بينه وبين عمّاله إذا أخذهم بأمر، وقاضياً بين الولاة والرعيّة، فكان بمثابة المفتش العام على العمّال، وكان عمر يثق به، ويبعثه في كل قضية حتى حقق في شكوى ضد سعد بن أبي وقّاص، فوجدها غير صحيحة، وحقق في شكوى على أبي موسى الأشعري، وشكوى على عمرو بن العاص، وشكوى على عياض بن غنم، وشكوى على عبد الله بن قرط[٣٤٥] ... وغير ذلك.[٣٤٦]

وكان عمّال عمر عرضة لكشف أحوالهم مهما بلغ من منزلتهم، وكان إذا شُكي إليه عامل أرسل محمد بن مسلمة يكشف الحال.[٣٤٧]

وطلب عمر من أبي موسى القيام بالمظالم، فقال له: ((فإنّ للناس نفرة عن سلطانِهم... أقِم الحدود، واجلس للمظالم ولو ساعة من نَهار ...)).[٣٤٨]

---

(٣٤٣) هو محمد بن مسلمة بن سلمة بن خالد بن عدي بن مَجْدَعة بن حارثة بن الخزرج بن عمرو بن مالك الأوسيّ الأنصاري الحارثي، أبو عبد الرحمن المدني. ولد قبل البعثة باثنتين وعشرين سنة. وهو ممن سُمي في الجاهلية محمداً. وروى عن النبي صلى الله عليه وسلم أحاديث. أسلم قديماً على يدي مُصْعب بن عمير. شهد المشاهد: بدراً وما بعدها إلاّ غزوة تبوك؛ فإنّه تخلّف بإذن النبي صلى الله عليه وسلم له أن يقيم بالمدينة. كان من فضلاء الصحابة؛ واستخلفه النبي صلى الله عليه وسلم على المدينة في بعض غزواته. وكان ممن اعتزل الفتنة فلم يشهد الجمل ولا صفين. ولاه عمر على صدقات جُهينة. وكان عند عمر معداً لكشف الأمور المُعْضلة في البلاد، وهو كان رسوله في الكشف عن سعد بن أبي وقاص حين بنى القصر بالكوفة وغير ذلك. مات بالمدينة في صفر سنة ست وأربعين، وهو ابن سبع وسبعين سنة. ابن حجر، الإصابة في تمييز الصحابة، ج ٦، ص ٢٨-٢٩.

(٣٤٤) الكتّاني، التراتيب الإدارية، ج١، ص٢٢٨.

(٣٤٥) هو عبد الله بن قُرْط الأزدي الثُّمالي. له صحبة. شهد اليرموك، وأرسله يزيد بن أبي سفيان بكتابه إلى أبي بكر، وكان أميراً لأبي عبيدة، استعمله أبو عبيدة على حِمص في عهد عمر. وكان على حمص في خلافة معاوية. استشهد بأرض الروم سنة ست وخمسين. ابن حجر، الإصابة في تمييز الصحابة، ج ٤، ص ١٧٩.

(٣٤٦) الزحيلي، تاريخ القضاء في الإسلام، ص٩٩ - كرد علي، الإدارة الإسلامية، ص٢٩.

(٣٤٧) كرد علي، الإدارة الإسلامية، ص ٢٩.

(٣٤٨) الزحيلي، تاريخ القضاء في الإسلام، ص٩٦.

وقد فوّض عمر رضي الله عنه لقاضيه أبي إدريس الخولاني النظر في المظالم.[٣٤٩]

قطع عمر رضي الله عنه في آخر خلافته شوطاً كبيراً للأمام، وأعلن عن خطّة تنظيمية إدارية حكيمة في ذلك، خشية أن تقصر عنه حاجات المظلومين، وتنقطع به المسافات.

أضف إلى ذلك بعض الأقوال المأثورة عن عمر، والتي تعتبر من القواعد العامّة في الحكم والإدارة، والتي هي الأساس التي بني عليها قضاء المظالم.

المظالم أيّام عثمان رضي الله عنه:

وجاء عثمان رضي الله عنه، وسار على هذا المنهج، وحافظ على الأوضاع التي رسمها عمر، وكتب إلى أمراء الأجناد: ((قد وضع لكم عمر ما لم يغب عنّا، بل كان على ملأ منّا، ولا يبلغني عن أحد منكم تغيير ولا تبديل، فيغيّر الله ما بكم، ويستبدل بكم غيركم)).[٣٥٠]

وأعلن عثمان رضي الله عنه منهجه إلى عمّاله، فقال: ((فإنّ الله أمر الأئمّة أن يكونوا رعاة، ولم يتقدّم إليهم أن يكونوا جباة...، ألا وإنّ أعدل السيرة أن تنظروا في أمور المسلمين وفيما عليهم، فتعطوهم ما لهم، وتأخذون بما عليهم، ثم تعتنوا بالذمّة، فتعطوهم الذي لهم، وتأخذوهم بالذي عليهم)).[٣٥١]

وكتب عثمان أيضاً إلى عمّاله: ((أمّا بعد، فإنّ الله خلقَ الخلْق بالحقّ، فلا يقبل إلاّ الحقّ. خذوا الحقَّ وأعطوا الحقَّ به. والأمانة الأمانة؛ قوموا عليها، ولا تكونوا أوّل مَن يسلبها، فتكونوا شركاءَ من بعدكم إلى ما اكتسبتم. والوفاء الوفاء؛ لا تظلموا اليتيم ولا المعاهد، فإنّ الله خصمٌ لمن ظلمهم)).[٣٥٢]

وكتب عثمان رضي الله عنه إلى الأمصار أن يوافيه العمّال في كل موسم (بالحج) ومن يشكوهم، ليفصل بينهم، وكتب إلى الناس في الأمصار: ((أن ائتمروا بالمعروف، وتناهوا عن المنكر، ولا يذل المؤمن نفسه، فإنّي مع الضعيف على القوي ما دام

---

(٣٤٩) ابن عرنوس، تاريخ القضاء في الإسلام، ص٢٥.
(٣٥٠) الزحيلي، تاريخ القضاء في الإسلام، ص٩٩ - كرد علي، الإدارة الإسلامية، ص٥٤.
(٣٥١) الطبري، تاريخ الرسل والملوك، ج ٤، ص ٢٤٤-٢٤٥.
(٣٥٢) الطبري، تاريخ الرسل والملوك، ج ٤، ص ٢٤٥.

مظلوماً، إن شاء الله)).[٣٥٣]

وأعرض سيدنا عثمان عن بعض الشكاوى التي صدرت على الأكثر عن أغراض شخصية، وخاصّة في آخر عهده، ولتحامل الناس عليه وعلى ولاته.[٣٥٤]

المظالم أيّام علي رضي الله عنه:

ولمّا ولي علي رضي الله عنه الخلافة سار على سيرة من سبقوه من الراشدين، في القضاء والإدارة، ورفع الظلم، وإقامة الحق والعدل على جميع الناس، ومراقبة العمال ومحاسبتهم، فولّى العمّال والقضاة، ووضع لهم المنهاج لسير العمل، وأوصى أحد عمّاله بأهل عمله، فقال: ((إذا قدمت عليهم فلا تبيعنّ لهم كسوة شتاءً ولا صيفاً، ولا رزقاً يأكلونه، ولا دابّة يعملون عليها، ولا تضرب أحداً منهم سوطاً واحداً في درهم، ولا تقمه على رجله في طلب درهم... فإنّما أمرنا أن نأخذ بالعفو)).[٣٥٥]

وبادر علي رضي الله عنه إلى عزل عمّال عثمان، ولم ينتظر وصول البيعة إليه من أهل الأمصار، لأنّه اعتقد أنّ هؤلاء الولاة لا يصلحون لولاية أمر المسلمين، وعيّن الولاة والعمّال، واختار القضاة، وأمدّ الجميع بالتوجيه والإرشاد والنصائح.[٣٥٦]

فعلى الرغم من الاضطراب العميق الذي غمر ولاية الإمام علي، فإنّه قد ترك لنا أثراً عظيماً يُعَدُّ في الطليعة ممّا ترك الأوّلون للآخرين، ذلك هو عهده للأشتر النخعي يوم ولاّه مصر، الذي يمكن أن يُعتبر دستوراً لدولة، لا مرسوماً بتعيين موظف. وقد جاء فيه من متعلقات موضوعنا:

((أنصف الله، وأنصف الناس من نفسك، ومن خاصّة أهلك، ومَن لك فيه هوى من رعيّتك، فإنّك إلاّ تفعل تظْلِمْ. ومَن ظلمَ عبادَ الله كان الله خصمه دون عباده، ومَن خاصمه الله أدحض حجّته، وكان لله حرباً، حتى ينزِع أو يتوب. وليس شيء أدعى إلى تغيير نعمة الله، وتعجيل نقمته من إقامة على ظلم، فإنّ الله سميعُ دعوةِ المضطهَدين، وهو للظالمين بالمرصاد)).[٣٥٧]

---

(٣٥٣) كرد علي، الإدارة الإسلامية، ص٥٥ - الزحيلي، تاريخ القضاء في الإسلام، ص ١٠٠.
(٣٥٤) الزحيلي، تاريخ القضاء في الإسلام، ص ١٠٠.
(٣٥٥) الزحيلي، تاريخ القضاء في الإسلام، ص ١٠٠ - كرد علي، الإدارة الإسلامية، ص٥٩.
(٣٥٦) الزحيلي، تاريخ القضاء في الإسلام، ص ١٠٠.
(٣٥٧) القاسمي، نظام الحكم في الشريعة والتاريخ الإسلامي، ص٥٥٩.

وكان علي رضي الله عنه ينظر في شكاية من يأتيه من المتظلمين ويعمل على إنصافه، ولم يفرد لذلك يوماً معيّناً أو ساعة معيّنة.

خاصم علي يهودياً في درع كان في حوزة اليهودي إلى قاضي صاحب المظالم، فطلب القاضي من عليّ بن أبي طالب شاهدين، فأتى له بابنه الحسن ومولاه قنبر، وكان مذهب عليّ قبول شهادة الولد لوالده، بخلاف مذهب القاضي الذي يرى العمل بالحديث القائل إنّ الولد لا يشهد لوالده، وإنّ الوالد لا يشهد لولده، فلم يأخذ القاضي بشهادة الحسن وقبل شهادة قنبر، وحكم لصالح اليهودي الذي قاتل في واقعة صفّين متدرّعاً بتلك الدرع.[٣٥٨]

واستمرّ علي رضي الله عنه طوال خلافة الخلفاء الراشدين قبله، وفي عهده يمارس القضاء ورفع الظلم، وكانت ترفع إليه الشكاوى من الأمصار على الولاة حتى من غير المسلمين.

وكتب إلى أحد عمّاله كتاباً، وفيه: ((أمّا بعد، فإنّ دهاقين (أرباب الأملاك من العجم) أهل بلدك شكوا منك غلظة وقسوة واحتقاراً وجفوة، ونظرتُ فلم أرهم أهلاً لأن يُدْنوا لشركهم، ولا أن يُقْصوا ويُجفوا لعهدهم، فالبس لهم جلباباً من اللين تشوبه بطرف من الشدّة، وداول لهم بين القسوة والرأفة، وامزج لهم بين التقريب والإدناء، والإبعاد والإقصاء إن شاء الله)).[٣٥٩]

وأرسل الإمام علي كعب بن مالك[٣٦٠]. مفتشاً ومراقباً على الولاة، وكتب له: ((أمّا بعد، فاستخلف على عملك، واخرج في طائفة من أصحابك حتى تمرّ بأرض كورة السواد[٣٦١]، فتسأل عن عمّالي، وتنظر في سيرتِهم، وفيما بين دجلة

---

(٣٥٨) مشرفة، القضاء في الإسلام، ص١٧٣.

(٣٥٩) الزحيلي، تاريخ القضاء في الإسلام، ص١٠١ - كرد علي، الإدارة الإسلامية، ص٦١.

(٣٦٠) هو كعب بن مالك بن عمرو بن القين، الأنصاري السلمي الخزرجي. صحابي، من أكابر الشعراء. من أهل المدينة. اشتهر في الجاهلية. وكان في الإسلام من شعراء النبي صلى الله عليه وسلم وشهد أكثر الوقائع. ثم كان من أصحاب عثمان، وأنشده يوم الثورة، وحرّض الأنصار على نصرته. ولمّا قتل عثمان قعد عن نصرة عليّ فلم يشهد حروبه. وعمي في آخر عمره، توفي سنة ٥٠ هـ ٦٧٠م، وعاش سبعاً وسبعين سنة. له ٨٠ حديثاً. الزركلي، الأعلام، ج ٥، ص ٢٢٨-٢٢٩.

(٣٦١) السَّوَادُ: موضعان: أحدهما نواحي قرب البلقاء سميت بذلك لسواد حجارتِها، والثاني يُراد به رستاق العراق وضياعها التي افتتحها المسلمون على عهد عمر بن الخطاب، رضي الله عنه،

والعذيب[٣٦٢])).[٣٦٣]

وكان عليّ رضي الله عنه يعلن قيامه برفع المظالم، وإقامة العدل، وحماية الحقوق، ويقول: ((من أبدى صفحته للحقّ هلك، إنّ الله أدّب هذه الأمّة بالسوط والسيف، وليس لأحد عند الإمام هوادة)).[٣٦٤]

هذه نظرات للإمام علي في إنصاف الرعيّة، وتجنُّب ظلمها، كانت فيما بعد عماداً في تنظيم ولاية المظالم.

٤ - قضاء الحسبة

تعريف الحسبة في اللغة:

في لسان العرب: الحِسْبَةُ: مصدر احْتِسابِكَ الأجر على الله، تقول: فَعَلْته حِسبةً، واحْتَسَبَ فيه احْتِساباً؛ والاحتسابُ: طَلَبُ الأجر، والاسم: الحِسْبةُ، وهو الأجْرُ.[٣٦٥]

قال القلقشندي: ((المحتسب وهو عبارة عمن يقوم بالأمر بالمعروف والنهي عن المنكر، والتحدّث في أمر المكاييل والموازين ونحوهما. قال الماوردي في ((الأحكام السلطانية))؛ وهو مشتقّ من قولهم حَسْبُك بمعنى اكفُفْ، سمِّي بذلك لأنّه يكفي الناس مؤنةَ من يَبْخَسُهم حقوقهم. قال النحاس: وحقيقته في اللغة: المجتهِد في كفاية المسلمين ومنفعتِهم، إذ حقيقة افتعل عند الخليل وسيبويه بمعنى اجتهد)).[٣٦٦]

في السنّة:

ورد لفظ ((احتسب)) في القرآن الكريم ثلاث مرات، ولكن بمعنى ((ظنَّ)).

سمي بذلك لسواده بالزروع والنخيل والأشجار، لأنّه حيثُ تاخم جزيرة العرب التي لا زرع فيها ولا شجر، كانوا إذا خرجوا من أرضهم ظهرت لهم خضرة الزروع والأشجار فيسمّوه سواداً. وهم يسمون الأخضر سواداً والسواد أخضر. وحدّ السواد من حديثة الموصل طولاً إلى عَبّدان، ومن العُذَيب بالقادسية إلى حُلْوان عرضاً، فيكون طوله مائة وستين فرسخاً. ياقوت الحموي، معجم البلدان، ج ٣، ص ٢٧٢.

(٣٦٢) العُذَيْبُ: وهو ماء بين القادسية والمغيثة، بينه وبين القادسية أربعة أميال وإلى المغيثة اثنان وثلاثون ميلاً، وقيل: هو واد لبني تميم، وهو من منازل حاج الكوفة، وقيل هو حدّ السواد. ياقوت الحموي، معجم البلدان، ج ٤، ص ٩٢.

(٣٦٣) الزحيلي، تاريخ القضاء في الإسلام، ص١٠٢ - كرد علي، الإدارة الإسلامية، ص٦٢.

(٣٦٤) الزحيلي، تاريخ القضاء في الإسلام، ص١٠٢ - كرد علي، الإدارة الإسلامية، ص٦٢.

(٣٦٥) ابن منظور، لسان العرب، ج ١، ص ٣١٤.

(٣٦٦) القلقشندي، صبح الأعشى، ج ٥، ص ٤٥١-٤٥٢.

أمّا في السنّة فقد ورد لفظ ((الاحتساب)). ففي الحديث: «مَنْ صامَ رمضانَ إِيماناً واحْتِساباً، غُفِرَ لَهُ ما تقدَّمَ مِنْ ذَنْبِهِ. ومَنْ قامَ ليلةَ القدرِ إِيماناً واحتساباً، غُفِرَ لَهُ ما تقدَّمَ مِنْ ذَنْبِهِ» (٣٦٧) أي طلباً لوجه الله تعالى وثوابه. وإنّما قيل لمن ينوي بعمله وجهَ الله: احتسبه، لأنّ له حينئذٍ أن يعتدّ عمله، فجُعل في حال مباشرة الفعل، كأنّه معتدٌّ به (٣٦٨).

تعريف الحسبة في الاصطلاح وآراء العلماء فيها:

يهدف قضاء الحسبة إلى الأمر بالمعروف والنهي عن المنكر، لإقامة شرع الله ودينه، وتطبيق الأحكام والآداب الإسلامية، والمحافظة على الحقوق العامّة (٣٦٩).

فإنّ قضاء الحسبة يهدف إلى الإصلاح بين الناس بكافّة الظروف المشروعة.

قال ابن تيمية في كتابه الحسبة في الإسلام: ((وإذا كان جماع الدين وجميع الولايات هو أمر ونَهي، فالأمر الذي بعث الله به رسوله هو الأمر بالمعروف، والنهي الذي بعث به هو النهي عن المنكر، وهذا نعت النبي والمؤمنون كما قال تعالى: (وَالْمُؤْمِنُونَ وَالْمُؤْمِنَاتُ بَعْضُهُمْ أَوْلِيَاءُ بَعْضٍ يَأْمُرُونَ بِالْمَعْرُوفِ وَيَنْهَوْنَ عَنِ الْمُنْكَرِ) (٣٧٠)، وهذا واجب على كل مسلم قادر، وهو فرض على الكفاية، ويصير فرض عين على القادر الذي لم يقم به غيره، والقدرة هو السلطان والولاية، فذوو السلطان أقدر من غيرهم، وعليهم من الوجوب ما ليس على غيرهم، فإنّ مناط الوجوب هو القدرة، فيجب على كل إنسان بحسب قدرته، قال تعالى:(فَاتَّقُوا اللَّهَ مَا اسْتَطَعْتُمْ) (٣٧١) (٣٧٢)).

وقال: ((الأمر بالمعروف والنهي عن المنكر الذي أنزل الله به كتبه وأرسل به

(٣٦٧) صحيح مسلم، كتاب صلاة المسافرين وقصرها، باب الترغيب في قيام رمضان وهو التراويح، ج ١، ص ٤٢٤، حديث رقم ١٧٥ (٧٦٠) - صحيح البخاري، كتاب الصوم، باب من صام رمضان إيماناً واحتساباً ونيّة...، ج ٢، ص٥٨٦، حديث رقم (١٩٠١).
(٣٦٨) القاسمي، نظام الحكم في الشريعة والتاريخ الإسلامي، ص ٥٨٨.
(٣٦٩) الزحيلي، تاريخ القضاء في الإسلام، ص ٩٣.
(٣٧٠) سورة: التوبة، آية: ٧١.
(٣٧١) سورة: التغابن، آية: ١٦.
(٣٧٢) ابن تيمية، الحسبة في الإسلام، ص١٢-١٣.

رسله من الدين. وقوله سبحانه في صفة نبينا صلى الله عليه وسلم: (يَأْمُرُهُمْ بِالْمَعْرُوفِ وَيَنْهَاهُمْ عَنِ الْمُنْكَرِ وَيُحِلُّ لَهُمُ الطَّيِّبَاتِ وَيُحَرِّمُ عَلَيْهِمُ الْخَبَائِثَ)[٣٧٣]، وهو بيان لكمال رسالته.

وتحريم الخبائث يندرج في معنى النهي عن المنكر، كما إحلال الطيّبات يندرج في الأمر بالمعروف. وصف الله تعالى الأمّة بما وصف به نبيّها حيث قال: (كُنْتُمْ خَيْرَ أُمَّةٍ أُخْرِجَتْ لِلنَّاسِ تَأْمُرُونَ بِالْمَعْرُوفِ وَتَنْهَوْنَ عَنِ الْمُنْكَرِ وَتُؤْمِنُونَ بِاللَّهِ)[٣٧٤].

فبيّن سبحانه أنّ هذه الأمّة خير الأمم للناس، فهم أنفعهم لهم، وأعظمهم إحساناً لهم، لأنّهم كملوا أمر الناس بالمعروف ونَهيهم عن المنكر من جهة الصفة والقدر.

وقال تعالى: (وَلْتَكُنْ مِنْكُمْ أُمَّةٌ يَدْعُونَ إِلَى الْخَيْرِ وَيَأْمُرُونَ بِالْمَعْرُوفِ وَيَنْهَوْنَ عَنِ الْمُنْكَرِ وَأُولَئِكَ هُمُ الْمُفْلِحُونَ(١٠٤))[٣٧٥].

وكذلك الأمر بالمعروف والنهي عن المنكر لا يجب على كل أحد بعينه، بل هو على الكفاية كما دلّ عليه القرآن، ولمّا كان الجهاد من تمام ذلك كان الجهاد أيضاً كذلك، فإذا لم يقم به من يقوم بواجبه أثم كل قادر بحسب قدرته، إذ هو واجب على كل إنسان بحسب قدرته، كما قال النبي صلى الله عليه وسلم: «**من رأى منكم منكراً فليُغَيِّره بيده. فإن لم يستطع فبلسانه، فإن لم يستطع فبقلبه. وذلك أضعفُ الإيمان**»[٣٧٦])[٣٧٧].

الحسبة في الاصطلاح، وظيفة دينية - مدنية، خيرَ من عرّفها الماوردي والفراء، فقال كل منهما: ((الحسبة: هي أمرٌ بالمعروف إذا ظهر تَرْكُه، ونَهيٌ عن المنكر إذا ظهر فِعْلُه))[٣٧٨].

(٣٧٣) سورة: الأعراف، آية: ١٥٧.
(٣٧٤) سورة: آل عمران، آية: ١١٠.
(٣٧٥) سورة: آل عمران، آية: ١٠٤.
(٣٧٦) صحيح مسلم، كتاب الإيمان، باب بيان كون النهي عن المنكر من الإيمان...، ج١، ص ٧٥، حديث رقم ٧٨ (٤٩).
(٣٧٧) ابن تيمية، الحسبة في الإسلام، ص٦٩-٧٠-٧١-٧٢- ٧٣.
(٣٧٨) الماوردي، الأحكام السلطانية، ص ٢٤٠ - الفرّاء، الأحكام السلطانية، ص ٢٦٨.

فهي إذن مبنية على القاعدة القرآنية الأصلية الأصيلة التي وردت في قوله تعالى: (وَلْتَكُنْ مِنْكُمْ أُمَّةٌ يَدْعُونَ إِلَى الْخَيْرِ وَيَأْمُرُونَ بِالْمَعْرُوفِ وَيَنْهَوْنَ عَنِ الْمُنْكَرِ)[٣٧٩]، وفي قوله تعالى: (وَالْمُؤْمِنُونَ وَالْمُؤْمِنَاتُ بَعْضُهُمْ أَوْلِيَاءُ بَعْضٍ يَأْمُرُونَ بِالْمَعْرُوفِ وَيَنْهَوْنَ عَنِ الْمُنْكَرِ)[٣٨٠].

لقد ذهب بعض المفسرين إلى أنّ قوله تعالى: (وَلْتَكُنْ مِنْكُمْ أُمَّةٌ) أي: جماعة. سميت بذلك، لأنّها يؤمّها فرق الناس، أي: يقصدونَها، ويقتدون بِها)). واستناداً إلى حكم هذه الآية الكريمة، ذهب فريق من الفقهاء إلى أنّ الحسبة، باعتبارها تقرّباً إلى الله تعالى وطلباً لثوابه، يصحّ أن يقوم بِها أي متطوّع كان، عالم بأصولها، حاذق بطرائق تطبيقها. وربّما وقع هذا في الصدر الأول، وربّما وقع نادراً في العصور المتتابعة، بعد الصدر الأوّل، على شكل إفرادي، ولكننا نرى إلى جانب أنّها جائزة من أي مسلم قادر على القيام بِها، علماً وعملاً، فإنّ الدولة الإسلامية، قد نظّمتها منذ أيّام الرسول صلى الله عليه وسلم.[٣٨١]

فما ورد من الآيات والأحاديث عن السلف، فهي لا تدل على أنّ كل مسلم له أن يأمر وينهى ويتصرف مطلقاً وبدون الرجوع إلى الإمام. وإنّما تدلّ تلك الأدلّة، على أنّ كل مسلم له أن يأمر بالمعروف وأن ينهى عن المنكر، بأنْ يعظ ويرشد وينبه على المنكرات بالتي هي أحسن، وبشرط ألاّ يكون هناك ضرر ينجم عن احتسابه، وأمّا ما يحتاج إلى قهر وسلطة وقوة فلا بدّ فيه من إذن الإمام، لئلا يحدث في أعقاب التصرف الفردي من آحاد الناس عواقب وخيمة قد تجر إلى مفاسد أعظم من المصلحة المرجوة من وراء احتسابه.[٣٨٢]

قال الماوردي في آخر كتابه الأحكام السلطانية: ((والحسبة من قواعد الأمور الدينية، وقد كان أئمّة الصدر الأول يباشرونَها بأنفسهم، لعموم صلاحها، وجزيل ثوابها؛ ولكن لمّا أعرض عنها السلطان، ونُدب لها من هان، وصارت عرضة للتكسُّب وقبول الرِشا، لان أمرها، وهان على الناس خطرها. وليس إذا وقع الإخلال بقاعدة سقط

(٣٧٩) سورة: آل عمران، آية: ١٠٤.
(٣٨٠) سورة: التوبة، آية:٧١.
(٣٨١) القاسمي، نظام الحكم في الشريعة والتاريخ الإسلامي، ص ٥٨٩-٥٩٠.
(٣٨٢) مرشد، نظام الحسبة في الإسلام دراسة مقارنة، ص ٧٢-٧٣.

حكمها)).[٣٨٣]

والمؤرخ الكبير، وصاحب المقدمة (ابن خلدون)، تحدث عن الحسبة تحت عنوان الخطط الدينية الخلافية. وهي في نظره الصلاة والفتيا والقضاء والجهاد والحسبة، وكلها مندرجة تحت الإمامة الكبرى التي هي الخلافة، وهو يحدد كلا من هذه الخطط، فيقول عن الحسبة: ((أمّا الحسبة، فهي وظيفة دينية، من باب الأمر بالمعروف، والنهي عن المنكر، الذي هو فرض على القائم بأمور المسلمين، يُعيّن لذلك من يراه أهلاً له، فيتَعَيّن فرضه عليه، ويتَّخذ الأعوان على ذلك، ويبحث عن المنكرات، ويعزِّز ويؤَدّب على قدرها، ويحمل الناس على المصالح العامّة في المدينة... وكأنّها أحكام يُنزّه القاضي عنها لعمومِها وسهولة أغراضِها فتُدْفَع إلى صاحب هذه الوظيفة ليقوم بِها، فَوَضْعُها على ذلك أن تكون خادمةً لمنصب القضاء، وقد كانت في كثير من الدول الإسلامية مثل العُبَيْديين بمصر والمغرب والأمويين بالأندلس داخلة في عموم ولايةِ القاضي يُوَلّي فيها باختياره، ثم لمّا انفردت وظيفة السلطان عن الخلافة وصار نظرُهُ عاماً في أمور السياسة اندرجت في وظائف الملِك وأفردت بالولاية)).[٣٨٤]

الفرق بين القضاء والحسبة:

قال ابن فرحون: ((وأمّا ولاية الحِسبة فهي تقصر عن القضاء في إنشاء كل الأحكام، بل له أن يحكم في الرواشن[٣٨٥] الخارجة بين الدور وبناء المصاطب[٣٨٦] في الطرق لأنّ ذلك مِمّا يتعلّق بالحسبة، وليس له إنشاء الأحكام ولا تنفيذها في عقود الأنكحة والمعاملات. وليس للمحتسب أن يحكم في عيوب الدور وشبهها إلاّ أن يُجْعَلَ ذلك له في ولايته، ويزيد المحتسب على القاضي بكونه يتعرض للفحص عن المنكرات وإن لم تُنْهَ إليه، وأمّا القاضي فلا يحكم إلا فيما رُفِعَ إليه. وموضع الحسبة الرهبة، وموضع القضاء النصفة[٣٨٧])).[٣٨٨]

(٣٨٣) الماوردي، الأحكام السلطانية، ص ٢٥٨-٢٥٩.
(٣٨٤) مقدمة ابن خلدون، ص ٢٢٥-٢٢٦.
(٣٨٥) الرَّوْشَنُ: الرفّ، والرَّوشَنُ الكُوَّة. ابن منظور، لسان العرب، ج ١٣، ص ١٨١.
(٣٨٦) المَصْطَبَّة والمِصْطَبَّة: مجتمع الناس، وهي شبه الدكان يُجْلس عليها. ابن منظور، لسان العرب، ج ١، ص ٥٢٣.
(٣٨٧) النِّصَفُ والنَّصَفَةُ والإنصاف: إعطاء الحق. ابن منظور، لسان العرب، ج ٩، ص ٣٣٢.
(٣٨٨) ابن فرحون، تبصرة الحكّام، ج ١، ص ١٦-١٧.

<u>تشابه الحسبة والمظالم:</u>

ولئن كانت ولاية القضاء تفض النزاع المرتبط بالدين بوجه عام، وولاية المظالم مَحكمةً عليا لتأديب كبار الموظفين، فإنَّ الحسبة واسطة بين الولايتين، وأحكامها واسطة بين أحكامهما. [٣٨٩]

قال الماوردي: ((اعلم أنَّ الحِسبة واسطةٌ بين أحكام القضاء وأحكام المظالم)). [٣٩٠]

قال الفراء في الأحكام السلطانية عن الفرق بين قضاء الحسبة وقضاء المظالم:

((فبينهما شبه مؤتلف، وفرق مختلف.

أمَّا الشبه الجامع بينهما فمن وجهين:

أحدهما: أنَّ موضوعهما مستقرٌّ على الرهبة المختصّة بسلطة السلطنة وقوَّة الصراحة.

والثاني: جواز التعرض فيهما لأسباب المصالح، والتطلُّع إلى إنكار العدوان الظاهر.

وأمَّا الفرق بينها فمن وجهين:

أحدهما: أنَّ النظر في المظالم موضوع لمَّا عجز عنه القضاة، والنظر في الحسبة موضوع لمَّا رفه عنه القضاة. ولذلك كانت رتبة المظالم أعلى، ورتبة الحسبة أخصّ. وجاز لوالي المظالم أن يوقع إلى القضاة والمحتسبة، ولم يجز للقاضي أن يوقع إلى والي المظالم، وجاز له أن يوقع إلى المحتسب، ولم يجز للمحتسب أن يوقع إلى واحد منهما. فهذا فرق.

والثاني: أنَّه يجوز لوالي المظالم أن يحكم، ولا يجوز لوالي الحسبة أن يحكم.

إن قرر هذا فالحسبة تشتمل على الأمر بالمعروف والنهي عن المنكر)). [٣٩١]

<u>اختصاصات المحتسب:</u>

إنَّ التعريف الذي أطلقه الأئمة السابقون على الحسبة، ومن بينهم الماوردي

---

(٣٨٩) صبحي الصالح، النظم الإسلامية نشأتها وتطوّرها، ص ٣٢٨.

(٣٩٠) الماوردي، الأحكام السلطانية، ص ٢٤١ - ابن الأخوة، معالم القربة في أحكام الحسبة، ص ٥٣-٥٤ - النويري، نهاية الأرب في فنون الأدب، ج ٦، ص ٢٩٣.

(٣٩١) الفراء، الأحكام السلطانية، ص ٢٧١.

والفرّاء، تعريف جامع مانع، يتضمن اختصاصات المحتسب كلها: فالأمر بالمعروف إذا ظهر تركه، والنهي عن المنكر إذا ظهر فعله - هذا التعريف، اشتقت عنه جميع الاختصاصات التي فُوِّض المحتسب بمعالجتها، وتُرِكَ إليه، وإلى أعوانه الأمر بِها، أو النهي عنها. فالمعروف، كما هو ظاهر من لفظه، أصله اللغوي، الشيء الذي لا يجهله أحد، ثم استعمل مجازاً بمعنى من معاني البر والخير، وبِهذا المجاز ورد في القرآن الكريم في مواضع متعددة. وأمّا المنكر، فهو كل ما يسيء إلى الفرد والأسرة والمجتمع والدولة، مما ورد النهي عليه في الشريعة السمحاء، في نصوص القرآن الكريم، أو في نصوص السنّة النبوية، أو في إجماع أو قياس، أو في كل ما ينكره العقل، ولم يرد عليه أي نص أو إجماع أو قياس. هذه هي الحسبة، وهذه هي صلاحيات المحتسب بكلمة جامعة مانعة.(٣٩٢)

الحسبة هي ولاية خاصّة يقوم صاحبها بالاحتساب نيابة عن الحاكم، وكان لصاحبها حقّ النظر فيما يتعلّق بالنظام العام وفي الجنايات أحياناً، مِمّا يستدعي الفصل فيها إلى السرعة، فكان المحتسب ينظر في مراعاة أحكام الشرع.(٣٩٣)

ففي بعض الأحيان، كانت وظيفة المحتسب تسند إلى القاضي، فكان صاحب الحسبة يجمع إذ ذاك بين وظيفتين متعارضتين، لأنّ عمل القاضي تغلب عليه الأناة والانتظار، حتى تكوين الرأي النهائي الناضج، بخلاف عمل المحتسب الذي يتطلّب السرعة عند الفصل فيما يعرض عليه.(٣٩٤)

وكان والي الحسبة يحث الأفراد على القيام بواجباتِهم، ويمنع ارتكاب الجرائم وقت ارتكابِها، وكان ينتخب من أعيان المسلمين، واعتبر منصبه من المناصب الدينية الهامّة.(٣٩٥)

قال ابن خلدون: ((أمّا الحسبة، فهي وظيفة دينية، من باب الأمر بالمعروف، والنهي عن المنكر، الذي هو فرض على القائم بأمور المسلمين، يُعيّن لذلك من يراه أهلاً له، فيتَعَيّن فرضه عليه، ويتَّخذ الأعوان على ذلك، ويبحث عن المنكرات، ويعزِّز

(٣٩٢) القاسمي، نظام الحكم في الشريعة والتاريخ الإسلامي، ص ٥٩٩.
(٣٩٣) مشرفة، القضاء في الإسلام، ص ١٨٠.
(٣٩٤) مشرفة، القضاء في الإسلام، ص ١٨٢-١٨٣.
(٣٩٥) مشرفة، القضاء في الإسلام، ص ١٨٣.

ويؤَدّب على قدرها، ويحمل الناس على المصالح العامّة في المدينة، مثل المنع من المضايَقَة في الطرقات، ومنع الحمّالين وأهل السفن من الإكثار في الحمل، والحكم على أهل المباني المتداعية للسقوط بِهدمها، وإزالة ما يُتَوقّع من ضررها السابلة... ولا يتوقف حكمه على تنازع أو استعداء، بل له النظر والحكم فيما يصل إلى علمه من ذلك، ويُرفع إليه. وليس له إمضاء الحكم في الدعاوى مطلقاً، بل فيما يتعلّق بالغش، والتدليس في المعايش وغيرها، وفي المكاييل والموازين. وله أيضاً حمل المماطلين على الإنصاف، وأمثال ذلك مما ليس فيه سِماعُ بيّنة ولا إنفاذ حكم. وكأنّها أحكام يُنَزّه القاضي عنها لعمومها، وسهولة أغراضها، فَتُدفع إلى صاحب هذه الوظيفة، ليقوم بِها، فوَضْعُها على ذلك أن تكون خادمة لمنصب القضاء)).[٣٩٦]

قال ابن القيّم: ((أمّا ولاية الحسبة: فخاصّتها الأمر بالمعروف والنهي عن المنكر فيما ليس من خصائص الولاة والقضاة، وأهل الديوان ونحوهم، فعلى متولي الحسبة أن يأمر العامّة بالصلوات الخمس في مواقيتها، ويعاقب من لم يصلّ بالضرب والحبس، وأمّا القتل: فإلى غيره، ويتعاهد الأئمة والمؤذنين، فمن فرط منهم فيما يجب عليه من حقوق الأمّة، وخرج عن المشروع: ألزمه به، واستعان فيما يعجز عنه بوالي الحرب والقاضي)).[٣٩٧]

وقال الماوردي: ((ويأمر الناس بصوم رمضان، ويمنع الناس من مواقف الريب ومظان التهمة... ويمنع أهل الذمّة أن يتعرض لهم المسلمون بسبب أو أذى، ويؤدّب المعتدي)).[٣٩٨]

وكانت وظيفة والي الحسبة مراقبة المكاييل والموازين، ومراقبة من تسوّل له نفسه الأمّارة بالسوء الغش ببخس أو تطفيف فيهما، وكانت لها دار خاصّة بِها، فكان المحتسب يطلب جميع الباعة إلى هذه الدار في أوقات معيّنة ومعهم موازينهم وسنجهم ومكاييلهم، فيعايرها فإن وجد فيها خللاً صادرها، وألزم صاحبها بِشراء غيرها، أو أمره بإصلاحها.[٣٩٩]

---

(٣٩٦) مقدمة ابن خلدون، ص ٢٢٥-٢٢٦.
(٣٩٧) ابن قيّم الجوزيّة، الطرق الحكمية في السياسة الشرعيّة، ص ١٨٥-١٨٦.
(٣٩٨) الماوردي، الأحكام السلطانية، ص ٢٢٢.
(٣٩٩) مشرفة، القضاء في الإسلام، ص ١٧٩.

قال ابن تيمية: ((والغشّ يدخل في البيوع بكتمان العيوب وتدليس السلع، مثل أن يكون ظاهر المبيع خيراً من باطنه، كالذي مرّ عليه النبي صلى الله عليه وسلم وأنكر عليه)).[٤٠٠]

وكان للمحتسب، أن يلاحظ الطرق العامّة، ويفتّش قدور الطعام. ويشرف على محال الجزارة، ويختم اللحوم، ويأمر السقائين بتغطية قربهم، إلى غير ذلك.[٤٠١]

ويدخل في المنكرات: ما نَهى الله ورسوله من العقود المحرّمة، مثل عقود الربا، صريحاً واحتيالاً، وعقود الميسر، كبيوع الغرر، وكحبل الحبَلة[٤٠٢]، والملامسة[٤٠٣] والمنابذة[٤٠٤]، والنّجش، وهو أن يزيد في السلعة من لا يريد شراءها، وتصْرية[٤٠٥] الدابّة اللّبون، وسائر أنواع التدليس، وكذلك سائر الحيل المحرّمة على أكل الرّبا.[٤٠٦]

ومن المنكرات: تلقي السلع قبل أن تجيء إلى السوق، فإنّ النبي صلى الله عليه وسلم نَهى عن ذلك، لما فيه من تغرير البائع، فإنّه لا يعرف السعر، فيشتري منه المشتري بدون القيمة، ولذلك أثبت له النبي صلى الله عليه وسلم الخيار إذا دخل إلى السوق، ولا نزاع في ثبوت الخيار له مع الغبن.[٤٠٧]

عن ابن عمر؛ أنّ رسول الله صلى الله عليه وسلم نَهى أن تُتَلَقَّى السِّلَعُ حتى تَبْلُغَ

---

(٤٠٠) ابن تيمية، الحسبة في الإسلام، ص ١٩.
(٤٠١) مشرفة، القضاء في الإسلام، ص١٨٣.
(٤٠٢) حَبَل الحَبَلة: وهو أن يباع ما يكون في بطن الناقة. ابن منظور، لسان العرب، ج ١١، ص١٣٩.
(٤٠٣) وبَيْعُ المُلامَسَة: أن تَشتريَ المَتاع بأن تلمسَه ولا تنظرَ إليه. وفي حديث النَّهيُ عن المُلامَسَة؛ قال أبو عبيد: المُلامَسَة أن يقول: إنْ لَمَسْتَ ثوبي أو لَمَسْتُ ثوبَكَ أو إذا لَمَسْتَ المبيع فقد وجب البيع بيننا بكذا وكذا؛ ويقال: هو أن يَلْمِسَ المَتاع من وراء الثوْب ولا ينظر إليه ثم يُوقعَ البيع عليه، وهذا كله غَرَرٌ وقد نُهِيَ عنه ولأنه تعليقٌ أو عُدولٌ عن الصِّيغة الشَّرعيّة.
ابن منظور، لسان العرب، ج ٦، ص ٢١٠.
(٤٠٤) قال أبو عبيد: المنابذة أي يقول الرجل لصاحبه انبذ إليّ الثوب أو غيره من المتاع أو أنبذه إليك وقد وجب البيع بكذا وكذا. ويقال: إنّما هي أن تقول إذا نبذت الحصاة إليك فقد وجب البيع. ابن منظور، لسان العرب، ج ٣، ص ٥١٢.
(٤٠٥) صَرَّيْتُ الشاة تَصْرِيةً إذا لم تَحْلُبْها أياماً حتى يجتمعَ اللَّبَنُ في ضَرْعها، والشاةُ مُصَرَّاة. ابن منظور، لسان العرب، ج ١٤، ص ٤٥٨.
(٤٠٦) ابن قيّم الجوزيّة، الطرق الحكمية في السياسة الشرعية، ص ١٨٧.
(٤٠٧) ابن قيّم الجوزيّة، الطرق الحكميّة في السياسة الشرعيّة، ص ١٨٧-١٨٨.

الأسواق.(٤٠٨)

وعن ابن عمر: أنّ النبي صلى الله عليه وسلم نَهى عن تَلَقّي السِّلَع حتى يُهبَطَ بِها الأسواق، ونَهى عن النَّجْشِ، وقال: لا يَبِعْ بعضكم على بيعِ بعضٍ، وكان إذا عَجِل به السَّيرُ جَمعَ بين المغرب والعشاء.(٤٠٩)

وعن ابن عبّاس؛ قال: نَهى رسول الله صلى الله عليه وسلم أن تُتَلَقّى الرُّكبان. وأن يبيع حاضِرٌ لبادٍ. قال: فقلتُ لابنِ عباس: ما قولُهُ: حاضِرٍ لبادٍ؟ قال: لا يَكونُ له سِمساراً.(٤١٠)

الركبان: جمع راكب، والمراد قافلة التجار الذين يجلبون الأرزاق، والمتاجر والبضائع، والنهي عن تلقيهم لأن من تلقّاهم يكذب في سعر البلد، ويشتري بأقل من ثمن المثل، وهو تغرير ومحرم.(٤١١)

وفي رواية عن جابر؛ قال: قال رسول الله صلى الله عليه وسلم: «**لا يَبِعْ حاضِرٌ لبادٍ. دعوا الناسَ يَرْزُقِ اللهُ بعضَهُم من بعضٍ**»(٤١٢).

قال ابن القيّم: ((وهذا النهي لما فيه من ضرر المشتري، فإن المقيم إذا وكله القادم في بيع سلعة يحتاج الناس إليها، والقادم لا يعرف السعر: أضر ذلك بالمشتري، كما أنّ النهي عن تلقي الجلب لما فيه من الإضرار بالبائعين)).(٤١٣)

وما ينكره والي الحسبة في البيع، بيع الشيء بغير كيل ولا وزن ولا عدد، وأنّ

(٤٠٨) صحيح مسلم، كتاب البيوع، باب تحريم تلقي الجلب، ج ٣، ص ٧، حديث رقم ١٤(١٥١٧) - مسند أحمد، ج ٦، ص ٣٣٦، حديث رقم (٣٧٣٨). ونص الحديث كما رواه أحمد: عن نافع عن ابن عمر قال: نَهى رسول الله صلى الله عليه وسلم: أن تُتَلَقّى السِّلَعُ حتى تدخل الأسواق.

(٤٠٩) مسند أحمد، ج ٦، ص ٣٣٦، حديث رقم (٣٧٣٨).

(٤١٠) صحيح مسلم، كتاب البيوع، باب تحريم بيع الحاضر للبادي، ج ٣، ص ٨، حديث رقم ١٨ (١٥٢٠) - مسند أحمد، ج ٥، ص ١٦٢، حديث رقم (٣٤٨٢).

(٤١١) ابن خليفة، موسوعة فتاوى النبي صلى الله عليه وسلم، ج ٣، ص ٩٦.

(٤١٢) صحيح مسلم، كتاب البيوع، باب تحريم بيع الحاضر للبادي، ج ٣، ص ٨، حديث رقم ٢٠ (١٥٢٢) - سنن الترمذي، أبواب البيوع، باب ما جاء لا يبيعُ حاضِرٌ لبادٍ، ج ٢، ص ٣٤٧، حديث رقم (١٢٤٠) - سنن ابن ماجة، كتاب التجارات، باب النهي أن يبيع حاضر لباد، ج ٢، ص ١١، حديث رقم ١٧٦٩ (٢١٧٦).

(٤١٣) ابن قيّم الجوزيّة، الطرق الحكمية في السياسة الشرعيّة، ص ١٨٨.

من اشترى الشيء فلا يبيعه حتى يستوفيه ويقبضه.

عن ابن عبّاس، قال: قال رسول الله صلى الله عليه وسلم: «**من ابتاع طعاماً فلا يَبعْه حتى يكتالَهُ**».[٤١٤]

ومن المنكرات: الاحتكار لما يحتاج الناس إليه.

وعن معمر بن عبد الله، عن رسول الله صلى الله عليه وسلم قال: «**لا يَحْتَكِرُ إلا خاطِئٌ**»[٤١٥].

وعن عمر قال: احتكارُ الطعام بمكّة إلحادٌ بظُلْمٍ.[٤١٦]

فإنّ المحتكر الذي يعمد إلى شراء ما يحتاج إليه الناس من الطعام فيحبسه عنهم ويريد إغلاءه عليهم: هو ظالم لعموم الناس، ولهذا كان لولي الأمر أن يُكرِه المحتكرين على بيع ما عندهم بقيمة المثل، عند ضرورة الناس إليه.[٤١٧]

وبالجملة فالمحتسب هو الذي يأمر بالمعروف وينهى عن المنكر، وهو المحافظ على الآداب، وعلى الفضيلة، والأمانة.

بالنظر في المراجع الشرعية والتاريخية، يتبيّن أنّ الحسبة ترجع في أحكامها إلى الشرع المطهّر، فمنه تستمدّ أحكامها ونظمها، فما كان في الشرع معروفاً أمرت به، وما كان منكراً في اعتباره نَهت عنه وحذرت منه. إلاّ أنّ الأساليب التي يتبعها المحتسبون في مختلف العصور، قد تختلف شدّة وسهولة تبعاً لاختلاف البيئات والظروف، كما أنّه قد تكون ولاية الحسبة في عصر من العصور أوسع دائرة منها في عصر آخر، وقد تكون داخلة تحت ولاية أخرى، بالإضافة إلى أنّ تسميتها اختلفت بين العصور، وهذا ما سأحاول بحثه.

---

(٤١٤) صحيح مسلم، كتاب البيوع، باب بطلان بيع المبيع قبل القبض، ج ٣، ص ١٠، حديث رقم ٣١ (١٥٢٥).
(٤١٥) صحيح مسلم، كتاب المساقاة، باب تحريم الاحتكار في الأقوات، ج ٣، ص ٦٣، حديث رقم ١٣٠ (١٦٠٥) - سنن أبي داود، كتاب الإجارة، باب في النهي عن الحكرة، ج ٢، ص ٤٧٨، حديث رقم (٣٤٤٧) - سنن الترمذي، أبواب البيوع، باب ما جاء في الاحتكار، ج ٢، ص ٣٦٩، حديث رقم (١٢٨٥) - سنن ابن ماجة، كتاب التجارات، باب الحكرة والجلب، ج ٢، ص ٧، حديث رقم ١٧٤٨ (٢١٥٤).
(٤١٦) المتقي الهندي، كنز العمّال، ج ٤، ص ١٨٠.
(٤١٧) ابن قيّم الجوزيّة، الطرق الحكمية في السياسة الشرعيّة، ص ١٨٨.

الأصل التاريخي لولاية الحسبة:

ما نظنّ أنّ مجتمعاً، عرف التنظيم، أو شيئاً يشبه التنظيم، إلاّ وقامت في أرجائه مؤسسة تعمل على صيانة الضعيف والفقير، وعلى حفظ حقوق العاجزين والمضطرين. ولهذا نتصوّر أنّ نظام ((الحسبة))، لم يكن وقفاً على أمّة من الأمم وإنّما كان مشاعاً بينها جميعاً. ولهذا لا عجب إذا رأينا رسول الله صلى الله عليه وسلم يأمر أوّل ما يأمر بأن تكون المعاملة بين الناس قائمة على أساس النصح، والتقوى، ودفع الغش، وأن يكون الناس في تعاملهم صادقين غير مرائين.

قال القلقشندي في صبح الأعشى: ((وأوّل من قام بِهذا الأمر وصنَع الدِّرّة عمر بن الخطاب رضي الله عنه في خلافته)).[٤١٨]

ويردّ محمد بن عبد الحي الكتّاني على قول القلقشندي:

((فإنْ كان مراده الأوّلية في كل منهما مع التقييد بمدة خلافة عمر فلا إشكال أنّه تقصير، لأنّ عمر كان يحمل الدرّة في العهد النبوي، كما أن تكليفه بالسوق كان في زمنه عليه السلام. كما كلّف غيره بذلك إذ ذاك)).[٤١٩]

بالرجوع إلى كتب السيرة وكتب السنن، نجد أنّ الحسبة كانت موجودة في عهد الرسول صلى الله عليه وسلم. فقد بدأت الحسبة أوّل ما بدأت محدودة، فلقد كان يتولاها الرسول صلى الله عليه وسلم بنفسه، وهناك وقائع تثبت تولي الرسول صلى الله عليه وسلم للحسبة بنفسه بصورة واضحة لا تقبل الخلاف، وولّى أصحابه هذه المهمة.

ولما جاء العهد الراشدي، كان الخلفاء الراشدون معتنين بأمر الحسبة ومهتمين بشأنِها، فلقد كانوا يتولونَها بأنفسهم، ويطوفون في الأسواق والطرقات، يأمرون بالمعروف وينهون عن المنكر، أو يعيّنون لها من يرونه أهلاً للقيام بها، على نَهج النبي صلى الله عليه وسلم واقتداء بأمره، ومع هذا فقد كانت الحسبة في عهد الخلفاء رضي الله عنهم في دائرة ضيّقة بالقدر الذي كانت تسمح به حاجاتهم كما كان على عهد الرسول عليه الصلاة والسلام.

ولمّا جاء عهد الدولة الأموية والعباسية نظّمت ولاية الحسبة، فوضعت لها القواعد، وحدّدت الاختصاصات، واستقلّت سلطة متوليها، وظهر ذلك جليّاً من آثار

(٤١٨) القلقشندي، صبح الأعشى، ج ٥، ص ٤٥٢.
(٤١٩) الكتّاني، التراتيب الإدارية، ج١، ص ٢٤١.

الحسبة في العهد العباسي.

قال إبراهيم دسوقي الشهاوي: ((لمّا كثرت الفتوحات الإسلامية، وعمّت الهجرة إلى البلاد المفتوحة، واتسعت الحضارة، ووجدت المدنيات التي لم يكن للعالم عهد بِها، ترقت الحسبة في الإسلام ترقياً عجيباً، حتى كانت من أهم الشؤون التي عني بِها الولاة والحكّام؛ فقاموا بتنظيمها، ووضع قواعدها، وتحديد اختصاصاتها، وبيان سلطة متوليها)).[٤٢٠]

ولعلّ هذا الاتساع كان في أوّل عهد العباسيين، وفي خلافة أبي جعفر المنصور نفسه. ولمّا ظهرت حركة الزنادقة في عهد المهدي، بعث إليهم عبد الجبّار المحتسب، فأتى بهم، وقتل المهدي منهم جماعة وصلبهم، وأتى بكتبهم فقطعت بالسكاكين.[٤٢١]

ظهر قضاء الحسبة بشكل مستقل في العهد العباسي، فصار له كيان خاص، وأصبحت الحسبة وظيفة قضائية رسمية يتولى أمرها قاض خاص، وذلك لأوّل مرة سنة ١٥٨هـ في عهد الخليفة العباسي المهدي، ثم انتشر في أرجاء الدولة العباسية، وصار للحسبة ديوان خاص، وولاية مستقلّة، عرفت باسم ((ولاية الحسبة)) وتمارس أعمالاً متنوعة، منها القضاء، وقد كان المهدي ينظر في دقائق الأمور، ويضبطها ضبطاً محكماً، فاستحدث أموراً كثيرة في خلافته، منها الحسبة.[٤٢٢]

فقد تطوّرت الحسبة بتطوّر البيئات، فكانت لها في الأندلس خطة تسمى ((خطّة الاحتساب))، وكان لها في عهد الفاطميين نواب يطوفون في الأسواق، ويعاقبون فوراً من يرتكب المخالفات.[٤٢٣] واتسعت سلطة المحتسب حتى ألزم رجال الشرطة أن يقوموا بتنفيذ أحكامه.[٤٢٤]

قال حسن إبراهيم حسن: ((إنّ هذا اللفظ (أي الحسبة) لم يستعمل إلاّ في عهد الخليفة المهدي العباسي، (١٥٨ -١٦٩هـ).[٤٢٥]

لم يكن تسمية المحتسب موجودة في العهد النبوي والعهد الراشدي، فتسمية

---

(٤٢٠) الشهاوي، الحسبة في الإسلام، ص ١٠٥.
(٤٢١) مرشد، نظام الحسبة في الإسلام دراسة مقارنة، ص ٣٠.
(٤٢٢) الزحيلي، تاريخ القضاء في الإسلام، ص ٢٥٣ - كرد علي، الإدارة الإسلامية، ص ١٣٥.
(٤٢٣) صبحي الصالح، النظم الإسلامية نشأتها وتطوّرها، ص ٣٣٠.
(٤٢٤) حسن إبراهيم حسن، النظم الإسلامية، ص ٢٩٩.
(٤٢٥) حسن إبراهيم حسن، تاريخ الإسلام، ج ١، ص ٤٨٩.

المحتسب جاءت بعد ذلك، وكان اسمه في العهد النبوي والعهد الراشدي صاحب السوق، فإننا نرى عبارة ((استعمل على السوق)) أو ((كان عاملاً على السوق)) أو ((تولى أمر السوق)) أو غير ذلك، ولم يرد كلمة حسبة أو محتسب، وأول ما ظهرت كلمة محتسب في العهد العباسي.

استمرت هذه الوظيفة - أي الحسبة - التي أصبح المشرف عليها يسمى المحتسب أيام الأمويين والعباسيين في المشرق، كما عرفت في الأندلس حيث كان المحتسب يسمى صاحب السوق.[٤٢٦]

نشأت هذه التسمية كوظيفة مستقلة في العهد العباسي، وكان للمحتسب دار خاصة تسمى دار الحسبة يقيم فيها ويصرف منها جميع أعماله. وكان أحياناً يخرج بنفسه ويطوف في الأسواق ويعاقب المخالفين.[٤٢٧]

ومما تقدم يتضح أنّ الحسبة كانت موجودة بوصفها ولاية من الولايات في عهد الرسول صلى الله عليه وسلم وعهد الخلفاء الراشدون، على وجه ظاهر لا يقبل المناقشة والجدل، وإن اختلفت تسميتها، إلاّ أنها كسائر الولايات كانت في أول أمرها محدودة، ثم اتسعت بعد ذلك حتى وصلت إلى درجة عظيمة في عهود العباسيين والفاطميين.

ومع تلك الوقائع الكثيرة الواضحة، فقد ذهب قلة من الباحثين إلى أنّ نظام الحسبة مقتبس من الحضارة البيزنطيّة، إذ أنّ المسلمين حينما فتحوا بلاد الرومان، وجدوا موظّفاً يشرف على السوق، فاقتبسوا هذا النظام وأخذوه عنهم، دون أن تكون لهم سابقة في هذا الشأن أو خطة أو مبدأ، ومما قال بهذا: الدكتور نقولا زيادة، فقال في كتابه ((الحسبة والمحتسب في الإسلام)):

((كان بين الوظائف التي عرفتها المدن اليونانية والتي نشرها اليونان في أنحاء الشرق الأدنى أثر استيلائهم عليه، وظيفة باسم آغورانوموس (Agoranomos) ويمكن ترجمتها بصاحب السوق. وكان عمل هذا الموظف الإشراف على شؤون

(٤٢٦) نقولا زيادة، الحسبة والمحتسب في الإسلام، ص ٣١.
(٤٢٧) ابن الجوزي، المنتظم في تاريخ الملوك والأمم، ج ٦، ص ١٦٦ - التنوخي، نشوار المحاضرة وأخبار المذاكرة، ج ١، ص ٣٢٧، ج٢، ص ١٠٨-١١٠-٢٩٣، ج٤، ص٢٤-١٥٥-٢١٣ - التنوخي، المستجاد من فعلات الأجواد، ص ١٧٧.

السوق من حيث التأكد من صحة الأوزان والمكاييل وجودة المتاجر المعروضة للبيع وسلامة المعاملات. وقد نشر اليونان هذه الوظيفة في المدن التي أنشأوها أو جدّدوها واحتفظ بِها الرومان والبيزنطيون وطوّروها. وإذن فقد كان هناك موظف هو صاحب السوق لمدة نحو ألف سنة من فتح الإسكندر إلى الفتح العربي. هذه الوظيفة كانت بين عشرات من الوظائف الصغرى التي استمرّت في المدن دون تبديل أو تغيير. ذلك بأن العرب لم يكن لهم ما يمكن أن يقدموه بديلاً عنها. ويضاف إلى ذلك أنّهم شغلوا بالحروب والفتح مدة طويلة. واستمرت هذه الوظيفة التي أصبح المشرف عليها يسمى المحتسب أيام الأمويين والعباسيين في المشرق، كما عرفت في الأندلس حيث كان المحتسب يسمى صاحب السوق. وثمّة أمور كثيرة تثبت أنّ وظيفة المحتسب ظل العمل بِها قائماً في أكثر المدن الإسلامية. ولولا ذلك لما اهتم الماوردي، عند بحثه وظائف المحتسب، في إرجاع هذه الوظيفة إلى أيام الرسول صلى الله عليه وسلم والخلفاء)).[٤٢٨]

ولسنا نقول في الردّ على كل من يرى أنّ الحسبة الإسلامية قد استفادت من الحسبة الرومانية أو اليونانية، إذا استعرضنا ما تقدم من الأحاديث والآثار، التي تثبت حدوث الحسبة في عهد الرسول صلى الله عليه وسلم وعهد خلفائه، عرفنا بطلان هذه الدعوى.[٤٢٩] فقد ولّى الرسول صلى الله عليه وسلم سعيد بن سعيد بن العاص سوق مكة، بعد فتح مكة، أي في الثامنة للهجرة، وقبل أن يقع أي اتصال بين المسلمين وجيرانهم الروم.[٤٣٠] لأنّ الاقتباس على فرض وقوعه لن يكون إلاّ بعد الفتوح، ودراسة أحوال البلاد المفتوحة، بينما الحسبة ثابتة وموجودة ومطبقة في بلاد المسلمين قبل الفتح بسنوات.[٤٣١] وهذه الحجة الدامغة على أنّ الحسبة في الإسلام، نشأت استناداً إلى حاجات المجتمع وضروراته، من غير اقتباس عن أحد.

أضف إلى ذلك أن منشأ الحسبتين مختلف كل الاختلاف، فما سمي (الايديل) أو (الآغورانوموس) كان موظفاً مدنياً محضاً، من حيث مبدأ الوجود، ومن حيث

(٤٢٨) نقولا زيادة، الحسبة والمحتسب في الإسلام، ص ٣١.
(٤٢٩) مرشد، نظام الحسبة في الإسلام دراسة مقارنة، ص ٢٢-٢٣.
(٤٣٠) القاسمي، نظام الحكم في الشريعة والتاريخ الإسلامي، ص ٦١٥.
(٤٣١) مرشد، نظام الحسبة في الإسلام دراسة مقارنة، ص ٢٣.

التطبيق، ومن حيث أساليب العمل.

أمّا المحتسب المسلم فقد انطلق من مبدأ قرآني ديني، هـو: الأمـر بـالمعروف، والنهـي عـن المنكـر. واستند إلى مبدأ الحلال والحرام، وإلى الثواب والعقاب، في الدنيا والآخرة.[٤٣٢]

فإنّ دعوى اقتباس المسلمين نظام حسبتهم عن البيزنطيين دعوة باطلة بالإجمال والتفصيل. وفي الختام، يجدر بنا أن نذكر بأنّ هناك نصوصاً تدلّ على أنّ الصليبيين أبان الحرب الصليبية، قد أخذوا نظام الحسبة في الإسلام، وطبّقوها في المملكة الصليبية ببيت المقدس، وهذه النصوص مكتوبة باللغة الفرنسية، ضمن كتاب النظم القضائية ببيت المقدس.[٤٣٣]

وإنّ الحسبة في الإسلام مورد للآخرين من أصحاب الديانات الأخرى، لا أنّها مستقاة منهم، إذ لو كان عندهم بديل عنها، أو نظام يشبهها لما احتاجوا إليها ونقلوها وطبقوها في غالب الأمور حتى أنّهم يطلقون اسم المحتسب بدون تغيير على من يقوم بِها لديهم.

قضاء الحسبة أيام الخلفاء الراشدين رضي الله عنهم:

ظهرت بذرة قضاء المظالم وقضاء الحسبة منذ العهد النبوي، ثم ظهرت هذه الغرسة، ونمتْ، وترعرعتْ طوال العهد الراشدي، ثم نظّمت بعد ذلك في عهد الدولة الأموية والعباسية، فوضعت لها القواعد، وحدّدت الاختصاصات، واستقلّت سلطة متوليها، وظهر ذلك جليّاً من آثار الحسبة في العهد العباسي، فقد نشأت هذه التسمية كوظيفة مستقلة في العهد العباسي.

كان أبو بكر الصدّيق رضي الله عنه يقيم المعروف وينهى عن المنكر، ومن أعظم المنكرات الردّة التي حدثت بعد وفاة الرسول صلى الله عليه وسلم، فشمر أبو بكر ساعده لإزالتها، وحقق الله له ذلك.[٤٣٤]

ولمّا بويع عمر بالخلافة سار على منهج أبي بكر في الأمر بالمعروف والنهي عن المنكر.

---

(٤٣٢) القاسمي، نظام الحكم في الشريعة والتاريخ الإسلامي، ص ٦١٥.

(٤٣٣) مرشد، نظام الحسبة في الإسلام دراسة مقارنة، ص ٢٥-٢٦.

(٤٣٤) الزحيلي، تاريخ القضاء في الإسلام، ص ٩٥.

فكان عمر رضي الله عنه يتولّى الأمر بالمعروف والنهي عن المنكر، ويوجه الناس إلى الحقّ والصراط السوي، ويمنع الغش، ويحذر منه، ويقوم بوظيفة العسس (الحرس الليلي) ويتفقّد أحوال الرعيّة بصورة يضرب بِها المثل.

وكان عمر بن الخطاب رضي الله عنه يمارس الحسبة بنفسه حين توليه خلافة المسلمين، استمراراً منه في هذه المهمة الشريفة، التي كان يقوم بِها منذ أن استعمله الرسول صلى الله عليه وسلم في حياته، ومن وقائع ذلك:

روى ابن الجوزي عن أسلم قال: ((بينما أنا مع عمر بن الخطّاب، وهو يعسُّ بالمدينة، إذ عيى فاتّكأ على جانب جدار في جوف الليل، وإذا بامرأة تقول لابنتها: يا بنتاه! قومي إلى ذلك اللبن فامذقيه بالماء. فقالت لها: يا أُمّتاه! أو ما علمتِ بما كان من عزمة أمير المؤمنين؟ قالت: وما كان من عزمته يا بنيّة؟ قالت: إنّه أمر مناديه، فنادى لا يُشاب اللبن بالماء. فقالت لها: يا بنيّة! قومي إلى اللبن فامذقيه بالماء، فإنّك بموضع لا يراك عمر، ولا منادي عمر. فقالت الصّبيّة لأمّها: يا أُمّتاه! والله ما كنتُ لأطيعه في الملأ، وأعصيه في الخلاء - وعمر يسمع ذلك كلّه - فقال: يا أسلم علّم الباب، واعرف الموضع. ثم مضى في عسسه، فلمّا أصبح قال: يا أسلم! إمضِ إلى الموضع فانظر من القائلة، ومن المقول لها، وهل لهما بعل؟ فأتيتُ الموضع، فنظرتُ فإذا الجارية أيّم لا بعل لها، وإذا تيك أمّها ليس لها بعل. فأتيت عمر وأخبرته، فدعى عمر أولاده، فجمعهم فقال: هل فيكم من يحتاج إلى امرأة فأزوّجه؟ لو كان بأبيكم حركة إلى النساء ما سبقه منكم أحد إلى هذه الجارية. فقال عبد الله: لي زوجة، وقال عبد الرحمن: لي زوجة، وقال عاصم: يا أبتاه لا زوجة لي فزوّجني. فبعث إلى الجارية فزوّجها من عاصم فولدت له بنتاً، وولدتْ البنت بنتاً، وولدتْ البنت عمر بن عبد العزيز رحمه الله))[٤٣٥].

ولمّا طالت خلافة عمر رضي الله عنه وضع الأسس لقضاء الحسبة، وكان يباشر قضاء الحسبة ومراقبة الأسواق، والأسعار ومنع الغشّ، وتجاوز الحقوق....

عن عمر رضي الله عنه: ((أنّه مرّ بحاطب بن أبي بلتعة[٤٣٦] بسوق المصلّى، وبين

(٤٣٥) ابن الجوزي، مناقب أمير المؤمنين عمر، ص ٨٤.
(٤٣٦) هو حاطب بن أبي بلتعة اللخمي، صحابي، ولد سنة ٣٥ قبل الهجرة. شهد الوقائع كلها مع رسول الله صلى الله عليه وسلم، وكان من أشدّ الرماة في الصحابة. وكانت له تجارة واسعة. بعثه النبي صلى الله عليه وسلم بكتابه إلى المقوقس صاحب الإسكندرية. ومات بالمدينة سنة ٣٠ هجرية. وكان أحد فرسان قريش وشعرائها في الجاهلية. الزركلي، الأعلام، ج ٢، ص١٥٩.

يديه غِرارتان فيهما زبيب، فسأله عن سعرهما؟ فقال له: مُدَّين لكل درهم، فقال له عمر: قد حُدِّثتُ بعير جاءت من الطائف تحمل زبيباً، وهم يغترون بسعرك، فإمّا أن ترفع السعر، وإمّا أن تدخل زبيبك البيت، فتبيعه كيف شئت، فلمّا رجع عمر حاسب نفسه، ثم أتى حاطباً في داره، فقال: إنّ الذي قلتُ لك ليس عَزْمة منّي، ولا قضاء، إنّما هو شيء أردت به الخير لأهل البلد، فحيث شئت فبع، وكيف شئت فبع)).(٤٣٧)

وعن الليث أن عمر بن الخطاب ((حرق بيت رُويشد الثقفي، لأنّه كان يبيع الخمر، وقال له: أنت فُويْسق، ولست برويشد)).(٤٣٨)

وعن أبي عمرو الشيباني قال: بلغ عمر بن الخطّاب أنّ رجلاً أثرى من بيع الخمر، فقال: اكسروا كل آنيةٍ له.(٤٣٩)

وعن حبيش بن الحرث، قال: كان الرجل منّا تنتج فرسه فينحره ويقول: أنا أعيش حتى أركب هذا؟ فجاءنا كتاب عمر، رضوان الله عليه، أن أصلحوا ما رزقكم الله فإنّ في الأمر تنفّس.(٤٤٠)

وعن ابن المسيّب بن دارم قال: رأيتُ عمر بن الخطّاب رضوان الله عليه، يضرب رجلاً ويقول: حمّلتَ جملكَ ما لا يطيق.(٤٤١)

وعن الأحنف بن قيس(٤٤٢) قال: وفدنا إلى عمر رضوان الله عليه بفتح عظيم،

(٤٣٧) ابن قيّم، الطرق الحكمية في السياسة الشرعيّة، ص ١٩٨.
(٤٣٨) ابن قيّم الجوزيّة، الطرق الحكميّة في السياسة الشرعيّة، ص ٢١٧.
(٤٣٩) المتقي، الهندي، كنز العمّال، ج ٤، ص ١٦٠.
(٤٤٠) ابن الجوزي، مناقب أمير المؤمنين عمر، ص ٧٣.
(٤٤١) ابن الجوزي، مناقب أمير المؤمنين عمر، ص ٩٧.
(٤٤٢) هو الأحنف بن قيْس بن معاوية بن حُصين أبو بَحْر التميمي السَّعدي. ولد في البصرة سنة ٢ ق هـ. أدرك النبي صلى الله عليه وسلم، ولم يجتمع به. وقيل: إنّه دعا له. وفد على عمر، حين آلت الخلافة إليه، في المدينة، فاستبقاه عمر، فمكث عاماً، وأذن له معاذ إلى البصرة، فكتب عمر إلى أبي موسى الأشعري: أمّا بعد فأدن الأحنف وشاوره واسمع منه الخ. وقال الأحنف لعمر بن الخطاب: يا أمير المؤمنين إنّ مفاتح الخير بيد الله، والحرص قائد الحرمان. فاتق الله فيما لا يغنى عنك يوم القيامة قيلاً ولا قالاً، واجعل بينك وبين رعيّتك من العدل والإنصاف، سبباً يكفيك وِفادةَ الوفود، واستماحة المُمتاح، فإنّ كل امرئ إنّما يجمع في وعائه، إلاّ الأقلّ ممن عسى أن تقتحمَه الأعين، وتخونهم الألسن، فلا يوفد إليك يا أمير المؤمنين. كان الأحنف أحد الجِلّة

فقال: أين نزلتم؟ فقلتُ: في مكان كذا، فقام معنا حتى انتهينا إلى مناخ رواحلنا، فجعل يتخلّلها ببصره ويقول: ألا اتّقيتم الله في ركابكم هذه؟ أما علمتم أنّ لها عليكم حقّاً؟ ألا خليتم عنها؟.[٤٤٣]

وحبس الحطيئة لأنّه كان يقول الهجر ويمدح الناس ويذمهم بما ليس فيهم.[٤٤٤]

فقد كان عمر بن الخطاب رضي الله عنه يقوم بوظيفة الحسبة بنفسه، فكان يشارف السوق، ويراقب الموازين، والمكاييل، كما كان يستعمل الولاة، ويدفعهم إلى القيام بها.[٤٤٥]

ومن المحتسبين الذين عيّنهم عمر رضي الله عنه على سوق المدينة:

١ - السائب بن يزيد بن ثمامة[٤٤٦]:

قال ابن عبد البرّ في الاستيعاب عن السائب بن يزيد:

((كان عاملاً لعمر على سوق المدينة مع عبد الله بن عتبة بن مسعود)).[٤٤٧]

وقال ابن حجر في الإصابة:

((استعمله على سوق المدينة هو وسليمان بن أبي خيثمة، وعبد الله بن عتبة بن

الحلماء الدهاة الحكماء العقلاء، يُعَدُّ في كبار التابعين بالبصرة. وكان يُضرب بحلمه المثل. وقال له عمر: الأحنفُ سيد أهل البصرة. وذكر الحاكمُ أنّه افتتح مَرْوَ الروذ. شهد الفتوح في خرسان واعتزل الفتنة ويوم الجمل، ثم شهد صفين مع عليّ. وولي خراسان. وكانَ صديقاً لمصعب بن الزبير (أمير العراق). أخباره كثيرة جداً، وخطبه وكلماته متفرقة في كتب التاريخ والأدب والبلدان. مات بالبصرة زمن ولاية مصعب بن الزبير سنة سبع وستين، ومشى مصعب في جنازته، وقال مصعب يوم مَوْته: ذهب الحزمُ والرّأيُ.
ابن حجر، الإصابة في تمييز الصحابة، ج ١، ص ٣٣١-٣٣٢-٣٣٣ - الزركلي، الأعلام، ج ١، ص ٢٧٦ - الجاحظ، البيان والتبيين، ج ٢، ص ٩٨-٩٩ - ابن عبد البر، الإستيعاب في معرفة الأصحاب، ج ١، ص ١٤٥.

(٤٤٣) ابن الجوزي، مناقب أمير المؤمنين عمر، ص ١١١-١١٢.

(٤٤٤) مرشد، نظام الحسبة في الإسلام دراسة مقارنة، ص ٢٠

(٤٤٥) الشهاوي، الحسبة في الإسلام، ص ١٠٤.

(٤٤٦) هو السائب بن يزيد بن سعيد بن ثمامة بن الأسود ابن أخت النّمر. وُلد في السنة الثانية من الهجرة. اختلف في وقت وفاته، واختلف في سنّه ومولده، فقيل توفي سنة ثمانين. وقيل: سنة ست وثمانين. ابن عبد البر، الاستيعاب في معرفة الأصحاب،ج ٢، ص ٥٧٦-٥٧٧.

(٤٤٧) ابن عبد البر، الاستيعاب في معرفة الأصحاب، ج ٢، ص ٥٧٦.

مسعود)).[٤٤٨]

كما استعمل عمر النساء في هذه الوظيفة أيضاً.

٢ - الشفاء أم سليمان بن أبي حثمة:

وقال ابن عبد البر في الاستيعاب الشفاء: ((وأقطعها رسول الله صلى الله عليه وسلم داراً عند الحكاكين فنزلَتْها مع ابنها سليمان، وكان عمر يقدمها في الرأي ويَرْضاها ويفضّلها، وربّما ولاّها شيئاً من أمر السوق)).[٤٤٩]

وقال عثمان في الأمر بالمعروف والنهي عن المنكر. ومن أخبار عثمان في قضاء الحسبة:

كان عثمان رضي الله عنه ينهى عن الحكرة.[٤٥٠]

وذكر السيوطي: ((أول مُنْكَر ظهر بالمدينة حين فاضت الدنيا وانتهى سِمَن الناس، طيران الحمام، والرمي على الجلاهقات[٤٥١]، فاستعمل عليها عثمان رجلاً من بني ليث، سنة ثمان من خلافته، فقصّها، وكسر الجلاهقات)).[٤٥٢]

نرى أنّ الحسبة بدأت بمنع الغش في الطعام، أو بإظهار عيوبه على الأقل، ثم أخذت تتطوّر بمحاربة جميع المنكرات، من أي نوع كان.

ولمّا ولي علي رضي الله عنه الخلافة سار في القضاء والإدارة، ورفع الظلم، والأمر بالمعروف والنهي عن المنكر، على سيرة من سبقوه من الراشدين. فإنّه قد ترك لنا أثراً عظيماً يُعدُّ في الطليعة ممّا ترك الأوّلون للآخرين. وكان الإمام علي رضي الله عنه يتولى الحسبة بنفسه، ومما روي عنه في ذلك:

قال الإمام علي في الأمر بالمعروف والنهي عن المنكر، وسوء استعمال المكاييل والموازين، قال: ((ظهر الفساد فلا منكرٌ مغير، ولا زاجرٌ مزدَجِر... لعن الله الآمرين بالمعروف التاركين له، والناهين عن المنكر العاملين به))، وقال علي رضي الله

(٤٤٨) ابن حجر، الإصابة في تمييز الصحابة، ج ٣، ص ٢٣.
(٤٤٩) ابن عبد البر، الاستيعاب في معرفة الأصحاب، ج ٤، ص ١٨٦٨-١٨٦٩.
(٤٥٠) محمصاني، تراث الخلفاء الراشدين في الفقه والقضاء، ص ٤٥٩.
(٤٥١) الجُلاهِقُ: البُنْدُق، منه قوس الجُلاهِقِ. والجُلاهِقُ: الطين المُدَوَّر المُدَمْلَق. ابن منظور، لسان العرب، ج ١٠، ص ٣٧.
(٤٥٢) السيوطي، تاريخ الخلفاء، ص ١٤٧.

في تَهويل الظلم وتبرئه منه: ((والله لأن أبيت على حَسَك السَّعْدان[٤٥٣] مُسهَّداً[٤٥٤]، أو أجرَّ الأغلال مصفَّداً، أحبّ إليَّ من أن ألقى الله ورسوله يوم القيامة ظالماً لبعض العباد، وغاضباً لشيء من الحُطام، وكيف أظلم أحداً لنفسٍ يسرع إلى البِلَى قفولُها، ويطول في الثَّرى حلولُها)).[٤٥٥]

اشتهر الإمام علي بشدّته في مراقبة الأسواق، وتنفيذ العدالة في البيوعات. مثاله، روى وكيع عن شريح قال: مررتُ مع علي بن أبي طالب عليه السلام في سوق الكوفة وبيده الدرّة، وهو يقول: ((يا معشر التجار، خذوا الحقّ وأعطوا الحق، تسلموا، لا تمنعوا قليل الربح فتحرموا كثيراً)).[٤٥٦]

وعن كليب بن وائل الأزْدِيّ قال: رأيتُ عليَّ بن أبي طالب مرَّ بالقصّابين، فقال: يا معشرَ القصّابين، لا تنفخوا، فمن نفخ اللحم فليس منّا.[٤٥٧]

وكان الإمام عليّ أقضى الصحابة، وأكثرهم خبرة به، مع ورعه وتقواه وزهده وحرصه على إقامة دين الله وشرعه، فلمّا ولي الخلافة، أقام الحق والعدل على جميع الناس، ورفع الظلم، وأمر بالمعروف ونَهى عن المنكر، وله أمثلة كثيرة، وقضايا عديدة، مسطورة في قضائه وسيرته، ثم عيّن الولاة والقضاة، وقام بمراقبتهم، وتفقّد أحوالهم.

فنحن نرى أنّ الحسبة، أو ما شابهها، وإن تغيّرت الأسماء، نظام أملته حياة المدينة، وأوجبته ضرورات الاجتماع الإنساني، فهي نتيجة طبيعية للعمران الإنساني.

٥ - الحدّ

الحدّ في اللغة:

قال الشوكاني: ((الحدّ لغة: المنع، ومنه سمي البوّاب حدّاداً، وسميت عقوبات المعاصي حدوداً لأنّها تمنع العاصي من العود إلى تلك المعصية التي حدّ لأجلها في الغالب.

(٤٥٣) السَّعْدانُ: شوك النخل. والسعدان: نبت ذو شوك، ومَنْبِتُهُ سُهول الأرض، وهو من أطيب مراعي الإبل ما دام رطِباً. ابن منظور، لسان العرب، ج ٣، ص ٢١٥.
(٤٥٤) سَهِدَ: لم يَنَمْ. يُسَهَّدُ أي لا يُتْرَكُ أن ينام. ابن منظور، لسان العرب، ج ٣، ص ٢٢٤.
(٤٥٥) الزحيلي، تاريخ القضاء في الإسلام، ص ١٠٢.
(٤٥٦) وكيع، أخبار القضاة، ج ٢، ص ١٩٦.
(٤٥٧) المتقي الهندي، كنز العمّال، ج ٤، ص ١٥٨.

وأصل الحدّ: الشيء الحاجز بين الشيئين، ويقال على ما ميز الشيء من غيره، ومنه حدود الدار والأرض، ويطلق الحدّ أيضاً على نفس المعصية، ومنه - تلك حدود الله فلا تقربوها-)).[٤٥٨]

وفي لسان العرب:

((الحدُّ: الفصل بين الشيئين لئلا يختلط أحدهما بالآخر أو لئلاّ يتعدّى أحدهما على الآخر، وجمعه حدود.

وفصل ما بين كل شيئين: حَدٌّ بينهما.

وحدُّ كل شيء: منتهاه لأنّه يردُّه ويمنعه من التمادي. وحدُّ السارق وغيره: ما يمنعه عن المعاودة ويمنع أيضاً غيره عن إتيان الجنايات، وجمعه حدود.

وحَدَدْتُ الرجل: أقمت عليه الحدّ.

وحدود الله تعالى: الأشياء التي بيَّن تحريمها وتحليلها، وأمر أن لا يُتعدّى شيء منها فيتجاوز إلى غير ما أمر فيها أو نَهى عنه منها، ومنع من مخالفتها، واحِدُها حَدٌّ؛ وحَدَّ القاذف ونحوه يحدُّه حدّاً: أقام عليه ذلك.

قال ابن الأثير: وفي الحديث ذكر الحَدِّ والحدود في غير موضع وهي محارم الله وعقوباته التي قرنَها بالذنوب، وأصل الحَدِّ المنع والفصل بين الشيئين، فكأنّ حدودَ الشرع فَصَلَت بين الحلال والحرام فمنها ما لا يقرب كالفواحش المحرمة، ومنه قوله تعالى: (تِلْكَ حُدُودُ اللَّهِ فَلَا تَقْرَبُوهَا)[٤٥٩]؛ ومنه ما لا يتعدّى كالمواريث المعيّنة وتزويج الأربع، ومن قوله تعالى: (تِلْكَ حُدُودُ اللَّهِ فَلَا تَعْتَدُوهَا)[٤٦٠]؛ ومنها الحديث: ((إنّي أصبتُ حدّاً فأقمه عَليّ)) أي أصبتُ ذنباً أوجب عليّ حدّاً أي عقوبة. وفي حديث أبي العالية: إنّ اللَّمَمَ ما بين الحَدَّيْن حَدِّ الدنيا وحدِّ الآخرة؛ يريد بحدِّ الدنيا ما تجب في الحدود المكتوبة كالسرقة والزنا والقذف، ويريد بحدِّ الآخرة ما أوعد الله تعالى عليه العذاب كالقتل وعقوق الوالدين وأكل الربا، فأراد أنّ اللمم من الذنوب ما كان بين هذين مِمّا لم يوجِبْ عليه حدّاً في الدنيا ولا تعذيباً في الآخرة)).[٤٦١]

---

(٤٥٨) الشوكاني، نيل الأوطار، ج ٧، ص ٩٢.
(٤٥٩) سورة: البقرة، آية: ١٨٧.
(٤٦٠) سورة: البقرة، آية: ٢٢٩.
(٤٦١) ابن منظور، لسان العرب، ج ٣، ص ١٤٠.

الحدّ في الشرع:

قال الشوكاني: ((وفي الشرع: عقوبة مقدّرة لأجل حقّ الله فيخرج التعزير لعدم تقديره، والقصاص لأنّه حقّ لآدمي)).[٤٦٢]

وقال عنها ابن عابدين أنّها شرعت لمصلحة تعود إلى كافة الناس في صيانة الأنساب والأموال والعقول والأعراض.[٤٦٣]

وقال الكتّاني في التراتيب الإدارية: ((قال ابن العربي في الأحكام: الحدود على قسمين الأول إيجابها وذلك للقضاة، وإستيفائها: وقد جعله النبي صلى الله عليه وسلم لقوم منهم علي بن أبي طالب، ومحمد بن مسلمة)).[٤٦٤]

فالحدّ شرعاً: ((اسم لعقوبة مقدّرة تجب لله تعالى)). وبعبارة أخرى، هو عقوبة معيّنة بالشرع، وتفرض باسم الحقّ العام، على أفعال تتعلّق بأمن المجتمع وراحته. ويترتّب هذا الحدّ في سبع جرائم. وهي: الزنا، والسرقة، والقذف، والشرب، والردّة، والبغي، وقطع الطريق.

ويعتبر مسؤولاً في قضايا الحدود المجرم البالغ، العاقل، المختار. فعليه لا حدَّ على الصغير، ولا على المكره.[٤٦٥]

وعن الحسن بن عليّ أنّ رسولَ الله صلى الله عليه وسلم قال: «**رُفِعَ القَلَمُ، عن ثلاثة، عن النائم حتى يستيقظَ، وعن الصبي حتى يشِبَّ، وعن المعتوه حتى يعقِلَ**».[٤٦٦]

ثبوت الحدود وسقوطها:

وتعتبر الجهالة بمنزلة الشبهة. فلذا، درأ عمر وعثمان وعليّ الحدّ عن كل من لم يعلم تحريم الزنا.[٤٦٧]

---

(٤٦٢) الشوكاني، نيل الأوطار، ج ٧، ص ٩٢.
(٤٦٣) ابن عابدين، حاشية ردّ المختار، ج ٤، ص ٣.
(٤٦٤) الكتّاني، التراتيب الإدارية، ج ١، ص ٢٥٨.
(٤٦٥) محمصاني، تراث الخلفاء الراشدين في الفقه والقضاء، ص ٢٠٧- ٢٠٨.
(٤٦٦) سنن الترمذي، أبواب الحدود، باب ما جاء فيمن لا يجب عليه الحدُّ، ج ٢، ص ٤٣٨، حديث رقم (١٤٤٦).
(٤٦٧) محمصاني، تراث الخلفاء الراشدين في الفقه والقضاء، ص ٢١١.

روي عن الإمام علي قضية امرأة تزوجت ولها زوج كتمته. فرجمها هي لمعرفتها الواقع، واكتفى بجلد الزوج مائة سوط، وأعفاه من الرجم للجهالة.

وكذلك رويت عن عمر وعثمان وعلي أقضية أخرى قريبة مِمّا ذكرنا، وقد حكموا فيها بإسقاط الحد للجهالة والشبه. منها أنّ عمر وعثمان عذرا امرأة أعجمية ادّعت أنّها تجهل تحريم الزنا.[٤٦٨]

تنفيذ الحدود:

إقامة الحدود هي من اختصاص السلطان أو الإمام. لذا نَهى الفاروق عن إقامتها إلاّ بإذنه. وإذا كان الإمام لا يمكنه تولي ذلك بنفسه، فقد جرى العمل على التوكيل في استيفائها. فثبت أنّ أبا بكر وعمر وعثمان كانوا يوكّلون علياً بإقامة الحدود. مثاله، وكّله عثمان بإقامة حدّ الشرب على الوليد بن عقبة، ووكّل علي عبد الله بن جعفر بذلك.[٤٦٩]

حدّ الزنا:

قال ابن قدامة: ((الزنا حرام وهو من الكبائر العظام بدليل قوله تعالى:

(وَلَا تَقْرَبُوا الزِّنَا إِنَّهُ كَانَ فَاحِشَةً وَسَاءَ سَبِيلًا(٣٢))[٤٧٠]. وقال تعالى: (وَالَّذِينَ لَا يَدْعُونَ مَعَ اللَّهِ إِلَهًا آخَرَ وَلَا يَقْتُلُونَ النَّفْسَ الَّتِي حَرَّمَ اللَّهُ إِلَّا بِالْحَقِّ وَلَا يَزْنُونَ وَمَنْ يَفْعَلْ ذَلِكَ يَلْقَ أَثَامًا (٦٨) يُضَاعَفْ لَهُ الْعَذَابُ يَوْمَ الْقِيَامَةِ وَيَخْلُدْ فِيهِ مُهَانًا(٦٩))[٤٧١])).[٤٧٢]

وقال تعالى: (وَالَّذِينَ لَا يَدْعُونَ مَعَ اللَّهِ إِلَهًا آخَرَ وَلَا يَقْتُلُونَ النَّفْسَ الَّتِي حَرَّمَ اللَّهُ إِلَّا بِالْحَقِّ وَلَا يَزْنُونَ وَمَنْ يَفْعَلْ ذَلِكَ يَلْقَ أَثَامًا (٦٨) يُضَاعَفْ لَهُ الْعَذَابُ يَوْمَ الْقِيَامَةِ وَيَخْلُدْ فِيهِ مُهَانًا(٦٩))[٤٧٣].

عن عمرو بن شُرَحْبيل، عن عبد الله قال: سألتُ رسولَ الله صلى الله عليه وسلم:

(٤٦٨) محمصاني، تراث الخلفاء الراشدين في الفقه والقضاء، ص ٢١٢.
(٤٦٩) محمصاني، تراث الخلفاء الراشدين في الفقه والقضاء، ص ٢١٥.
(٤٧٠) سورة: الإسراء، آية: ٣٢.
(٤٧١) سورة: الفرقان، آية: ٦٨-٦٩.
(٤٧٢) ابن قدامة، المغني، ج ١٠، ص ١١٩.
(٤٧٣) سورة: النور، آية: ٢.

أيُّ الذَّنْبِ أعظمُ عند اللهِ؟ قال: «أَنْ تجعلَ للهِ نِداً وهو خَلَقَكَ» قال: قلتُ له: إنَّ ذلك لعظيمٌ. قال:

قلتُ: ثم أيٌّ؟ قال: «ثُمَّ أَنْ تقتلَ ولدَكَ مخافةَ أَنْ يَطعَمَ معكَ» قال: قلتُ: ثم أيٌّ؟ قال: «ثم أَنْ تُزانيَ

حليلةَ جارِكَ». ^(٤٧٤)

وقضى صلى الله عليه وسلم فيمن زنى ولم يُحْصَنْ بنفي عام وإقامة الحدّ عليه. ^(٤٧٥)

وعن عُبادةَ بن الصَّامتِ، قال: كان نبيُّ اللهِ صلى الله عليه وسلم إذا أُنزلَ عليه كُربَ لذلك وتَرَبَّدَ له

وَجْهُهُ. قال: فأُنزلَ عليه ذات يومٍ، فَلُقِيَ كذلك، فلمَّا سُرِّيَ عنه قال: «خذوا عَنِّي. فقد جَعَلَ اللهُ لهُنَّ سبيلاً.

الثَّيِّبُ بالثَّيِّبِ والبِكْرُ بالبِكْرِ. الثَّيِّبُ جلدُ مائةٍ، ثم رَجْمٌ بالحجارة. والبكرُ جلدُ مائةٍ ثمَّ نفيُ سنةٍ». ^(٤٧٦)

وعن ابنِ شهابٍ، قال: أخبَرَني عُبيدُ اللهِ بن عبد اللهِ بن عُتبةَ؛ أنَّه سمعَ عبدَ اللهِ بن عباسٍ يقول: قال

عمرُ بن الخطَّابِ، وهو جالسٌ على منبرِ رسولِ اللهِ صلى الله عليه وسلم: إنَّ اللهَ قد بعثَ محمداً صلى الله

عليه وسلم بالحقِّ. وأنزلَ عليه الكتابَ. فكان مِمَّا أُنزلَ عليه آيةُ الرجمِ. قرأناها ووَعَيْناها وعقلناها. فرجَمَ

رسولُ اللهِ صلى الله عليه وسلم ورَجَمْنا بعدَه. فأخشى، إن طال بالناسِ زمانٌ، أن يقولَ قائلٌ: ما نجِدُ الرَّجْمَ

في كتابِ اللهِ. فيضِلّوا بتركِ فريضةٍ أنزلها اللهُ. وإنَّ الرَّجْمَ في كتابِ اللهِ حقٌّ على من زنى إذا أحْصَنَ، من

الرِّجالِ والنساءِ، إذا قامتِ البيِّنةُ، أو كان الحَبَلُ أو الاعترافُ. ^(٤٧٧)

_____

(٤٧٤) صحيح مسلم، كتاب الإيمان، باب كون الشرك أقبح الذنوب وبيان أعظمها بعده، ج ١، ص ٩١، حديث رقم ١٤١
(٨٦)-.
صحيح البخاري، كتاب الحدود، باب قوله تعالى: (فلا تجعلوا لله أنداداً)، ج ٨، ص٥٧١، حديث رقم (٧٥٢٠).
(٤٧٥) بن قيِّم الجوزيَّة، أعلام الموقعين عن ربِّ العالمين، ج ٤، ص ٢٧٩.
(٤٧٦) صحيح مسلم، كتاب الحدود، باب حدّ الزنى، ج ٣، ص ١٣١، حديث رقم ١٣
(١٦٩٠) - سنن أبي داود، كتاب الحدود، باب في الرجم، ج ٣، ص ١٤٧، حديث رقم (٤٤١٥).
(٤٧٧) صحيح مسلم، كتاب الحدود، باب رجم الثيِّب في الزنى، ج ٣، ص ١٣١، حديث رقم ١٥
(١٦٩١) - سنن الترمذي، أبواب الحدود، باب ما جاء في تحقيق الرجم، ج ٢، ص ٤٤٢، حديث رقم (١٤٥٦) - سنن أبي
داود، كتاب الحدود، باب في الرجم، ج ٣، ص ١٤٨، حديث رقم (٤٤١٨).

قال أبو يعلى الفرّاء في الأحكام السلطانية: ((فيحدّ إن كان حرّاً: مائة سوطٍ، تفرّق في جميع بدنه، إلاّ الوجه والمقاتل. ليأخذ كلّ عضو حقّه، بسوط لا جديد فيقتل، ولا خَلَق فلا يؤلم. ويغرّبا عاماً عن بلدهما إلى مسافة تقصر فيها الصلاة.

وحدّ المسلم والكافر سواء في الجلد، والتغريب. فأمّا العبد ومن جرى عليه حكم الرقّ: مِنَ المدبر، والمكاتب، وأمّ الولد. فحدّهم في الزنا خمسون جلدة، على النصف من حدّ الحرّ. ولا يغرّب. وأمّا المحصن الذي أصاب زوجته بعقد نكاح. فحدّه الرجم بالأحجار وما قام مقامها، حتى يموت. ولا يلزم توقّي مقاتِله[٤٧٨]، بخلاف الجَلد. لأنّ المقصود بالرجم القتل.

وإذا زنى البكر بمحصنة، أو زنى المحصن ببكر، جلد البكر منهما ورجم المحصن. وإذا عاود الزنا بعد الحدّ حُدّ. وإذا زنى مراراً قبل الحدّ حُدّ للجميع حدّاً واحداً)).[٤٧٩]

وقد روي عن الراشدين أبي بكر وعمر وعثمان أنّه لا يجمع بين الرجم والجلد في حقّ المُحصَن. أي أنّهم رجموا ولم يجلدوا الزاني المحصن.

أمّا الإمام عليّ، فقد جمع بين العقوبتَيْن، حين جلد شراحة الهمدانية يوم الخميس، ثم رجمها يوم الجمعة، قائلاً: ((جلدتُها بكتاب الله، ثم رجمتها بسنّة رسول الله)).[٤٨٠]

ملحقات الزنا:

القضاء في اللواط:

ولم يثبت عنه صلى الله عليه وسلم أنه قضى في اللواط بشيء. لأنّ هذا لم تكن تعرفه العرب، ولم يُرفع إليه صلى الله عليه وسلم. ولكن ثبت عنه أنّه قال: «**اقتلوا الفاعل والمفعول به**».[٤٨١]

---

(٤٧٨) مقاتِل الإنسان: المواضع التي إذا أُصيب منه قَتَلَتْه، واحدها مَقْتَل. ابن منظور، **لسان العرب**، ج ١١، ص ٥٥٠.
(٤٧٩) الفرّاء، **الأحكام السلطانية**، ص ٢٤٧-٢٤٨.
(٤٨٠) محمصاني، **تراث الخلفاء الراشدين في الفقه والقضاء**، ص ٢١٨.
(٤٨١) ابن قيّم الجوزيّة، **زاد المعاد**، ج٣، ص٢٠٩ - القرطبي، **أقضية رسول الله صلى الله عليه وسلم**، ص٣٣.

وألحق بعض الخلفاء الراشدين اللواط بالزنا. فقد روي عن الإمام عليّ روايات متنوّعة في هذا الشأن. فتارة قضى بأنّ حدّ الفاعل والمفعول به حدّ الزاني، إن كانا أحصنا فبالرجم، وإن لم يحصنا فبالحدّ. وتارة قضى بأن حدّهما الرجم في الحالتين. وتارة أخرى، قال عقوبتها القتل بالسيف أو بالرجم، ثم الحرق بالنار.[٤٨٢]

وثبتَ أنّ خالد بن الوليد كتب إلى أبي بكر الصدّيق يسأله عن حدّ اللواط. فاستشار في المسألة الإمام عليّاً، فأشار عليه بحرق اللوطية. فكتب أبو بكر بذلك إلى خالد.[٤٨٣]

في ذلك، أجمعت الصحابة على قتله، وإنّما اختلفوا في كيفية قتله. فقال أبو بكر الصدّيق: يرمى من شاهق، وقال عليّ: يهدم عليه حائط. وقال ابن عبّاس: يقتلان بالحجارة. فهذا اتفاق منهم على قتله، وإنْ اختلفوا في كيفيّته.[٤٨٤]

وقيل إنّ القتل يستند إلى الحديث الشريف: عن ابن عبّاس قال: قال رسولُ الله صلى الله عليه وسلم: «**مَنْ وَجَدْتُمُوهُ يَعْمَلُ عَمَلَ قوْم لُوطٍ، فاقْتُلوا الفاعِلَ والمَفْعولَ به**».[٤٨٥]

حدّ الخمر:

إنّ عقاب شرب الخمر وما ألحق به هو الجلد، وفاقاً للسنّة النبوية وعمل الصحابة.

وقد رويت أقوال مختلفة عن الخلفاء الراشدين. فكانوا يجلدون في الخمر تارة أربعين، وتارة ثمانين. وفسّر بعضهم ذلك بأنّ الزيادة كانت من نوع التعزيرات، بسبب تفشّي الشرب والسكر. وفسّروا جلد علي للوليد بن عقبة أربعين جلدة، بأنّها جرتْ بسوط ذي طرفين، فكانت بمنزلة الثمانين باعتبار الضربة مزدوجة.[٤٨٦]

---

(٤٨٢) محمصاني، **تراث الخلفاء الراشدين في الفقه والقضاء**، ص ٢٢٣.
(٤٨٣) محمصاني، **تراث الخلفاء الراشدين في الفقه والقضاء**، ص ٢٢٣.
(٤٨٤) ابن قيّم الجوزيّة، **زاد المعاد**، ج ٣، ص ٢٠٩.
(٤٨٥) **سنن أبي داود**، كتاب الحدود، باب فيمن عمل قوم لوط، ج ٣، ص ١٦١، حديث رقم (٤٤٦٢) - **سنن ابن ماجة**، كتاب الحدود، باب من عمِل عمَل قوم لوط، ج ٢، ص ٨٢-٨٣، حديث رقم ٢٠٧٥ (٢٥٦١).
(٤٨٦) محمصاني، **تراث الخلفاء الراشدين في الفقه والقضاء**، ص ٢٤١.

رُوِيَ عن النبي صلى الله عليه وسلم أنّه قال: «**من شَرِبَ الخمرَ فاجلدوه فإنْ عادَ في الرابِعة فاقتلوه**».(٤٨٧)

عن أنس بن مالك، أنّ النبي صلى الله عليه وسلم أُتِيَ برجلٍ قد شربَ الخمر. فجلَدَهُ بجريدتين، نحو أربعين.(٤٨٨)

الجريدة: سَعفة طويلة رطبة. وقيل الجريدة للنخلة كالقضيب للشجرة. والجمع جَريدٌ وجرائدُ.(٤٨٩)

قال الشوكاني: ((وفي ذلك دليل على مشروعية أن يكون الجلد بالجريد.

وحكى الحافظ عن بعض المتأخرين أنّه يتعيّن السوط للمتمرّدين وأطراف الثياب والنعال للضعفاء ومن عداهم بحسب ما يليق بِهم)).(٤٩٠)

قال ابن فرحون: ((وكان الحدّ فيها على زمان رسول الله صلى الله عليه وسلم غير محصور، بل كان يأمر بضرب الشارب، فكانوا يضربوه بالجريد والنِّعال والثياب والأيدي، حتى يأمر رسول الله صلى الله عليه وسلم بالكفّ عنه)).(٤٩١)

وقال الشوكاني: ((ولم يثبت عن النبي صلى الله عليه وسلم الاقتصار على مقدار معيّن بل جلد تارة بالجريد وتارة بالنعال، وتارة بِهما فقط، وتارة بِهما مع الثياب، وتارة بالأيدي والنعال)).(٤٩٢)

عن أنس بن مالك؛ أنّ النبي صلى الله عليه وسلم جَلَدَ في الخمرِ بالجريدِ والنِّعال. ثم جَلَدَ أبو بكر أربعين. فلمّا كان عُمَرُ، ودنا الناسُ من الرِّيفِ والقرى، قال: ما تَروْنَ في جلدِ الخمرِ؟ فقال عبد الرحمن بن عوف: أرى أنْ تَجْعلَها كأخَفِّ الحدود.

(٤٨٧) **سنن الترمذي**، أبواب الديّات، باب ما جاء من شرب الخمر فاجلدوه فإن عاد في الرابعة فاقتلوه، ج٢، ص٤٥٠، حديث رقم (١٤٧٢).

(٤٨٨) **صحيح مسلم**، كتاب الحدود، باب حدّ الخمر، حديث رقم ٣٥ (١٧٠٦)، ج٣، ص١٤١ - **سنن الترمذي**، أبواب الحدود، باب ما جاء في حدِّ السكران، حديث رقم (١٤٧١)، ج٢، ص ٤٤٩.

(٤٨٩) ابن منظور، **لسان العرب**، ج ٣، ص ١١٨.

(٤٩٠) الشوكاني، **نيل الأوطار**، ج ٧، ص ١٤٨.

(٤٩١) ابن فرحون، **تبصرة الحكّام**، ج ٢، ص٢٢٢.

(٤٩٢) الشوكاني، **نيل الأوطار**، ج ٧، ص ١٥٠.

قال: فجلد عمر ثمانين.(٤٩٣)

عن أبي سعيد الخدري أنّ رسول الله صلى الله عليه وسلم ضَرَبَ في الخمر بنعليْن أربعينَ، فجعل عمرُ مكان كلِّ نعلٍ سوطاً.(٤٩٤)

قال الماوردي: ((فإنّ عمر رضي الله عنه حدّ شارب الخمر أربعين، إلى أن رأى تَهافت الناس فيه فشاور الصحابة فيه، وقال: أرى الناس قد تَهافتوا في شرب الخمر فماذا ترون؟ فقال عليّ عليه السلام: أرى أن تحدّه ثمانين، لأنّه إذا شرب الخمر سكر، وإذا سكر هذى، وإذا هذى افترى، فحدّه ثمانين حدّ الفِرية، فجلد منه عمر بقية أيّامه. والأئمّة من بعده ثمانين)).(٤٩٥)

عن عُمَيْر بن سعيد النَّخعيّ قال: سمِعتُ علي بن أبي طالب رضي الله عنه قال: ما كنتُ لأُقيمَ حدّاً على أحدٍ فيموت فأجِدَ في نفسي إلاّ صاحبَ الخمر، فإنّه لو ماتَ ودَيْتُهُ، وذلك أنّ رسول الله صلى الله عليه وسلم لم يسُنّهُ.(٤٩٦)

وفي رواية أبو داود عن عُمَيْر بن سعيد، عن علي قال: ((لا أدِي، أو ما كنتُ أَدِي من أقمْتُ عليه حدّاً إلاّ شارب الخمر، فإنّ رسولَ الله صلى الله عليه وسلم لم يَسُنَّ فيه شيئاً، إنّما هو شيء قُلْناه نحن)).(٤٩٧)

قوله: (فإنّه لو مات وديته) في هذا الحديث على أنّه إذا مات رجل بحدّ من الحدود لم يلزم الإمام ولا نائبه الأرش ولا القصاص إلاّ حدّ الشرب.(٤٩٨)

وعن عبد الله بن عبد الرحمن بن الأزهَرِ أخبره عن أبيه قال: أُتِي النبيُّ صلى الله عليه وسلم بشاربٍ وهو بحنين، فَحَثى في وجهِهِ الترابَ، ثم أمرَ أصحابَه فضربُوه

---

(٤٩٣) **صحيح مسلم**، كتاب الحدود، باب حدّ الخمر، ج ٣، ص ١٤١، حديث رقم ٣٦ (١٧٠٦) - **سنن أبي داود**، كتاب الحدود، باب في الحدّ في الخمر، ج ٣، ص ١٦٦، حديث رقم (٤٤٧٩).

(٤٩٤) المتقي الهندي، **كنز العمّال**، ج ٥، ص٤٧٣.

(٤٩٥) الماوردي، **الأحكام السلطانية**، ص ٢٢٨.

(٤٩٦) **صحيح البخاري**، كتاب الحدود، باب الضرب بالجريد والنّعال، ج ٨، ص ٣٢٦، حديث رقم (٦٧٧٨) - **صحيح مسلم**، كتاب الحدود، باب حدّ الخمر، ج ٣، ص ١٤٢، حديث رقم ٣٩(١٧٠٧).

(٤٩٧) **سنن أبي داود**، كتاب الحدود، باب إذا تتابع في شرب الخمر، ج ٣، ص ١٦٩، حديث رقم (٤٤٨٦).

(٤٩٨) الشوكاني، **نيل الأوطار**، ج ٧، ص ١٥٣.

بنعالِهم وما كان في أيديهم، حتى قال لهم: «**ارْفعوا**»، فرفعوا، فتوفي رسول الله صلى الله عليه وسلم، ثم جلدَ أبو بكرٍ في الخمرِ أربعين، ثم جلَدَ عمرُ أربعين صدْراً من إمارته، ثم جلد ثمانينَ في آخر خلافتِه، ثم جلد عثمان الحدَّيْن كليهِما ثمانينَ وأربعينَ، ثم أثبتَ معاويةُ الحَدَّ ثمانين.[٤٩٩]

قال ابن القيّم: ((فإن قيل: ما تصنعون بالحديث المتفق عليه عن عليّ كرّم الله وجهه أنّه قال: ((ما كنتُ لأدِيَ من أقمتُ عليه الحدّ إلاّ شارب الخمر، فإنّ رسول الله صلى الله عليه وسلم لم يَسُنَّ فيه شيئاً، إنّما هو شيء قلناه نحن)). قيل: المراد بذلك أنّ رسول الله صلى الله عليه وسلم لم يقدّر فيه بقوله تقديراً لا يزاد عليه ولا ينقص، كسائر الحدود. وإلاّ فعليٌّ رضي الله عنه قد شهد ((أنّ رسول الله صلى الله عليه وسلم قد ضرب فيها أربعين)) وقوله ((إنّما هو شيء قلناه نحن)) يعني التقدير بثمانين، فإنّ عمر رضي الله عنه جمع الصحابة رضي الله عنهم واستشارهم، فأشاروا بثمانين، فأمضاها، ثم جلد علي كرّم الله وجهه في خلافته أربعين، وقال: ((هذا أحبّ إليّ)). ومن تأمل الأحاديث رآها تدلّ على أنّ الأربعين حدّ، والأربعون الزائدة عليها تعزير)).[٥٠٠]

أمّا بالنسبة لجلد العبد في الخمر: فعن ابن شهابٍ أنّه سئل عن جَلد العبد في الخمر؟ فقال: بلغنا أنّ عليه نصفَ حدِّ الحرِّ في الخمر، وأنّ عمر بن الخطّاب وعثمان بن عفّان وعبد الله ابن عمر قد جلدوا عبيدَهم نصفَ جلدِ الحر.[٥٠١]

حدّ السرقة:

قال الله تعالى: (وَالسَّارِقُ وَالسَّارِقَةُ فَاقْطَعُوا أَيْدِيَهُمَا جَزَاءً بِمَا كَسَبَا نَكَالًا مِنَ اللَّهِ وَاللَّهُ عَزِيزٌ حَكِيمٌ (٣٨))[٥٠٢].

وروى الدارقطني عن أبي هريرة عن النبي صلى الله عليه وسلم قال: «**إذا سرق السارق فاقطعوا يده، فإن عاد فاقطعوا رجله، فإن عاد فاقطعوا يده، فإن عاد**

---

(٤٩٩) **سنن أبي داود**، كتاب الحدود، باب إذا تتابع في شرب الخمر، ج ٣، ص ١٦٩، حديث رقم (٤٤٨٨) - **سنن الدارقطني**، كتاب الحدود والديّات، ج ٣، ص ١٥٨، حديث رقم (٢٢٧).
(٥٠٠) ابن قيّم الجوزيّة، **زاد المعاد**، ج ٣، ٢١٠-٢١١.
(٥٠١) المتقي الهندي، **كنز العمّال**، ج ٤، ص ٤٧٣.
(٥٠٢) سورة: المائدة، آية: ٣٨.

فاقطعوا رجله».(٥٠٣)

وروى الدارقطني عن جابر بن عبد الله قال: أتي رسول الله صلى الله عليه وسلم بسارق فقطع يده، ثم أتي به قد سرق فقطع رجله، ثم أتي به قد سرق فقطع يده، ثم أتي به قد سرق فقطع رجله، ثم أتي به قد سرق فأمر به فقُتِل.(٥٠٤)

وروى الدارقطني عن عبد الرحمن بن عوف، أنّ رسول الله صلى الله عليه وسلم قال: «**لا يغرم السارق إذا أقيم عليه الحدّ**».(٥٠٥)

وشروط السرقة عندهم هي: أخذ مال الغير، خفية لا جهاراً، وإخراجه من حرزه، بعد هتك الحرز، بدون شبهة ولا ضرورة، وبلغ قيمة المسروق نصاباً معيّناً.(٥٠٦)

اشترطوا أن تبلغ قيمة المسروق ربع دينار على الأقل، أو ما يوازيه ثلاثة دراهم. ولكن رويت عن النبي صلى الله عليه وسلم أحاديث أخرى مختلفة. ورويتْ عن الراشدين روايات تعيّن النصاب بدينار أو عشرة دراهم، كما رويتْ روايات أخرى، لا مجال لتفصيلها.(٥٠٧)

روى الدارقطني أنّ عمرة بنت عبد الرحمن سمعتْ عائشة تقول: قال رسول الله صلى الله عليه وسلم: «**لا يقطع السارق فيما دون ثمن المِجَنّ**(٥٠٨)» قال: فقيل لعائشة: ما ثمن المجن؟ قالت: ربع دينار، قال ابن صاعد عن عمرة، عن عائشة قالت: سمعت رسول الله صلى الله عليه وسلم يقول: «**لا تقطع يد السارق إلاّ في ربع دينار فصاعداً**».(٥٠٩)

وأخرج الدارقطني عن أنس أنّ أبا بكر قطع في مِجَنٍّ قيمته خمسة دراهم.(٥١٠)

وإنّ أمير المؤمنين عليّاً رضي الله عنه قطع في ربع دينار وكانت قيمته درهمين

---

(٥٠٣) **سنن الدارقطني**، كتاب الحدود والديات، ج٣، ص١٨١، حديث رقم (٢٩٢).
(٥٠٤) **سنن الدارقطني**، كتاب الحدود والديات، ج٣،ص ١٨١، حديث رقم (٢٨٩).
(٥٠٥) **سنن الدارقطني**، كتاب الحدود والديات، ج٣، ص١٨٢، حديث رقم (٢٩٧).
(٥٠٦) محمصاني، **تراث الخلفاء الراشدين في الفقه والقضاء**، ص ٢٢٤.
(٥٠٧) محمصاني، **تراث الخلفاء الراشدين في الفقه والقضاء**، ص ٢٢٧.
(٥٠٨) المِجَنُّ: وهو التُّرْسُ. ابن منظور، **لسان العرب**، ج ١٣، ص ٤٠٠.
(٥٠٩) **سنن الدارقطني**، كتاب الحدود والديّات، ج ٣، ص ١٨٩، حديث رقم (٣١٥).
(٥١٠) السيوطي، **تاريخ الخلفاء**، ص٩٠.

ونصفاً.

وعن أمير المؤمنين علي رضي الله عنه: القطع في ربع دينار فصاعداً.(٥١١)

وعن أمير المؤمنين عليّ رضي الله عنه: ((أنّه قطع يد سارق في بيضة من حديد ثمنها ربع دينار)).(٥١٢)

وتثبت السرقة بالبيّنة أيضاً.(٥١٣)

ولا شك في أنّ هذه العقوبة القاسية تنطوي على ما يكفي لردع اللصوص وزجرهم. ثم إنّ الخلفاء الراشدين حرصوا على تطبيقها لهذه الغاية، كما ثبت عن أبي بكر وعمر وعلي. لذا، رفض أبو بكر العفو عن سارق مكرر. وكان عمر يقول: ((اشتدوا على السرّاق، فاقطعوا يداً يداً، ورجلاً رجلاً)).(٥١٤)

حدّ القذف:

أمّا عن حدّ قذف العفيفات بالزنا، فقد قال تعالى: (وَالَّذِينَ يَرْمُونَ الْمُحْصَنَاتِ ثُمَّ لَمْ يَأْتُوا بِأَرْبَعَةِ شُهَدَاءَ فَاجْلِدُوهُمْ ثَمَانِينَ جَلْدَةً وَلَا تَقْبَلُوا لَهُمْ شَهَادَةً أَبَدًا وَأُولَئِكَ هُمُ الْفَاسِقُونَ (٤)) (٥١٥).

القذف معناه، شرعاً، رمي المحصن بالزنا افتراء، أو نفيه عن نسبه. وهو علاوة على الافتراء الذي ينطوي عليه، ويدخل في آفات اللسان، ومن ثم في وصية الفاروق: ((إيّاكم وذكر الناس، فإنّه داء. وعليكم بذكر الله فإنّه دواء)).وقد كان للخلفاء الراشدين أقضية في هذا الصدد.(٥١٦)

ويكون القذف بصريح الكلام من دون خلاف. ويكون أيضاً بالتعريض والتلميح، حسب أقضية عمر وعثمان وعلي.(٥١٧)

وقال الماوردي عن مقدار القذف وشروطه:

(٥١١) الشوكاني، **نيل الأوطار**، ج ٧، ص ١٣٢.
(٥١٢) الشوكاني، **نيل الأوطار**، ج ٧، ص ١٣٢.
(٥١٣) محمصاني، **تراث الخلفاء الراشدين في الفقه والقضاء**، ص ٢٢٨.
(٥١٤) محمصاني، **تراث الخلفاء الراشدين في الفقه والقضاء**، ص ٢٣٠.
(٥١٥) سورة: النور، آية: ٤.
(٥١٦) محمصاني، **تراث الخلفاء الراشدين في الفقه والقضاء**، ص ٢٣١.
(٥١٧) محمصاني، **تراث الخلفاء الراشدين في الفقه والقضاء**، ص ٢٣١.

((حدّ القذف بالزنا ثمانون جلدة، ورد النص بِها وانعقد الإجماع عليها، لا يزاد فيها ولا ينقص منها، وهو من حقوق الآدميين يستحقّ بالطلب ويسقط بالعفو، فإذا اجتمعت في المقذوف بالزنا خمسة شروط، وفي القاذف ثلاثة شروط وجب الحدّ فيه.

أمّا الشروط الخمسة في القذف فهي: أن يكون بالغاً عاقلاً مسلماً حرّاً عفيفاً، فإن كان صبياً أو مجنوناً أو عبداً أو كافراً أو ساقط العصمة بزنا حدّ فيه، فلا حدّ على قاذفه ولكن يعزّر لأجل الأذى ولبذاءة اللسان.

وأمّا الشروط الثلاثة في القاذف فهي: أن يكون بالغاً عاقلاً حرّاً، فإن كان صغيراً أو مجنوناً لم يحدّ ولم يعزّر، وإن كان عبداً حدّ أربعين نصف الحدّ للحرّ لنصفه بالرقّ. ويحدّ الكافر كالمسلم، وتحدّ المرأة كالرجل)).[٥١٨]

ويطبق حدّ القذف حتى بين الزوجين، وبين الأب وابنه، وبين المسلم وغير المسلم، وبين الحرّ والعبد.

مثاله: أنّ امرأة ادّعتْ على زوجها أنّه وقع على جاريتها. ثم أقرّت أنّها وهبتها له. فقضى عمر وعليّ على الزوجة بحدّ القذف. وكذلك قضى عمر به على الزوج الذي أنكر ما في بطن امرأته الحامل، ثم كرر إنكاره بعد أن كان قد أقرّ ببنوّته.

إذا لم يثبت القاذف صحة ما نسبه إلى المقذوف من الزنا بأربعة شهود، فعقوبته الجلد ثمانون جلدة. مثاله، في قضية المغيرة شاهده أربعة يزني، فتعاهدوا على الشهادة. فشهد عليه ثلاثة، ولم يشهد الرابع. فقضى عمر بجلد الثلاثة.[٥١٩]

حدّ الردّة:

وحكم رسول الله صلى الله عليه وسلم فيمن بدّل دينه بالقتل. ولم يخصّ رجلاً من امرأة.[٥٢٠]

عن مسروق عن عبد الله قال: قال رسولُ الله صلى الله عليه وسلم: «**لا يحِلُّ دمُ امرئٍ يشهدُ أن لا إله إلاّ الله وأنّي رسول الله إلاّ بإحدى ثلاث، الثيِّبُ الزاني، والنفس بالنفس، والتارك لدينه المفارق للجماعة**».[٥٢١]

(٥١٨) الماوردي، **الأحكام السلطانية**، ص ٢٢٩-٢٣٠.
(٥١٩) محمصاني، **تراث الخلفاء الراشدين في الفقه والقضاء**، ص ٢٣٣-٢٣٤.
(٥٢٠) ابن قيّم الجوزيّة، **زاد المعاد**، ج٣، ص ٢١٠.
(٥٢١) **مسند أحمد**، ج ٦، ص ٦٤، حديث رقم (٤٠٦٥) - **سنن أبي داود**، كتاب الحدود، باب

=

عن ابن عباس؛ قال: قال رسول الله صلى الله عليه وسلم: «**مَنْ بَدَّلَ دينَهُ فاقْتُلُوهُ**».[٥٢٢]

وأخرج مالك عن زيد بن أَسْلَمَ، أنّ رسولَ الله صلى الله عليه وسلم قال: «**مَنْ غَيَّرَ دينَه، فاضربوا عُنُقَهُ**».

قال مالك: ومعنى قول النبي صلى الله عليه وسلم فيما نرى - والله أعلم - مَنْ غيَّرَ دينه فاضْربوا عُنُقَهُ؛ أنّه مَن خرج مِن الإسلام إلى غيره، مثلُ الزَّنادقةِ وأشباههم، فإنّ أولئك إذا ظُهِرَ عليهم قُتِلوا ولم يُسْتتابوا، لأنه لا تُعْرَفُ تَوْبَتُهُم، وأنّهم كانوا يُسِرُّون الكُفرَ ويُعلِنون الإسلامَ، فلا أرى أن يُسْتتاب هؤلاء ولا يُقْبَلُ منهم قوْلُهم، وأمّا من خرج من الإسلام إلى غيرِهِ وأظهرَ ذلك فإنه يُسْتتابُ، فإن تاب وإلاّ قُتِلَ.[٥٢٣]

عن جابر أنّ امرأة يُقال لها أم مروان ارتدّت عن الإسلام، فأمر النبي صلى الله عليه وسلم أنْ يعرض عليها الإسلام، فإن رجعت وإلاّ قُتلت.[٥٢٤]

وكذلك حكم الخلفاء الراشدون في من بدّل دينه بالقتل.

قتل الصدّيق امرأة ارتدّت بعد إسلامها يقال لَها ((أم قِرْفة[٥٢٥])).[٥٢٦]

الحكم فيمن ارتدَ، ج ٣، ص ١٣٠، حديث رقم (٤٣٥٢).

(٥٢٢) **سنن ابن ماجة**، كتاب الحدود، باب المرتدّ عن دينه، ج ٢، ص ٧٧، حديث رقم ٢٠٥٤(٢٥٣٥).

(٥٢٣) **موطّأ مالك**، كتاب الأقضية، ص٥٢٢، حديث رقم (١٤١١).

(٥٢٤) **سنن الدارقطني**، كتاب الحدود والديّات وغيره، ج٣، ص ١١٨-١١٩، حديث رقم (١٢٢).

(٥٢٥) هي سلمى بنت مالك بن حذيفة بن بدر الفزارية. من ذوات الزعامة في النساء، كانت على دين الجاهلية. وسبيت في صدر الإسلام، فأعتقتها عائشة، فرجعت إلى قومها، ودعت إلى الردّة عن الإسلام. فاجتمعت حولها فلول من غطفان وطيء وسليم وهوازن، وعظمت شوكتها، فسار إليها خالد بن الوليد في أيام أبي بكر، فقاتل جموعها قتالاً شديداً، وهي واقفة على جمل، فاجتمع على الجمل فوارس من المسلمين، فعقروه وقتلوها. وقتل حول جملها نحو مئة رجل، وكان ذلك سنة ١١هـ ٦٣٢م. الزركلي، **الأعلام**، ج٣، ص١١٤-١١٥.

(٥٢٦) ابن قيّم الجوزيّة، **زاد المعاد**، ج٣، ص٢٠١ - القرطبي، **أقضية رسول الله صلى الله عليه وسلم**، ص ٣٤.

حدّ الحرابة وقطع الطريق:

قطّاع الطرق والمحاربون هم اللصوص والمجرمون الذين يشهرون السلاح، ويقطعون الطرق للناس، ويمنعونَهم من المرور، ويقصدون إلى سلبهم أو إخافتهم جهاراً.[٥٢٧]

وعقاب هؤلاء شديد، ذكرته الآية الكريمة: ﴿ إِنَّمَا جَزَاءُ الَّذِينَ يُحَارِبُونَ اللَّهَ وَرَسُولَهُ وَيَسْعَوْنَ فِي الْأَرْضِ فَسَادًا أَنْ يُقَتَّلُوا أَوْ يُصَلَّبُوا أَوْ تُقَطَّعَ أَيْدِيهِمْ وَأَرْجُلُهُمْ مِنْ خِلَافٍ أَوْ يُنْفَوْا مِنَ الْأَرْضِ ذَلِكَ لَهُمْ خِزْيٌ فِي الدُّنْيَا وَلَهُمْ فِي الْآخِرَةِ عَذَابٌ عَظِيمٌ (٣٣)إِلَّا الَّذِينَ تَابُوا مِنْ قَبْلِ أَنْ تَقْدِرُوا عَلَيْهِمْ فَاعْلَمُوا أَنَّ اللَّهَ غَفُورٌ رَحِيمٌ (٣٤) ﴾[٥٢٨].

هذه الآية نزلت في العرنيين ارتدّوا عن الإسلام وقتلوا الراعي واستاقوا الإبل.[٥٢٩]

وعن عائشة قالتْ: قال رسولُ اللهِ صلى الله عليه وسلم: «**لا يَحِلُّ دَمُ امرئٍ مُسْلِمٍ يَشْهَدُ أنْ لا إله إلاّ اللهِ وأنَّ محمداً رسولُ الله إلاّ بِإِحدى ثلاثٍ: رجلٌ زنى بعدَ إحصانٍ فإنّه يُرْجَمُ، ورجل خرجَ مُحارِباً لله ورسولِه فإنّه يُقتلُ أو يُصْلَبُ أو يُنْفى من الأرضِ، أو يَقْتُلُ نفساً فَيُقتَلُ بِها**».[٥٣٠]

٦ - التعزير

إضافةً إلى الحدود والجنايات المذكورة، هنالك جرائم عديدة أخرى، لم يحدّد الشرع عقوبتها. فتركتْ لبصيرة القاضي وتقديره بما يسمى التعزير.

التعزير في اللغة:

في لسان العرب: التّعزير: التوقيف على الفرائض والأحكام. وأصل التَّعْزير: التأديب، ولهذا يسمى الضربُ دون الحدّ تَعْزيراً إنّما هو أدَبٌ. يقال: عَزَرْتُه عَزَّرْتُه، فهو

---

(٥٢٧) محمصاني، **تراث الخلفاء الراشدين في الفقه والقضاء**، ص ٢٥٤.

(٥٢٨) سورة: المائدة، آية: ٣٣-٣٤.

(٥٢٩) السيوطي، **لباب النقول في أسباب النزول**، ص ٩١.

(٥٣٠) **سنن أبي داود**، كتاب الحدود، باب الحكم فيمن ارتدّ، ج ٣، ص ١٣٠، حديث رقم (٤٣٥٣).

من الأضداد، وعزَّرَه: فخَّمه وعظَّمه، فهو نحو الضد.[٥٣١]

التعزير في الاصطلاح:

وتعريفه، شرعاً، إنّه العقوبة التي يقدّرها القاضي على كل جريمة أو معصية لا حدّ أو عقوبة شرعية لها.[٥٣٢]

وقال الماوردي وأبو يعلى الفرّاء في الأحكام السلطانية:

((والتعزير تأديب على ذنوب لم تشرع فيها الحدود، ويختلف حكمه باختلاف حاله وحال فاعله، فيوافق الحدود من وجه، وهو أنّه تأديب استصلاح وزجر، ويختلف بحسب اختلاف الذنب)).[٥٣٣]

أمّا الفرق بين الحدّ والتعزير فهو أنّ الحدّ مقدّر شرعاً، أمّا التعزير فمفوّض نوعه وتقديره إلى الحاكم، كذلك الحدّ يدرأ بالشبهات، والتعزير لا يدرأ بِها، ولذا يستحقّ التعزير من سبّ غيره بطريق التعريض، وبالاختصار يستحقّ التعزير كل مرتكب منكر لا حدّ فيه ولا كفارة، وكل من آذى مسلماً أو غير مسلم بغير حقّ، بقول أو فعل أو إشارة، لذا يستحق التعزير تارك الصلاة والصوم والواجبات الدينية، ويستحقّه من يحضر مجالس شرب الخمر ولا يشرب، ويكون التعزير بكل ما فيه إيلام لمن يستحقّه فيكون بالتوبيخ، ويكون بأن يبعث القاضي لمن يستحقّه بالحبس والنفي والصفع، وتعريك الأذن وحلق شعر الرأس، وبالقتل إذا قضت السياسة العادلة على خلاف في ذلك. فمن كان من أهل الفساد كاللص وقاطع الطريق والسعاة إلى الحكام بالإفساد، إذا عمّ ضرره ولم ينْزجر بغير القتل فإنّه يقتل تعزيراً.[٥٣٤]

وقال ابن تيمية عن الفرق بين الحدّ والتعزير:

((الأمر بالمعروف والنهي عن المنكر لا يتمّ إلاّ بالعقوبات الشرعية. وإقامة الحدود واجبة على ولاة الأمور، وذلك يحصل بالعقوبة على ترك الواجبات وفعل المحرمات. فمنها عقوبات مقدّرة، مثل جلد المفتري ثمانين وقطع السارق، ومنها عقوبات غير مقدّرة قد تسمى ((التعزير)) وتختلف مقاديرها وصفاتها بحسب كبر

(٥٣١) ابن منظور، **لسان العرب**، ج ٤، ص ٢٦٢.
(٥٣٢) محمصاني، **تراث الخلفاء الراشدين في الفقه والقضاء**، ص ٢٥٦.
(٥٣٣) الماوردي، **الأحكام السلطانية**، ص ٢٣٦ - الفراء، **الأحكام السلطانية**، ص ٢٦٣.
(٥٣٤) مشرفة، **القضاء في الإسلام**، ص ١٤٩.

الذنوب وصغارها، وبحسب حال المذنب، وبحسب حال الذنب في قلّته وكثرته)).[٥٣٥]

أنواع التعزير:

والأفعال التي تقع تحت التعزير لا حصر لها. منها ما يتعلّق بحقٍ شخصي، كالضرب والشتم. فموجب التعزير فيها يسقط بعفو المتضرر. ومنها ما يتعلق بالحق العام، أو بحقّ الله تعالى، كالتزوير وجرائم الحشمة وتحقير الدين وما أشبه. فهذه لا تسقط بالعفو، بل تبقى من حقّ السلطنة أو القضاء، يتصرّف فيها حسب المصلحة والسياسة الشرعية.[٥٣٦]

وقال ابن تيمية عن أنواع التعزير:

((والتعزير أجناس: فمنه ما يكون بالتوبيخ والزجر بالكلام، ومنه ما يكون بالحبس، ومنه ما يكون بالنفي عن الوطن، ومنه ما يكون بالضرب. فإنْ كان ذلك لترك واجب مثل الضرب على ترك الصلاة، أو ترك أداء الحقوق الواجبة مثل ترك وفاء الديْن مع القدرة عليه، أو على ترك ردّ المغصوب أو أداء الأمانة إلى أهلها، فإنّه يضرب مرّة بعد مرّة حتى يؤدي الواجب، ويفرق الضرب عليه يوماً بعد يوم.

مثل التعزير على سرقة دون النصاب لا يبلغ به القطع، والتعزير على المضمضة بالخمر لا يبلغ به حدّ الشرب، والتعزير على القذف بغير الزنا لا يبلغ به الحدّ.

فقد أمر النبي صلى الله عليه وسلم بضرب الذي أحلّتْ له امرأته جاريتها مائة ودرأ عنه الحدّ بالشبهة.

ومن أنواع التعزير النفي والتغريب)).[٥٣٧]

ولا ريب في أنّ التعزير كان وسيلة فعّالة لحماية الأمن والنظام في المجتمع. وكان من ثم، وسيلة عمليّة مرنة لتطوير القانون الجنائي الإسلامي، حسب الزمان والمكان والأحوال. وقد كان للخلفاء الراشدين دور كبير في وضع أسس التعزير، وفي تطبيقه في مسائل شتّى عديدة.

وعلى كلّ، يعود للقاضي أو للإمام تقدير الأفعال التي تستحقّ التعزير، كما يعود له تقدير العقوبة المناسبة لكل من هذه الأفعال.

---

(٥٣٥) ابن تيمية، **الحسبة في الإسلام**، ص ٥٠.
(٥٣٦) محمصاني، **تراث الخلفاء الراشدين في الفقه والقضاء**، ص ٢٥٦.
(٥٣٧) ابن تيمية، **الحسبة في الإسلام**، ص ٥٠-٥١-٥٢-٥٣.

وإذا كانت الغاية من التعزير الزجر والتأديب، فقد استعمل الخلفاء الراشدون هذه العقوبة، حسب أهميّة القضايا الطارئة، وحسب شخصية المجرم أو العاصي. فكانوا مخيّرين بين التوبيخ، والتشهير، وقص الشعر، وتسويد الوجه، والضرب، والقطع، والمصادرة، والهدم، والحرق، والحبس، والنفي، والإعدام.(٥٣٨)

التأديب بالضرب:

صفة الضرب في التعزير:

قال الماوردي: ((وأمّا صفة الضرب في التعزير فيجوز أن يكون بالعصا وبالسوط الذي كسرتْ ثمرته كالحدّ)).(٥٣٩)

وقال الفرّاء: ((وضرب الحدّ يجب أن يفرّق في البدن كلّه إلاّ المقاتل. ولا يجوز أن يجمع على موضع واحد من الجسد. والتعزير في ذلك كالحدّ)).(٥٤٠)

مقدار الضرب في التعزير:

عن أبي بُرْدَةَ الأنصاري؛ أنّه سَمِعَ رسولَ اللهِ صلى الله عليه وسلم يقول: «**لا يُجلَدُ أحدٌ فوقَ عشرةِ أسواطٍ. إلاّ في حدٍّ من حدودِ الله**».(٥٤١)

قوله: (إلاّ في حدّ) المراد به ما ورد عن الشارع مقدّراً بعدد مخصوص كحدّ الزنا والقذف ونحوها.(٥٤٢)

وعن أبي هريرة؛ قال: قال رسول الله صلى الله عليه وسلم: «**لا تعزروا فوْقَ عَشَرَةِ أسْواطٍ**».(٥٤٣)

---

(٥٣٨) محمصاني، **تراث الخلفاء الراشدين في الفقه والقضاء**، ص ٢٥٦-٢٥٧.
(٥٣٩) الماوردي، **الأحكام السلطانية**، ص ٢٣٨.
(٥٤٠) الفرّاء، **الأحكام السلطانية**، ص ٢٦٧.
(٥٤١) **صحيح مسلم**، كتاب الحدود، باب قدر أسواط التعزير، ج ٣، ص ١٤٢، حديث رقم ٤٠ (١٧٠٨) - **صحيح البخاري**، كتاب المحاربين من أهل الكفر والردّة، باب كم التعزير والأدب، ج ٨، ص ٣٤٨، حديث رقم (٦٨٤٨) - **سنن أبي داود**، كتاب الحدود، باب في التعزير، ج ٣، ص ١٧٠، حديث رقم (٤٤٩١) - **سنن ابن ماجة**، كتاب الحدود، باب التعزير، ج ٢، ص ٨٩، حديث رقم ٢١٠٧ (٢٦٠١).
(٥٤٢) الشوكاني، **نيل الأوطار**، ج ٧، ص ١٥٩.
(٥٤٣) **سنن ابن ماجة**، كتاب الحدود، باب التعزير، ج ٢، ص ٨٩، حديث رقم ٢١٠٨ (٢٦٠٢).

قال ابن فرحون: ((إذا ثبت أصل التعزير والعقوبة، فاختُلِف هل يتجاوز بذلك الحدود أم لا. كتب عمر بن الخطّاب رضي الله عنه إلى أبي موسى الأشعري أن لا يبلغ في التعزير أكثر من ثلاثين جلدة)).[٥٤٤]

كما روي عنه أنّه عيّن الحدّ الأقصى بأربعين وبثمانين وبمائة، وأنّه ضرب في التعزير أحياناً ضرباً أشدّ من حدّ الزنا. وروي عن عثمان بن عفّان تعيين الحدّ الأقصى بثلاثين سوطاً. أمّا الإمام علي، فقد ضرب ثمانين في حدّ الشرب، ثم عزّر الشارب لشربه في رمضان عشرين سوطاً إضافياً.[٥٤٥]

ومن قضايا الضرب في التعزير:

فإنّ النبي صلى الله عليه وسلم: أمر بجلد الذي وطئ جارية امرأته - وقد أحلّتها له - مائة.[٥٤٦]

وقال ابن القيّم: ((فإنّ إحلال الزوجة شبهة توجب سقوط الحدّ، ولا تسقط التعزير. فكانت المائة تعزيراً. فإن لم تكن أحلّتها كان زنا لا شبهة فيه، ففيه الرجم)).[٥٤٧]

وأبو بكر وعمر رضي الله عنهما: ((أمر بجلد من وجد مع امرأة أجنبية في فراش مائة جلدة)).[٥٤٨]

وقضى عمر بن الخطّاب في رجل وقع على جارية حمزة بن عمرو الأسلمي، بالجلد مائة جلدة، تعزيراً لجهالته في الزنا.[٥٤٩]

ومن باب التعزير أيضاً، كان الخلفاء الراشدون يزيدون عقوبات إضافية على عقوبة الجلد العادية في شرب الخمر. مثاله ضرب الإمام علي النجاشي الحارثي الشاعر، لشرب الخمر في رمضان، عشرين جلدة علاوة على الحدّ العادي.[٥٥٠]

وقال أبو سنان، أُتي عمر برجل قد شرب خمراً في رمضان فضربه ثمانين وعزّره

(٥٤٤) ابن فرحون، **تبصرة الحكّام**، ج ٢، ص ٢٢١.
(٥٤٥) محمصاني، **تراث الخلفاء الراشدين في الفقه والقضاء**، ص ٢٥٨.
(٥٤٦) ابن القيّم الجوزيّة، **الطرق الحكميّة**، ص٨٢.
(٥٤٧) ابن القيّم الجوزيّة، **زاد المعاد**، ج٣، ص٢٠٨.
(٥٤٨) ابن قيّم الجوزيّة، **الطرق الحكمية في السياسة الشرعية**، ص ٨٢.
(٥٤٩) محمصاني، **تراث الخلفاء الراشدين في الفقه والقضاء**، ص ٢٦٣.
(٥٥٠) محمصاني، **تراث الخلفاء الراشدين في الفقه والقضاء**، ص ٢٤٢.

عشرين.(٥٥١)

التأديب بالصلب:

صفة الصلب في التعزير:

ويكون بالصلب حيّاً، قال الماوردي: ((ويجوز أنْ يصلب في التعزير حيّاً. قد صلب رسول الله صلى الله عليه وسلم رجلاً على جبل يقال له أبو ناب، ولا يمنع إذا صلب أداء طعام ولا شراب ولا يمنع من الوضوء للصلاة ويصلي مومياً ويعيد إذا أرسل ولا يتجاوز بصلبه ثلاثة أيام)).(٥٥٢)

وسنرى أمثلة من أقضية الخلفاء الراشدين في تطبيق التعزير، بعقوباته المختلفة، باختلاف نوع الجرائم وأهميتها، واختلاف شخصية المخالفين.

التأديب بالنفي:

قال رسول الله صلى الله عليه وسلم: «**خذوا عَنِّي. فقد جَعَلَ الله لهُنَّ سبيلاً. الثَّيِّب بالثَّيِّب والبِكْرُ بالبِكْرِ. الثَّيِّبُ جلدُ مائةٍ، ثم رَجْمٌ بالحجارة. والبكرُ جلدُ مائةٍ ثمَّ نفيُ سنةٍ**».(٥٥٣)

قال ابن منظور: ((التغريبُ: النفيُ عن البلد الذي وقَعَتِ الجناية فيه)).(٥٥٤)

قال الشوكاني: ((وظاهر الأحاديث المذكورة أنّ التغريب هو نفي الزاني عن محلّه سنة، والتغريب يصدق بما يطلق عليه اسم الغربة شرعاً)).

وقال أيضاً: ((فإنّ التغريب المذكور في الأحاديث شرعاً هو إخراج الزاني عن موضع إقامته بحيث يعدّ غريباً، والمحبوس في وطنه لا يصدق عليه ذلك الاسم، وهذا المعنى هو المعروف عند الصحابة الذين هم أعرف بمقاصد الشارع، فقد غرّب عمر من المدينة إلى الشام، وغرّب عثمان إلى مصر)).(٥٥٥)

---

(٥٥١) الطنطاوي، **أخبار عمر وأخبار عبد الله بن عمر**، ص ٢١٠.
(٥٥٢) الماوردي، **الأحكام السلطانية**، ص ٢٣٩.
(٥٥٣) **صحيح مسلم**، كتاب الحدود، باب حدّ الزنى، ج ٣، ص ١٣١، حديث رقم ١٣ (١٦٩٠) - **سنن أبي داود**، كتاب الحدود، باب في الرجم، ج ٣، ص ١٤٧، حديث رقم (٤٤١٥).
(٥٥٤) ابن منظور، **لسان العرب**، ج ١، ص ٦٣٩.
(٥٥٥) الشوكاني، **نيل الأوطار**، ج ٧، ٩٥.

وإنّ عمر رضي الله عنه حلق رأس نصر بن الحجّاج ونفاه من المدينة، لمّا تشبب النساء به في الأشعار وخشي الفتنة به.(٥٥٦)

كما كان عمر بن الخطاب يعزّر بالنفي من شرب الخمر إلى خيبر، وكما نفى صبيغ بن عسل إلى البصرة، وأخرج نصر بن حجاج إلى البصرة لمّا افتتن به النساء.(٥٥٧)

وروي عن علي بن أبي طالب رضي الله عنه أنّه قطع يد السارق ونفاه إلى زرارة وهي قرية قريبة من الكوفة.(٥٥٨)

التعزير بالهجر:

وإنّ عمر بن الخطاب رضي الله عنه هجر ضبيعاً الذي كان يسأل عن الذاريات وغيرها، ويأمر الناس بالتفقه في المشكلات من القرآن، فضربه ضرباً وجيعاً، ونفاه إلى البصرة أو الكوفة، وأمر بِهجره، فكان لا يكلّمه أحد حتى تاب، وكتب عامل البلد إلى عمر بن الخطّاب رضي الله عنه يخبره بتوبته، فأذن للناس في كلامه.(٥٥٩)

التعزير بالحبس:

ومن عقوبات التعزير أيضاً الحبس.

وثبت عن عمر بن الخطّاب رضي الله تعالى عنه أنّه كان له سجن وأنّه سجن الحطيئة(٥٦٠) على الهُجُوِّ، وسجن ضبيعاً على سؤاله عن الذاريات، والمرسلات، والنازعات، وشبههن، وأمره للناس بالتفقه في ذلك، وضربه مرة بعد مرة، ونفاه إلى العراق، وقيل: إلى البصرة، وكتب أن لا يجالسه أحد. قال المحدث: فلو جاءنا ونحن مائة لتفرقنا عنه، ثم كتب أبو موسى إلى عمر: إنّه قد حسنت توبته، فأمره عمر رضي الله

---

(٥٥٦) ابن فرحون، **تبصرة الحكّام**، ج ٢، ص ٢١٩.
(٥٥٧) ابن تيمية، **الحسبة في الإسلام**، ص ٥٣.
(٥٥٨) ابن خليفة، **موسوعة فتاوى النبي صلى الله عليه وسلم**، ج ٣، ص ٣٣.
(٥٥٩) ابن، فرحون، **تبصرة الحكّام**، ج ٢، ص ٢١٩.
(٥٦٠) هو جرول بن أوس بن مالك العبسي، أبو مُليكة. شاعر مخضرم، أدرك الجاهلية والإسلام. كان هجاءاً عنيفاً، لم يكد يسلم من لسانه أحد. وهجا أمّه وأباه ونفسه. وأكثر من هجاء الزبرقان بن بدر، فشكاه إلى عمر بن الخطاب، فسجنه عمر بالمدينة، فاستعطفه بأبيات، فأخرجه ونَهاه عن هجاء الناس، فقال: إذاً تموت عيالي جوعاً!.. توفي سنة ٤٥ هـ. الزركلي، **الأعلام**، ج ٢، ص ١١٨.

تعالى عنه فخلّى بينه وبين الناس [٥٦١].

وسجن عثمان رضي الله تعالى عنه صابئ بن حارث، وكان من لصوص بني تميم وقتلتهم، حتى مات في الحبس. وسجن علي بن أبي طالب رضي الله تعالى عنه في الكوفة [٥٦٢].

التعزير بالإحراق:

وإنّ أبا بكر رضي الله عنه حرق جماعة من أهل الردّة.[٥٦٣]

وقد أمر عمر بن الخطاب وعلي بن أبي طالب بتحريق المكان الذي يُباع فيه الخمر.[٥٦٤]

حرق عمر بن الخطاب رضي الله عنه حانوت الخمار بما فيه. وحرق قرية يباع فيها الخمر.[٥٦٥]

ومن قضايا التعزير نذكر أيضاً:

عمل السحر:

ومن البدع التي اعتبرت مخالفة للدين عمل السحر.

عن جُنْدَبٍ قال: قال رسول الله صلى الله عليه وسلم: «**حدُّ الساحرِ ضربةٌ بالسيف**».[٥٦٦]

وقد صحّ أنّ رسول الله صلى الله عليه وسلم لم يقتل من سحره من اليهود.[٥٦٧]

وقد قضى الفاروق وعثمان وعلي بقتل الساحر إذا لم يتب.[٥٦٨]

(٥٦١) ابن فرحون، **تبصرة الحكّام**، ج ٢، ص ٢٣٢ - القرطبي، **أقضية رسول الله صلى الله عليه وسلم**، ص ١٢.
(٥٦٢) ابن فرحون، **تبصرة الحكّام**، ج ٢، ص ٢٣٣ - القرطبي، **أقضية رسول الله صلى الله عليه وسلم**، ص ١٢.
(٥٦٣) ابن فرحون، **تبصرة الحكّام**، ج ٢، ص٢٢٠.
(٥٦٤) ابن تيمية، **الحسبة في الإسلام**، ص ٥٦-٥٧.
(٥٦٥) ابن قيّم الجوزيّة، **الطرق الحكمية**، ص ١٣.
(٥٦٦) **سنن الترمذي**، أبواب الحدود، باب ما جاء في حدّ الساحر، ج٣، ص ١٠، حديث رقم(١٤٨٥) - **سنن الدارقطني**، كتاب الحدود والديّات، ج٣، ص١١٤، حديث رقم (١٤٨٥).
(٥٦٧) ابن قيّم الجوزيّة، **زاد المعاد**، ج٣، ص٢١٤.
(٥٦٨) محمصاني، **تراث الخلفاء الراشدين في الفقه والقضاء**، ص ٢٦٢.

وصحّ عن حفصة رضي الله عنها أنّها قتلت مدبَّرة سحرتْها، فأنكر عليها عثمان رضي الله عنه إذ فعلته دون أمره.(٥٦٩)

التزوير:

ومن أبرز قضايا التعزير التزوير. فلقد عرف عن الخلفاء الراشدين، خصوصاً أبي بكر وعمر وعثمان، أنّهم لبسوا خاتم الخلافة بعد النبي صلى الله عليه وسلم. وقد حصل في هذا الخاتم تزوير أحياناً. مثاله، زوّر معن بن زائدة(٥٧٠) خاتم الخليفة عمر بن الخطاب، فأصاب بذلك مالاً من خراج الكوفة. فكتب عمر إلى المغيرة بن شعبة بأن يحبسه حتى يأتيه أمره. فهرب معن من الحبس وأتى عمر. فضربه مائة سوط في كل من الأيام الثلاثة الأولى، ثم حبسه. لكن بعد مدّة أخلى سبيله.(٥٧١)

قال ابن القيّم: ((وعلى هذا: يحمل قول النبي صلى الله عليه وسلم: «**من شَرِبَ الخمرَ فاجلدوه. فإنْ عادَ فاجلدوه، فان عاد في الثالثة** - أو في الرابِعة - **فاقتلوه**».(٥٧٢) فأمر بقتله إذا أكثر منه، ولو كان ذلك حدّاً لأمر به في المرة الأولى)).(٥٧٣)

شهادة الزور:

أمّا شاهد الزور، فقد عاقبه الفاروق والإمام علي بالتعزير، وبالطواف به في حيه،

---

(٥٦٩) ابن قيّم الجوزيّة، **زاد المعاد**، ج٣، ص٢١٤.
(٥٧٠) هو معن بن زائدة بن عبد الله بن مطر الشيباني، أبو الوليد. من أشهر أجواد العرب، وأحد الشجعان الفصحاء. أدرك العصرين الأموي والعباسي. فلما صار الأمر إلى بني العباس أكرمه المنصور وجعله من خواصه. وولاه اليمن، ثم ولي سجستان، فأقام فيها مدّة، وابتنى داراً، فدخل عليه أناس في زي الفعلة (العمّال) فقتلوه غيلة سنة ١٥١ هـ ٧٦٨ م. الزركلي، **الأعلام**، ج ٧، ص ٢٧٣.
(٥٧١) محمصاني، **تراث الخلفاء الراشدين في الفقه والقضاء**، ص ٢٦٥ - ابن قيّم الجوزيّة، **الطرق الحكمية**، ص ٨٢-٨٣ - ابن فرحون، **تبصرة الحكّام**، ج ٢، ص ٢٢٠.
(٥٧٢) **سنن الترمذي**، أبواب الديّات،باب ما جاء من شرب الخمر فاجلدوه فإن عاد في الرابعة فاقتلوه، ج٢، ص٤٥٠، حديث رقم(١٤٧٢). ونص الحديث من سنن الترمذي: ((من شَرِبَ الخمرَ فاجلدوه فإنْ عادَ في الرابِعة فاقتلوه)). **سنن ابن ماجة**، كتاب الحدود، باب من شرب الخمر مراراً، ج ٢، ص ٨٤، حديث رقم ٢٠٨٥ (٢٥٧٢) - **سنن أبي داود**، كتاب الحدود، باب إذا تتابع في شرب الخمر، ج ٣، ص ١٦٨، حديث رقم (٤٤٨٤).
(٥٧٣) ابن قيّم الجوزية، **الطرق الحكمية**، ص ٨٣.

والتشهير به، ومنعه من الشهادة. وزاد الفاروق على ذلك تسويد وجهه، وحلق رأسه، وضربه وحبسه.[٥٧٤]

وعن مكحول قال: قال عمر بن الخطّاب: ((شاهد الزور يجلد أربعين، ويُسَخَّم[٥٧٥] وجهه، ويُطال حبسه)).[٥٧٦]

(٥٧٤) محمصاني، **تراث الخلفاء الراشدين في الفقه والقضاء**، ص ٢٦٦.
(٥٧٥) سَخَّمَ وجهَه أي سوّده. والسُّخامُ: الفَحْمُ. والسَّخَم: السواد. ابن منظور، **لسان العرب**، ج ١٢، ص ٢٨٣.
(٥٧٦) الفراء، **الأحكام السلطانية**، ص ٢٦٧.

الفصل الرابع

إجراءات التقاضي

١ - مكان القضاء

لم يكن للقضاء مكان خاص في العهد النبوي، لأنّ العدالة لا تتقيّد بمكان، وإنّ الحق يعلن وينشر في كل مكان، واستمرّ الأمر كذلك في عهد أبي بكر وعمر.

أمّا أبو بكر رضي الله عنه، فقد ورد عنه أنّه إذا عرض عليه قضاء لم يعرف فيه الوجه، خرج فسأل: هل من يعلم عن قضاء لرسول الله مماثل أو مشابه؟ أمّا من أين يخرج؟ فذلك غير معروف، فربّما خرج من بيته، أو من المسجد إذا لم يكن فيه أحد.(٥٧٧)

وعن الشعبي أنّ عمر رضي الله تعالى عنه كان يطوف في الأسواق، ويقرأ القرآن، ويقضي بين الناس حيثُ أدركه الخصوم.(٥٧٨)

سأل رجل جاراً لعمر: كيف بالدخول على أمير المؤمنين؟ فقال: ليس عليه باب ولا حجاب، يصلي الصلاة ثم يقعد فيكلّمه من شاء.(٥٧٩)

وكان القاضي ينظر الدعاوى ويفصل الخصومة غالباً في المسجد، أو في بيته، أو في الأماكن العامّة، وحتى في الطريق أحياناً، ولم يكن في ذلك غضاضة، لما سبق، ولقلّة الدعاوى من جهة، واتساع وظيفة المسجد من جهة ثانية، وبقاء القضاء قريباً من الإفتاء والتحكيم وعدم المرافعة الطويلة والإجراءات الشكلية من جهة ثالثة.

وفي عهد عثمان رضي الله عنه اتخذ داراً للقضاء، لتكون مكاناً مخصّصاً له، مع إبعاد الضجيج عن المسجد، وتنزيهه عن اللغو، وفسح المجال لجميع الناس من الدخول إليه، فكان عثمان أوّل من أتخذ داراً للقضاء في المدينة، ثم شاع الأمر وانتشر بالتدريج في بقية المدن والأمصار.(٥٨٠)

عن أبي صالح مولى العبّاس قال: أرسلني العباس إلى عثمان أدعوه، فأتيته في دار القضاء، قال بعضهم: إذا صح هذا يكون عثمان هو أوّل من اتخذ في الإسلام دار القضاء.(٥٨١)

---

(٥٧٧) القاسمي، **نظام الحكم في الشريعة والتاريخ الإسلامي**، ص ٤٧٣-٤٧٤.
(٥٧٨) الطبري، **تاريخ الرسل والملوك**، ج ٤، ص ٢١٣.
(٥٧٩) الطنطاوي، **أخبار عمر وأخبار عبد الله بن عمر**، ص ١٩٨.
(٥٨٠) الزحيلي، **تاريخ القضاء في الإسلام**، ص ١٠٥.
(٥٨١) الكتّاني، **التراتيب الإدارية**، ج ١، ص ٢٣١.

ولا يعني ذلك أنّ القضاة امتنعوا عن النظر في الدعاوى في المسجد والبيت، ولكن صار مجلس القضاء الرسمي الأساسي في دار القضاء، وهو الأصل، وفي غيره استثناء، ولذلك قال بعض أئمة المذاهب بكراهة القضاء في المسجد، لما في ذلك من اللغط والتشويش، وللمحافظة على هيبة القاضي والقضاء في دار القضاء، ولما ورد من أحاديث وآثار تحذر من ذلك.[٥٨٢]

القضاء في البيت:

في أخبار القضاة لوكيع: ((أنّ أُبيّاً ادّعى على عمر دعوى، فلم يعرفها، فجعلا بينهما زيد بن ثابت، فأتياه في منزله، فلما دخلا عليه قال له عمر: جئناك لتقضي بيننا، وفي بيته يؤتى الحكم))[٥٨٣].

وعلى هذا درَجَ كثير من القضاة منذ الصدر الأول إلى عصر متأخّر، أي: أنّ القاضي يقضي في بيته، أو على باب داره. من ذلك ما ذكره وكيع: ((أنّ كعب بن سور كان يقضي في داره)).[٥٨٤]

ولعلّ شريحاً من أوائل من أنكر القضاء في الدار، ثم أجازه لنفسه. قال وكيع: ((سمعتُ شريحاً يقول: إذا رأيتموني أقضي في داري فأنكروا عقلي، قال: ثم رأيته بعد ذلك يقضي في داره)).[٥٨٥]

وفي رواية أنّ شريحاً كان يقضي يوم المطر في داره.[٥٨٦]

وله تأويلان: أحدهما أنّه فعل ذلك رفقاً بنفسه كيلا تلحقه المشقّة والكدّ بالمضي إلى المسجد، وجعل المطر عذراً له.[٥٨٧]

القضاء في المسجد:

كان القضاء في المسجد أمراً مألوفاً في جميع العصور الإسلامية. فقد اتسّع المسجد لأغراض الحضارة الإسلامية كلّها، النابعة من الشريعة. فالمسجد كان قصراً للعدل، فذلك لعلّه الأصل، لِما للمسجد من حرمة، وإنّما عدلوا عنه في بعض الأحيان

(٥٨٢) الزحيلي، **تاريخ القضاء في الإسلام**، ص ١٠٦.
(٥٨٣) وكيع، **أخبار القضاة**، ج ١، ص ١٠٨.
(٥٨٤) وكيع، **أخبار القضاة**، ج ١، ص ٢٧٥.
(٥٨٥) وكيع، **أخبار القضاة**، ج ٢، ص ٢٢٥.
(٥٨٦) وكيع، **أخبار القضاة**، ج ٢، ص ٣١٦.
(٥٨٧) الخصّاف، **شرح أدب القاضي**، ص ٥٦.

لأسباب رأوها.

ونقل ابن فرحون في تبصرة الحكّام:

((القضاء في المسجد من الأمر القديم، وهو الحق والصواب. قال مالك: لأنّه يرضى فيه بالدون من المجلس، وهو أقربُ على الناس في شهودهم، ويصل إليه الضعيف والمرأة)).(٥٨٨)

وروي أنّ النبي صلى الله عليه وسلم قضى في المسجد.(٥٨٩)

روي عن الخلفاء الأربعة الراشدين كانوا يجلسون في المسجد لفصل الخصومات، ولاعن عمر على منبر النبي صلى الله عليه وسلم، وقضى مروان على زيد بن ثابت بالمنبر.(٥٩٠)

قال الشعبي: رأيتُ عمر بن الخطّاب مستنداً إلى القبلة يقضي بين الناس.(٥٩١)

وعن هشام مولى لقريش قال: سمعتُ الحسن يحدّث قال: أتيتُ مسجد المدينة ذات يوم بالهاجرة، فإذا أنا بابن عفّان رضي الله عنه قد كوّم كومة من الحصا ووضع رداءه ثم اتكأ، فإذا رجل حسن الوجه حسن اللحية، وإذا بوجنتيه نكتات من أثر الجدري، وإذا الشعر قد كسى ساعديه، قال: فجاء سقاء معه قربة له يخاصم رجلاً، فجعل ينظر فيما بينهما.(٥٩٢)

أفاد الحديث أنّ عثمان رضي الله عنه كان حسن الوجه جميل اللحية، وأفاد جواز القضاء في المسجد، فإنّه كان عامّة جلوس عثمان رضي الله عنه في المسجد، وكذلك كان عمر رضي الله عنه عامّة جلوسه في المسجد، وهكذا ينبغي للقاضي أن يفعل لأنّه أيسر على الخصوم.(٥٩٣)

قال الماوردي: ((وروي عن علي أنّه كان يقضي بين الناس في المسجد)).(٥٩٤)

---

(٥٨٨) ابن فرحون، **تبصرة الحكّام**، ج ١، ص٣١.
(٥٨٩) ابن فرحون، **تبصرة الحُكّام**، ج ١، ص ٣٢.
(٥٩٠) الكتّاني، **التراتيب الإدارية**، ج ١، ص ٢٣٠.
(٥٩١) الماوردي، **أدب القاضي**، ج ١، ص ٢٠٦.
(٥٩٢) الخصّاف، **شرح أدب القاضي**، ص ٥٣- ٥٤ - الماوردي، **أدب القاضي**، ج ١، ص ٢٠٦-٢٠٧.
(٥٩٣) الخصّاف، **شرح أدب القاضي**، ص ٥٤.
(٥٩٤) الماوردي، **أدب القاضي**، ج ١، ص ٢٠٧.

وروى وكيع عن شريح، قال: كنتُ مع علي بن أبي طالب في المسجد جالساً، فجاء رجلٌ فشكا إليه الحاجة، وكثرة العيال، فقال: يا عبد الله أما كان من رقعة تستر بِها وجهك؟.[٥٩٥]

وقال الماوردي: ((وإذا كان هذا من فعل رسول الله صلى الله عليه وسلم، والأئمّة الراشدين من بعده لم يكره)).[٥٩٦]

وذكر الخصّاف (عن إسماعيل بن أبي خالد قال: رأيتُ شريحاً جالساً على القضاء في المسجد متعمّماً بعمامة بيضاء قد ألقى طرفه على كتفيه، عليه مطرف خز، ورأيتُ ناساً من العلماء يجالسونه على القضاء منهم أبو عمر والشيباني والشعبي).

أفاد الحديث فوائد، منها جلوس القاضي في المسجد على ما مرّ.[٥٩٧]

<u>كراهة إقامة الحدود في المساجد:</u>

ولا يجوز إقامة الحدود في المساجد. وقد صرّح بذلك عمر وعلي. فلذا، أمر عمر بإخراج رجل من المسجد ليضرب الحدّ.[٥٩٨]

عن حكيم بن حِزام أنّه قال: ((نَهى رَسولُ الله صلى الله عليه وسلم أن يُسْتَقادَ في المسجِدِ، وأنْ تُنْشَدَ فيه الأشعارُ وأن تُقَامَ فيهِ الحدودُ)).[٥٩٩]

وعن ابن عبّاس؛ أنّ رسول الله صلى الله عليه وسلم قال: «**لا تُقامُ الحدودُ في المساجِدِ**».[٦٠٠]

وروى الدارقطني عن حكيم بن حزام قال: قال رسول الله صلى الله عليه وسلم: «**لا تقام الحدود في المساجد، ولا يستقاد فيها**».[٦٠١]

وعن ابن عباس أنّ رسول الله صلى الله عليه وسلم قال: «**لا تقام الحدود في**

---

(٥٩٥) وكيع، **أخبار القضاة**، ج ٢، ص ١٩٧-١٩٨.
(٥٩٦) الماوردي، **أدب القاضي**، ج ١، ص ٢٠٧.
(٥٩٧) الخصّاف، **شرح أدب القاضي**، ص ٧٣.
(٥٩٨) محمصاني، **تراث الخلفاء الراشدين في الفقه والقضاء**، ص ٢١٥.
(٥٩٩) **سنن أبي داود**، كتاب الحدود، باب في إقامة الحدّ في المسجد، ج ٣، ص ١٧٠، حديث رقم (٤٤٩٠).
(٦٠٠) **سنن ابن ماجة**، كتاب الحدود، باب النهي عن إقامة الحدود في المساجد، ج ٢، ص ٨٩، حديث رقم ٢١٠٥ (٢٥٩٩).
(٦٠١) **سنن الدارقطني**، كتاب الحدود والديّات، ج ٣، ص ٨٦، حديث رقم (١٤).

المساجد، ولا يقتل الوالد بالولد».(٦٠٢)

قال الماوردي: ((ولأنّ الحدود ربّما أرسلتْ حدثاً، وأنْهَرت دماً. وصيانة المسجد من الأنجاس واجبة، ولأنّ صياح المحدود قاطع لخشوع المصلّين)).(٦٠٣)

٢ - الحبس

لم يكن السجن معروفاً في العهد النبوي كمكان لحبس المتّهم، أو المحكوم عليه، واستمرّ الأمر كذلك في عهد أبي بكر، وشطر من عهد عمر، وكان يتمّ تقييد حرية المتّهم إمّا بوضعه في المسجد، وربطه بسارية، أو تعيين أحد المسلمين لمتابعته ومراقبته، وإمّا أن يرسل إلى بيت أحد المسلمين، لينزله في ضيافته، ويتولى إحضاره إلى المحاكمة والقضاء، ويكون في أمانته وتحت رقابته.(٦٠٤)

وذكر الخصّاف (وقد كان الصحابة يحبسون إلاّ أنّه لم يكن لهم حبس معيّن، وكانوا ربّما حبسوا في المسجد أو في الدهليز. فلمّا آل الأمر إلى علي رضي الله عنه اتّخذ حبساً وسمّاه نافعاً، فلم يكن حصيناً وفرّ منه من كان فيه فاتّخذ آخر وسمّاه مخيساً).

ونافع ومخيس اسمان للسجن الذي بناه بالبصرة، وقد كانوا يسمون مواضعهم وعقاراتهم اسماً، فإنّه روي أنّه كان لعمر موضع يسمّى ثمغاً.(٦٠٥)

(مخيساً) من التخييس وهو التذليل. وقد ورد في أخبار أخرى، أنّ نافع بن عبد الحارث الخزاعي من عمّال عمر، اشترى داراً من صفوان بن أميّة للسجن بمكّة. ومعنى هذا أنّ السجن كان معروفاً قبل أيّام عثمان وعلي. وقد ورد في بعض الأخبار أنّ عمر أوّل من حبس في السجون. وقال: ((أحبسه حتى أعلم منه التوبة، ولا أنفيه من بلد إلى بلد فيؤذيهم)). وذلك أنّ العرب كانت تستعمل ((التغريب))، أي النفي في موضع السجن، لسهولة النفي، وصعوبة الحبس.(٦٠٦)

قال ابن القيّم: ((قد اشترى عمر بن الخطاب من صفوان بن أميّة داراً بأربعة

---

(٦٠٢) **سنن الدارقطني**، كتاب الحدود والديّات، ج ٣، ص ١٤١، حديث رقم (١٨٠).
(٦٠٣) الماوردي، **أدب القاضي**، ج ١، ص ٢١٢.
(٦٠٤) الزحيلي، **تاريخ القضاء في الإسلام**، ص ١٠٦.
(٦٠٥) الخصّاف، **شرح أدب القاضي**، ص ٢١٤.
(٦٠٦) جواد علي، **المفصّل في تاريخ العرب قبل الإسلام**، ج ٥، ص ٥٨٩.

آلاف، وجعلها حبساً)).(٦٠٧)

وكان القضاة والحكّام والولاة يحبسون من يرون حبسهم في تلك الدار، وانتشر إنشاء السجون في بقيّة المدن بحسب الأحوال والظروف.(٦٠٨)

فالسجن بمعنى حبس الغريم غريمه مثلاً، كان موجوداً وأمّا اتخاذ محل معيّن بني لذلك خصّيصاً فلم يكن إلاّ في زمن عمر.

وكانت السجون آباراً فأوّل من بنى السجن علي بن أبي طالب. ولعلّ عمر كان يحبس في الآبار، قبل شراء الدار التي أعدّها للسجن.(٦٠٩)

وذكر أبو الفرج الأصبهاني في الأغاني قصّة سجن عمر للحُطَيْئَة. قال أبو الفرج:

((أتى الزبرقان بن بدر(٦١٠) عمر بالحطيئة فقال: إنّه هجاني. قال: وما قال لك؟ قال: قال لي: دع المكارم لا ترحل لبغيتها واقعد فإنّك أنت الطاعم الكاسي.

فقال عمر: ما أسمع هجاءً، ولكنّها معاتبة! فقال الزبرقان: أو ما تبلغ مروؤتي إلاّ أن آكل وألبس؟ فقال عمر: عليّ بحسان. فجيء به، فسأله: فقال:لم يهجه، ولكن سلح عليه. فأمر به عمر، فجُعل في نقير(٦١١)، في بئر..)).(٦١٢)

وأمّا استشكال السجن في الآبار فإنّ المراد بِها السراديب والمطامير، المتّخذة تحت الأرض. وقد تكون من الاتّساع بحيث تحمل المئين من الناس. وتسمية ذلك بالآبار للشبه الصوري بالكون تحت الأرض مع ضيق أبوابِها ومداخلها، وقد تكون مع هذا متعدّدة، ومتكثّرة على قدر الحاجة.(٦١٣)

٣ - إجراءات الدعوى

كان القضاء في العهد الراشدي بسيطاً وسهلاً، وبعيداً عن التعقيدات والإجراءات

---

(٦٠٧) ابن قيّم الجوزيّة، **الطرق الحكميّة في السياسة الشرعيّة**، ص ٧٨.
(٦٠٨) الزحيلي، **تاريخ القضاء في الإسلام**، ص ١٠٦.
(٦٠٩) الكتّاني، **التراتيب الإدارية**، ج ١، ص ٢٤٧- ٢٤٨.
(٦١٠) هو الزبرقان بن بدر التميمي السعدي، صحابي، من رؤساء قومه. قيل اسمه الحصين ولقّب بالزبرقان لحسن وجهه. ولاّه رسول الله صلى الله عليه وسلم صدقات قومه فثبت إلى زمن عمر، وكفّ بصره في آخر عمره. وتوفي في أيّام معاوية سنة ٤٥ هـ. وكان فصيحاً شاعراً، فيه جفاة الأعراب. الزركلي، **الأعلام**، ج ٣، ص ٤١.
(٦١١) النَّقيرُ: ما نُقبَ من الخشب والحجر ونحوهما. ابن منظور، **لسان العرب**، ج ٥، ص ٢٢٨.
(٦١٢) الأصبهاني، **الأغاني**، ج ٢، ص ٥٢-٥٣.
(٦١٣) الكتّاني، **التراتيب الإدارية**، ج ١، ص ٢٤٨-٢٤٩.

الشكلية. فكانت الدعوى ترفع شفاهاً، وقد يحضر الخصمان معاً إلى القاضي، أو يقوم القاضي باستدعاء المدّعى عليه، ويستمع إلى أقوال الخصوم مباشرة، ويناقشهما، ويفتح المجال أمامهما للدفاع والجواب، ويطلب البيّنة، ولم تستعمل السجلات، ولم يتّخذ كاتب المحكمة إلاّ قليلاً.

ومتى ثبت الحق أمام القاضي أصدر حكمه بدون تأجيل، ولا مماطلة، إلاّ إذا حصل اشتباه في الحكم، أو كانت البيّنة غائبة، كما جاء في كتاب عمر لأبي موسى، ولم تدوّن الأحكام القضائية، وإنّما كان يرفع بعضها إلى الخليفة للاطلاع أو المشاورة، أو بيان الحكم الشرعي، أو الاستشارة عند الاشتباه، فإن كان الحكم واضحاً في القرآن والسنّة فيصدره القاضي فوراً، كما نصّت عليه الكتب والرسائل.

وكان القاضي يسعى إلى الصلح ما أمكن، لكتاب عمر، وما ورد في الصلح من نصوص شرعية، ولأنّ القضاء أو الحكم يورث الضغائن بين الخصوم، فإن بانَ الحق حكم به القاضي، ونفذه فوراً، وكان القاضي هو المنفّذ لأحكامه في الغالب، أو المشرف على التنفيذ.

٤ - آداب القضاة والعدالة في المحاكمات

آداب القضاة:

قال الماوردي في كتاب أدب القاضي:

((وللقضاة آداب تزيد في هيبتهم، وتقوى بِها رهبتهم. والهيبة والرهبة في القضاة من قواعد نظرهم، لتقود الخصوم إلى التناصف، وتكفهم عن التجاحد)).[٦١٤]

وقال الماوردي:

((وآدابهم بعد ما قدّمناه، من الشروط المعتبرة في صحّة ولايتهم، تشتمل على ثلاثة أقسام:

أحدها - آدابهم في أنفسهم: وهو معتبر بحال القاضي: فإذا كان موصوفاً بالزهد والتواضع والخشوع، كان أبلغ في هيبته، وأزيد في رهبته. وإن كان ممازجاً لأبناء الدنيا، تميّز عنهم بما يزيد في هيبته، من لباس لا يشاركه غيره فيه، ومجلس لا يساويه غيره فيه، وسمت يزيد على غيره فيه)).[٦١٥]

(٦١٤) الماوردي، **أدب القاضي**، ج ٢، ص ٢٤١-٢٤٢.
(٦١٥) الماوردي، **أدب القاضي**، ج ٢، ص ٢٤٢.

((وأمّا سمته: فينبغي أن يكون في مجلس الحكم غاضَّ الطرف، كثير الصمت، قليل الكلام، يقتصر في كلامه على سؤال أو جواب، ولا يرفع بكلامه صوتاً، إلاّ لزجرٍ وتأديب، وليقلل الحركة، والإشارة، وليقف من أعوانه بين يديه من يستدعي الخصوم إليه، ويرتب مقاعد الناس في مجلسه، ويكون مهيباً، مأموناً، لينصان به مجلسه، وتكمل به هيبته)).[٦١٦]

إنصاف الخصوم والمساواة بينهم وجلوسهم بين يدي القاضي:

قال الماوردي في كتاب أدب القاضي تحت باب ما على القاضي في الخصوم والشهود:

((قال الشافعي: وينبغي للحاكم أن ينصف الخصمين في المدخل عليه، للحكم، والاستماع، والإنصاف لكل واحد منهما، حتى تنفذ حجّته، ولا ينتهرهما)). ثم أضاف: ((اعلم أنّ القضاة زعماء العدل والإنصاف، نُدبوا لأن يتناصف بِهم الناس، فكان أولى أن يكونوا أنصف الناس)).[٦١٧]

وقال الماوردي: ((آداب القضاة مع الخصوم: أن يبدأ بالنظر بين من سبق من الخصوم، ولا يقدم مسبوقاً إلاّ باختيار السابق، ويجمع بين الخصمين في دخولهما عليه، ولا يستدعي أحدهما قبل صاحبه، فتظهر به ممايلة المتقدم، وتضعف فيه نفس المتأخر، بل يسوّي في المدخل بين الشريف والمشروف، والحرّ والعبد، والكافر والمسلم)).

وقال: ((فإذا دخلا عليه سوّى بينهما، في لحظِه ولفظِه: إن أقبل كان إقباله عليهما، وإن أعرض كان إعراضه عنهما. ولا يجوز أن يُقبل على أحدهما، ويُعرض عن الآخر. وإن تكلم كان كلامه لهما، وإن أمسك كان إمساكه عنهما، ولا يجوز أن يكلم أحدهما ويمسك عن الآخر، وإن اختلفا في الدين والحرية، لئلا يصير ممايلاً لأحدهما)).[٦١٨]

فمن معنى العدالة في المحاكمات أن يكون القاضي عادلاً بين المتقاضين، مسوّياً بينهم في المعاملة، وبعيداً عن التحيّز والتحزّب.

(٦١٦) الماوردي، **أدب القاضي**، ج ٢، ص ٢٤٤.
(٦١٧) الماوردي، **أدب القاضي**، ج ٢، ص ٢٤٠.
(٦١٨) الماوردي، **أدب القاضي**، ج ٢، ص ٢٤٩.

روى الدارقطني عن أم سلمة رضي الله عنها قالت: قال رسول الله صلى الله عليه وسلم: «**من ابتُلِيَ بالقضاء بين الناس، فليعدل بينهم في لحظه، وإشارته، ومقعده**».[٦١٩]

وروى الدارقطني عن أم سلمة قالت: قال رسول الله صلى الله عليه وسلم: «**من ابتُلِيَ بالقضاء بين الناس، فلا يرفعن صوته على أحد الخصمين، ما لا يرفع على الآخر**».[٦٢٠]

أفادت الأحاديث وجوب التسوية بين الخصمين.

وقد روى وكيع في أخبار القضاة عن علي قال: بعثني رسول الله صلى الله عليه وسلم إلى أهل اليمن؛ فقلت: إنّك تبعثني إلى قوم يسألونني، ولا عِلم لي؛ فقال: فوضع يده على صدري، وقال: إنّ الله سيهدي قلبَك، ويثبِّت لسانك، فإذا قعد بين يديكَ الخَصْمان، فلا تقضِ حتى تسمع من الآخر كما سَمِعت من الأول، فإنّه أحْرى أن يتبيَّن لك، قال علي: فما زِلت قاضياً وما شَكَّكني في قضاء بعد.[٦٢١]

وقال ابن قتيبة عن صفات القاضي الكامل وغير الكامل:

((كان يقال: ثلاث إذا كنّ في القاضي فليس بكامل: إذا كره اللوائم، وأحبَّ المحامد، وكره العزلَ. وثلاث إذا لم تكن فيه فليس بكامل: يشاور وإن كان عالماً، ولا يسمع شكيّة من أحد حتى يكون معه خصمه، ويقضي إذا علم.

قالوا: ويحتاج القاضي إلى العدل في لحظه ولفظه، وقعود الخصوم بين يديه، وألاّ يقضي القاضي وهو غضبان، ولا يرفع صوته على أحد الخصمين ما لا يرفعه على الآخر)).[٦٢٢]

كان القاضي في مجلس قضائه محترماً مهيباً لا تأخذه في الحقّ لومة لائم، يسويّ في مجلسه بين الأمير والحقير وبين الشريف والوضيع، وأنّ ما يروى من الحوادث في بطون الكتب يؤيّد ما نقول.[٦٢٣]

---

(٦١٩) **سنن الدارقطني**، كتاب في الأقضية والأحكام، ج ٤، ص ٢٠٥، حديث رقم (١٠).
(٦٢٠) **سنن الدارقطني**، كتاب في الأقضية والأحكام، ج ٤، ص ٢٠٥، حديث رقم (١١).
(٦٢١) وكيع، **أخبار القضاة**، ج١، ص٨٧.
(٦٢٢) ابن قتيبة، **عيون الأخبار**، ج ١، ص ١٠٦.
(٦٢٣) ابن عرنوس، **تاريخ القضاء في الإسلام**، ص٢٢.

قال الماوردي: ((أنْ يساوي بين الخصمين، في مقعدهما، والنظر إليهما، وكلامه لهما، ولا يخصّ أحدهما بترتيب، ولا نظر، ولا كلام)).[٦٢٤]

وقال ابن فرحون: ((ولا يميل إلى أحدهما بالسلام فيخصّه به ولا بالترهيب، ولا يرفع مجلسه ولا يسأل أحدهما عن حاله ولا عن خبره ولا عن شيء من أمورهما في مجلسهما ذلك، ولا يساررهما جميعاً ولا أحدهما)).[٦٢٥]

فمن عدالة المحاكمات واجب القاضي أن يسمع الطرفين، وأن يعاملهما بالمساواة التامّة. وهذا ما نوّه به الفاروق في كتابه إلى أبي موسى الأشعري: ((آس الناس في مجلسك وفي وجهك وقضائك حتى لا يطمع شريف في حيفك ولا ييأس ضعيف من عدلك)).[٦٢٦]

فأمره بالتسوية بينهم في وجهه، وعدله، ومجلسه.

عن أبي هريرة أنّ رسول الله صلى الله عليه وسلم أمرَ إذا جلس الحاكم، فلا يجلس الخصمان إلاّ بين يديه، ومضتْ السنّة بذلك من رسول الله صلى الله عليه وسلم ومن أئمة الهدى أبي بكر وعمر.[٦٢٧]

قال الماوردي: ((ولا يسمع الدعوى منهما وهما قائمان، حتى يجلسا بين يديه، تجاه وجهه)).[٦٢٨]

روى أبو داود عن عبد الله بن الزبير قال: ((قضى رسولُ اللهِ صلى الله عليه وسلم أنَّ الخصمَيْنِ يَقْعُدانِ بينَ يَدَيِّ الحَكَمِ)).[٦٢٩]

ويؤخذ من الحديث مشروعية التسوية بين الخصمين لأنهما لما أُمرا بالقعود جميعاً على تلك الصفة كان الاستواء في الموقف لازماً لها.[٦٣٠]

---

(٦٢٤) الماوردي، **أدب القاضي**، ج ٢، ص ٢٥٠.
(٦٢٥) ابن فرحون، **تبصرة الحكّام**، ج ١، ص ٣٧.
(٦٢٦) ابن قيّم الجوزيّة، **أعلام الموقّعين عن ربّ العالمين**، ج ١، ص ٦٨ - الماوردي، **أدب القاضي**، ج ٢، ص ٢٤١.
(٦٢٧) المتقي الهندي، **كنز العمّال**، ج ٥، ص ٨١٣.
(٦٢٨) الماوردي، **أدب القاضي**، ج ٢، ص ٢٤٩.
(٦٢٩) **سنن أبي داود**، كتاب الأقضية، باب كيف يجلس الخصمان بين يدي القاضي، ج ٢، ص ٥٠٩، حديث رقم (٣٥٨٨).
(٦٣٠) الشوكاني، **نيل الأوطار**، ج ٨، ص ٢٨٥.

وورد النهي أن يضيف القاضي أو يكرم أحد الخصمين دون صاحبه.

قال الماوردي: ((إذا أمسى الخصمان عند القاضي، أو كانا غريبين،لم يجز أن يضيف أحدهما دون الآخر، لما فيه من ظهور المايلة)).[٦٣١]

عن الحسن قال: جاء رجل فنزل على عليّ، فأضافه، فقال: إنّي أريد أن أخاصم، قال له عليّ: تحوَّل، فإنّ النبي صلى الله عليه وسلم نَهانا أن نُضيف الخصم إلا ومعه خصمه.[٦٣٢]

عن محمد بن نعيم عن أبيه قال: شهدتُ أبا هريرة يقضي فجاء الحارث بن الحكم، فجلس على وسادته التي يتّكئ عليها، قال: فظنّ أبو هريرة أنّه جاء لحاجة غَيْر الحُكم، قال: فجاء رجل فجلس بين يَدَيْ أبي هريرة، فقال له ما لك؟ قال: أستأدي على الحارث، فقال له أبو هريرة: قم فاجلس مع خصمك، فإنّها سنّة أبي القاسم صلى الله عليه وسلم.[٦٣٣]

دخل الأشعث بن قيس[٦٣٤] على شريح القاضي في مجلس الحكومة فقال له شريح: مرحباً وأهلاً بشيخنا وسيدنا، وأجلسه معه، فبينما هو جالس معه، إذ دخل رجل يتظلم من الأشعث، فقال له شريح: قم فاجلس مجلس الخصم وكلّم صاحبك، قال: بل أكلّمه في مجلسي، فقال له: لتقومنّ أو لآمرنّ من يقيمك، فقام امتثالاً لأمر القضاء.[٦٣٥]

(٦٣١) الماوردي، **أدب القاضي**، ج ٢، ص ٢٦٣-٢٦٤.
(٦٣٢) ابن حجر، **المطالب العالية**، كتاب القضاء والشهدات، باب الزجر عن إكرام أحد الخصمين وعن المخاصمة بغير حق، ج ٢، ص ٢٥٠.
(٦٣٣) ابن حجر، **المطالب العالية**، كتاب القضاء والشهدات، باب الزجر عن إكرام أحد الخصمين وعن المخاصمة بغير حق، ج ٢، ص ٢٥٠-٢٥١.
(٦٣٤) هو الأشعث بن قيس بن معدي يكرب الكندي، يكنى أبا محمد. أمير كندة في الجاهلية والإسلام. ولد سنة ٢٣ قبل الهجرة، ٦٠٠م. كانت إقامته في حضرموت، ووفد على النبي صلى الله عليه وسلم بعد ظهور الإسلام، في جمع من قومه؛ فأسلم. وكان الأشعث قد ارتدّ فيمن ارتدّ من الكنديين، وأسر، فأحضر إلى أبي بكر فأسلم، فأطلقه وزوّجه أخته أم فَرْوة في قصّة طويلة. ثم شهد الأشعث ((اليرموك)) بالشام و((القادسية)) وغيرها بالعراق، وسكن الكوفة. وشهد مع علي صفين، وله معه أخبار. توفي سنة ٤٠ هـ ٦٦١ م وله ثلاث وستون سنة. ابن حجر، **الإصابة في تمييز الصحابة**، ج ١، ص ٢٣٩-٢٤٠ - الزركلي، **الأعلام**، ج ١، ص ٣٣٢.
(٦٣٥) ابن عرنوس، **تاريخ القضاء في الإسلام**، ص ٢٢.

قال الماوردي: ((وليكن جلوس الخصوم بين يديه جُثاة على الركب، ليتميز عن جلوس غير الخصوم، فيكون أجمع للهيبة)).

وقال: ((ومن عادة جلوس الخصوم: أن يجلسوا في التحاكم، بروكاً على الرُّكَب، لأنّه من عادة العرب في التنازع، وعُرف الحكّم في الأحكام)).(٦٣٦)

ومن العدالة في المحاكمة جلوس القاضي خارج بيته، في محلّ يسهل للمتقاضين ولوجه. وقد ذكر ابن فرحون أنّ عمر بن الخطّاب أنكر على أبي موسى الأشعري رضي الله تعالى عنهما، جلوسه للأحكام في داره، وأمر بإضرام داره عليه ناراً، فدعا واستقال ولم يعد إلى ذلك.(٦٣٧)

حقّ الدفاع:

ينبغي للقاضي، إذا دعا الخصميْن، أن يحسن معاملتهما وأن يخاطبهما بالحلم والمساواة وفي التراث كتاب لعمر بن الخطاب أرسله إلى معاوية في رواية، وإلى أبي عبيدة بن الجراح في رواية أخرى. قال ابن الجوزي:

وكتب عمر، رضوان الله عليه، إلى أبي عبيدة: ((أمّا بعد، فإنني كتبتُ إليك بكتاب، لم آلك ونفسي- فيه خيراً، الزم خمس خصال يسلم لك دينك وتحظ بأفضل حظك، إذا حضرك الخصمان، فعليك بالبيّنات العدول، والأيمان القاطعة، ثم أدنِ الضعيف حتى ينبسط لسانه، ويجترئ قلبه، وتعاهد الغريب، فإنّه إذا طال حبسه، ترك حاجته وانصرف إلى أهله، وإذا الذي أبطل حقّه من لم يرفع به رأساً. واحرص على الصلح ما لم يبن لك القضاء والسلام)).(٦٣٨)

ومن ضمانات حق الدفاع أن لا يحكم على الغائب إلاّ بحذر. فقضى أبو بكر وعثمان على الغائب، لكن بشرط ثبوت الحقّ قبله.(٦٣٩)

وكان من عدالة القاضي أن يسوّي بين الخصمين في الإدّعاء والدفاع. مثاله، كان شريح، إذا جلس الخصمان، يقول: ((أيّكما المدّعي، فليتكلّم)). فإن شغب الآخر، نَهره حتى يفرغ المدّعي. ثم يقول للمدّعى عليه: ((تكلّم))، فيأذن له بالدفاع عن نفسه. وكان يمتنع عن تلقين الخصوم أو الشهود، ويمتنع عن القضاء وهو غضبان. وكان ممن رأى

(٦٣٦) الماوردي، **أدب القاضي**، ج ٢، ص ٢٥٠-٢٥١-٢٥٣.
(٦٣٧) ابن فرحون، **تبصرة الحكّام**، ج ١، ص٣١.
(٦٣٨) ابن الجوزي، **مناقب أمير المؤمنين عمر**، ص ١٣٠.
(٦٣٩) محمصاني، **تراث الخلفاء الراشدين في الفقه والقضاء**، ص ١٨٩.

الإصلاح بين الخصمين، إن كان في القضية لبس.[٦٤٠]

حضور الشهود والفقهاء في مجلس المحاكمة:

قال الماوردي: ((أن لا يحضر في مجلسه مع الخصوم إلاّ من له بالحكم تعلّق، فإننا نستحب أن لا يخلو مجلس حكمه من شهود وفقهاء: أمّا الشهود فليشهدوا ما جرى فيه من إقرار وما نفذ فيه من حكم. وأمّا الفقهاء فليرجع إليهم ويشاورهم في أحكام الحوادث ولينبّهوه على زلل إن كان فيه، ولا يردوا عليه ما يخالفونه من مسائل الاجتهاد ويمنع أن يحضر مع الخصم من ليس بوكيل له في المحاكمة من جميع الناس)).

وقال: ((وأن يكون كلام الخصم مقصوراً على الدعوى والجواب، وكلام القاضي مقصوراً على المسألة والحكم)).[٦٤١]

النهي عن القضاء في حالة الغضب أو الجوع أو العطش:

كما أرشد عليه الصلاة والسلام إلى عدم الحكم أثناء الغضب.

عن عبد الرحمن بن أبي بَكْرَة. قال:كَتَبَ أبي (وكَتَبْتُ له) إلى عُبَيْدِ الله بن أبي بَكْرَة[٦٤٢] وهو قاضٍ بسِجِسْتانَ: أنْ لا تَحْكُمْ بين اثْنَيْنَ وأنتَ غضبانُ. فإنّي سمِعْتُ رسولِ الله صلى الله عليه وسلم يقولُ: **((ألاّ يَحْكُمْ أحدٌ بيْنَ اثْنَيْنِ وهوَ غضْبانٌ))**.[٦٤٣]

وفي رواية ابن ماجة عن عبد الملك بن عُمير؛ أنّه سمع عبد الرحمن بن أبي بَكْرة، عن أبيه؛ أنّ رسول الله صلى الله عليه وسلم قال: **((لا يقضيَ القاضي بيْنَ**

---

(٦٤٠) محمصاني، **المجتهدون في القضاء**، ص ٣٩.

(٦٤١) الماوردي، **أدب القاضي**، ج ٢، ص ٢٤٩-٢٥٠ -٢٥١.

(٦٤٢) هو عبيد الله بن أبي بكرة الثقفي، أبو حاتم. أول من قرأ القرآن بالأحان. تابعي ثقة. من أهل البصرة، ولد سنة ١٤ هـ، ٧٩م. كان أمير سجستان، وليها سنة ٥٠ -٥٣ هـ وعزل عنها. ثم وليها في إمرة الحجاج. وولي قضاء البصرة. وكان أسود اللون. وهو ابن الصحابي ((أبي بكرة)) نفيع بن الحارث. وكانت لعبيد الله ثروة واسعة، فاشتهر بأخبار من الجود تشبه الخيال. توفي سنة ٧٩ هـ ٦٩٨م. الزركلي، **الأعلام**، ج ٤، ص ١٩١.

(٦٤٣) **صحيح مسلم**، كتاب الأقضية، باب كراهة قضاء القاضي وهو غضبان، ج ٣، ص ١٤٩، حديث رقم ١٦ (١٧١٧) - **صحيح البخاري**، كتاب الأحكام، باب هل يقضي الحاكم أو يفتي وهو غضبان، ج ٨، ص ٤٤٩، حديث رقم (٧١٥٨) - **سنن الترمذي**، أبواب الأحكام، باب ما جاء لا يقضي القاضي وهو غضبان، ج ٢، ص ٣٩٦، حديث رقم (١٣٤٩).

اثْنَيْنِ وهوَ غضْبانٌ)).[٦٤٤]

قال ابن القيّم: ((إنّما كان ذلك لأن الغضب يُشوّش عليه قلبه وذهنه، ويمنعه من كمال الفهم، ويحول بينه وبين استيفاء النظر، ويُعَمّي عليه طريق العلم والقصد)).[٦٤٥]

وقال الماوردي: ((وهذا صحيح ينبغي للقاضي أن يعتمد بنظره الوقت الذي يكون في ساكن النفس معتدل الأحوال، ليقدر على الاجتهاد في النوازل، ويحترس من الزلل في الأحكام.

فإن تغيّرتْ حاله بغضب أو حرد تغيّر فيها عقله وخلقه، توقف عن الحكم احترازاً من الزلل فيه)).[٦٤٦]

وروي عن شريح قال: شرط عليَّ عمرُ حين ولاّني القضاء، أن لا أبيع ولا أبتاع، ولا أرتشي ولا أقضي وأنا غضبان.[٦٤٧]

وقال ابن إدريس: وكانت القضاة تكره أن يقوم الخصم وهو غضبان، وكان شريح إذا غضب أو جاع قام ولم يقضِ بين أحد.[٦٤٨]

وقال السرخسي في تفسير وصية عمر إلى شريح:

((وفي قوله: ((ولا تقضِ بين اثنين وأنت غضبان))، دليل على أنّ القاضي ينبغي أن لا يشتغل بالقضاء في حال غضبه، ولكنه يصبر حتى يسكن ما به، فإنّه مأمور بأن يقضي عند اعتدال حاله. ولهذا يُنهى عن القضاء إن كان جائعاً أو كظيظاً من الطعام، أو كان يدافع الأخبثين، لأنّه ينعدم به اعتدال الحال...)).[٦٤٩]

قال الماوردي: ((فإن لحق القاضي حال تغيّر فيها عقله أو فهمه من غضب أو حزن أو فرح أو مرض أو جوع أو عطش توقف عن الحكم حتى يعود إلى سكون نفسه وكمال عقله وهدوء طبعه وظهور فهمه، وقد روى عبد الله بن عبد الرحمن الأنصاري عن أبيه عن أبي سعيد الخدري قال: قال رسول الله صلى الله عليه وسلم: «**لا يقضي**

---

(٦٤٤) **سنن ابن ماجة**، كتاب الأحكام، باب لا يحكم الحاكم وهو غضبان، ج ٢، ص ٣٤، حديث رقم ١٨٧٤ (٢٣١٦).
(٦٤٥) ابن قيّم الجوزيّة، **أعلام الموقّعين عن ربّ العالمين**، ج ١، ص ١٦٦.
(٦٤٦) الماوردي، **أدب القاضي**، ج ١، ص ٢١٣.
(٦٤٧) الماوردي، **أدب القاضي**، ج ١، ص ٢٣٨.
(٦٤٨) **تهذيب تاريخ ابن عساكر**، ج ٦، ص ٣١٠.
(٦٤٩) السرخسي، **المبسوط**، ج ١٦، ص ٦٧.

القاضي إلاّ وهو شبعان ريّان»[٦٥٠]**))**.[٦٥١]

فلم يرد به الامتلاء حتى يصير كظيظاً، لأنّ ذلك يفوت الاعتدال، كالجوع المفرط والعطش المفرط يفوت الاعتدال، والقاضي وقت القضاء يجب أن يكون على أعدل أحواله.[٦٥٢]

٥ - طرق الإثبات

لا بدّ للقاضي من إجراء المحاكمة بين المتداعين، وسماع المدّعي وأدلّته، وسماع المدّعى عليه ودفاعه. والهدف من ذلك معرفة حقيقة وقائع القضيّة، حتى يتمكّن من إحقاق الحقّ. ويكون ذلك بالاستعانة بوسائل الإثبات، وتسمى البيّنات.[٦٥٣]

والإثبات، وطرق الإثبات الشرعية هي: البيّنة الشخصيّة وشهادة الشهود، اليمين، والقسامة، الكتابة، الإقرار، والقافة، والقرعة، الفراسة والقضاء بما يظهر من قرائن الأحوال، والخبرة والمعاينة لمحل النزاع.

١ - البيّنة وشهادة الشهود:

البيّنة:

في لسان العرب:

البيان: ما بُيِّنَ به الشيء من الدلالة وغيرها.

وبان الشيء بياناً: اتّضحَ، فهو بيِّن. وتبيَّنَ الشيء: ظهر. والتَّبْيين: الإيضاح.[٦٥٤]

وقال ابن القيّم: ((إنّ البيّنة في الشرع: اسم لما يبيِّن الحقّ ويظهره)).[٦٥٥]

وقال: ((وأتت البيّنة في القرآن الكريم مراداً بِها الحجّة والدليل والبرهان، مفردة ومجمعة)).[٦٥٦]

وإنّ واجب القاضي، استثبات الوقائع بطرق البيّنات، لا بدّ منه لتفادي الظلم، ولردع الادّعاءات الكاذبة. وقد نبّه النبي صلى الله عليه وسلم إلى ذلك فقد روى مسلم

---

(٦٥٠) **سنن الدارقطني**، كتاب الأقضية والأحكام، ج ٤، ص ٢٠٦، حديث رقم (١٤).
(٦٥١) الماوردي، **أدب القاضي**، ج ١، ص ٢١٤-٢١٥.
(٦٥٢) الخصّاف، **شرح أدب القاضي**، ص ٧٩.
(٦٥٣) محمصاني، **تراث الخلفاء الراشدين في الفقه والقضاء**، ص١٨٤.
(٦٥٤) ابن منظور، **لسان العرب**، ج١٣ ص٦٧.
(٦٥٥) ابن قيّم الجوزيّة، **الطرق الحكميّة**، ص١٩.
(٦٥٦) ابن قيّم الجوزيّة، **الطرق الحكميّة**، ص١٠.

في صحيحه عن ابن عباس قال، قال رسول الله صلى الله عليه وسلم: «**لو يُعطى الناسُ بدعواهُم، لادَّعى ناسٌ دماءَ رجالٍ وأموالهُم، ولكنَّ اليمينَ على المدّعى عليه**».(٦٥٧) أي إذا لم تكن للمدَّعي بيّنة، وإلاّ حكم بِها الحاكم.

الحكمة من ذلك أنّ جانب المدّعي ضعيف لأنّه يقول بخلاف الظاهر، فكلّف الحجّة القويّة وهي البيّنة لأنّها لا تجلب لنفسها نفعاً ولا تدفع عنها ضرراً فيقوى بِها ضعف المدّعي. وأمّا جانب المدّعى عليه فهو قويّ لأنّ الأصل فراغ ذمّته، فاكتفى فيه باليمين وهي حجّة ضعيفة، لأنّ الحالف يجلب لنفسه النفع ويدفع عنها الضرر، فكان ذلك غاية الحكمة.(٦٥٨)

عن عمرو بن شُعَيْب، عن أبيه، عن جدّه: أنّ النبي صلى الله عليه وسلم قال في خُطبتِه: «**البيّنةُ على المُدّعي واليمين على المدَّعى عليه**».(٦٥٩)

فقوله صلى الله عليه وسلم: «**البيّنة على المدّعي**» أي عليه أن يُظهر ما يبيّن صحة دعواه، فإذا ظهر صدقه بطريق من الطرق حُكم له.(٦٦٠)

فقد ثبت عن النبي صلى الله عليه وسلم أنه طلب البيّنة من المدعي واليمين من المنكر.

من القواعد الكلّية في القضاء أنّ ((الأصل براءة الذمّة))، وأنّ ((البيّنة على المدّعي))، لإثبات ما يدّعيه عكس هذا الأصل. وهذه القاعدة، المعروفة اليوم في القوانين الحديثة، كانت معروفة عند الفقهاء، وعند قضاة العرب منذ القديم.(٦٦١)

مثاله: ادَّعى رجل أمام شريح داراً زعم أنَّها وُهبت له، فألزمه شريح بإثبات دعواه.

وكان هذا القاضي يقول: ((من ادّعى قضائي فهو عليه حتى يأتي ببيّنة)).(٦٦٢)

---

(٦٥٧) **صحيح مسلم**، كتاب الأقضية، باب اليمين على المدّعى عليه، ج٣ ص١٤٥ حديث رقم ١ (١٧١١).
(٦٥٨) الشوكاني، **نيل الأوطار**، ج ٨، ص ٣١٧.
(٦٥٩) **سنن الترمذي**، أبواب الأحكام، باب ما جاء في أنّ البيّنة على المدّعي واليمين على المدّعى عليه، ج٢، ص ٣٩٩ حديث رقم(١٣٥٦).
(٦٦٠) ابن القيّم الجوزيّة، **الطرق الحكميّة**، ص١٩.
(٦٦١) محمصاني، **المجتهدون في القضاء**، ص٤٤.
(٦٦٢) محمصاني، **المجتهدون في القضاء**،ص٤٤.

وإنّ قاعدة ((البيّنة على المدّعي واليمين على من أنكر)) تبناها وثبّتها الخلفاء الراشدون والفقهاء جميعاً. ومنهم عمر بن الخطّاب والإمام عليّ، اللذان ذكراها وطبّقاها في الواقع.

مثاله، ذكرها الفاروق في كتابه إلى قاضيه أبي موسى الأشعري صراحة، وزاد عليها إيضاحاً بِهذه العبارات، وذلك برواية ابن قيّم الجوزيّة في كتابه أعلام الموقّعين: ((ومن ادَّعى حقاً غائباً أو بينةً فاضرب له أَمَداً ينتهي إليه، فإن بَيَّنه أعطيته بحقّه، وإن أعْجَزَه ذلك اسْتحْلَلْتَ عليه القضية، فإنّ ذلك هو أبلغ في العُذْر وأجْلى للعَمَاء)).[٦٦٣]

واتباعاً لذلك، قال أبو موسى الأشعري: ((لا ينبغي لقاضٍ أن يقضي حتى يتبيّن له الحق، كما يتبيّن الليل من النهار)). فبلغ ذلك عمر بن الخطاب، فقال: ((صدق أبو موسى)).[٦٦٤]

وقال ابن القيّم: ((وهذا القسم لا أعلم فيه نزاعاً: أن القول فيه قول المدّعى عليه مع يمينه، إذا لم يأت المدّعي بحُجّة شرعيّة، وهي البيّنة، لكن البيّنة التي هي الحجّة الشرعيّة: تارة تكون شاهديْن عدليْن ذكريْن، وتارة تكون رجلاً وامرأتين، وتارة أربعة رجال، وتارة ثلاثة عند طائفة من العلماء)).[٦٦٥]

شهادة الشهود:

ذكر الخصّاف: (عن عمران بن حصين رضي الله عنهما أنّه قال: أمر رسول الله صلى الله عليه وسلم بشاهديْن على المدّعي واليمين على المدّعى عليه).[٦٦٦]

قال ابن فرحون: وسمّى النبيّ عليه الصلاة والسلام الشهود بيّنةً، لوقوع البيان بقولهم وارتفاع الإشكال بشهادتِهم.[٦٦٧]

وقد بيّن النبي صلى الله عليه وسلم من تُقبل شهادته ومن لا تُقبل شهادته، عن سُلَيْمان بن موسى بإسناده قال: قال رسولُ اللهِ صلى الله عليه وسلم: «**لا تجوزُ شهادةُ خائنٍ** (في الدين أو المال أو الأمانة) **ولا خائِنةٍ، ولا زانٍ ولا زانيةٍ، ولا ذي غِمْرٍ**

(٦٦٣) ابن قيّم الجوزيّة، **أعلام الموقّعين عن ربّ العالمين**، ج١، ص٦٨.
(٦٦٤) الخصّاف، **شرح أدب القاضي**، ص ١٥.
(٦٦٥) ابن قيّم الجوزيّة، **الطرق الحكميّة**، ص٧٢ -٧٣.
(٦٦٦) الخصّاف، **شرح أدب القاضي**، ص١٠٩.
(٦٦٧) ابن فرحون، **تبصرة الحكّام**، ج١، ص١٧٢.

(أي حقد) **على أخيه**».[٦٦٨]

وعن مالكٍ: أنّه بَلَغَهُ أنّ عمر بن الخطّاب، قال: ((لا تجوزُ شهادةُ خصْمٍ ولا ظنينٍ))[٦٦٩].

قال ابن فرحون: ((فالشهادة بما علم من جهة النظر والاستدلال جائزة، كما تجوز بما علم من جهة الضرورات، وذلك مثل ما رُوِيَ أنّ أبا هريرة شهِد أنّ رجلاً قاء خمراً، فقال له عمر: أتشهدُ أنّه شرِبَها؟ فقال: أشهد أنّه قاءها، فقال له عمر: ما هذا التعمّق، فلا وربّك ما قاءها حتى شربَها)).[٦٧٠]

وقال ابن فرحون: ((وأمّا القضاء باليمين مع الشاهد، فهو أمر ثابت عن رسول الله صلى الله عليه وسلم في الحديث الصحيح، وقضى به جماعة من الصحابة، ولم يرو عن أحد منهم أنّه أنكره)).[٦٧١]

وذكر الخصّاف في كتاب شرح أدب القاضي (عن عمر بن الخطاب رضي الله أنّه استقضى شريحاً فقال له:كيف تقضي في أموال الناس؟ قال: بالبيّنات والشهداء، قال عمر رضي الله عنه: أحرزت نفسك وأهلكت أموال الناس).

وقوله: ((أحرزت نفسك)) إشارة إلى أنّه من تمسك بطريق الرسول لا يكون عليه العتب في الدنيا والوبال في الآخرة، وقوله: ((أهلكت أموال الناس)) إشارة إلى فساد أحوال الناس، فإنّ غير العدل قد يعدل في الظاهر، والعدل قد يجرح، فمن اعتمد الشهادة فقد أهلك أموال الناس.[٦٧٢]

وهكذا، كان شريح لا يقضي إلاّ بالدليل. فلا يقضي بعلمه مطلقاً، لا في قضايا الحدود (الجزائية) ولا في غيرها.[٦٧٣]

وكان شريح يقف موقف الحكم المحايد في سماع البيّنة.

وكان شريح يقول للمدّعي: ((أما والله إنّي لأقضي لك وإنّي لأرى أنّك ظالم،

(٦٦٨) **سنن أبي داود**، كتاب الأقضية، باب من ترد شهادته، ج ٢، ص ٥١٣، حديث رقم (٣٦٠١).
(٦٦٩) **موطأ مالك**، كتاب الأقضية، ما جاء في الشهادات، ص ٥١٠، حديث رقم (١٤٠١).
(٦٧٠) ابن فرحون، **تبصرة الحكّام**، ج١، ص ١٧٥.
(٦٧١) ابن فرحون، **تبصرة الحكّام**، ج١، ص٢٢٩.
(٦٧٢) الخصّاف، **شرح أدب القاضي**، شرحه الإمام عمر بن عبد العزيز، ص ٣٢.
(٦٧٣) محمصاني، **المجتهدون في القضاء**، ص ٤٥.

ولكن لستُ أقضي بالظّنّ إنّما أقضي بما يحضرني من البيّنة، وما يُحِلّ لك قضائي شيئاً حرّمه الله عليك، انْطلق)).[٦٧٤]

وكان يقول للمدّعي: ((خصمك داؤك،وشهودك دواؤك)). ((إنّما القضاء جمر، فادفع الجمر عنك بعوديْن، يعني الشاهديْن)).[٦٧٥]

وإنّما قال ذلك لأنّ الخصمين متى جثيا بين يدي القاضي توجه الاحتراق عليه لأنّه لا يعرف حقيقة الحال، فإنْ قضى بشهادة شاهديْن دفع الاحتراق عن نفسه وإنْ خالف احترق في نفسه.[٦٧٦]

والشهادة على مراتب ودرجات وأنواع، بحسب محل الإثبات والمدّعى به، وأهمها شهادة أربعة رجال، وشهادة رجلين، وشهادة رجل وامرأتيْن، وشهادة شاهد ويمين، وشهادة النّساء منفردات في أمور النّساء.[٦٧٧]

روي عن أبي بكر الصدّيق أنّه قال: ((لو رأيتُ رجلاً على حدّ، لم أعاقبه، حتى تقوم البيّنة عليه، أو يكون معي شاهد آخر)).[٦٧٨]

وأخيراً، لا بدّ من الملاحظة أنّ أمور القضاء مبنيّة على البيّنات. فهي، بصورة عامّة، صحيحة، على الأقلّ بالظاهر. وإذا لم تكن كذلك، فيبقى المحكوم له مسؤولاً ديانةً. وهذا معنى قول الفاروق: ((أيُّها الناس، إنّ الوحي قد انقطع، وإنّما نأخذكم بما ظهر لنا من أعمالكم)).[٦٧٩]

٢ - اليمين:

ولم يبطل التشريع الإسلامي فكرة اليمين كوسيلة للنفي أو الإثبات.

وقد بيّن النّبي عليه الصلاة والسلام، نص اليمين التي كان يقسم بِها كل من توجه إليه ولو كان ذمياً، وذلك في حديث ابن عباسٍ: ((أنّ رسولَ اللهِ صلى الله عليه وسلم قالَ - يعني لرجُلٍ حَلَّفَهُ - : «**احْلِفْ باللهِ الذي لا إله إلاّ هُوَ ما لَهُ عِنْدَكَ شيءٌ**» -

(٦٧٤) ابن سعد، **الطبقات الكبرى**، ج ٦، ص ١٣٣.
(٦٧٥) محمصاني، **المجتهدون في القضاء**، ص ٤٤.
(٦٧٦) الخصّاف، **شرح أدب القاضي**، ص ٩-١٠.
(٦٧٧) الزحيلي، **تاريخ القضاء في الإسلام**، ص٥٥.
(٦٧٨) محمصاني، **تراث الخلفاء الراشدين في الفقه والقضاء**، ص ١٨٦.
(٦٧٩) محمصاني، **تراث الخلفاء الراشدين في الفقه والقضاء**، ص١٨٧.

يعني المُدّعي -)).[٦٨٠]

واليمين على أنواع، وأهمها يمين المدّعى عليه، والنّكول[٦٨١]، ويمين المدّعي، وأيمان القسامة في القتل واللوث[٦٨٢]، وأيمان اللعان.[٦٨٣]

ومن طرق الإثبات:

٣ - القسامة:

وهي طريقة لإثبات القتل، عندما يوجد في محلة قتيل لا يعرف قاتله.

قال الشوكاني: ((القسامة أصل من أصول الشريعة)).[٦٨٤]

وقال: ((القسامة والمراد بِها الأيمان، واشتقاق القسامة من القسم كاشتقاق الجماعة من الجمع)).[٦٨٥]

قال ابن حزم: ((إنّ القسامة كانت في الجاهلية فأقرّها رسول الله صلى الله عليه وسلم على ما كانت عليه في الجاهلية، وقضى بِها بين ناس من الأنصار في قتيل ادعوه على يهود خيبر)).[٦٨٦]

قال مالكٌ: ((الأمرُ المجتمعُ عليه عندنا، والذي سمعتُ ممن أرضى في القسامة والذي اجتمعت عليه الأئمةُ في القديم والحديث: أن يبدأ بالأيمانِ المُدَّعونَ في القسامةِ فيحْلِفونَ، وأنّ القسامة لا تجِبُ إلاّ بأحد أمرين، إمّا أن يقول المقتولُ: دَمي عند فلانٍ، أو يأتيَ ولاة الدمِ بلَوْثٍ من بيّنةٍ: وإن لم تكن قاطِعةً على الذي يُدَّعى عليه الدم، فهذا يوجب القسامة لِمُدَّعي الدم، على من ادَّعوه عليه، ولا تجبُ القسامةُ عندنا

(٦٨٠) **سنن أبي داود**، كتاب الأقضية، باب كيف اليمين، ج ٢، ص ٥١٨، حديث رقم(٣٦٢٠).
(٦٨١) النُّكول في اليمين: وهو الامتناع منها وترك الإقدام عليها. ابن منظور، **لسان العرب**، ج١١، ص ٦٧٨.
(٦٨٢) اللَّوثُ: الجِراحات. وفي حديث القسامة ذكر اللوث، وهو أنْ يشهد شاهد واحد على إقرار المقتول، قبل أنْ يموت، أنّ فلاناً قتلني أو يشهد شاهدان على عداوة بينهما، أو تَهديد منه له، أو نحو ذلك. ابن منظر، **لسان العرب**، ج ٢، ص ١٨٥.
(٦٨٣) الزحيلي، **تاريخ القضاء في الإسلام**، ص٥٥.
(٦٨٤) الشوكاني، **نيل الأوطار**، ج ٧، ص ٣٩.
(٦٨٥) الشوكاني، **نيل الأوطار**، ج ٧، ص ٣٨.
(٦٨٦) ابن حزم، **المحلّى**، ج١١، ص ٧٩.

إلاّ بأحد هذين الوجهين)).[٦٨٧]

قال ابن حزم: ((وعن سعيد بن المسيب أن عمر بن الخطاب استحلف امرأة خمسين يميناً ثم جعلها دية.

قال الزهري: وقد قضى بذلك عثمان بن عفان رضي الله عنه في ابن باقرة التغلبي، أبى قومه أن يحلفوا فأغرمهم الدية، فهذا ما جاء عن عثمان رضي الله عنه.

وإنّ علي بن أبي طالب كان إذا وجد القتيل بين قريتين قاس بينهما.

وعن علي بن أبي طالب أنه استحلف المتهم وتسعة وأربعين معه تمام خمسين، فهذا ما جاء في ذلك عن علي بن أبي طالب رضي الله عنه)).[٦٨٨]

ومن طرق الإثبات:

٤ - الكتابة:

وتعتبر البيّنة الخطّية عند الفقهاء نوعاً من الإقرار الثابت بالكتابة.[٦٨٩]

٥ - الإقرار:

وهو سيّد الأدلّة، ويعمل به في الحدود، والقصاص، والجنايات، والتّعزير، والمخالفات والحقوق المالية والأحوال الشخصية، وهو حُجَّة على صاحبه.[٦٩٠]

وهو أقوى هذه الحجج. ومعناها شهادة المرء على نفسه. فالمرء مؤاخذ بإقراره، شرط أن يكون بدون إكراه ملجئ. فقد قال عمر بن الخطّاب: إنّ الرجل ليس بأمين على نفسه، إذا جوّعته، أو ضربته، أو أوثقته.

ويشترط مبدئياً أن يكون الإقرار في مجلس القضاء.[٦٩١]

كانوا يعدّون الإقرار سيّد البيّنات، حتى نشأ في هذه الأيام من بحث في شوائب الإقرار، وأنه لا يكون دائماً بيّنة صحيحة، ولا دليلاً ثابتاً، وعدّوا هذا البحث من مزايا الفكر الحديث، مع أنّ عمر نبّه إلى ذلك من قديم.

٦ - القافة:

وهو علم معرفة تشابه أشخاص الناس، الذي كان شائعاً عند العرب منذ أيام

(٦٨٧) **موطّأ مالك**، كتاب القسامة، ص٦٣٤-٦٣٥.
(٦٨٨) ابن حزم، **المحلّى**، ج١١ ص ٦٥ - ٦٦.
(٦٨٩) محمصاني، **تراث الخلفاء الراشدين في الفقه والقضاء**، ص ١٩١.
(٦٩٠) الزحيلي، **تاريخ القضاء في الإسلام**، ص٥٥.
(٦٩١) محمصاني، **تراث الخلفاء الراشدين في الفقه والقضاء**، ص ١٩٠-١٩١.

الجاهلية.[٦٩٢]

وقد أقرّت الشريعة الإسلامية هذا النوع من الإثبات، أعني نظام القائفين، وحكم رسول الله صلى الله عليه وسلم وخلفاؤه من بعده بالقافة، وجعلها دليلاً على ثبوت النسب، وليس فيها إلاّ مجرد الأمارات والعلامات.

قال ابن القيّم: ((وقد دلّ عليها سنّة رسول الله صلى الله عليه وسلم، وعملُ خلفائه الراشدين والصحابة من بعدهم. منهم عمر بن الخطاب،وعلي بن أبي طالب، وأبو موسى الأشعري، وابن عباس، وأنس بن مالك رضي الله عنهم. ولا مخالف لهم في الصحابة)).[٦٩٣]

قال الشافعي: والنبي صلى الله عليه وسلم أثبته عِلماً ولم ينكره، ولو كان خطأ لأنكره، لأن في ذلك قذف المحصنات ونفي الأنساب.[٦٩٤]

وقال ابن فرحون: ((ورُوي أيضاً أنّ عمر بن الخطاب رضي الله تعالى عنه حكم بقول القافة)).[٦٩٥]

عن عروة أنّ عمر بن الخطاب رضي الله عنه دعا القافة في رجليْن اشتركا في الوقوع على امرأة في طهر واحد،وادّعيا ولدها فألحقته القافة بأحدهما.

قال الزهري: أخذ عمر بن الخطاب ومَنْ بعده بنظر القافة في مثل هذا، وإسناده صحيح متصل، فلقد لقي عروة عمر، واعتمر معه.[٦٩٦]

وروى الأثرم بإسناده عن سعيد بن المسيّب في رجلين اشتركا في طهر امرأة فحملت، فولدت غلاماً يشبههما فرفع ذلك إلى عمر بن الخطاب، فدعا القافة فنظروا فقالوا: نراه يشبههما، فألحقه بِهما وجعله يرثهما ويرثانه.[٦٩٧]

وروى قابوس بن أبي ظبيان عن أبيه عن علي: أنّ رجليْن وقعا على امرأة في طهر واحد، فجاءت بولد، فدعا له علي رضي الله عنه القافة، وجعله ابنهما جميعاً،

---

(٦٩٢) محمصاني، **المجتهدون في القضاء**، ص ١٧.
(٦٩٣) ابن قيّم الجوزيّة، **الطرق الحكميّة في السياسة الشرعية**، ص١٦٧.
(٦٩٤) ابن قيّم الجوزيّة، **زاد المعاد**، ج٤، ص١١٦ - القرطبي، **أقضية رسول الله صلى الله وسلم**، ص ١٦٣.
(٦٩٥) ابن فرحون، **تبصرة الحكّام**، ج٢، ص٩٩.
(٦٩٦) ابن قيّم الجوزيّة، **الطرق الحكمية**، ص١٦٨.
(٦٩٧) ابن قيّم الجوزيّة، **زاد المعاد**، ج٤، ص١١٧.

يرثهما ويرثانه.[٦٩٨]

ولا يعرف قط في الصحابة من خالف عمر وعلياً رضي الله عنهما في ذلك، بل حكم عمر بهذا في المدينة وبحضرة المهاجرين والأنصار، فلم ينكره منهم منكر.[٦٩٩]

وروى زياد بن أبي زياد قال: انتفى ابن عباس من ولد له، فدعا له ابن كِلْدَة القائف، فقال: أما إنّه ولده. وادعاه ابن عباس.[٧٠٠]

وصحّ عن قتادة عن النّضر بن أنس: أنّ أنساً وطئ جارية له، فولدت جارية، فلما حضر قال: أدعوا لها القافة، فإن كانت منكم فألحقوها بكم.[٧٠١]

وهذه القضايا في مظنّة الشهرة، فيكون إجماعاً.

وتقدّم نظام القائفين حتى حكى أبو محمد بن قتيبة أنّ قائفاً كان يعرف أثر الأنثى من أثر الذكر.[٧٠٢]

ومن طرق الإثبات:

٧ - القرعة:

ومن الأحكام الحكم بالقرعة، فلقد جاءت السنّة بالقرعة، كما جاء بها الكتاب، وفعلها أصحاب رسول الله صلى الله عليه وسلم بعده.

قال الله تعالى: ﴿ذَلِكَ مِنْ أَنبَاءِ الْغَيْبِ نُوحِيهِ إِلَيْكَ وَمَا كُنتَ لَدَيْهِمْ إِذْ يُلْقُونَ أَقْلَامَهُمْ أَيُّهُمْ يَكْفُلُ مَرْيَمَ وَمَا كُنتَ لَدَيْهِمْ إِذْ يَخْتَصِمُونَ (٤٤)﴾[٧٠٣].

وفي صحيح البخاري عن عائشة رضي الله عنها أنّها قالت: ((كان رسولُ الله صلى الله عليه وسلم إذا أراد سفَراً أقرعَ بين نسائه، فأيّتُهنَّ خرجَ سهمُها خرج بِها معه)).[٧٠٤]

قال ابن فرحون: ((إعلم أنّه متى تعيّنت المصلحة أو الحقّ في جهة، فلا يجوز

(٦٩٨) ابن قيّم الجوزيّة، **الطرق الحكميّة**، ص١٦٩.
(٦٩٩) ابن قيّم الجوزيّة، **زاد المعاد**، ج٤، ص١١٧.
(٧٠٠) ابن قيّم الجوزيّة، **الطرق الحكميّة**، ص١٦٩.
(٧٠١) ابن قيّم الجوزيّة، **الطرق الحكميّة**، ص١٦٩.
(٧٠٢) مشرفة، **القضاء في الإسلام**، ص٨٤.
(٧٠٣) سورة: آل عمران، آية: ٤٤.
(٧٠٤) **صحيح البخاري**، كتاب الهبة، باب الهبة لغير زوجها وعتقها إذا كان لها زوج، ج٣، ص١٨٨، حديث رقم (٢٥٩٣).

الإقراع بينه وبين غيره، لأنّ في القرعة ضياع ذلك الحقّ المعيّن والمصلحة المعيّنة، ومتى تساوتْ الحقوق والمصالح فهذا هو موضوع القرعة عند التنازع، دفعاً للضغائن والأحقاد، والرضا بما جرتْ به الأقدار)).(٧٠٥)

ذكر الخصّاف: (عن سعيد بن المسيّب أنّ رسول الله صلى الله عليه وسلم اختصم إليه قوم فاستوت بيّناتُهم في العدد والعدالة، فأسهم رسول الله صلى الله عليه وسلم بينهم وقال: اللهم أنت تقضي بينهم، ثم قضى لمن خرج سهمه منهما).(٧٠٦)

وجه القرعة أنّه إذا تساوى الخصمان فترجيح أحدهما بدون مرجح لا يسوغ فلم يبق إلا المصير إلى ما فيه التسوية بين الخصمين وهو القرعة، وهذا نوع من التسوية المأمور بِها بين الخصوم. وأما إذا كان في يد أحدهما فالقول قوله واليمين عليه والبينة على خصمه.(٧٠٧)

وذكر الخصّاف: (عن حبيش بن المعتمر أنّ رجلين ادّعيا بغلة فجاء أحدهما بشاهديْن وجاء الأخر بخمسة، فقال عليّ رضي الله عنه: إنّ فيها قضاءً وصُلحاً. أمّا الصُلح بأن تباع البغلة فيعطي هذا خمسة أسهم وهذا سهميْن، وأمّا القضاء أن يستحْلف كل واحدٍ من الخصميْن، فإن تشاحا في اليمين، أقرعتُ بينهما ثم أستحلِف الذي قرع ويذهب بالبغلة).(٧٠٨)

وقد روى زيد بن أرقم قال: ((أُتي علي رضي الله عنه - وهو باليمن - بثلاثة وقعوا على امرأة في طهر واحد، فسأل اثنين: أتقرّان لهذا بالولد؟ قالا: لا، حتى سألهم جميعاً، فجعل كلما سأل اثنين قالا: لا، فأقرع بينهم، فألحق الولد بالذي صارت إليه القرعة، وجعل عليه ثلثي الدية، قال: فذكرت ذلك للنّبي صلى الله عليه وسلم، فضحك، حتى بدت نواجذه))، وفي لفظ ((فمن قرع فله الولد، وعليه لصاحبيه ثلثا الدية))، وفي لفظ ((فذكرت ذلك للنّبي صلى الله عليه وسلم فقال: لا أعلم إلا ما قال علي)).(٧٠٩)

قال ابن القيّم: ((وأما من سلك طريق التعليل والحكمة، فقد يقول: إنه إذا

---

(٧٠٥) ابن فرحون، **تبصرة الحكّام**، ج٢، ص٩٧- ٩٨.
(٧٠٦) الخصّاف، **شرح أدب القاضي**، ص٣٥٧.
(٧٠٧) الشوكاني، **نيل الأوطار**، ج ٨، ص ٣١٣.
(٧٠٨) الخصّاف، **شرح أدب القاضي**، ص٣٥٨.
(٧٠٩) ابن قيّم الجوزيّة، **الطرق الحكميّة**، ص١٧٣.

تعذّرت القافة وأشكل الأمر عليها، كان المصير إلى القرعة أولى من ضياع نسب الولد، وتركه هملاً لا نسب له، وهو ينظر إلى ناكح أمه وواطئها. فالقرعة ههنا أقرب الطرق إلى إثبات النسب، فإنّها طريق شرعي، وقد سُدّت الطرق سواها. وإذا كانت صالحة لتعيين الأملاك المطلقة، وتعيين الرقيق من الحر، وتعيين الزوجة من الأجنبية، فكيف لا تصلح لتعيين صاحب النسب من غيره؟.

ومعلوم أنّ طرق حفظ الأنساب أوسع من طرق حفظ الأموال. والشارع إلى ذلك أعظم تشوقاً، فالقرعة شرعت لإخراج المستحق تارة، ولتعيينه تارة، فالقرعة تخرج المستحق شرعاً، كما تخرجه قدراً)).[٧١٠]

وقال ابن القيّم: ((وقال حنبل: سمعت أبا عبد الله قال في قوله تعالى: (فَسَاهَمَ فَكَانَ مِنَ الْمُدْحَضِينَ(١٤١)) [٧١١]

أي أقرع، فوقعت القرعة عليه. قال: وسمعت أبا عبد الله يقول: القرعة حكم رسول الله صلى الله عليه وسلم وقضاؤه، فمن ردَّ القرعة فقد ردَّ على رسول الله صلى الله عليه وسلم قضاءه وفعله، ثم قال: سبحان الله لمن قد علم بقضاء النّبي صلى الله عليه وسلم ويفتي بخلافه!! قال الله تعالى: (وَمَا آتَاكُمُ الرَّسُولُ فَخُذُوهُ وَمَا نَهَاكُمْ عَنْهُ فَانْتَهُوا ۚ)[٧١٢] وقال: (أَطِيعُوا اللَّهَ وَأَطِيعُوا الرَّسُولَ)[٧١٣].

قال حنبل: وقال عبد الله بن الزبير الحميدي: من قال بغير القرعة فقد خالف رسول الله صلى الله عليه وسلم في سنته التي قضى بِها وقضى بِها أصحابه بعده)).[٧١٤]

فالقرعة طريق شرعي، شرعه الله ورسوله للتمييز عند الإشتباه، فسلوكه أولى من غيره من الطرق.

٨ - الفراسة والقضاء بما يظهر من قرائن الأحوال:

الفراسة:

وقد حكم عليه الصلاة والسلام أحكاماً كان رائده فيها الفراسة، ولا عجب في

(٧١٠) ابن قيّم الجوزيّة، **الطرق الحكميّة**، ص١٨١- ١٨٢.
(٧١١) سورة:الصافات، آية:١٤١.
(٧١٢) سورة: الحشر، آية: ٧.
(٧١٣) سورة: النساء، آية: ٥٩.
(٧١٤) ابن قيّم الجوزيّة، **الطرق الحكميّة**، ص ٢٢٥.

ذلك فقد مدح الله سبحانه الفراسة وأهلها في مواضع من كتابه. فقال تعالى:

(إِنَّ فِي ذَٰلِكَ لَآيَاتٍ لِّلْمُتَوَسِّمِينَ(٧٥)) [٧١٥].

المتوسّمون وهم المتفرّسون الآخذون بالسيما وهي العلامة. يقال: تفرّست فيك كيت وكيت وتوسّمته.[٧١٦]

وقال تعالى: (وَلَوْ نَشَاءُ لَأَرَيْنَاكَهُمْ فَلَعَرَفْتَهُم بِسِيمَاهُمْ)[٧١٧]، وقال تعالى: (يَحْسَبُهُمُ الْجَاهِلُ أَغْنِيَاءَ مِنَ التَّعَفُّفِ تَعْرِفُهُم بِسِيمَاهُمْ)[٧١٨].

وروى الترمذي عن أبي سعيدٍ الخُدْريِّ قال: قال رسول الله صلى الله عليه وسلم: «**اتّقوا فِراسَةَ المؤْمنِ، فإنّه ينْظُرُ بنورِ اللهِ،** ثم قرأ (إِنَّ فِي ذَٰلِكَ لَآيَاتٍ لِّلْمُتَوَسِّمِينَ(٧٥)) [٧١٩]».[٧٢٠]

وبذلك أقرّ الإسلام الفراسة ونصح بالحكم بِها مستعيناً بالأمارات والعلامات والقرائن التي تظهر الحق من الباطل.

لا شك في أنّ البيّنة هدفها الإثبات إلى حدّ القناعة واليقين. وإنّ القاضي يسعى للتحقيق من صدقها، حتى يطمئن إلى نتيجتها. وأنّ لفراسة القاضي أهمية في هذا المجال. فقد روي عن الفاروق أنّه كان يعرف الرجل من ساعته إذا تكلم.[٧٢١]

قال ابن فرحون: ((والفراسة ناشئة عن جودة القريحة، وحدة النظر، وصفاء الفكر)).[٧٢٢]

وقال: ((يستحبّ للقاضي أنْ يستعمل الفراسة، ويراقب أحوال الخصميْن عند الإدلاء بالحجج ودعوى الحقوق، فإن توسّم في أحد الخصميْن أنّه أبطن شبهة،

(٧١٥) سورة: الحجر، آية: ٧٥.
(٧١٦) ابن قيّم الجوزيّة، **الطرق الحكميّة**، ص١٠.
(٧١٧) سورة: محمد، آية:٣٠.
(٧١٨) سورة: البقرة، آية: ٢٧٣.
(٧١٩) سورة: الحجر، آية: ٧٥.
(٧٢٠) **سنن الترمذي**، أبواب تفسير القرآن، سورة الحجر، ج ٤، ص ٣٦٠، حديث رقم (٥١٣٣).
(٧٢١) محمصاني، **تراث الخلفاء الراشدين في الفقه والقضاء**، ص١٩٧-١٩٨.
(٧٢٢) ابن فرحون، **تبصرة الحكّام**، ج٢، ص١١٤.

فليتلطّف في الكشف والفحص عن حقيقة ما توهّم فيه)).[(٧٢٣)]

وإمام المتفرسين وشيخ المتوسمين: عمر بن الخطاب رضي الله عنه، الذي لم تكن تخطئ له فراسة.

قال الليث بن سعد: أُتِيَ عمر بن الخطاب رضي الله يوماً بفتى أمرد، وقد وُجد قتيلاً ملقى على وجه الطريق. فسأل عمر عن أمره واجتهد، فلم يقف له على خبر، فشقّ ذلك عليه. فقال: اللهم أظفرني بقاتله، حتى إذا كان على رأس الحول وُجد صبي مولود ملقى بموضع القتيل. فأُتِيَ به عمر. فقال: ظفرت بدم القتيل إن شاء الله.

فدفع الصبي إلى امرأة، وقال: قومي بشأنه، وخذي منّا نفقته، وانظري من يأخذه منك. فإذا وجدت امرأة تقبّله وتضمّه إلى صدرها فأعلميني بمكانها. فلمّا شبّ الصبي جاءت جارية، فقالت للمرأة: إنّ سيدتي بعثتني إليكِ لتبعثي بالصبي لتراه وترده إليكِ. قالت نعم، اذهبي به إليها، وأنا معكِ. فذهبت بالصبي والمرأة معه، حتى دخلت على سيدتِها. فلما رأته أخذته فقبلته وضمته إليها. فإذا هي ابنة شيخ من الأنصار من أصحاب رسول الله صلى الله عليه وسلم، فأتت عمر فأخبرته، فاشتمل على سيفه، ثم أقبل إلى منزل المرأة. فوجد أباها متّكئاً على باب داره، فقال له: يا فلان، ما فعلت ابنتك فلانة؟ قال: جزاها الله خيراً يا أمير المؤمنين، هي من أعرف الناس بحقّ الله وحقّ أبيها، مع حسن صلاتها وصيامها والقيام بدينها. فقال عمر: قد أحببت أن أدخل إليها، فأزيدها رغبة في الخير، وأحثها عليه. فدخل أبوها ودخل عمر معه. فأمر مَنْ عندها فخرج، وبقي هو والمرأة في البيت، فكشف عمر عن السيف، وقال: أصدقيني، وإلا ضربت عنقكِ، وكان لا يكذب، فقالت: على رِسْلك[(٧٢٤)]، فوالله لأصدقن. إنّ عجوزاً كانت تدخل عليّ فأتخذها أمّاً، وكانت تقوم من أمري بما تقوم به الوالدة. وكنت لها بمنزلة البنت، حتى مضى لذلك حين، ثم إنّها قالت: يا بنيّتي، إنه قد عرض لي سفر، ولي إبنة في موضع أتخوّف عليها فيه أن تضيع، وقد أحببت أن أضمّها إليكِ حتى أرجع من سفري، فعمدت إلى ابن لها شاب أمرد، فهيأته كهيئة الجارية، وأتتني به. لا أشك أنّه جارية. فكان يرى منّي ما ترى الجارية من الجارية، حتى اغتفلني يوماً و أنا

(٧٢٣) ابن فرحون، **تبصرة الحكّام**، ج٢، ص١٦٩.
(٧٢٤) الرِّسْل والرِّسالة: الرِّفْق والتُّؤَدة. والتَّرسُّل في الكلام التَّوقّر والتّفهُّم والترفق من غير أنْ يرفع صوتاً شديداً. ابن منظور، **لسان العرب**، ج١١، ص ٢٨١-٢٨٣.

نائمة. فما شعرت حتى علاني وخالطني. فمددت يدي إلى شفرة كانت إلى جنبي فقتلته. ثم أمرت به فألقي حيث رأيت، فاشتملت منه على هذا الصبي. فلما وضعته ألقيته في موضع أبيه. فهذا والله خبرهما على ما أعلمتك. فقال: صدقتِ. ثم أوصاها، ودعا لها وخرج. وقال لأبيها: نعمة الابنة ابنتك. ثم انصرف.[٧٢٥]

وقد بعث عمر بن الخطاب كعب بن سور قاضياً لأهل البصرة، فكان يقع له في الحكومة من الفراسة أمور عجيبة. وكذلك شريح في فراسته وفطنته.[٧٢٦]

ومن الحكم بالفراسة والأمارات، نذكر قضيّة ذكرها ابن القيّم للإمام علي رضي الله عنه في امرأة أنكرت ولدها:

خاصم غلام من الأنصار أمه إلى عمر بن الخطاب رضي الله عنه فجحدته. فسأله البيّنة، فلم تكن عنده. وجاءت المرأة بنفر، فشهدوا أنّها لم تتزوج، وأنّ الغلام كاذب عليها، وقد قذفها. فأمر عمر بضربه. فلقيه علي رضي الله عنه. فسأل عن أمرهم، فأخبر فدعاهم، ثم قعد في مسجد النبي صلى الله عليه وسلم، وسأل المرأة فجحدت. فقال للغلام: اجحدها كما جحدتك. فقال: يا ابن عم رسول الله صلى الله عليه وسلم، إنّها أمي. قال: اجحدها، وأنا أبوك والحسن والحسين أخوك. قال: قد جحدتُها، وأنكرتُها. فقال علي لأولياء المرأة: أمري في هذه المرأة جائز؟ قالوا: نعم، وفينا أيضاً. فقال علي: أشهد من حضر أني قد زوّجت هذا الغلام من هذه المرأة الغريبة منه، يا قنبر ائتني بطينة فيها دراهم. فأتاه بِها. فعدّ أربعمائة وثمانين درهماً، فدفعها مهراً لها. وقال للغلام: خذ بيد امرأتك، ولا تأتنا إلا وعليك أثر العرس. فلما ولّى قالت المرأة: يا أبا الحسن، الله الله هو النار، هو والله ابني. قال: وكيف ذلك؟ قالت: إنّ أباه كان زنجيّاً، وإنّ إخوتي زوّجوني منه، فحملت بِهذا الغلام. وخرج الرجل غازياً فقتل، وبعثت بِهذا إلى حي بني فلان. فنشأ فيهم، وأنفت أن يكون ابني. فقال علي: أنا أبو الحسن، وألحقه بِها. وثبت نسبه.[٧٢٧]

القضاء بما يظهر من قرائن الأحوال:

عند عدم البيّنة، يمكن للقاضي أن يستعين بالقرائن، أي بالاستدلال بشواهد

---

(٧٢٥) ابن قيّم الجوزيّة، **الطرق الحكميّة**، ص٢٢-٢٣.
(٧٢٦) ابن قيّم الجوزيّة، **الطرق الحكميّة**، ص٢٠.
(٧٢٧) ابن قيّم الجوزيّة، **الطرق الحكميّة**، ص٣٦.

الحال.

والقرائن نوعان: الأوّل شرعي ملزم، كقاعدة الولد للفراش، المتعلّقة بمسائل النسب.

والنوع الثاني من القرائن عائد لتقدير القاضي[٧٢٨].

ومن ذلك حكم عمر رضي الله تعالى عنه برجم المرأة إذا ظهر بِها حمل وليس لَها زوج وجعل ذلك يقوم مقام البيّنة في أنّها زانية.[٧٢٩] ووافقه إجماع الصحابة على ذلك[٧٣٠].

يثبت شرب الخمر بالإقرار، أو بالبيّنة، أو بالقرائن. ومن القرائن الرائحة والقيء. وقد طبّق ذلك الخلفاء الراشدون عمر وعثمان وعليّ.[٧٣١]

قال ابن فرحون: ((ومنها: حكم عمر بن الخطّاب رضي الله عنه، وابن مسعود، وعثمان رضي الله تعالى عنهم، ولا يعلم لهم مخالف بوجوب الحدّ على من وجِدَ في فِيِّهِ رائحة الخمر، أو قاءها، اعتماداً على القرينة الظاهرة)).[٧٣٢]

أُتِيَ عثمان بأخيه لأمّه، الوليد بن عقبة، فشهد عليه الشاهد ((حمران)) أنّه شرب الخمر، وشهد شاهد آخر أنّه تقيّأها. فقال عثمان: إنّه لو لم يشربْها لما تقيّأها. فطلب من عليّ أن يقيم عليه الحدّ، فكلّف علي عبد الله بن جعفر بذلك.

وجلد عمر رضي الله عنه رجلاً وجد منه ريح شراب، فسأل عنه، فقيل إنّه شراب مسكر.[٧٣٣]

والأصل في الأمارة ما رواه أبو داود أنّ جابر بن عبد الله قال: ((أردتُ الخُروجَ إلى خيبرَ فأتيْتُ النبيَّ صلى الله عليه وسلم فَسَلَّمْتُ عليه وقُلْتُ لهُ: إنّي أرَدْتُ الخُروجَ إلى خَيْبَرَ، فقالَ: «**إذا أتيْتَ وكيلي فَخُذْ منه خمسةَ عشرَ وَسْقاً، فإنِ ابتغى مِنْكَ آيةً فَضَعْ يَدَكَ على تَرْقوتِهِ**[٧٣٤]».[٧٣٥]

(٧٢٨) محمصاني، **تراث الخلفاء الراشدين**، ص٢٠٢.
(٧٢٩) ابن فرحون، **تبصرة الحكّام في أصول الأقضية ومناهج الأحكام**، ج١، ص١٧٤.
(٧٣٠) محمصاني، **تراث الخلفاء الراشدين**، ص٢٠٢.
(٧٣١) محمصاني، **تراث الخلفاء الراشدين**، ص ٢٤٠.
(٧٣٢) ابن فرحون، **تبصرة الحكّام**، ج٢، ص١٠٣-١٠٤.
(٧٣٣) محمصاني، **تراث الخلفاء الراشدين**، ص ٢٤٠.
(٧٣٤) التَّرْقُوَةُ: هي عظم وصل بين ثُغرة النحر والعاتق من الجانبين. ابن منظور، **لسان العرب**، ج

فأقام العلامة مكان الشهادة.

٩ - **الخبرة والمعاينة لمحل النزاع**، والإطلاع مباشرة على المدعى به من قبل القاضي أو نائبه.

علم القاضي قد لا يصل إلى بعض وقائع الدنيا وشؤونها، فهو لهذا مضطر إلى أن يستعين بغيره فيما جهل، أو فيما تردد فيه.

ولهذا نرى القاضي منذ فجر الإسلام يستجيز الاستعانة بالخبرة، وبمن هو أدرى منه في الموضوع المختلف فيه. ولعل أقدم حادث خبرة، كان أيام أبي بكر، رضي الله عنه.

فقد روى وكيع أنّ ((ابن ماجدة السَّهمي[٧٣٦] قال: قاتلتُ رجلاً، فقطعتُ بعض أُذُنه. فقدم أبو بكر حاجّاً، فرُفع شأنُنا إليه، فقال لعمر: أنظر هل بلغَ أن يُقْتَصّ منه؟ قال: نعم، عَليَّ بالحَجَّام. أو قال: إنَّ هذا قد بلغ القِصاص، ادْعُ لي حجّاماً فليقتَصَّ منه...)).[٧٣٧]

ومن الحوادث المشهورة في التاريخ الإسلامي، ما وقع بين الزبرقان بن بدر والحطيئة.

والقصَّة طويلة، نجدها في كتاب الأغاني لأبي الفرج الأصبهاني، نجتزئ منها بما له علاقة بموضوعنا. قال:

((قال الحطيئة يهجو الزبرقان ويناضل عن بغيض قصيدته التي يقول فيها:

لما بدا ليَ منكمُ عيب أنفسكم ... ولم يكن لجراحي فيكمُ آسي

أزمعت يأساً متيناً من نوالكم ... ولن يرى طارداً للحرِّ كاليأسِ

جار لقوم أطالوا هون منزله ... وغادروه مقيماً بين أرماس

دع المكارم لا ترحل لبغيتها ... واقعد فإنك أنت الطاعم الكاسي

١٠، ص ٣٢.

(٧٣٥) **سنن أبي داود**، كتاب الأقضية، باب في الوكالة، ج ٢، ص ٥٢٠، حديث رقم (٣٦٣٢).

(٧٣٦) هو علي بن ماجدة السهمي، أبو ماجدة. له إدراك. وروى عن أبي بكر، وعمر. ابن حجر، **الإصابة في تمييز الصحابة**، ج ٥، ص ١٠٧.

(٧٣٧) وكيع، **أخبار القضاة**،ج١ ص١٠٢ - ١٠٣ - ابن حجر، **الإصابة في تمييز الصحابة**، ج ٥ ص ١٠٧.

من يفعل الخير لا يعدم جوازيه   لا يذهب العرف بين الله والناس

أتى الزبرقان بن بدر عمر بالحطيئة فقال: إنه هجاني. قال: وما قال لك؟ قال: قال لي: دع المكارم لا ترحل لبغيتها واقعد فإنك أنت الطاعم الكاسي.

فقال عمر: ما أسمع هجاءً، ولكنها معاتبة! فقال الزبرقان: أو ما تبلغ مروءتي إلا أن آكل وألبس؟ فقال عمر: عليّ بحسّان. فجيء به، فسأله، فقال: لم يهجه، ولكن سلح عليه. قال: ويقال: إنه سأل لبيداً(٧٣٨) عن ذلك فقال: ما يسرني أنه لحقني من هذا الشعر ما لحقه، وأن لي حُمُر النّعَم. فأمر به عمر، فجُعل في نقير، في بئر..)).(٧٣٩)

هذه دعوى كاملة: القاضي هو عمر بن الخطاب. والمدّعي: هو الزبرقان بن بدر. والمدّعى عليه هو الحطيئة. والموضوع: هو الذمّ والقدح. وقد استشكل عمر الأمر: هل هو هجاء، أو معاتبة؟ فاستعان بخبير أو بخبيرين، فأصدر القاضي حكمه بالحبس.

المعاينة الحسيّة: هذه طريقة تمكن القاضي من تحرّي الظنين، أو الكشف على مكان النزاع، وما أشبه. وقد جوّز عمر وعثمان للقاضي معاينة مكان النزاع، إذا اختلط عليه الأمر، وطالت الخصومة، ولم يجد سبيلاً إلى معرفة حقيقة الوقائع إلاّ بمعاينتها.(٧٤٠)

٦ - أصول المحاكمات

أصول المحاكمات: هي الطريق إلى تأييد القوانين الأصلية، فتختلف فيها الآراء، وتتغير المذاهب بين عصر وعصر، وبين قوم وقوم. وما زالت منذ فجر العمران تنقلب من حال إلى حال، حتى إنّ الشعوب في هذا العصر الحاضر، يختلفون اختلافاً كبيراً في أوضاع محاكمهم، وأصول محاكماتهم، بينما هم متّفقون على أسس القوانين الأصلية بدون فروق تذكر.

وبكلمة جامعة: أصول المحاكمات هي مجموع القواعد والمراسم الواجب على

---

(٧٣٨) هو لبيد بن ربيعة بن مالك، أبو عقيل العامري. أحد الشعراء الفرسان الأشراف في الجاهلية. من أهل عالية نجد. أدرك الإسلام، ووفد على النبي صلى الله عليه وسلم ويعد من الصحابة، ومن المؤلفة قلوبهم. وسكن الكوفة، وعاش عمراً طويلاً. توفي سنة ٤١ هـ/٦٦١م. وهو أحد أصحاب المعلقات. وكان كريماً. الزركلي، **الأعلام**، ج ٥، ص ٢٤٠.

(٧٣٩) الأصبهاني ، **الأغاني**، ج٢ ص٥٢ -٥٣.

(٧٤٠) محمصاني، **تراث الخلفاء الراشدين في الفقه والقضاء**، ص١٩١.

القضاة والخصوم اتباعها، في الادعاء والتقاضي، لأجل فصل الخصومة، وإيصال الحقّ إلى صاحبه.[٧٤١]

ولأصول المحاكمات بعض الدلالات التنظيمية المهمة، وقد سميت أصول المحاكمات أيضاً: ((ضوامن العدل))، بالنسبة للفريقين المتخاصمين.[٧٤٢]

وقد زوّد عمر أكثر قضاته بتوجيه مكتوب، وإنّ توجيهات عمر، قد تضمّنت قواعد عامّة في القضاء، ومنها ما هو تنظيم وترتيب، ومنها ما هو أحكام مهمّة، ومنها ما هو مبادئ، ومنها ما هو أدخل فيما يسمى اليوم علم أصول المحاكمات.

أما بالنسبة للرسالة التي وجهها عمر إلى أبي موسى الأشعري فإنّها تعتبر أساس علم المرافعات في القضاء الإسلامي.

كتاب عمر إلى أبي موسى الأشعري:

ويأتي، بعد سُنّة رسول الله صلى الله عليه وسلم، على رأس النصوص التي ورثناها في كتب الأمهات، وفي عيون التراث، الكتاب الذي قيل إنّ عمر بن الخطّاب بعث به إلى أبي موسى الأشعري، في القضاء. وقد ترجم هذا الكتاب إلى أكثر لغات العالم، وقد تعب كثير من العلماء في نقله إلى اللغات الأخرى، لأنّه مصدر أصلي من مصادر أصول المحاكمات. وكان إميل تيان ممن ترجمه إلى الفرنسية في كتابه ((تاريخ التنظيم القضائي في بلاد الإسلام))، وممن ترجمه إلى الإنكليزية الأستاذ هنري كتن.[٧٤٣]

فهذا الكتاب يتضمن قواعد مختلفة في أصول المحاكمات، وقانون البيانات، والأخلاقية القضائية، واجتهاد القاضي. والذي يُعتبر بمثابة لائحة داخلية يعمل بِها القضاة، ليبين له فيه كثيراً من نظم القضاء وأصوله، والذي يعتبر دستور القضاة، وملجأهم الذي يسيرون على هَدْيه في الأحكام.

وقد اعتبره مؤرخو الآداب العربية من جملة النصوص الهامّة، التي تدلّ على صفات أسلوب صدر الإسلام، وترسُّل الخلفاء، وعلى ما تحلّى به الفاروق عمر بن

(٧٤١) القاسمي، **نظام الحكم في الشريعة والتاريخ الإسلامي**، ص ٤٣٧-٤٣٨.
(٧٤٢) القاسمي، **نظام الحكم في الشريعة والتاريخ الإسلامي**، ص ٤٥.
(٧٤٣) القاسمي، **نظام الحكم في الشريعة والتاريخ الإسلامي**، ص٤٣٩.

الخطاب من بلاغة في التعبير، مع إحكام الفكرة.[٧٤٤]

ورد هذا الكتاب في مصادر متعدّدة. وإليك نص هذا الكتاب المشهور، الذي تدور عليه أحكام القضاة، والتي فيها جُمل الأحكام واختصرها بأجود الكلام.

وهذا نصّه منقولاً من كتاب أعلام الموقعين عن ربّ العالمين لابن القيّم الجوزيّة:

كتب عمر إلى أبي موسى ((أمّا بعد، فإنّ القضاء فريضةٌ محكمة، وسُنّةٌ متّبعة، فافْهَمْ إذا أدلى إليك؛ فإنّه لا يَنْفَعُ تكلّم بحق لا نفاذ له، آسِ الناسَ في مَجْلِسِكَ وفي وَجْهك وقضائك، حتى لا يطمع شريفٌ في حَيْفِك، ولا يَيْأس ضعيف من عَدْلك، البيّنة على المدّعي، واليمين على من أنكر، والصلحُ جائزٌ بين المسلمين، إلاّ صلحاً أحَلَّ حراماً أو حَرَّم حلالاً، ومن ادَّعى حقاً غائباً أو بينةً فاضرب له أمَداً ينتهي إليه، فإن بَيَّنه أعطيته بحقّه، وإن أعْجَزَه ذلك اسْتحْلَلْتَ عليه القضية، فإنّ ذلك هو أبلغ في العُذْر وأجْلى للعَمَاء، ولا يمنعنَّكَ قضاءٌ قضيتَ فيه اليوم فراجعْتَ فيه رأيَكَ، فهُدِيتَ فيه لرشدك أن تُراجع فيه الحقَّ، فإنّ الحق قديم لا يُبْطِله شيء، ومراجعة الحق خير من التمادي في الباطل، والمسلمونَ عُدول بعضُهم على بعض، إلا مجرباً عليه شهادة زور، أو مجلوداً في حدٍّ، أو ظنيناً في وَلاء أو قرابة؛ فإنّ الله تعالى تَوَلّى من العباد السرائر، وستر عليهم الحدود إلاّ بالبيّنات والأيمان، ثم الفَهْمَ الفَهْم فيما أدلى إليك مِمّا ورَدَ عليكَ مِمّا ليس في قرآن ولا سنّة، ثم قايِسِ الأمور عند ذلك وأعرف الأمثال، ثم اعمد فيما ترى إلى أحَبِّها إلى الله وأشبهها بالحقّ، وإيّاك والغَضَبَ والقلق والضَّجَرَ والتأذي بالناس والتنكُّرَ عند الخصومة، أو الخصوم، فإنّ القضاء في مواطن الحقّ مما يوجب الله به الأجْرَ، ويُحْسن به الذكر، فمن خلصت نيّته في الحقّ ولو على نفسه كَفَاه الله ما بينه وبين الناس، ومن تَزَيَّنَ بما ليس في نفسه شانَهُ الله، فإنّ الله لا يقْبَلُ من العباد إلاّ ما كان خالصاً، فما ظنّك بثواب عند الله في عاجل رزقه وخزائن رحمته، والسلام عليك ورحمة الله)).[٧٤٥]

---

(٧٤٤) القاسمي، **نظام الحكم في الشريعة والتاريخ الإسلامي**، ص٤٣٩.

(٧٤٥) ابن قيّم الجوزيّة، **أعلام الموقّعين عن ربّ العالمين**، ج١، ص٦٧-٦٨ - وكيع، **أخبار القضاة**، ج١،ص٧٠-٧١-٧٢-٧٣-٢٨٣-٢٨٤ - ابن قتيبة، **عيون الأخبار**، ج١، ص١٠٦-١٠٧ - السرخسي، **المبسوط**، ج١٦،ص٦٠-٦١-٦٢-٦٣-٦٤-٦٥ - ابن الجوزي، **مناقب أمير المؤمنين عمر**، ص١٣٣-١٣٤ - الجاحظ، **البيان والتبيين**، ج٢، ص٦٩ - المبرّد، الكامل، ج١،ص٩ - **سنن الدارقطني**، كتاب في الأقضية والأحكام،ج ٤، ص ٢٠٦-٢٠٧، حديث رقم (١٥).

ثم قال ابن القيّم: وهذا كتاب جليل القدر، تلقّاه العلماء بالقبول، وبنوا عليه أصول الحكم والشهادة.[٧٤٦]

وقد جمعت هذه الرسالة العجيبة آداب القاضي، وأصول المحاكمة، وقد شغلت العلماء بشرحها والتعليق عليها هذه القرون الطويلة، ولا تزال موضع دهشة وإكبار لكل من يطّلع عليها.

وأعلام الموقّعين لابن القيّم، يكاد يكون كتاباً موضوعاً لشرح كتاب عمر، اتخذ التعليق عليه وسيلة للإفاضة في كثير من أسرار التشريع التي نصب ابن القيّم نفسه لبيانِها والدفاع عنها.

وعقد السرخسي في كتاب المبسوط بحثاً طويلاً عن القضاء سمّاه ((كتاب أدب القاضي))، شرح فيه كتاب عمر إلى أبي موسى الأشعري، قال السرخسي في أولّ البحث:

((إعلم بأن القضاء بالحقّ من أقوى الفرائض بعد الإيمان بالله تعالى، وهو من أشرف العبادات... لأنّ في القضاء بالحقّ إظهار العدل، وبالعدل قامت السماوات والأرض، ورفع الظلم. وهو ما يدعو إليه عقل كل عاقل ...)).[٧٤٧]

شرح كتاب عمر إلى أبي موسى:

قال السرخسي: ((قوله: (**فإنّ القضاء فريضة محكمة**)، أي: مقطوع بِها، ليس فيها احتمال نسخ، ولا تخصيص ولا تأويل.

وقوله: (**سنّة متّبعة**)، أي: طريقة مسلوكة في الدين، يجب اتباعها على كل حال، فالسنّة في اللغة: الطريقة، وما يكون متّبعاً منها، فأخذُها هدى، وتركها ضلالة)).[٧٤٨]

قال ابن القيّم: ((قوله: (**القضاء فريضة محكمة وسنّة متّبعة**)، يريد به أنّ ما

(٧٤٦) ابن قيم الجوزيّة، **أعلام الموقّعين عن ربّ العالمين**، ج١، ص٦٨.
(٧٤٧) السرخسي، **المبسوط**، ج١٦، ص٥٩-٦٠.
(٧٤٨) السرخسي، **المبسوط**، ج١٦، ص٦٠.

يحكم به القاضي نوعان: أحدهما: فرض محكم غير منسوخ، كالأحكام الكليّة التي أحكمها الله في كتابه، والثاني: أحكام سَنَّها رسول الله صلى الله عليه وسلم، وهذان النوعان هما المذكوران في حديث عبد الله بن عمر عن النبي صلى الله عليه وسلم: **العلم ثلاثة فما سوى ذلك فهو فَضْل: آية محكمة، وسنّة قائمة، وفريضة عادلة**)).[٧٤٩]

قال السرخسي: ((قال: (**فافهم إذا أدلى إليك الخصمان**). والإدلاء: رفع الخصومة إلى الحاكم. والفهم إصابة الحق. فمعناه: عليك ببذل المجهود في إصابة الحق، إذا أدلي إليك. وقيل: معناه اسمع كلام كل واحد من الخصمين، وافهم مراده... وربما يجري على لسان أحد الخصمين ما يكون فيه إقرار بالحق لخصمه، فإذا فهم القاضي ذلك أنفذه، وإذا لم يفهم ضاع)).[٧٥٠]

قال ابن القيّم: ((وقوله: (**فافهم إذا أدلى إليك**): صحّة الفهم وحُسْن القصد من أعظم نعم الله التي أنعم بِها على عبده، بل ما أُعْطِيَ عبدٌ عَطاءً بعد الإسلام أفضل ولا أَجَلَّ منهما.

ولا يتمكّن المفتي ولا الحاكم من الفتوى والحكم بالحقّ إلا بنوعين من الفهم:

أحدهما: فَهْمَ الواقع والفقه فيه واستنباط علم حقيقة ما وقع بالقرائن والأمارات والعلامات حتى يحيط به علماً.

والنوع الثاني: فهم الواجب في الواقع، وهو فهم حكم الله الذي حكم به في كتابه أو على لسان قوله في هذا الواقع، ثم يطبّق أحدهما على الآخر؛ فمن بَذَلَ جهده واستفرغ وُسْعه في ذلك لم يعدم أجرين أو أجراً؛ فالعالم مَنْ يتوصل بمعرفة الواقع والتفقه فيه إلى معرفة حكم الله ورسوله)).[٧٥١]

قال ابن القيّم: ((وقوله: (**فما أدلى إليك**)، أي ما توصل به إليك من الكلام الذي تحكم به بين الخصوم، ومنه قولهم: أدْلى فلان بحجّته، وأدْلى بنسبه، ومنه قوله تعالى: (وَلَا تَأْكُلُوا أَمْوَالَكُمْ بَيْنَكُمْ بِالْبَاطِلِ وَتُدْلُوا بِهَا إِلَى الْحُكَّامِ) [٧٥٢] أي تضيفوا

(٧٤٩) ابن قيم الجوزيّة، **إعلم الموقّعين عن ربّ العالمين**، ج١، ص٦٨.
(٧٥٠) السرخسي، **المبسوط**، ج١٦،ص ٦٠.
(٧٥١) ابن قيم الجوزيّة، **أعلام الموقّعين عن ربّ العالمين**، ج١، ص٦٩.
(٧٥٢) سورة: البقرة، آية: ١٨٨.

ذلك إلى الحُكّام وتتوصلوا بحكمهم إلى أكلها)).[٧٥٣]

قال ابن القيّم: ((وقوله: (**فإنّه لا ينفع تكلّم بحقّ لا نَفاذَ له**)، ولاية الحقّ: نفوذه، فإذا لم ينفذ كان ذلك عَزْلاً له عن ولايته، فهو بمنزلة الوالي العَدْل الذي في توليته مصالح العباد في معاشهم ومَعَادهم، فإذا عُزِلَ عن ولايته لم ينفع، ومُراد عمر بذلك التحريضُ على تنفيذ الحقّ إذا فهمه الحاكم، ولا ينفع تكلّمه به إن لم يكن له قوة تنفيذه، فهو تحريض منه على العلم بالحقّ والقوة على تنفيذه)).[٧٥٤]

وقوله: (**وآس الناس في مجلسك وفي وجهك وقضائك حتى لا يطمع شريف في حيفك ولا ييأس ضعيف من عدلك**).

فهي وصية عمرية تتمشّى مع كل ما صحّ عنه من سياسات وتعليمات لولاته وعمّاله.

قال ابن القيّم: ((إذا عَدَلَ الحاكم في هذا بين الخصمين فهو عُنْوان عدله في الحكومة؛ فمتى خَصَّ أحد الخصمين بالدخول عليه أو القيام له بصَدْر المجلس والإقبال عليه والبشاشَة له والنظر إليه كان عنوان حَيْفه وظلمه)).[٧٥٥]

قال السرخسي: (((**آسِ بين الناس**). معناه: سوِّ بين الخصمين، فالتَّأسّي في اللغة: التسوية. وفيه دليل أنّ على القاضي أن يسوي بين الخصوم، إذا تقدموا إليه، اتفقت مللهم، أو اختلفت، فاسم (**الناس**) يتناول الكل. وإنّما يسوي بينهم فيما أشار إليه في الحديث، فقال: (**في وجهك، ومجلسك، وعدلك**). يعني: في النظر إلى الخصمين، والإقبال عليهما في جلوسهما بين يديه، حتى لا يقدم أحدهما على الآخر، وفي عدله بينهما، وبالعدل أُمِرَ... إنّ هذا من أهم ما ينبغي للقاضي أن ينصرف إليه في العناية، فقال:

(**لا يطمع شريف في حيفك، ولا يخاف ضعيف من جورك**). والحيف: هو الظلم.

---

(٧٥٣) ابن قيّم الجوزيّة، **أعلام الموقّعين عن ربّ العالمين**، ج١، ص٧٠.
(٧٥٤) ابن قيّم الجوزيّة، **أعلام الموقّعين عن ربّ العالمين**، ج١، ص٧٠.
(٧٥٥) ابن قيّم الجوزيّة، **أعلام الموقّعين عن ربّ العالمين**، ج١، ص٧٠.

قال الله تعالى: (أَمْ يَخَافُونَ أَنْ يَحِيفَ اللَّهُ عَلَيْهِمْ وَرَسُولُهُ)[٧٥٦]. فإذا قدم الشريف طمع في ظلمه وانكسر بِهذا التقديم قلب خصمه الضعيف فيخاف الجور، وربّما يتمكّن للشريف عند هذا التقديم من التلبّس ويعجز الضعيف عن إثبات حقّه بالحجّة، والقاضي هو المسبّب لذلك بإقباله على أحدهما وتركه التسوية بينهما في المجلس، ويصير متّهماً بالميل أيضاً وهو مأمور بالتحوّز عن ذلك بأقصى ما يمكنه)).[٧٥٧]

قال ابن القيّم: ((وقوله: (**البيّنة على المدّعي واليمين على من أنكر**)، البيّنة في كلام الله ورسوله وكلام الصحابة اسمٌ لكل ما يُبينُ الحقَّ فهي أعمّ من البيّنة في اصطلاح الفقهاء، حيث خصّوها بالشاهدين والشاهد واليمين)).[٧٥٨]

وهل يمكن عقلاً - أو تشريعاً - أن تسمع دعوى لا بيّنة عليها؟ بل إنّ هناك بعض الدعاوى تتطلّب الإثبات القاطع أو عقاب مدّعيها، وليس مجرّد عدم سماع دعواه كما في القذف. وقد أقام عمر حدّ القذف على قاذفي المغيرة بن شعبة بالزنا حينما لم يستطيعوا إثبات دعواهم.[٧٥٩]

وقوله: (**والصلح جائز بين المسلمين إلا صُلحاً أحَلَّ حراماً أو حرّم حلالاً**).

فإنّها تتضمن حقيقة تشريعية مقررة بنص الحديث. وكيف يكون الصلح المخالف للنصوص جائزاً ولا طاعة لمخلوق - ولو كان حاكماً أو قاضياً - في معصية الخالق؟.[٧٦٠]

الصلح، مستحبّ، لما فيه من رفع الخصومة وإحلال الوئام بين المتصالحين.

(وَالصُّلْحُ خَيْرٌ)[٧٦١]، بعبارة القرآن الكريم.

وكذلك يجوز للمتخاصمين الاتفاق على التحكيم، أي على تعيين حكم يفصل

(٧٥٦) سورة: النور، آية: ٥٠.
(٧٥٧) السرخسي، **المبسوط**، ج١٦، ص٦١.
(٧٥٨) ابن قيّم الجوزيّة، **أعلام الموقّعين عن ربّ العالمين**، ج١، ص٧١.
(٧٥٩) بلتاجي، **منهج عمر بن الخطّاب في التشريع**، ص٥٠٧.
(٧٦٠) بلتاجي، **منهج عمر بن الخطّاب في التشريع**، ص٥٠٧.
(٧٦١) سورة: النساء، آية: ١٢٨.

في النزاع بينهما.[٧٦٢]

ولقد نوهّنا، بقضية احتكام الفاروق وأبيّ بن كعب إلى زيد بن ثابت بطريق التحكيم في منازعة على بستان، وباحتكام عمر وأعرابي إلى شريح قبل أن يوليه القضاء في منازعة على فرس. وأيضاً تحاكم عثمان بن عفان وطلحة إلى جبير بن مطعم[٧٦٣] [٧٦٤].

قال ابن القيّم: هذا مروي عن النبي صلى الله عليه وسلم رواه الترمذي وغيره عن عمرو بن عوف المزني أنّ رسول الله صلى الله عليه وسلم قال: «**الصُّلْحُ جائزٌ بينَ المسلمينَ، إلاّ صُلْحاً حَرَّم حلالاً أو أحَلَّ حراماً**» قال الترمذي: هذا حديث حسنٌ صحيح.[٧٦٥]

وأخرج الحاكم عن كثير بن عبد الله بن عمرو بن عون عن أبيه عن جدّه قال: سمعت رسول الله صلى الله عليه وسلم يقول: «**الصُّلْحُ جائزٌ بينَ المسلمينَ إلاّ صُلْحاً حَرَّم حلالاً أو أحَلَّ حراماً وإنّ المسلمين على شروطهم إلاّ شرطاً حرّم حلالاً**».[٧٦٦]

وقد ندب الله سبحانه وتعالى إلى الصلح بين الطائفتين في الدماء فقال: ﴿ وَإِنْ

(٧٦٢) محمصاني، **تراث الخلفاء الراشدين في الفقه والقضاء**، ص٥٢٧.
(٧٦٣) هو جُبَير بن مُطْعِم بن عدي بن نَوْفل بن عبد مناف بن قصيّ القرشي النوفلي، يكنى أبا محمد، وقيل أبا عديّ، أمّه أم جميل بنتُ سعيد، من بني عامر بن لؤي. كان جُبير بن مطعم من علماء قريش وساداتهم، وكان يُؤْخَذ عنه النسب. أسلم جُبَير بن مطعم فيما يقولون يوم الفتح. وقيل عام خَيْبَر، وكان إذْ أتى النبي صلى الله عليه وسلم في فداء أسارى بَدْر كافراً. ومات بالمدينة سنة سبع وخمسين، وقيل سنة تسع وخمسين في خلافة معاوية، وذكره بعضهم في المؤلّفة قلوبهم، وفيمن حَسُن إسلامه منهم. ابن عبد البر، **الاستيعاب في معرفة الأصحاب**، ج ١، ص ٢٣٢-٢٣٣ - الزركلي، **الأعلام**، ج ٢، ص ١١٢ - ابن حجر، **الإصابة في تمييز الصحابة**، ج ١، ص ٥٧١.
(٧٦٤) محمصاني، **تراث الخلفاء الراشدين في الفقه والقضاء**، ص٥٢٧.
(٧٦٥) **سنن الترمذي**، أبواب الأحكام، باب ما ذُكِرَ عن رسول الله صلى الله عليه وسلم في الصلح بين الناس، ج٢، ص٤٠٣، حديث رقم (١٣٦٣) - **سنن أبي داود**، كتاب الأقضية، باب في الصلح، ج ٢، ص ٥١١، حديث رقم (٣٥٩٤).
(٧٦٦) الحاكم، **المستدرك على الصحيحين في الحديث**، كتاب الأحكام، ج ٤، ص ١٠١.

طَائِفَتَانِ مِنَ الْمُؤْمِنِينَ اقْتَتَلُوا فَأَصْلِحُوا بَيْنَهُمَا)[٧٦٧].

وندب الزوجين إلى الصلح عند التنازع في حقوقهما، فقال: (وَإِنِ امْرَأَةٌ خَافَتْ مِنْ بَعْلِهَا نُشُوزًا أَوْ إِعْرَاضًا فَلَا جُنَاحَ عَلَيْهِمَا أَنْ يُصْلِحَا بَيْنَهُمَا صُلْحًا وَالصُّلْحُ خَيْرٌ)[٧٦٨].

وقال تعالى: (لَاخَيْرَ فِي كَثِيرٍ مِنْ نَجْوَاهُمْ إِلَّا مَنْ أَمَرَ بِصَدَقَةٍ أَوْ مَعْرُوفٍ أَوْ إِصْلَاحٍ بَيْنَ النَّاسِ)[٧٦٩].

وأصلح النبي صلى الله عليه وسلم بين بني عمرو بن عوف لما وقع بينهم، ولما تنازع كعبُ بن مالك وابن أبي حَدْرَد في دَيْنٍ على ابن أبي حَدْرَد، أصلح النبيُّ صلى الله عليه وسلم بأن استوضَعَ من دين كعب الشطر وأَمَرَ غريمه بقضاء الشطر، وقال لرجلين اختصما عنده: «**اذْهَبَا فاقْتَسِما ثم توخَّيَا الحقَّ ثم اسْتَهِما ثم ليحلل كل منكما صاحبه**».[٧٧٠]

وكان الخلفاء الراشدون يشيرون على القضاة بالسعي لإجراء الصلح بين المتقاضيين. مثاله، أوصى الفاروق بردّ الخصوم حتى يصطلحوا، إذا كانت بينهم قرابة، لئلا يورث فصل القضاء الضغائن.

كان عمر رضي الله عنه لا يحبّ العجلة في الفصل في الخصومات ويقول: ((ردّوا الخصوم حتى يصطلحوا، فإنّ فصل القضاء يورث بين القوم الضغائن)).[٧٧١]

وقال عمر أيضاً: ((ردّوا الخصوم لعلّهم أن يصطلحوا، فإنّه آثر للصدق، وأقلّ للخيانة)).

وقال عمر أيضاً: ((ردّوا الخصوم إذا كانت بينهم قرابة، فإنّ فصل القضاء يورث بينهم الشّنآن[٧٧٢])).[٧٧٣]

وكتب عمر إلى عمّاله، لا سيما إلى أبي عبيدة بن الجراح وإلى معاوية في الشام،

(٧٦٧) سورة: الحجرات، آية: ٩.
(٧٦٨) سورة: النساء، آية: ١٢٨.
(٧٦٩) سورة: النساء، آية ١١٤.
(٧٧٠) ابن قيّم الجوزيّة، **أعلام الموقّعين عن ربّ العالمين**، ج١، ص٨٤.
(٧٧١) السرخسي، **المبسوط**، ج ١٦، ص ١١٠.
(٧٧٢) الشَّنَآن: البِغْضَةُ. ابن منظور، **لسان العرب**، ج ١، ص ١٠٣.
(٧٧٣) ابن قيّم الجوزيّة، **أعلام الموقّعين عن ربّ العالمين**، ج١، ص٨٤.

أنْ يحرصا على الصلح ما لم يتبيّن فصل القضاء. وكذلك أوصى قضاته بتأخير الحُكم عند الاقتضاء، حتى يستبين الحقّ، ويتيقّنوا من معرفة الحكم الشرعي.[٧٧٤]

قال السرخسي: ((وقوله: (**والصلح جائز بين المسلمين، إلا صُلحاً أحَلَّ حراماً**). فيه دليل على جواز الصلح، وإشارة إلى أنّ القاضي مأمور بدعاء الخصمين إلى الصلح.[٧٧٥]

وقوله: ((**من ادَّعى حقاً غائباً أو بيّنة فاضرب له أَمَداً ينتهي إليه**)).

فإنّما تتضمّن وسيلة بديهية لمعرفة الحق، لا تخالف نصّاً أو مقرّراً تشريعياً. وماذا يمكن أن يفعل القاضي غير الإمهال، وتحديد أمد معيّن، ثم الانتظار؟.[٧٧٦]

قال ابن القيّم: ((هذا تمام العَدْل، فإنّ المدّعي قد تكون حجّته أو بيّنته غائبة، فلو عجل عليه بالحكم بطل حقّه، فإن سأل أمداً تحضُرُ فيه حجّته أجيب إليه، ولا يتقيّد ذلك بثلاثة أيام، بل بحسب الحاجة، فإن ظهر عِناده ومُدافعته للحاكم لم يضرب له أمداً، بل يفصل الحكومة، فإن ضرب هذا الأمد إنّما كان لتمام العدل، فإن كان فيه إبطال للعدل لم يُجَبْ إليه الخصم)).[٧٧٧]

قال السرخسي: ((قال: (**اجعل للمدّعي أمداً ينتهي إليه،فإن أحضر بيّنته أخذ بحقّه، وإلاّ وجهت القضاء عليه**). فإن ذلك أبلغ في العذر. وفيه دليل على أن القاضي عليه أن يمهل كل واحد من الخصمين، بقدر ما يتمكن من إقامة الحجّة فيه، حتى إذا قال المدّعي: بيّنتي حاضرة، أمهله ليأتي بِهم، فربما لم يأتي بِهم في المجلس الأول بناء على أنّ الخصم لا ينكر حقّه... فإنّه مأمور بالتسوية بينهما في عدله وليكن إمهاله على وجه لا يضرّ بخصمه... فإن أحضر بيّنته أخذ بحقّه، وإلاّ وجهت القضاء عليه)).[٧٧٨]

قال ابن القيّم: ((وقوله: (**ولا يمنعك قضاء قضيت به اليوم فراجعت فيه**

---

(٧٧٤) محمصاني، **تراث الخلفاء الراشدين في الفقه والقضاء**، ص١٧٩.
(٧٧٥) السرخسي، **المبسوط**، ج١٦، ص٦١.
(٧٧٦) بلتاجي، **منهج عمر بن الخطاب في التشريع**، ص٥٠٨.
(٧٧٧) ابن قيّم الجوزيّة، **أعلام الموقّعين عن ربّ العالمين**، ج١،ص٨٦.
(٧٧٨) السرخسي، **المبسوط**، ج١٦، ص٦٣.

رأيك وهديت فيه لرشدك أن تراجع فيه الحق، فإنّ الحق قديم، ولا يبطله شيء، ومراجعة الحقّ خير من التمادي في الباطل). يريد أنّك إذا اجتهدت في حكومة ثم وقعت لك مرة أخرى فلا يمنعك الاجتهادُ الأولُ من إعادته، فإنّ الاجتهاد قد يتغيّر، ولا يكون الاجتهاد الأول مانعاً من العمل بالثاني إذا ظهر أنه الحقّ)).[٧٧٩]

قال السرخسي: ((وفيه دليل أنّه إذا تبيّن للقاضي الخطأ في قضائه بأن خالف قضاؤه النص، أو الإجماع، فعليه أن ينقضه، ولا ينبغي أن يمنعه الاستحياء من الناس من ذلك)).[٧٨٠]

فقد ثبت أنّ عمر رجع عن بعض اجتهاداته، حين تبيّن له وجه الحقّ فيها.[٧٨١]

قال ابن القيّم: ((قوله: (**والمسلمون عُدول بعضهم على بعض، إلاّ مجرباً عليه شهادة زور، أو مجلوداً في حدّ، أو ظنيناً في ولاء أو قرابة**)). لما جَعلَ الله سبحانه هذه الأمّة أمّةً وسَطاً ليكونوا شهداء على الناس - والوسَطُ: العَدْل الخيار - كانوا عدولاً بعضهم على بعض، إلاّ من قام به مانع الشهادة، وهو أن يكون قد جُرِّب عليه شهادة الزور؛ فلا يوثق بعد ذلك بشهادة، أو مَنْ جُلد في حدّ لأن الله سبحانه نَهى عن قبول شهادته، أو مُتَّهم بأن يجر إلى نفسه نفعاً من المشهود له)).[٧٨٢]

وقال ابن القيّم: ((وقول أمير المؤمنين رضي الله عنه في كتابه: (**أو مجلوداً في حدّ**) المراد به القاذفُ إذا حُدَّ للقذف لم تقبل شهادته بعد ذلك)).[٧٨٣]

قال ابن القيّم: ((وقوله: (**فإنّ الله تبارك وتعالى تولى من العباد السرائر وستر عليهم الحدود إلاّ بالبيّنات**)، يريد بذلك أنّ مَنْ ظهرت لنا منه علانيةُ خيرٍ قبلنا شهادته، ووكَلْنا سريرته إلى الله سبحانه، فإنّ الله سبحانه لم يجعل أحكام الدنيا على السرائر، بل على الظواهر، والسرائرُ تبع لها، وأمّا أحكام الآخرة فعلى السرائر، والظواهرُ تبع لها.

---

(٧٧٩) ابن قيّم الجوزيّة، **أعلام الموقّعين عن ربّ العالمين**، ج١،ص٨٦.
(٧٨٠) السرخسي، **المبسوط**، ج١٦، ص٦٢.
(٧٨١) بلتاجي، **منهج عمر بن الخطاب في التشريع**، ص٥٠٨.
(٧٨٢) ابن قيّم الجوزيّة، **أعلام الموقّعين عن ربّ العالمين**، ج١، ص٨٧.
(٧٨٣) ابن قيّم الجوزيّة، **أعلام الموقّعين عن ربّ العالمين**، ج١، ص٩٥.

وقوله: (**إلاّ بالبيّنات والأيمان**) يريد بالبيّنات الأدلّة والشواهد، فإنّه قد صحّ عنه الحدّ في الزنا بالحبل، فهو بيّنة صادقة، بل هو أصدق من الشهود، وكذلك رائحة الخمر بيّنة على شربها)).[٧٨٤]

قال السرخسي: ((قال: (**فإنّ الله تعالى تولّى منكم السرائر**). يعني: أنّ المحقّ والمبطل، ليس للقاضي طريق إلى معرفته حقيقة، فإنّ ذلك غيب، ولا يعلم الغيب إلاّ الله تعالى. ولكن الطريق للقاضي: العمل بما يظهر عنده من الحجّة)).[٧٨٥]

قال ابن القيّم: ((وقوله: (**ثم الفهم الفهم فيما أدلى إليك ممّا ورد عليك مما ليس في قرآن ولا سنّة، ثم قايِس الأمورَ عند ذلك، واعرف الأمثال، ثم اعمد فيما ترى إلى أحبّها إلى الله وأشبهها بالحقّ**). هذا أحد ما اعتمد عليه القَيّاسون في الشريعة، وقالوا: هذا كتاب عمر إلى أبي موسى، ولم ينكره أحد من الصحابة، بل كانوا متّفقين على القول بالقياس، وهو أحد أصول الشريعة، ولا يستغني عنه فقيه)).[٧٨٦]

فقد ثبت من الوقائع الكثيرة أنّ عمر عمل بالاجتهاد بالرأي وبالقياس، وقد أقرّ منهج قاضيه على دمشق حين سأله عن الواقعة ليس في تفصيلها قرآن أو سنّة، فقال: أجتهد رأيي وأؤامر جلسائي. وهو كما سبق كان يفهم القياس بمعنى عام يتضمن حمل الأشباه على الأشباه، ومناظرة الأمثال بالأمثال حتى يغلب على ظنّه أن حكم الله فيهما واحد.[٧٨٧]

قال السرخسي: ((قال: (**الفهم، الفهم ممّا يتلجلج في صدرك**). وفي تكراره الفهم مرة بعد مرة، بيان أنّه ينبغي للقاضي أن يصرف العناية إلى ذلك، خصوصاً فيما لا نص فيه من الحوادث، وإليه أشار في قوله:

(**ما لم يبلغك في القرآن والحديث**). وفيه بيان أنّه لا ينبغي للمرء أن يتقلّد

---

(٧٨٤) ابن قيّم الجوزيّة، **أعلام الموقّعين عن ربّ العالمين**، ج١، ١٠٠.
(٧٨٥) السرخسي، **المبسوط**، ج١٦، ص٦٣.
(٧٨٦) ابن قيّم الجوزيّة، **أعلام الموقّعين عن ربّ العالمين**، ج١، ص١٠١.
(٧٨٧) بلتاجي، **منهج عمر بن الخطاب في التشريع**، ص٥٠٩.

القضاء مختاراً إلاّ إذا كان مجتهداً. وقال:

(**اعرف الأمثال والأشباه، وقس الأمور عند ذلك**). فهو دليل جمهور الفقهاء على أنّ القياس حجّة، فإنّ الحوادث كلّها لا توجد في الكتاب والسنّة. ثم قال:

(**واعمد إلى أحبّها إلى الله، وأشبهها بالحقّ فيما ترى**). وهذا هو طريق القياس: أن تردّ حكم الحادثة إلى أقرب الأشياء معنى)).(٧٨٨)

<u>**كتاب عمر إلى معاوية:**</u>

وفي التراث كتاب لعمر بن الخطاب أرسله إلى معاوية في رواية، وإلى أبي عبيدة بن الجراح في رواية أخرى. وهو من أهمّ ما حفظ لنا الأوّلون من باب أصول المحاكمات. ولهذا نجد إماماً عظيماً كالسرخسي قد شرحه في كتابه المبسوط، فقال:

((كتب عمر بن الخطاب إلى معاوية: (**أمّا بعد فإنني كتبت في القضاء كتاباً لم آلك ونفسي- فيه خيراً**)، وفيه دليل أنّ الإمام ينبغي له أن يكتب إلى عمّاله في كل وقت يوصيهم. وقد كان معاوية عامله بالشام، فكتب إليه في القضاء بِهذا الكتاب، وبيّن له انّه لم يقصر، بل بالغ في اكتساب الخير لنفسه وله. ثم إنّ عمر قال:

(**الزم خمس خصال يسلم لك دينك، وتأخذ فيه بأفضل حظك: إذا تقدّم إليك الخصمان، فعليك بالبيّنة العادلة، واليمين القاطعة**) فهو الطريق للقاضي الذي لا يعلم الغيب. فمن تمسّك به سلم له دينه، ونال أفضل الحظ من المحمدة في الدنيا، والثواب في الآخرة. فمعنى اليمين: القاطعة للخصومة والمنازعة.

ثم قال: (**وأدنِ الضعيف حتى يشتدّ قلبه، وينبسط لسانه**)، ولم يرد بِهذا الأمر تقديم الضعيف على القوي، وإنّما أراد الأمر بالمساواة، لأن القوي يدنو بنفسه لقوته، والضعيف لا يتجاسر على ذلك، والقوي يتكلّم بحجّته، وربّما يعجز الضعيف عن ذلك. فعلى القاضي أن يدني الضعيف ليساويه بخصمه حتى يقوي قلبه، وينبسط لسانه، فيتكلّم بحجّته. ثم قال:

(**وتعاهد الغريب، فإنّك إن لم تعاهده ترك حقّه، ورجع إلى أهله، فربّما ضيّع حقّه من لم يرفع به رأسه**). قيل: هذا أمر بتقديم الغرباء عند الازدحام في مجلس القضاء، فإنّ الغريب قلبُه مع أهله، فينبغي للقاضي أن يقدمه في سماع

---

(٧٨٨) السرخسي، **المبسوط**، ج١٦، ص٦٢-٦٣.

الخصومة، ليرجع إلى أهله. وقد كان رسول الله صلى الله عليه وسلم يأمر بتعاهد الغرباء. وقيل: مراده أنّ الغريب منكسر القلب، فإذا لم يخصّه القاضي بالتعاهد عجز عن إظهار حجّته، فيترك حقّه، ويرجع إلى أهله، والقاضي هو المسبب لتضييع حقّه، حين لم يرفع به رأسه. ثم قال:

(**وعليك بالصلح بين الناس، ما لم يستبن لك فصل القضاء**). وفيه دليل أنّ القاضي مندوب إليه أن يدعو الخصم إلى الصلح، خصوصاً في موضع اشتباه الأمر)).[٧٨٩]

كتاب عمر إلى شريح:

وعن شريح أنّ عمر كتب إليه أن: ((**لا يشار، ولا يضار، ولا يبيع، ولا يبتاع في مجلس القضاء. ولا ترتشِ، ولا تقضِ بين اثنين وأنت غضبان**)).

أمّا قوله: (**لا يشار**) قالوا: المراد: المشورة. أنّه لا ينبغي للقاضي في مجلس القضاء أن يشتغل بالمشورة، وليكن ذلك في مجلس آخر، فإنّه إذا اشتغل بالمشورة في مجلس القضاء، ربّما يشتبه طريق الفصل عليه، وربّما يظنّ جاهل أنّه لا يعرف حتى يسأل غيره، فيزدري به.

وقوله: (**لا يضار**)، من الضرر، أي: لا يقصد الإضرار بالخصوم، في تأخير الخروج، ولا ينغص الخصوم في استعجاله، ليعجز عن إقامته حجّته، وفي رفع الصوت عليه، أو في أخذه بسقط من كلامه إن زلّ. فلمجالس القضاء من المهابة والحشمة، ما يعجز كلّ أحد عن مراعاة جميع الحدود في الكلام، فإذا لم يعرض القاضي عن بعض ما يسمع، كان ذلك من مضارّة، والقاضي منهيٌّ عن ذلك، وفيه دليل على أنّه: لا يشتغل بالبيع والشراء، في مجلس القضاء، لأنّ ذلك ينقص حشمة مجلس القضاء، ولأنه مجلس إظهار الحقّ، وبيان أحكام الدين، فلا ينبغي أن يخلط به شيئاً من عمل الدنيا. وقوله: (**لا ترتشِ**)، المراد: الرشوة في الحكم، وهو حرام.

وفي قوله: (**ولا تقضِ بين اثنين وأنت غضبان**)، دليل على أنّ القاضي ينبغي أن لا يشتغل بالقضاء في حال غضبه، ولكنّه يصبر حتى يسكن ما به، فإنّه مأمور بأن يقضي عند اعتدال حاله. ولهذا يُنهى عن القضاء إن كان جائعاً أو كظيظاً من الطعام، أو

(٧٨٩) السرخسي، **المبسوط**، ج١٦، ص٦٥-٦٦.

كان يدافع الأخبثين، لأنّه ينعدم به اعتدال الحال.[٧٩٠]

وفي كتاب أعلام الموقّعين لابن القيّم روايات أخرى لوصية عمر لشريح جاء فيها: قال الشعبي عن شريح: قال لي عمر: ((اقضِ بما استبان لك من كتاب الله، فإن لم تعلم كل كتاب الله، فاقضِ بما استبان لك من قضاء رسول الله صلى الله عليه وسلم، فإن لم تعلم كل أقضية رسول الله صلى الله عليه وسلم فاقضِ بما استبان لك من أئمة المهتدين، فإن لم تعلم كلَّ ما قضَتْ به أئمة المهتدين، فاجتهد رأيك، واسْتَشِر أهلَ العلم والصلاح)).[٧٩١]

إنّ العهود والوصايا التي وضعتْ في صدر الإسلام في كيفيّة الحكم بين الناس، مثل وصايا الرسول إلى الصحابة في كيفية الحكم بين الناس، ومثل عهد عمر إلى أبي موسى الأشعري ورسائل عمر إلى قاضيه شريح، وأمثال ذلك من أوامر، لما فيها من أصول المحاكمات كانت سنّة متّبعة عند حكّام الجاهلية، وقد أقرّها الإسلام، لأنّها أصل من أصول المنطق والطبع في الحكم وفي النظر في أمور الناس.

وعظ الشهود:

ولعلّ من أقدمها ما روي عن علي بن أبي طالب، قال الماوردي:

((رُوي أنّ رجلين شهدا عند علي بن أبي طالب بالسرقة على رجل،فقال المشهود عليه: والله ما سرقت، ووالله ما سرقت، ووالله لقد كذبا عليّ، فوعظهما عليّ واجتمع الناس فذهبا في الزحام، فقال علي: لو صدقا، لثبتا، ولم يقطع الرجل)).[٧٩٢]

ومنها ما رُوي عن شريح، فقد جاء في تَهذيب ابن عساكر:

((كان إذا جلس للقضاء يقول: سيعلم الظالمون حظ من نقصوا. إنّ الظالم ينتظر العقاب. وإنّ المظلوم ينتظر النصر.

ونظر إلى رجل يقوم على رأسه، فرآه يضحك، فقال له: ما يضحكك، وأنت تراني أتقلّب بين الجنّة والنار؟)).[٧٩٣]

(٧٩٠) السرخسي، **المبسوط**، ج١٦، ص٦٦-٦٧.
(٧٩١) ابن قيّم الجوزيّة، **أعلام الموقعين عن ربّ العالمين**، ج١، ص٦٦-٦٧-١٥٦.
(٧٩٢) الماوردي، **أدب القاضي**، ج٢، ص٢١.
(٧٩٣) **تهذيب ابن عساكر**، ج٦، ص٣٠٨ - القاسمي، **نظام الحكم في الشريعة والتاريخ الإسلامي**، ص٤٧٠.

وجاء في كتاب أدب القاضي للماوردي: ((وينبغي للقاضي إذا لم يثق بسلامة الشهود في هذه الحال أن يقدم وعظهم، وتخويفهم، وتحذيرهم)).[٧٩٤]

وعن شريح، أنّه كان يقول للشاهديْن؛ إذا أبهما أو طعن فيهما الخصم: ((ما أنا دعوتكما، وما أنا بمانعكما أن تشهدا ولئن رجعتما لم أردّكما، وما يقضي بِهذا القضاء غيركما، فإنّي متقٍ بكما فاتقيا، لا أتعنّت الشهود، ولا ألقّن الخصوم، ولا أنا أشدّ على الخصوم من الشاهديْن فيما أسمع منه؛ من أبدى لنا زيّاً حسناً أحسنّا به الظن، فيما غاب به عنّا، ومن أبدى لنا زيّاً سيئاً أسأنا به الظن فيما غاب به عنّا)).[٧٩٥]

وعن شريح قال: ((لا أجمع أن أكون قاضياً وشاهداً)).[٧٩٦]

طرق المراجعة:

الأصل في الشريعة الإسلامية أن يكون القضاء قضاء فرد، وأن يكون الحكم قطعيّاً. ولكن هناك أصلاً آخر وضعه عمر بن الخطّاب في الكتاب الذي وجهه إلى أبي موسى الأشعري، جاء فيه: ((لا يمنعك قضاء قضيتَه بالأمس، راجعتَ فيه نفسك، وهُديتَ لرشدك، فإن مراجعة الحق خير من التمادي في الباطل)).[٧٩٧]

وهذا المبدأ الذي وضعه عمر بن الخطاب، يعادل في أيّامنا هذه إعادة المحاكمة. وإذا كانت القوانين الوضعية قد اشترطت لجواز سماع طلب إعادة المحاكمة شروطاً قد تتحقق مرة كل مئة سنة أو لا تتحقق، فإن الشريعة الإسلامية السمحاء لم تضع إلاّ هذا الشرط الجامع المانع: ((مراجعة الحق، خير من التمادي في الباطل)). فكان عمر بن الخطاب بذلك أوّل المتشرعين الذين فتحوا باب الإنصاف بين المتقاضين، بالرجوع عن حكم خطأ، إلى حكم مُحِقّ صائب، من قِبَل القاضي نفسه.[٧٩٨]

هذا من حيث القواعد والمبادئ، أمّا من حيث الواقع التاريخي فنذكر هذه القصّة:

---

(٧٩٤) الماوردي، **أدب القاضي**، ج٢، ص٣٦٧-٣٦٨.
(٧٩٥) وكيع، **أخبار القضاة**، ج٢، ص٢٥٤-٢٥٥.
(٧٩٦) ابن سعد، **الطبقات الكبرى**، ج٦، ص ١٣٨.
(٧٩٧) وكيع، **أخبار القضاة**، ج ١، ص ٢٨٤.
(٧٩٨) القاسمي، **نظام الحكم في الشريعة والتاريخ الإسلامي**، ص ٥٣٦.

((كانت بين حسّان بن ثابت، شاعر رسول الله صلى الله عليه وسلم، وبين بعض الناس منازعةٌ عند عثمان بن عفّان، فقضى عثمان على حسّان؛ فجاء حسان إلى عبد الله بن عبّاس؛ فشكا ذلك إليه؛ فقال له ابن عبّاس: الحقُّ حقك، ولكن أخطأتَ حُجَّتَك، انطلق معي. فخرج به حتى دخلا على عثمان، فاحتجّ له ابن عبّاس حتى تبيّن عثمان الحق، فقضى به لحسّان بن ثابت)).[٧٩٩]

كان هذا في صدر الإسلام، أيّام عثمان بن عفّان، خليفة المسلمين وقاضيهم، يقضي على حسّان بن ثابت، حتى إذا جاء ابن عبّاس يوضّح وجه الحق، ويحتجّ له، نرى عثمان ينقض حكمه الذي أصدره، ويقضي لحسّان، بعد أن قضى عليه.

وكان شريح مِنْ أقضى مَن عرف تاريخ القضاء في الإسلام، ولهذا نراه وضع قاعدتين مهمّتين، تتعلّقان بإعادة النظر في الأحكام:

الأولى - ((كان شريح يقول: لا أردُّ قضاءَ من كان قبلي)).[٨٠٠]

فهو من الذين يحترمون آراء القضاة السابقين، ولا يمدُّ يده إليها.

الثانية - أنّه أجاز إعادة النظر في الأحكام التي صدرت عنه، ولو في وقت متأخر. فقد روى وكيع: ((أنّ شريحاً لم يكن يرجع عن قضاء، حتى حدّثه الأسود أنّ عمر قضى في عبد كانت تحته حُرّة، فولدت له أولاداً، ثم إنّ العبد أُعتق، قال: الولاء لعَصبَة أمّهم، فأخذه شريح)).[٨٠١]

٧ - الوكالة بالخصومة

إنّ الوكالة (أي المحاماة بمعناها اليوم) التي أملتها الأسباب الإنسانية، والظروف الاجتماعية، قد عرفتها الشريعة الإسلامية منذ فجر بزوغها.

في اللغة:

قال السرخسي:

((إعلم أنّ الوكالة في اللغة عبارة عن الحفظ. ومنه الوكيل في أسماء الله تعالى، بمعنى الحفيظ، كما قال تعالى: (حَسْبُنَا اللَّهُ وَنِعْمَ الْوَكِيلُ)[٨٠٢].

(٧٩٩) الزبيري، **نسب قريش**، ص ٢٦.
(٨٠٠) وكيع، **أخبار القضاة**، ج ٢، ص ٣٥٨.
(٨٠١) وكيع، **أخبار القضاة**، ج ٢،ص ٥٣٧.
(٨٠٢) سورة: آل عمران، آية: ١٧٣.

ولهذا قال علماؤنا فيمن قال لآخر: وكّلتك بمالي، إنّه يملك بهذا اللفظ الحفظَ فقط.

وقيل: معنى الوكالة: التفويض والتسليم. ومنه: التوكّل. قال الله تعالى: ﴿عَلَى اللَّهِ تَوَكَّلْنَا﴾[٨٠٣] يعني: فوّضنا إليه أمورَنا، وسلّمنا)).[٨٠٤]

وفي لسان العرب:

((الوكيل: الحافظ. ووكّل فلانٌ فلاناً: إذا استكفاه أمره ثقةً بكفايته، أو عَجْزاً عن القيام بأمر نفسه. ووكّل إليه الأمر: سلّمه.

والوكيل: الجريء، وقد يكون الوكيلُ للجمع، وكذلك الأُنثى. وقد وكّله على الأمر. والاسم: الوَكالة والوِكالة. ووكيل الرجل: الذي يقوم بأمره، سُمّي وكيلاً لأنّ موكّلَه قد وَكَلَ إليه القيام بأمره، فهو موكول إليه الأمر. والوكيلُ، على هذا القول: فعيل، بمعنى مفعول. وتقول: اللهم لا تكِلْنا إلى أنفسنا)).[٨٠٥]

<u>وفي الاصطلاح:</u>

وفي تعريفات الجرجاني: الوكيل: هو الذي يتصرّف لغيره، لعجز موكّله.[٨٠٦]

وفي المبسوط للسرخسي: ((التوكيل: تفويض التصرف إلى الغير)).[٨٠٧]

والوكالة هي عقد يفوِّض فيه الموكِّل أمراً من الأمور إلى الوكيل، ليقوم مقامه في إجرائه.

ففي الكتاب الكريم الآية، التي نوّه بها عثمان وعلي، وهي: ﴿فَابْعَثُوا أَحَدَكُمْ بِوَرِقِكُمْ هَٰذِهِ إِلَى الْمَدِينَةِ فَلْيَنْظُرْ أَيُّهَا أَزْكَىٰ طَعَامًا فَلْيَأْتِكُمْ بِرِزْقٍ مِنْهُ﴾[٨٠٨].

وثبت في السنّة الفعلية أنّ النبي صلى الله عليه وسلم وكّل الإمام علياً بأن يقوم على بُدنه، وبأن يقسم جلودها وجلالها.[٨٠٩]

---

(٨٠٣) سورة: الأعراف، آية: ٨٩.
(٨٠٤) السرخسي، **المبسوط**، ج ١٩، ص ٢.
(٨٠٥) ابن منظور، **لسان العرب**، ج ١١، ص ٧٣٤-٧٣٥-٧٣٦.
(٨٠٦) الجرجاني، **التعريفات**، ص ٢٥٤.
(٨٠٧) السرخسي، **المبسوط**، ج ١٩، ص ٢.
(٨٠٨) سورة: الكهف، آية: ١٩.
(٨٠٩) محمصاني، **تراث الخلفاء الراشدين في الفقه والقضاء**، ص ٥٢٨.

وتجوز الوكالة في العقود والمعاملات، مثاله، زوّج الفاروق بالوكالة سلمة بن أبي سلمة.[٨١٠]

وتجوز الوكالة أيضاً في الخصومات القضائية، لمطالبة الحقوق وإثباتها، والمحاكمة فيها.[٨١١]

مثال ذلك ما ذكره الخصّاف: (عن عبد الله بن جعفر رضي الله عنهما أنّ عليّاً رضي الله عنه كان لا يحضر الخصومة، وكان يقول إنّ لها لقُحَماً[٨١٢] يحضرها الشيطان، فجعل الخصومة إلى عقيل رضي الله عنه، فلمّا كبر ورقّ حوّلها إليّ، فقال عليّ رضي الله عنه: ما قُضِيَ لوكيلي فهو لي، وما قُضي على وكيلي فهو عَلَيّ).

اشتمل الحديث على فوائد، منها أنّ الأفضل للإنسان أن لا يحضر مجلس الخصومة بنفسه، ومنها أنّ التّوكيل بالخصومة جائز، ألا ترى أنّ عليّاً رضي الله عنه وكّل عقيلاً رضي الله عنه وكان فطناً ذكيّاً، فلمّا كبر وأسنّ فوّض ذلك إلى عبد الله بن جعفر.[٨١٣]

تاريخ الوكالة:

ذهب السرخسي في المبسوط إلى أنّه ((وقد جرى الرسم على التوكيل على أبواب القضاة من لدن رسول الله صلى الله عليه وسلم، إلى يومنا هذا، من غير نكير منكر، ولا زجر زاجر)).[٨١٤]

ومن أقدم حوادث الوكالة بالخصومة، حادثتان وقعتا أيام عثمان بن عفان.

أمّا الأولى - فقد وردتْ في كتاب المبسوط للسرخسي بين عليّ بن أبي طالب وطلحة بن عبيد الله، جاء فيها على لسان عبد الله بن جعفر وكيل عليّ:

((خاصمني طلحة بن عبيد الله رضي الله عنه في ضفير[٨١٥] أحدثه عليّ رضي الله عنه بين أرض طلحة، وأرض نفسه - والضفير: المُسَنَّاة - وفيه دليل على أنّهم كانوا

(٨١٠) محمصاني، **تراث الخلفاء الراشدين في الفقه والقضاء**، ص ٥٢٨.
(٨١١) محمصاني، **تراث الخلفاء الراشدين في الفقه والقضاء**، ص ٥٢٨.
(٨١٢) إنّ للخُصومة قُحَماً، وهي الأمور العظام الشاقة. ابن منظور، **لسان العرب**، ج ١٢، ص ٤٦٣.
(٨١٣) الخصّاف، **شرح أدب القاضي**، ص ٤٢٨-٤٢٩.
(٨١٤) السرخسي، **المبسوط**، ج ١٩، ص ٤.
(٨١٥) الضّفيرةُ: مثل المُسنَّاة المستطيلة في الأرض فيها خشبٌ وحجارة. ابن منظور، **لسان العرب**، ج ٤، ص ٤٩٠.

يختصمون فيما بينهم، ولا نظن بواحد منهم سوى الجميل، لكن كان يُشْتَبهم عليهم الحُكم فيختصمون إلى الحاكم، ليبيّنه لهم. ولهذا كانوا يسمون الحاكم فيهم المفتي - فوقع عند طلحة رضي الله عنه أنّ علياً كرّم الله وجهه أضرَّ به، وحمل عليه السيل، ولم يرَ عليّ رضي الله عنه في ذلك ضرراً حين أحدثه. قال[٨١٦]: فوعدنا عثمان أن يركب معنا فينظر إليه - وفيه دليل على أن فيما تفاقم من الأمر ينبغي للإمام أن يباشره بنفسه،وأن يركب إن احتاج إلى ذلك[٨١٧] - فقال: والله إنّي وطلحة نختصم في المواكب، وأنّ معاوية رضي الله عنه على بغلة شهباء أمام الموكب قد قدم قبل ذلك وافداً، فألقى كلمة عرفت أنّه أعانني بِها. قال[٨١٨]: أرأيت هذا الضفير كان على عهد عمر؟. قال: قلتُ نعم. قال: لو كان جوراً ما تركه عمر - وفي هذا بيان أنّه لم يكن بين عليّ ومعاوية في أوّل الأمر سوى الجميل، إلى أن نزغ الشيطان بينهما، فوقع ما وقع - قال: فسار عثمان رضي الله عنه حتى رأى الضفير، فقال: ما أرى ضرراً، وقد كان على عهد عمر رضي الله عنه، ولو كان جوراً لم يدعه. وإنّما قال ذلك، لأنّ عمر كان معروفاً بالعدل، ودفع الظلم، على ما قال رسول الله صلى الله عليه وسلم: **أينما دار عمر، فالحق معه**. وفيه دليل على أنّ ما وجد قديماً يترك كذلك، ولا يغيّر إلاّ بحجة، فإنّ عثمان ترك الضفير على حاله بسبب أنّه كان قديماً...)).[٨١٩]

وفي هذا الخبر دليل على أنّه قد حضر عن عليّ بن أبي طالب وكيلان - أو محاميّان - هما: عبد الله بن جعفر، ومعاوية بن أبي سفيان. فأمّا الأوّل فقد كان وكيلاً بتكليف من علي، وأمّا الثاني فقد كان متطوّعاً.[٨٢٠]

وأمّا الثانية - فقد وردتْ في كتاب نسب قريش للزبيري، قال:

((كانت بين حسّان بن ثابت، شاعر رسول الله صلى الله عليه وسلم، وبين بعض الناس منازعةٌ عند عثمان بن عفّان، فقضى عثمان على حسّان؛ فجاء حسان إلى عبد الله بن عبّاس؛ فشكا ذلك إليه؛ فقال له ابن عبّاس: الحقُّ حقك، ولكن أخطأتَ

---

(٨١٦) أي: عبد الله بن جعفر.
(٨١٧) هو ما يسمى اليوم: الكشف والتحقيق المحلّي.
(٨١٨) مرافعة معاوية عن علي في الدعوى.
(٨١٩) السرخسي، **المبسوط**، ج ١٩، ص٣-٤.
(٨٢٠) القاسمي، **نظام الحكم في الشريعة والتاريخ الإسلامي**، ص٣٨٢.

حُجَّتَك، انطلق معي. فخرج به حتى دخلا على عثمان، فاحتجّ له ابن عبّاس حتى تبيّن عثمان الحقّ، فقضى به لحسّان بن ثابت. فخرج آخذاً بيد ابن عباس حتى دخلا المسجد، فجعل حسّان بن ثابت ينشد الحِلَق ويقول:

إذا ما ابنُ عبّاسٍ بدا لك وجهه ... رأيتَ له في كُلِّ مَجْمَعَةٍ فضْلاً

إذا قال لم يترك مقالاً لقائلٍ ... بمُنْتَظِماتٍ لا ترى بينها فَضْلاً

كفى وشفى ما في النفوسِ فلم يَدَعْ ... لِذي إِرْبَةٍ[٨٢١] في القولِ جِدّاً ولا هَزْلاً))[٨٢٢]

إنّ حادث ابن عبّاس مع حسّان بن ثابت من أقدم ما عرف تاريخ الوكالة بالخصومة - المحاماة - في الإسلام، إن لم يكن أقدمها. فهو المحاماة بكل معانيها: ذلك بأنّ حسّان بن ثابت الشاعر، الذي يجيد تشقيق الكلام وصَوْغ الشعر، لم يكن في وُسْعه أن يتفرّغ إلى الأحكام الشرعيّة، ودقائقها، وعِللها، وأدلّتها. ذلك كان شأن عبد الله بن عبّاس، حبر الأمّة، الذي قال عنه عبد الله بن مسعود: نعم ترجمان القرآن ابن عبّاس.

وإذا كان في هذا الخبر دليل على جواز إعادة المحاكمة، حين وضوح الخطأ في الحكم، في التنظيم القضائي الإسلامي، فإنّ فيه دليلاً آخر، لا يقلُّ عن سابقه، ذلك أنّ مرافعة العاجز أو الجاهل عن نفسه أمام القضاء غير جائز، وذلك واضح في قول ابن عبّاس: الحق حقّك، ولكن أخطأتَ حجّتكَ.

أصول الوكالة وأسبابُها:

وإنّنا نجد أصول الوكالة بالخصومة - المحاماة - في حديث رسول الله صلى الله عليه وسلم، الذي قال فيه: عن أُمِّ سَلَمَة، قالت:قال رسول الله صلى الله عليه وسلم: ((**إنَّكُم تَخْتَصِمونَ إليّ، ولَعَلَّ بَعْضَكُم أنْ يكونَ ألْحَنَ بِحُجَّتِهِ مِنْ بعض فأقضي له على نحو مِمّا أسْمَعُ منه، فَمن قطَعْتُ له من حقِّ أخيه شيئاً، فلا يأخُذْهُ، فإنّما أَقْطَعُ له به قِطعة من النار**)).[٨٢٣]

(٨٢١) الإرْبُ والإرْبَةُ والأُرْبَةُ والأَرَبُ: الدَّهاء والبَصَرُ في الأمور، وهو من العقل. ابن منظور، **لسان العرب**، ج ١، ص ٢٠٩.
(٨٢٢) الزبيري، **نسب قريش**، ص ٢٦-٢٧. وقد ذكرت هذه القضية سابقاً ضمن موضوع طرق المراجعة.
(٨٢٣) **صحيح مسلم**، كتاب الأقضية، باب الحكم بالظاهر واللحن بالحجّة، ج٣، ص١٤٥-١٤٦،

قوله: (إنَّكُم تَخْتَصِمونَ إليّ) أي ترجعون في مخاصمتِكم إليّ لأحكم بينكم.

في لسان العرب: ((ألْحَنَ بحجّته: أي أفْطَنَ لها وأحسَنَ تصرُّفاً.

قال ابن الأثير: اللَّحْنُ الميل عن جهة الاستقامة؛ يقال: لَحَنَ فلانٌ في كلامه إذا مال عن صحيح المَنْطِق، وأراد أَنّ بعضكم يكون أعرفَ بالحجّة وأفْطَنَ لها من غيره)).(٨٢٤)

ويجوز أن يكون معناه أفصح تعبيراً عنها وأظهر احتجاجاً حتى يخيّل أنّه محقّ وهو في الحقيقة مبطل.(٨٢٥)

قوله: (فإنّما أَقْطَعُ له به قِطعة من النار) أي الذي قضيتُ له بحسب الظاهر إذا كان في الباطن لا يستحقّه فهو عليه حرام يؤول به إلى النار، وهو تمثيل يفهم منه شدّة التعذيب على ما يتعاطاه.

وفيه أنه صلى الله عليه وسلم كان يقضي بالاجتهاد فيما لم ينزل عليه فيه شيء.(٨٢٦)

ودلّ حديثه هذا على أنّه إنّما يحكم بالظاهر في الأمور العامّة، فلو كان المدّعي صحيحاً لكان الرسول أحق بذلك، فإنّه أعلم أنّه تجري الأحكام على ظاهرها مع أنّه يمكن أن الله يطلعه على غيب كل قضيّة. وسبب ذلك أن تشريع الأحكام واقع على يده، فكأنّه أراد تعليم غيره من الحكّام أن يعتمدوا على ذلك، نعم لو شهدت البينة مثلاً بخلاف ما يعلمه مشاهدة أو سماعاً أو ظناً راجحاً لم يجز أن يحكم بما قامت به البيّنة(٨٢٧) .

هذا الحديث، الذي وصف أحوال الناس أمام القضاء، وتفاوتِهم في البيان

=

حديث رقم ٤-(١٧١٣) - **صحيح البخاري**، كتاب الأحكام، باب موعظة الإمام للخصوم، ج ٨، ص ٤٥٤، حديث رقم (٧١٦٨/ ٧١٦٩) - **سنن أبي داود**، كتاب الأقضية، باب في قضاء القاضي إذا أخطأ، ج ٢، ص٥٠٨-٥٠٩، حديث رقم (٣٥٨٣) - **سنن ابن ماجة**، كتاب الأحكام، باب قضية الحاكم لا تحلّ حراماً ولا تحرّم حلالاً، ج ٢، ص ٣٥، حديث رقم ١٨٧٥ (٢٣١٧).

(٨٢٤) ابن منظور، **لسان العرب**، ج ١٣، ص ٣٨٠-٣٨٢.

(٨٢٥) الشوكاني، **نيل الأوطار**، ج ٨، ص ٢٨٩.

(٨٢٦) الشوكاني، **نيل الأوطار**، ج ٨، ص ٢٨٩.

(٨٢٧) الشوكاني، **نيل الأوطار**، ج ٨، ص ٢٩١.

والأداء، وهو أمر طبيعي، وأنّ بعض الخلق أبلغَ من بعض في إيراد الحجج. فإذا رأى القاضي أنّ بعض الخصوم أبلَغ من بعض، أوجب على المقصّر أن يتّخذ له وكيلاً - محامياً - يعادل خصمه بلاغة.

وفي الحديث تنفير لكل من يقدم على أخذ أموال الغير بالباطل، والحجّة الظالمة البليغة في الظلم بقلب الباطل حقّاً وبالعكس، وفيه تحذير للمحامين في عصرنا هذا بأن يدافعوا عن موكّليهم بكل إخلاص لأن الغاية إظهار الحقّ، وردع الظالم.

الفصل الخامس

القضاء في عهد أبي بكر الصديق

رضي الله عنه

٣ - القضاة في عهده

١ - وصاياه للعمّال

وضرب أبو بكر مثلاً عالياً للحكّام، يحثّهم على أنْ يقف كل منهم وقفة من حين إلى آخر يحاسب نفسه، ويفكّر فيما قدّم من خير وفيما وقع فيه من أخطاء، فمثل ذلك الحساب جدير أن يقود إلى طريق الخير والرشاد.

روى عبد الرحمن بن عوف أنّ أبا بكر بعد أن كتب وثيقة تعيين عمر قال: ((إنّي لا آسي على شيء من الدنيا إلاّ على ثلاث فعلتهنّ وددت أنّي تركتهنّ، وثلاث تركتهنّ وددت أنّي فعلتهنّ...))(٨٢٨)

والذي يقرأ هذه القصّة يدرك بساطة الأخطاء التي يعتقد أبو بكر أنّه ارتكبها وتمنّى لو لم يفعلها، ولكن الأهم من ذلك أنّ القارئ يدرك أنّ أبا بكر لم يكن يغفر لنفسه الهفوات، وكان يجمع زلاتَها ويخضعها لحساب مرير.

كما أوصى عمّاله بالعدل والابتعاد عن الظلم، مشجّعاً في الوقت نفسه المحسن منهم، ومحذّراً المسيء فيهم، فكان مِمّا قاله ليزيد بن أبي سفيان على سبيل المِثال: ((واستعمل العدل وباعد عنك الظلم والجور، فإنّه لا أفلح قوم ظلموا ولا نصروا على عدوّهم))، وقال في مناسبة أخرى: ((إنّي ولّيتك لأبلوك وأجرّبك وأخرجك فإن أحسنت رددتُكَ إلى عملِكَ وزدتكَ، وإنْ أسأت عزلتك، فعليك بتقوى الله فإنّه يرى من باطنك مثل الذي من ظاهرك)).(٨٢٩)

لم يصدر عن أبي بكر رضي الله عنه كتب خاصّة في تنظيم القضاء، وإنّما ورد التوجيه لذلك في أحاديثه، وخطبه، وأوامره، التي أصدرها.

٢ - أقضيته

صدرت عدّة أقضية في عهد أبي بكر رضي الله عنه، بعضها رفعت إليه في المدينة المنورة، ومكة أو من بقية الأمصار، ونظر فيها، وقضى بِها، وفصل النزاع، وبيّن الحكم الشرعي، وبعضها من القضاة والولاة في عهده، ونذكر نماذج منها:

١ - قضاؤه بين رسول الله صلى الله عليه وسلم وبين عائشة:

عن عائشة رضي الله عنها قالت: كان بيني وبين رسول الله صلى الله عليه وسلم

---

(٨٢٨) شلبي، **المجتمع الإسلامي**، ص١٢٦.
(٨٢٩) الصمد، **نظام الحكم في عهد الخلفاء الراشدين**، ص١٣٦-١٣٧.

كلام. فقال: **من ترضين أن يكون بيني وبينكِ؟ أترضين بأبي عبيدة بن الجراح**؟ قلت: لا، ذلك رجل هيّن ليّن يقضي لك. قال: **أترضين بأبيك**؟ قلت: نعم، فأرسل إلى أبي بكر فجاء فقال: **اقصصي**، فقالت: بل اقصص أنت، فقال: **هي كذا وكذا**، فقلت: اقصد، (والقصد الاستقامة والصدق) فرفع أبو بكر يده فلطمني وقال: تقولين يا بنت فلانة اقصد؟ من يقصد إذا لم يقصد رسول الله؟ فجعل الدم يسيل من أنفها، فقال رسول الله صلى الله عليه وسلم: **إنّا لَمْ نرد هذا**، وجعل يغسل الدم بيده من ثيابها ويقول: **رأيتِ كيف أبعدكِ الله منه**.(٨٣٠)

٢ - قضاؤه في جريمة الزنا:

عن نافعٍ قال: جاء رجلٌ إلى أبي بكر فذكرَ له أنّ ضيفاً له افتضّ أُخته، استكرهها على نفسها فسأله فاعترف بذلك، فضربه أبو بكر الحدَّ ونفاهُ سنةً إلى فدَك(٨٣١)، ولم يضربْها ولم ينفها لأنه اسْتكرَهها، ثم زوَّجها إيّاه أبو بكر وأدخله عليها.(٨٣٢)

عن عبيد الله بن عبد الله بن عتبة، قال: سُئل أبو بكرٍ الصديق عن رجلٍ زنى بامرأةٍ، ثم يريدُ أن يتزوَّجها؟ فقال: ما من توبةٍ أفضلُ من أن يتزوَّجها، خرجا من سِفاحٍ إلى نكاح.(٨٣٣)

٣ - قضاؤه في جريمة السرقة:

عن صفيَّةَ بنتِ أبي عبيدٍ، أنَّ رجلاً سرقَ على عهدِ أبي بكرٍ مقطوعةً يدُه ورجله، فأراد أبو بكرٍ أن يقطعَ رجله ويدَع يدَه يستطيب بِها ويتطهر بِها وينتفع بِها، فقال عمر: لا والذي نفسي بيده لتقطعنَّ يده الأخرى. فأمر أبو بكر فقُطعت يده.(٨٣٤)

عن الحارث بن حاطِبٍ قال: سرق رجلٌ على عهد رسول الله صلى الله عليه وسلم، فأتي به النبي صلى الله عليه وسلم، فقال: **اقتلوه**، فقالوا: يا رسول الله، إنّما

---

(٨٣٠) الطنطاوي، **أبو بكر الصديق**، ص٢٠٢- ٢٠٣.
(٨٣١) فدَكُ: قرية بالحجاز بينها وبين المدينة يومان، وقيل ثلاثة، أفاءها الله على رسوله صلى الله عليه وسلم في سنة سبع صلحاً. ياقوت الحموي، **معجم البلدان**، ج ٤، ص ٢٣٨.
(٨٣٢) المتقي الهندي، **كنز العمال**، ج٥، ص٤١٠.
(٨٣٣) المتقي الهندي، **كنز العمال**، ج٥، ص٤١٠.
(٨٣٤) المتقي الهندي، **كنز العمال**، ج٥، ص٥٤٤.

سرق، فقال: **اقطعوه**، ثم سرق على عهد أبي بكر، فقطعه، ثم سرق أيضاً، فقطع أربعَ مرات، حتى قطع قوائمهُ كلها، ثم سرق الخامسة، فقال أبو بكر: كان رسول الله صلى الله عليه وسلم أعلم بِهذا حين أمر بقتلِه، اذهبوا به فاقتلوه، فقتلناه.[٨٣٥]

وأخرج مالك عن عبد الرحمن بن القاسم، عن أبيه: أنّ رجلاً من أهل اليمنِ أقْطَعَ اليدِ والرِّجْلِ، قَدِمَ فنزلَ على أبي بكرٍ الصدّيق، فشكا إليه أنَّ عاملَ اليمنِ ظلَمَهُ، فكان يُصلّي من الليلِ، فيقول أبو بكر: وأبيكَ ما لَيْلُكَ بليلِ سارقٍ، ثم إنّهم فقدوا عِقْداً لأسماءَ بنتِ عُمَيْس امرأةِ أبي بكر الصدّيق، فجعلَ الرجلُ يطوفُ معهم ويقول: اللهم عليك بِمَن بَيَّتَ أهلَ هذا البيتِ الصالحِ، فوجدوا الحُليَّ عند صائغٍ زعمَ أنَّ الأقْطَعَ جاءهُ به، فاعترفَ الأقطعُ - أو شُهِدَ عليه به - فأمرَ به أبو بكرٍ الصدّيقُ، فقُطِعتْ يدهُ اليُسرى، وقال أبو بكرٍ: واللهِ لدُعاؤه على نفسِهِ أشدُّ عندي عليه من سَرِقَتِهِ.[٨٣٦]

٤ - قضاؤه في ميراث الجدّة:

أخرج مالك عن قبيصَة بن ذُؤَيْبٍ، أنّه قال:جاءتِ الجدَّةُ إلى أبي بكر الصدّيق تسأَلُه ميراثَها، فقال لها أبو بكر: ما لَكِ في كتاب الله شيء، وما عَلِمْتُ لك في سُنّةِ رسول الله صلى الله عليه وسلم شيئاً، فارْجِعي حتى أسأَلَ الناسَ، فسألَ الناسَ، فقال المُغيرةُ بن شُعْبَةَ: حضرتُ رسولَ الله صلى الله عليه وسلم أعطاها السُّدُسَ، فقال أبو بكر: هل معكَ غيرُكَ؟ فقام محمدُ بن مَسْلَمَةَ الأنصاريُّ، فقالَ مثلَ ما قالَ المُغيرةُ، فأنْفَذَه لَها أبو بكرٍ الصدّيق.[٨٣٧]

وأخرج مالك عن القاسِمِ بن محمدٍ، أنّه قال: أتت الجدّتانِ إلى أبي بكرٍ الصدّيق، فأراد أنْ يجعلَ السُّدُسَ للتي من قِبَلِ الأمِّ، فقال له رجلٌ من الأنصار[٨٣٨]: أما إنّك تتْرُكُ التي لو ماتَتْ وهو حيٌّ كان إيّاها يَرِثُ، فجعل أبو بكر السُّدُسَ بينهما.[٨٣٩]

٥ - قضاؤه في رجل انتفى من أبيه:

أتي أبو بكر برجل انتفى من أبيه، فقال أبو بكر: اضْرِبِ الرأس؛ فإنّ الشيطان في

(٨٣٥) المتقي الهندي، **كنز العمال**، ج٥، ص٥٥٥.
(٨٣٦) **موطأ مالك**، كتاب الحدود، ص٦٠١، حديث رقم (١٥٢٤).
(٨٣٧) **موطأ مالك**، كتاب الفرائض، ص٣٤٦، حديث رقم (١٠٨٧).
(٨٣٨) هو عبد الرحمن بن سهل الأنصاري، وكان ممّن شهد بدراً، وهو أخو بني حارثة. السيوطي، **تاريخ الخلفاء**، ص ٩١.
(٨٣٩) **موطأ مالك**، كتاب الفرائض، ص٣٤٦، حديث رقم (١٠٨٨).

الرأس.[٨٤٠]

٦ - ذكر حكمه في الحاضنة وفي مستحقّها:

ذكر الخصّاف: (عن عامر رضي الله عنه قال: قضى أبو بكر رضي الله بعاصم بن عمر لأمّه وقضى على أبيه بالنفقة).

وقصّة الحديث أنّ عاصماً كان ابن عمر رضي الله عنه من امرأة فارقها، فاختصما، فأراد عمر أن يكون الولد عنده، وأرادت الأمّ أن يكون عندها، فاختصما فقضى أبو بكر به لأمّه، وقضى على أبيه بالنفقة، وهذا لأن كونه في حجر الأمّ أنفع له لأنّ حاجته إلى التربية والحضانة في هذه الحالة، والأمّ أقدر على هذا، لكن نفقته على الأب لأنّ الأم عاجزة عن الاكتساب، وذكر في بعض الروايات أنّ أمّ عاصم تزوّجت فقال عمر رضي الله عنه ابني، أنا أحقّ به، وقالت جدّته أمّ الأمّ ابني، أنا أحقّ به، فاختصما إلى أبي بكر رضي الله عنه، فقضى به للجدّة، وقضى على عمر رضي الله عنه بالنفقة.[٨٤١]

٧ - قضاؤه في رجل عضّ يد رجل فوقعت ثَنِيَّته وفي الأذن المقطوعة:

عن أبي مليكة عن جدّه أنّ رجلاً عضّ يَدَ رجل فأندَرَ ثَنِيَّتَه فأهْدَرَها أبو بكر.[٨٤٢]

وأخرج ابن أبي شَيْبَة والبيهقي عن عكرمة أنّ أبا بكر قضى في الأذُنِ بِخَمْسَ عشرةَ من الإبل، وقال: يُوارِي شَيْنَها الشَّعرُ والعمامةُ.[٨٤٣]

٨ - أبو بكر يحرق اللوطيّة:

حرق أبو بكر اللوطيّة، وأذاقهم حرّ النار في الدنيا قبل الآخرة.

فإنّ خالد بن الوليد رضي الله عنه كتب إلى أبي بكر الصدّيق رضي الله عنه ((أنّه وُجد في بعض نواحي العرب رجل يُنكَح كما تُنكحُ المرأة)) فاستشار الصدّيق أصحاب رسول الله صلى الله عليه وسلم وفيهم عليّ بن أبي طالب رضي الله عنه، وكان أشدّهم قولاً. فقال: ((إنّ هذا الذنب لم تَعْصِ به أمّةٌ من الأمم إلاّ واحدةٌ، فصنع الله بِهم ما قد علمتم. أرى أن يُحرقوا بالنار)). فكتب أبو بكر إلى خالد ((أن يُحرق)) فحرقه. ثم

(٨٤٠) السيوطي، **تاريخ الخلفاء**، ص٨٩.
(٨٤١) الخصّاف، **شرح أدب القاضي**، ص٥٨٤.
(٨٤٢) السيوطي، **تاريخ الخلفاء**، ص٨٩.
(٨٤٣) السيوطي، **تاريخ الخلفاء**، ص٨٩.

حرقهم عبد الله بن الزبير في خلافته. ثم حرقهم هشام بن عبد الملك.[٨٤٤]

٩ - حكمه في مغنيتان غنّت إحداهما بشتم النبيّ صلى الله عليه وسلم والأخرى بِهجاء المسلمين:

إنّ المهاجر بن أبي أميّة - وكان أميراً على اليمامة[٨٤٥] - رُفِع إليه امرأتان مُغنِّيتان غَنَّتْ إحداهما بشتم النبي صلى الله عليه وسلم، فقطع يدها، ونزع ثَنِيَّتها، وغَنَّتِ الأخرى بِهجاءِ المسلمين، فقطع يدَها، ونزع ثنِيَّتها؛ فكتب إليه أبو بكر: بلغني الذي فعلْتَ في المرأة التي تغَنَّتْ بشتم النبي صلى الله عليه وسلم، فلولا ما سبقتني فيها لأمرتك بقتلها، لأنّ حَدَّ الأنبياء ليس يشبهُ الحدودَ؛ فمن تعاطى ذلك من مسلم فهو مرتدٌ، أو معاهدٌ فهو محاربٌ غادرٌ، وأمّا التي تغنّت بِهجاء المسلمين: فإن كانت مِمّن يدّعي الإسلامَ، فأدبٌ وتعزيرٌ دونَ المثلة، وإنْ كانت ذمّيّةً فلعمري لما صفحتَ عنه من الشرك أعظم، ولو كنتُ تقدمتُ إليكَ في مثل هذا لبلغتُ مكروهاً، فاقبل الدَّعَة، وإيّاك والمُثْلَة في الناس، فإنّها مأثَمٌ ومُنفِّرةٌ إلاّ في قصاص.[٨٤٦]

٣ - القضاة في عهده

أقرّ أبو بكر رضي الله عنه معظم القضاة والولاة الذي عيّنهم رسول الله صلى الله عليه وسلم، واستمرّوا على ممارسة القضاء والولاية أو أحديهما في عهده، وعيَّن في المدينة المنورة عمر رضي الله عنه لتولي القضاء، وباشر أبو بكر بنفسه القضاء فيما يُرفع إليه من خصومة أو خلاف.

ونذكر من قضاة أبو بكر:

١ - عمر بن الخطاب رضي الله عنه:

تولى عمر رضي الله عنه القضاء في عهد أبي بكر في المدينة. قال وكيع: ((لَمّا استُخلف أبو بكر استعمل عمر على القضاء، وأبا عبيدة على بيت المال، فمكث عمر

(٨٤٤) ابن قيّم الجوزيّة، **الطرق الحكميّة في السياسة الشرعية**، ص١٢-١٣ - المتقي الهندي، **كنز العمال**، ج٥،ص٤٦٩.
(٨٤٥) اليمامة: وكان فتحها وقتل مسيلمة الكذاب في أيام أبي بكر الصديق، رضي الله عنه، سنة ١٢ للهجرة وفتحها أمير المسلمين خالد بن الوليد عنوة ثم صولحوا، وبين اليمامة والبحرين عشرة أيام، وهي معدودة من نجد وقاعدتها حَجْر. وكان اسمها قديماً جوّاً فسميت اليمامة باليمامة بنت سهم بن طَسم. ياقوت الحموي، **معجم البلدان**، ج ٥، ص ٤٤٢.
(٨٤٦) السيوطي، **تاريخ الخلفاء**، ص٨٩-٩٠ - المتقي الهندي، **كنز العمال**، ج٥، ص٥٦٨-٥٦٩.

سنة لا يتقدم إليه أحد)).[٨٤٧]

٢ - عتّاب بن أسيد:

ولاه الرسول صلى الله عليه وسلم على مكة بعد فتحها، فأقرّه أبو بكر عليها، وعلى القضاء فيها.[٨٤٨]

٣ - عثمان بن أبي العاصي:

هو عثمان بن أبي العاص بن بشر بن عَبْد دُهمان بن عبد الله بن همام الثقفي، أبو عبد الله نزيل البصرة.[٨٤٩]

أسلم في وَفْد ثقيف، فاستعمله النبي صلى الله عليه وسلم على الطائف،[٨٥٠] وأقرّه أبو بكر على ولايتِها والقضاء فيها.[٨٥١] ثم أقرّه عمر، ثم استعمله على عمان والبَحْرَين سنة خمس عشرة، ثم سكن البصرة حتى مات بِها في خلافةِ معاوية، قيل سنة خمسين. وقيل سنة إحدى وخمسين، وكان هو الذي منع ثقيفاً عن الردّة؛ خطبهم، فقال: كنتم آخِرَ الناس إسلاماً، فلا تكونوا أوّلهم ارتداداً.[٨٥٢]

له فتوح وغزوات بالهند وفارس. وفي البصرة موضع يُقال له ((شط عثمان)) منسوب إليه.[٨٥٣]

روى عثمان عن النبي صلى الله عليه وسلم أحاديث في صحيح مسلم.

وفي السنن روى عنه ابن أخيه يزيد بن الحكم بن أبي العاص، ومَوْلاه أبو الحكم، وسعيد بن المسيّب، وموسى بن طلحة، ونافع بن جُبَير بن مطعم؛ وأبو العلاء ومطرف ابنا عبد الله بن الشخير، وآخرون.[٨٥٤]

٤ - أبو موسى الأشعري:

استعمله النبي صلى الله عليه وسلم على بعض اليمن: كزبيد، وعَدَن

(٨٤٧) وكيع، **أخبار القضاة**، ج١، ص١٠٤.
(٨٤٨) الزحيلي، **تاريخ القضاء في الإسلام**، ص١٣٤.
(٨٤٩) ابن حجر، **الإصابة في تمييز الصحابة**، ج٤، ص٣٧٣.
(٨٥٠) ابن حجر، **الإصابة في تمييز الصحابة**، ج٤، ص٣٧٤.
(٨٥١) الزحيلي، **تاريخ القضاء في الإسلام**، ص١٣٤.
(٨٥٢) ابن حجر، **الإصابة في تمببز الصحابة**، ج٤، ص٣٧٤
(٨٥٣) الزركلي، **الأعلام**، ج٤، ص٢٠٧
(٨٥٤) ابن حجر، **الإصابة في تمببز الصحابة**، ج٤، ص٣٧٤.

وأعمالها،[٨٥٥] وهو القاضي فيهما في العهد النبوي وأقرّه أبو بكر على ذلك.[٨٥٦]

قال وكيع: إنّ أبا موسى بقي إلى أيّام عمر على القضاء.[٨٥٧]

وقال ابن المدائنيِّ: قضاة الأمة أربعة: عمر، وعليّ، وأبو موسى، وزيد بن ثابت.[٨٥٨]

٥ - معاذ بن جبل:

والي الجَنَد من أرض اليمن والقاضي فيها من العهد النبوي، وأقرّه أبو بكر رضي الله عنه.[٨٥٩]

٦ - المهاجر بن أبي أميّة:

هو المهاجر بن أبي أميَّة بن عبد الله بن عمر بن مخزوم القرشيّ المخزوميّ، أخو أم سلمة، زوج النبي صلى الله عليه وسلم.

قال الزبير: شهد بدراً مع المشركين، وقتل أخواه يومئذ: هشام ومسعود؛ وكان اسمه الوليد فغيَّره النبي صلى الله عليه وسلم.[٨٦٠]

ثم بعث رسول الله صلى الله عليه وسلم المهاجر بن أبي أميّة إلى الحارث بن عبد كلال الحميري ملك اليمن، واستعمله رسول الله صلى الله عليه وسلم أيضاً على صدقات كِندة والصدف.[٨٦١]

وتوفي رسول الله صلى الله عليه وسلم قبل أن يسير إليها، فبعثه أبو بكر إلى اليمن، لقتال من بقي من المرتدّين بعد قتل ((الأسود العنسي)).[٨٦٢]

تولى إمارة ((صنعاء)) سنة ١١ هـ[٨٦٣] وقد فتحها بعد ردّة أهلها، فأقرّه أبو بكر رضي الله عنه على الولاية والقضاء فيها.[٨٦٤]

---

(٨٥٥) ابن حجر، **الإصابة في تمييز الصحابة**، ج٤، ص١٨١.
(٨٥٦) الزحيلي، **تاريخ القضاء في الإسلام**، ص ١٣٥.
(٨٥٧) وكيع، **أخبار القضاة**، ج١، ص١٠٢.
(٨٥٨) ابن حجر، **الإصابة في تمييز الصحابة**، ج٤، ص١٨٢.
(٨٥٩) الزحيلي، **تاريخ القضاء في الإسلام**، ص١٣٥.
(٨٦٠) ابن حجر، **الإصابة في تمييز الصحابة**، ج ٦، ص ١٨٠.
(٨٦١) ابن عبد البر، **الإستيعاب في معرفة الأصحاب**، ج ٤، ص ١٤٥٢-١٤٥٣.
(٨٦٢) الزركلي، **الأعلام**، ج ٧، ص ٣١٠.
(٨٦٣) الزركلي، **الأعلام**، ج ٧، ص ٣١٠.
(٨٦٤) الزحيلي، **تاريخ القضاء في الإسلام**، ص١٣٥.

وهو الذي افتتح حِصْنَ النُّجَيْر بحضرموت مع زياد بن لبيد الأنصاري، وهما بعثا بالأشعث بن قيس أسيراً، فمنّ عليه أبو بكر أو حقن دَمَهُ.[٨٦٥]

توفي سنة ١٢ هـ.[٨٦٦]

٧ - العلاء بن الحضرمي:

أرسل رسول الله صلى الله عليه وسلم العلاء بن الحضرمي والياً على البحرين، وقاضياً فيها، وكتب له النبي صلى الله عليه وسلم كتاباً طويلاً حين بعثه على البحرين.[٨٦٧]

ولاّه رسول الله صلى الله عليه وسلم على البَحْرَين، وتوفي رسول الله صلى الله عليه وسلم وهو عليها، فأقرّه أبو بكر رضي الله عنه في خلافَتِه كلها عليها، ثمّ أقرّه عمر. وتوفي في خلافة عمر سنة أربع عشرة.

وقال الحسن بن عثمان: توفي العلاء بن الحضرمي سنة إحدى وعشرين والياً على البحرين، فاستعمل عمر رضي الله عنه مكانه أبا هريرة.[٨٦٨]

٨ - يَعلى بن أميّة:

هو يعلى بن أميّة بن أبي عُبيدة بن همام بن الحارث التميمي الحنظلي، أبو صفوان. وأكثرهم يقولون: يكنى أبا خالد.[٨٦٩]

وقال يعقوب بن شيبة: مُنية أمه، وهي مُنية بنت غزوان أُخت عتبة بن غزوان صاحب رسول الله صلى الله عليه وسلم.[٨٧٠]

وهو صحابي، من الولاة. ومن الأغنياء الأسخياء من سكان مكة، كان حليفاً لقريش.[٨٧١]

أسلم يوم الفتح، وشهد حُنَيْناً والطائف وتبوك.[٨٧٢]

---

(٨٦٥) ابن عبد البر، **الإستيعاب في معرفة الصحاب**، ج ٤، ص ١٤٥٣.
(٨٦٦) الزركلي، **الأعلام**، ج ٧، ص ٣١٠.
(٨٦٧) ابن حجر، **المطالب العالية**، ج٢، ص٢٣٧.
(٨٦٨) ابن عبد البر، **الإستيعاب في معرفة الصحاب**، ج٣، ص١٠٨٦.
(٨٦٩) ابن عبد البر، **الإستيعاب في معرفة الأصحاب**، ج٤، ص١٥٨٥.
(٨٧٠) ابن عبد البر، **الإستيعاب في معرفة الأصحاب**، ج٤،ص١٥٨٦.
(٨٧١) الزركلي، **الأعلام**، ج٨، ص٢٠٤.
(٨٧٢) ابن عبد البر، **الإستيعاب في معرفة الأصحاب**، ج٤، ص١٥٨٥.

استعمل أبو بكر الصدّيق يَعْلى بن أُميّة على بلاد حُلوان[٨٧٣] في الردّة، ثم عمل لعمر على بعض اليمن، فحمى لنفسه حمى، فبلغ ذلك عمر، فأمره أن يَمشي على رجْليه إلى المدينة، فمشى خمسة أيام أو ستة إلى صعدة، وبلغه موت عمر، فركب، فقدم المدينة على عثمان فاستعمله على صَنْعاء.

وكان عظيم الشأن عند عثمان، وله يقول الشاعر:

إذا ما دعا يَعْلَى وزيد بن ثابت ... لأمرٍ ينوب الناس أو لخطوب[٨٧٤]

وكان يسكن مكة، وكان جواداً معروفاً بالكرم. روي له عن رسول الله صلى الله عليه وسلم ثمانية وعشرون حديثاً، اتفق البخاري ومسلم على ثلاثة منها. وروى عنه ابنه صفوان، وعطاء، ومجاهد، وعكرمة، وآخرون.[٨٧٥]

وهو أول من ظاهر للكعبة بكسوتين، أيام ولايته على اليمن، صنع ذلك بأمر عثمان. ولما قتل عثمان انضم يعلى إلى الزبير وعائشة.

وعن عمرو بن دينار: أوّل من أرّخ الكتب يعلى بن أميّة، وهو باليمن. وزاد غيره: كتب إلى عمر كتاباً ((مؤرخاً)) فاستحسن عمر ذلك، فشرع التاريخ.[٨٧٦]

وقُتل يعلى بن أميّة سنة ثمان وثلاثين بصفّين مع علي بعد أنْ شَهِد الجمل مع عائشة، وهو صاحب الجمل، أعطاه لعائشة، وكان الجملُ يُسَمّى عسكراً، ويقال: إنّه تزَوّج بنت الزبير وبنت أبي لَهب.[٨٧٧]

٩ - عبد الله بن ثَوْر:

هو عبد الله بن ثَوْر أحد بني الغَوْث. كان أميراً في الردّة، وإنّ أبا بكر كتب إليه لَمّا مات النبي صلى الله عليه وسلم أنْ يجمَعَ إليه من طاعة العرب ومَنِ استجاب له من

(٨٧٣) حُلْوان: وهي في آخر حدود السواد مما يلي الجبال من بغداد، وقيل إنّها سميت بحلوان بن عمران بن الحاف بن قُضاعة، كان بعض الملوك أقطعه إيّاها فسميت به. قال أبو زيد: أما حلوان فإنّها مدينة عامرة ليس بأرض العراق بعد الكوفة والبصرة وواسط وبغداد وسرَّ من رأى أكبر منها. وهي بقرب الجبل، وليس للعراق مدينة بقرب الجبل غيرها. ياقوت الحموي، **معجم البلدان**، ج ٢، ص ٢٩٠-٢٩١.

(٨٧٤) ابن عبد البر، **الإستيعاب في معرفة الأصحاب**، ج٤، ص١٥٨٦.

(٨٧٥) النووي، **تَهذيب السماء واللغات**، ج٢، ص١٦٥.

(٨٧٦) الزركلي، **الأعلام**، ج ٨، ص ٢٠٤.

(٨٧٧) ابن عبد البر، **الإستيعاب في معرفة الأصحاب**، ج٤، ص ١٥٨٧.

أهل ((تُهامة)) حتى يأتيه أمره.[٨٧٨]

وتوجّه مع المهاجر بن أبي أميّة إلى جَرَش أميراً عليها.[٨٧٩]

كان أبو بكر رضي الله عنه أعلم الصحابة، ولقد كان موقفه عقيب وفاة الرسول صلى الله عليه وسلم دليلاً قوياً على عبقريته، وعمق إيمانه بالله، وفهمه الكامل لناموس الحياة حتى ولو زاغت أبصار الآخرين، وأثّرت فيهم الخطوب والأحداث.

وكان أبو بكر وديعاً ليّناً، يحبّ الناس ويحبّونه، ويقدّم لهم اللائق من المعاملة فيحترمونه، لذلك نعتوه بأجمل النعوت، ووثقوا به. وإنّ خطبه، وأحكامه، وإجاباته تبيّن إلى حدّ بعيد مقدار عقله، ودقّته، ومدى رجحانه.

غير أنّ أبا بكر المجاهد، البالغ أقصى حدود الثبات على إيمانه، ودعوة رسوله ما كان يتوانى لحظة عن إعلان إرشاده الناس غير مبال بتقاليد قومه التي تحتّم أنْ يحترم المجتمع إجارة الجار، وأن يراعي المستجير ظروف مَنْ أجاره، فالحقّ فوق كل اعتبار.

(٨٧٨) ابن حجر، **الإصابة في تمييز الصحابة**، ج٤، ص٢٩.
(٨٧٩) ابن حجر، **الإصابة في تمييز الصحابة**، ج٤، ص٢٩.

الفصل السادس

القضاء في عهد عمر بن الخطاب

رضي الله عنه

٣ - القضاة في عهده

١ - وصاياه إلى القضاة والعمّال

لعمر بن الخطاب رضي الله عنه خطب مشهورة، ووصايا حكيمة، وأقوال مأثورة عديدة.

كتب عمر رضي الله عنه عدّة كتب، وأرسل عدّة رسائل إلى قضاته وعمّاله، لتنظيم القضاء، وإرشادهم إلى أفضل السبل لتحقيق أهدافه، وأقوم الطرق لبلوغ غاياته، حتى اشتهر عمر رضي الله عنه بالتنظيم الدقيق للدولة عامة، وللقضاء خاصّة.

وإننا نعتقد أنّ وصايا عمر في القضاء أحكم وأصلح لجميع الأزمنة من جميع وصاياه، فلا تعقيب بعدها لمعقب في زمانه أو في زمان يليه، مهما تختلف الأقوام والأوقات. أنشأ وظائف القضاة وتخيّر لها العدول الأكفّاء. ولم تكن به حاجة هنا إلى سنّ الشريعة التي يحكمون بِها، فإنّها ماثلة في الكتاب والسنّة، ولكنه كان في حاجة إلى تعليم القضاة كيف يتصرّفون حين يلتبس عليهم الأمر. فأحسن التعليم.(٨٨٠)

وتعتبر كتبه الموجّهة للقضاة في مجملها دستوراً للقضاء في الإسلام الذي يصلح لكل زمان ومكان.

وفي كتب عمر إلى قضاته وعمّاله كأبي موسى الأشعري والقاضي شريح وأبي عبيدة ومعاوية وغيرهم، قوانين في التشريع والإدارة سنّها للمسلمين لا تزال إلى يوم الناس هذا هي المعوّل عليها، ورسالته في القضاء إلى أبي موسى الأشعري جمع فيها ((جمل الأحكام، واختصرها بأجود الكلام، وجعل الناس بعده يتّخذونَها إماماً، ولا يجد محقّ عنها معدلاً، وظالم عن حدودها محيصاً)).(٨٨١)

وإذا كانت رسالة عمر بن الخطاب إلى أبي موسى قد جمعت أكبر جانب من التزامات القضاء ووسائله، فإنّ عمر قد أضاف إليها ما يوضح ما جاء ويفسّره، وذلك في كتبه إلى ولاته الآخرين.

وقد كان عمّال عمر يفهمون مهامهم جيّداً ويقومون بدورهم بإيصال هذا المفهوم للناس، فهذا هو عامله عمير بن سعد، الذي ولاّه على حمص يعلن على منبرها: ((لا يزال الإسلام منيعاً ما اشتدّ السلطان، وليست شدّة السلطان قتلاً بالسيف

---

(٨٨٠) العقّاد، **عبقرية عمر**، ص ١١٩.
(٨٨١) كرد علي، **الإدارة الإسلامية**، ص ٤٨-٤٩.

ولا ضرباً بالسوط، ولكن قضاءً بالحق وأخذاً بالعدل)).

وفيه يقول عمر: ((وددتُ لو أنّ لي رجلاً مثل عمير بن سعد أستعين به على أعمال المسلمين)).[٨٨٢]

فعمر إذاً لم يختر للأعمال إلا أفاضل الرجال ممن كانوا على سمته وزهده.

وكانت المدينة في أيّامه أشبه بمدرسة يتخرّج به فيها القضاة والعمّال والقواد والأمراء. فلا يبعث إلى الأمصار إلاّ من أختبره في الجملة، وقلّما أخطأتْ فراسته في الناس.

وكان رضي الله عنه يتفقّد سير العدالة، ويسأل قضاته عن المنهج الذي يسيرون عليه في تطبيقها.

عن محارب بن دثار، عن عمر بن الخطّاب، رضوان الله عليه، أنّه قال لرجل[٨٨٣] قاض: من أنت؟ قال: قاضي دمشق، قال: كيف تقضي؟ قال: أقضي بكتاب الله، قال: فإذا جاءك ما ليس في كتاب الله؟ قال: أقضي بسنّة رسول الله. قال: فإذا جاءك ما ليس في سنّة رسول الله؟ قال: أجتهد برأيي، وأُوامِرُ[٨٨٤] جلسائي. فقال: أحسنتَ! قال: وإذا جلسْتَ فقل: اللهم إنّي أسألكَ أنْ أفتي بعلم، وأنْ أقضي بِحلمٍ، وأسألكَ العدل في الغضب والرضا. قال: فسار الرجل ما شاء الله أن يسير، ثم رجع إلى عمر، قال: ما أرجعكَ؟ قال: رأيتُ الشمس والقمر يقتتلان مع كل واحد منهما جنود من الكواكب، قال: مع أيّهما كنتَ؟ قال: مع القمر، قال: يقول الله عزّ وجل: (وَجَعَلْنَا اللَّيْلَ وَالنَّهَارَ آيَتَيْنِ فَمَحَوْنَا آيَةَ اللَّيْلِ وَجَعَلْنَا آيَةَ النَّهَارِ مُبْصِرَةً)[٨٨٥] لا تلي لي عَمَلاً. وتمامه فلمّا اقتتل علي ومعاوية

(٨٨٢) كرد علي، **الإدارة الإسلامية**، ص ٣٣.

(٨٨٣) هو حابس بن سعد بن المنذر الجرميّ الطائي. قاض، من الصحابة. كان فيمن وجههم أبو بكر إلى الشام، فنزل حمص. ولمّا صارت الخلافة إلى عمر ولاّه قضاءها. ونقل بعض أهل العلم بالأخبار أنّ عمر قال له: إنّي أريد أن أولّيك قضاء حمص، فذكر قصّة في رؤياه اقتتال الشمس والقمر، وأنّه كان مع القمر، وأنّ عمر قال له: كنتَ مع الآية المحوّة، لا تلي لي عَمَلاً. وشهد حرب صفين مع معاوية، فكان صاحب لواء طيئ من أهل الشام، فقتل فيها سنة ٣٧ هـ ٦٥٧ م. وكان من أهل العبادة.
الزركلي، **الأعلام**، ج ٢، ص ١٥١ - ابن حجر، **الإصابة في تمييز الصحابة**، ج ١، ص ٦٥٦.

(٨٨٤) آمَرَه في أمْرِه ووامَرَهُ واسْتأمَرَهُ: شاوره. ابن منظور، **لسان العرب**، ج ٤، ص ٣٠.

(٨٨٥) سورة: الإسراء، آية: ١٢.

كان مع معاوية .[(٨٨٦)]

كتب عمر إلى أبي موسى: ((إنّه لم يزل للناس وجوه يرفعون حوائجهم؛ فأكرِمْ مَن قَبِلك من وجوه الناس، وبِحسْبِ المسلم الضعيف من العدل؛ أنْ يُنصِف في الحُكْم وفي القَسَم)).[(٨٨٧)]

وقال عمر بن الخطاب رضي الله عنه: ((يا معشرَ المسلمين إنّي لا أخاف الناسَ عليكم؛ إنّما أخافكم على الناس، إنّي قد تركتُ فيكم اثنين لنْ تبرحوا بخيرٍ ما لزمتُموهما: العدلُ في الحُكم، والعدل في القَسم، وإنّي تركتُكُم على مِثل مَخْرَفةِ[(٨٨٨)] النَّعَمِ إلاّ أن يتعوَّجَ قومٌ فيعوَّج بِهم)).[(٨٨٩)]

وكتب عمر بن الخطاب: ((ألاّ لا يجلدَنَّ أميرُ جيشٍ ولا سَرِيَّةٍ أحداً الحدَّ حتى يَطلع الدَّرْبَ؛ لئلا تحمله حميّة الشيطان أن يلحق بالكفّار)).[(٨٩٠)]

ومن كتبه لعمّاله وصاياه لهم:

عن عروة بن زويمٍ اللخمي، قال: كتب عمر بن الخطاب، إلى عبيدة بن الجراح، رضي الله عنهما، كتاباً، فقرأه على الناس بالجابية: ((أمّا بعد، إنّه لم يُقِم أمر الله في الناس، إلاّ حصيف العقدة، بعيد الغرّة، لا يطلع الناس منه على عورة، ولا يخشى في الحق، على جرأة، ولا يخاف في الله لومة لائم، والسلام عليك)).[(٨٩١)]

قال عمر لشريح حين استقضاه: ((لا تشار ولا تضار، ولا تشتر، ولا تبع، ولا ترتشي))، فقال عمرو بن العاص: يا أمير المؤمنين:

إنّ القضاة إن أرادوا عدلاً	ورفعوا فوق الخصوم فضلاً

(٨٨٦) ابن الجوزي، **مناقب أمير المؤمنين عمر**، ص ١١٧-١١٨ - الخصّاف، **شرح أدب القاضي**، ص ٢٤-٢٥.
(٨٨٧) الطبري، **تاريخ الرسل والملوك**، ج ٤، ص ٢٠٣ - ابن الجوزي، **مناقب أمير المؤمنين عمر**، ص ١٣٤ - المتقي الهندي، **كنز العمّال**، ج٥، ص ٧٦٧.
(٨٨٨) قال ابن منظور: تركتُكُم على مَخْرَفةِ النَّعمِ أي على مِثْلِ طريقِها التي تُمَهِّدُها بأخْفافِها. ابن منظور، **لسان العرب**، ج ٩، ص ٦٥.
(٨٨٩) المتقي الهندي، **كنز العمّال**، ج ٥، ص ٨٠٧.
(٨٩٠) السيوطي، **تاريخ الخلفاء**، ص ١٢٧.
(٨٩١) ابن الجوزي، **مناقب أمير المؤمنين عمر**، ص ١٣٠ - محب الطبري، **الرياض النضرة في مناقب العشرة**، ج ٢، ص ٣٩٥.

وزجروا بالعلم عنهم جهلاً كانوا كغيث قد أصاب محلاً[٨٩٢]

وكتب عمر بن الخطاب رضي الله عنه إلى معاوية بن أبي سفيان:

((أمّا بعد، فالزم الحق يبن لك الحق، ينزلك الحق منازل أهل الحق، يوم لا يُقضى إلاّ بالحق والسلام)).[٨٩٣]

ومن وصاياه المهمّة في القضاء:

عن أبي رواحةَ يزيد بن أيهم قال: كتب عمر بن الخطاب إلى الناس: ((اجعلوا الناسَ عندَكم في الحقِّ سواءً، قريبُهم كبعيدهم، وبعيدُهم كقريبهم، وإيّاكم والرُّشاي والحكم بالهوى، وأن تأخذوا الناس عند الغضب، فقوموا بالحق ولو ساعةً من نَهارٍ)).[٨٩٤]

كلمة لعمر في الواجب على القاضي:

قال عمر بن الخطاب: ((والله لا أدع حقّاً لشأن يظهر، ولا لضِدٍّ يُحتمل، ولا محاباة لبشر؛ وذلك أنّ الله قدّم إليَّ؛ فآيسني من أن يَقْبلَ منّي إلاّ الحقَّ، وأمّنني إلاّ من نفسه، فليس بي حاجة إلى أحد، ولا على أحد منّ وكف[٨٩٥])).[٨٩٦]

تلك نماذج متفرقة من وصاياه للقضاة وولاة الأحكام، وهي فيما نراه أحكم وصاياه وأقربها أن يتبعها سواه.

ولذلك سبب لا يعسر تعليله. فقد كان عمر في الجاهلية حكماً من قبيلة محكمين، أو سفيراً يسعى بين الناس بالصلح من قبيلة سفراء. فهو في هذه الصناعة عريق.

إلاّ أن المرء قد يجلس للحكم بين الناس كما جلس عمر ولا يحسن الوصيّة فيه كما أحسنها، إنّما بلاغ حسن الوصيّة أن تجمع الخصلتين اللتين اجتمعتا في وصاياه لقضاته.. فما من أحد يستطيع أن يوصي قاضياً بخير مما أوصى، وما من عقدة قضائية تأتي من قِبل القضاة أو من قبل المتقاضين إلا وهي ملحوظة في كلامه، وهاتان هما

(٨٩٢) وكيع، **أخبار القضاة**، ج ٢، ص ١٩٠.
(٨٩٣) ابن الجوزي، **مناقب أمير المؤمنين عمر**، ص ١٣٢.
(٨٩٤) المتقي الهندي، **كنز العمّال**، ج ٥، ص ٨٠٧.
(٨٩٥) الوَكَف: المَيْل والجَوْر، والوكَفُ: الوقوع في المأثم والعيب. ابن منظور، **لسان العرب**، ج ٩، ص٣٦٣.
(٨٩٦) وكيع، **أخبار القضاة**، ج١، ص٣٤.

الخصلتان الباديتان في دستور القضاء كما أملاه.[٨٩٧]

فقد كانت كتبه ورسائله متنوّعة وشاملة للتنظيم الإداري، والإجراءات القضائية، ولبيان الأحكام الشرعيّة، وتقديم النصائح لتحري العدل، وبيان المنهج القويم للحق، وكانت كتبه ورسائله مستخلصة من القرآن والسنة، ومستمدّة منهما، ومغطية للتطور جديد، والتوسع الكبير في الفتوحات الإسلامية، ودخول الشعوب في دين الله أفواجاً.

ومن أقواله:

أُنشِد عمر بن الخطاب شعر زهير بن أبي سُلْمى، فلما بلغ قوله:

فإنَّ الحقَّ مقطعه ثلاثٌ يمينٌ أو نفارٌ أو جلاءُ

فجعل عمر يتعجّب من علمه بالحقوق وتفصيله بينهما ويقول:

((لا يخرج الحقُّ من إحدى ثلاث: إمّا يمينٌ، أو محاكمةٌ، أو حجَّةٌ)).[٨٩٨]

عن أنس بن مالك رحمه الله قال: قال عمر بن الخطاب، رضوان الله عليه: ((إن الرجف من كثرة الزنا، وإن قحوط المطر من قضاة السوء، وأئمة الجور)).[٨٩٩]

٢ - أقضيته

ولا بدّ أن نلفت النظر في سياسته للقضاء. ففي القضاء وما شابه القضاء كان يكتفي بالظواهر حتى تنقضها البينة القاطعة، وكان يعلن هذه الخطّة على المنبر، فيقول: ((أظهروا لنا حسن أخلاقكم والله أعلم بالسرائر، فإنّ من أظهر لنا قبيحاً وزعم أنّ سريرته حسنة لم نصدّقه، ومن أظهر لنا علانية حسنة ظننا به حسناً)).[٩٠٠]

والأخذ بالبيّنة دون الظاهر في شؤون القضاء واجب لا محيص عنه لضمان السلامة ومنع الجور، وهو في أحد طرفيه لا يخلو من الحذر الشديد من الطبيعة البشرية، إذ فيه خشية من غواية الهوى أن تنطلق بالقضاة في الحكم بغير برهان.[٩٠١]

وكان يراعي مصلحة الظنين، فقد روى إبراهيم النخعي، أنّ عمر قال: ((لأنّ أعطل الحدود في الشبهات خير من أن أقيمها في الشبهات)).

وكان يقدر ظروف الجريمة، ويشترط قصد الجرم، فإذا لم يثبت له توفّر القصد

(٨٩٧) العقاد، **عبقرية عمر**، ص ١٢٠-١٢١.
(٨٩٨) ابن قتيبة، **عيون الأخبار**، ج ١، ص ١٠٨.
(٨٩٩) ابن الجوزي، **مناقب أمير المؤمنين عمر**، ص ٢٠٠.
(٩٠٠) العقّاد، **عبقرية عمر بن الخطاب**، ص ١٢١.
(٩٠١) العقّاد، **عبقرية عمر بن الخطاب**، ص ١٢٢.

برّأ المتهم.(٩٠٢)

وكان عمر رضوان الله عليه إذا أتاه الخصمان برك على رُكْبَتَيْه وقال: ((اللهم أعِنّي عليهما، فإنّ كل واحدٍ منهما يردّني عن ديني)). وقال: ((ما أُبالي إذا اختصم إليّ رجلان لأيّهما كان الحقّ)).(٩٠٣)

إنّ دستور عمر رضي الله عنه في شؤون القضاء، هو دستور العدل المحكم في الجزاء والفصل بين الحقوق.

كان عمر رضي الله عنه عادلاً في جميع أحكامه عادلاً على وتيرة واحدة لا تفاوت بينها.

اشتهر عمر بعدله بين الناس، وعرف أبو بكر تفانيه في إقامة العدل فكان دائماً يستشيره في كثير من القضايا.

فكان عمر رضي الله عنه يساوي بين الناس في القضاء مهما علَتْ منزلتهم.

والحق أنّ عمر اهتم بالقضاء اهتماماً كبيراً وجعل حصول الإنسان عل حقّه واجباً وحاسماً. كما عني بالسرعة في توصيل الحقوق لأصحابِها، فكان ذلك أحد مآثر عمر بالإضافة إلى اهتماماته باختيار القضاة الذين امتازوا بالعلم والعدالة.

صدرت أقضية كثيرة في عهد عمر رضي الله عنه، نظراً لطول خلافته، واتّساع البلاد والأمصار والشعوب التي استظلّت تحت حكمه، ولكثرة القضاة في عهده، ويمكن أن يجمع من قضاء عمر أمثلة كثيرة، وإننا عندما نذكر بعض القضايا التي فصل فيها عمر بنفسه أو التي احتكم فيها عند بعض رعاياه، نتبيّن عدله القضائي، ومن هذه القضايا:

١ - قضايا في جريمة القتل:

الاشتراك في القتل:

روى الدارقطني عن عبد الله بن عمرة من بني قيس بن ثعلبة قال: كان رجل من أهل صنعاء يسبق الناس كل سنة، فلمّا قدم وجد مع وليدته سبعة رجال يشربون الخمر، فأخذوه وقتلوه، ثم ألقوه في بئر، فجاء الذي من بعده فسئل عنه، فأخبر أنّه مضى بين يديه، قال: فذهب الرجال إلى الخلاء، فرأى ذباباً يلج في خرق الرحى ثم يخرج منها،

(٩٠٢) الطنطاوي، **أخبار عمر وأخبار عبد الله بن عمر**، ص ١٩٧.
(٩٠٣) ابن سعد، **الطبقات الكبرى**، ج ٣، ص ٢٨٩-٢٩٠.

فعرف أنّ فيها لحماً، فرفع الرحى، وأرسل إلى سريّة الرجل، فأخبرته بالقوم، فكتب إليه عمر: أن اضرب أعناقهم أجمعين، واقتلها معهم، فإنّه لو كان أهل صنعاء اشتركوا في دمه قتلتهم به.(٩٠٤)

دِيّة الخطأ في القتل:

عن عِراك بن مالك، وسُليمان بن يسارٍ: أنّ رجلاً من بني سعدِ بن ليثٍ، أجرى فرَساً على أصْبُعِ رجلٍ من جُهَيْنَةَ، فنزي(٩٠٥) منها، فمات، فقال عمر بن الخطاب للذي أدُّعِيَ عليهم:

أتحْلِفونَ بالله خمسين يميناً ما ماتَ منها؟ فأبَوْا وتَحَرَّجوا، وقال للآخرين: أتحلِفون أنتم؟ فأبَوْا. فقضى عمر بن الخطاب بشَطْرِ الدِّيَةِ على السَّعديين.

قال مالك: وليس العملُ على هذا.(٩٠٦)

قصّة الرجل الذي مات عطشاً:

عن الحسن، رحمه الله أنّ رجلاً أتى أهْلَ ماء فاستسقاهم، فلم يَسْقوهُ حتى مات عطشاً، فأغْرَمَهُمْ عمر بن الخطاب ديّته.(٩٠٧)

قوله: (فاستسقاهم فلم يسقوه) فيه دليل على أنّ من منع غيره ما يحتاج إليه من طعام أو شراب مع قدرته على ذلك فمات ضمنه لأنّه متسبب بذلك لموته، وسدّ الرمق واجب.(٩٠٨)

قضائه في رجل بصير وقع عليه أعمى فمات:

عن موسى بن علي بن رباح اللخمي، قال: سمعت أبي يقول: إنّ أعمى كان ينشد في الموسم في خلافة عمر بن الخطاب رضي الله عنه، وهو يقول:

يا أيّها الناس لقيتُ مُنْكراً، هل يَعْقِلُ الأعمى الصحيحَ المُبْصِرا، خَرّا معاً كِلاهما تكَسَّرا، وذلك أنّ الأعمى كان يقوده بصير فوقعا في بئرٍ، فوقع الأعمى على البصير،

---

(٩٠٤) **سنن الدارقطني**، كتاب الحدود والديات، ج ٣، ص ٢٠٣، حديث رقم (٣٦١) - **موطأ مالك**، كتاب العقول، ص ٦٢٨، حديث رقم (١٥٨٤).

(٩٠٥) نُزِيَ دمُه ونُزِف إذا جَرَى ولم ينقطع. ابن منظور، **لسان العرب**، ج ١٥، ص ٣٢٠.

(٩٠٦) **موطأ مالك**، كتاب العقول، ص ٦١٢-٦١٣، حديث رقم (١٥٥٠) - الشوكاني، **نيل الأوطار**، ج ٧، ص ٣٩-٤٠ - محمصاني، **تراث الخلفاء الراشدين في الفقه والقضاء**، ص ٢٧٨.

(٩٠٧) ابن الجوزي، **مناقب أمير المؤمنين عمر**، ص ٩٨ - الشوكاني، **نيل الأوطار**، ج ٧، ص ٧٩.

(٩٠٨) الشوكاني، **نيل الأوطار**، ج ٧، ص ٨٠.

فمات البصير، فقضى عمر رضي الله عنه بعقل البصير على الأعمى.[٩٠٩]

قال الشوكاني: وتحمل قصّة الأعمى المذكورة على أنّه لم يقع على البصير بجذبه له وإلاّ كان هدراً.[٩١٠]

٢ - قضايا في جريمة الزنا:

الاعتراف بالزنا:

عن أبي يزيد أنّ رجلاً تزوجَ امرأةً، ولها ابنةٌ من غيره، وله ابنٌ من غيرها، ففجر الغلام بالجارية، فظهرَ بِها حبَلٌ، فلما قَدِمَ عمر إلى مكّة رُفع ذلك إليه، فسألهما، فاعترفا، فجلدَه عمر الحدَّ، وأخَّر المرأة حتى وضعت ثم جَلدَها وفرض أن يجمع بينهما، فأبى الغلامُ.[٩١١]

عن أبي واقِدٍ اللَّيثي: أنّ عمر بن الخطابِ أتاهُ رجلٌ وهوَ بالشامِ فذكر له: أنّه وجدَ مع امرأتِهِ رجلاً، فبعثَ عمرُ بن الخطابِ أبا واقِدٍ اللَّيثيِّ إلى امرأتِهِ يسألُها عن ذلك، فأتاها وعندَها نِسْوةٌ حَولَها، فذكَرَ لها الذي قال زوجُها لِعُمرَ بن الخطاب، وأخبرها أنّها لا تؤاخَذُ بقولِهِ، وجعل يُلَقِّنُها أشباهَ ذلكَ لِتنْزِعَ، فأبَتْ أن تنزِعَ، وتمَّتْ على الاعتِرافِ، فأمر بِها عمرُ فَرُجِمَتْ.[٩١٢]

عمر يقيم الحدّ على من وطئ جارية امرأته:

عن القاسم بن محمد أنّ رجلاً جُرح فأعطته امرأته جارية لها تخْدُمه؛ فقال له ناس من أصحابه: أتبيعها؟ فقال: إنّي لا أملكها؛ إنّها لامرأتي، فقالوا: إنّك جائز الأمر فيها، فأقامها، فزاد على ما أعطى رجل من القوم، وأشهد لامرأته بثمن في ماله، فوقع عليها، فرفعته المرأة إلى عمر بن الخطاب، فقال الرجل: يا أمير المؤمنين قال أصحابي: أتبيعها؟ قلتُ: إنّها لامرأتي، فقالوا: إنّك جائز الأمر فيها، فأقمتها فزدت على ما أعطى رجل منهم، فأشهدْتُ لها في مالي، فقال: اذهب، فاستشار أصحابه، فلم يقل له يومه شيء، فركب عمر ذات يوم، فرأى ذلك الرجل، فجلده مائة جلدة، فكان الرجل إذا رأى

(٩٠٩) **سنن الدارقطني**، كتاب الحدود والديات، ج ٣، ص ٩٨-٩٩، حديث رقم (٦٢) - ابن قيّم الجوزيّة، **أعلام الموقّعين عن ربّ العالمين**، ج ٢، ص ٣٣ - الشوكاني، **نيل الأوطار**، ج ٧، ص ٨٠.

(٩١٠) الشوكاني، **نيل الأوطار**، ج ٧، ص ٨٠.

(٩١١) المتقي الهندي، **كنز العمّال**، ج ٥، ص ٤١٣.

(٩١٢) **موطأ مالك**، ص ٥٩٢، كتاب الحدود، حديث رقم (١٥٠٠).

عمر نكس رأسه وأعرض عنه، فرأى عمر ذات يوم ذلك منه، فقال: يا فلان إنّا لم نألُك وأنفسنا خيراً.(٩١٣)

إيقامه الحدّ على رجل وقع على وليدة له ولم يطلقها العبد،وإيقامه الحدّ على رجل أنكر ولده:

روى الدارقطني أنّ قبيصة بن ذؤيب كان يحدّث، عن عمر بن الخطاب أنّه جلد رجلاً مائة جلدة وقع على وليدة له، ولم يطلقها العبد، كانت تحت العبد، وقضى عمر بن الخطاب رضي الله عنه في رجل أنكر ولداً من امرأة وهو في بطنها، ثم اعترف به وهو في بطنها، حتى إذا ولد أنكره، فأمر به عمر فجلد ثمانين جلدة لفريته عليها، ثم ألحق به ولدها.(٩١٤)

رفع الحدّ على غير العالم بوجوب الحدّ:

عن ابن المسيَّب قال: ذُكِرَ الزنا بالشام فقال رجلٌ: زَنيتُ، قيل: ما تقول؟ قال: أوَ حرّمه الله، ما علمتُ أنّ الله حرّمهُ، فكُتب إلى عمر بن الخطاب، فكتبَ إن كان علم أنّ الله حرّمه فحُدُّوه، وإن لم يعلم فأعلموه، فإن عادَ فحُدّوه.(٩١٥)

٣- قضايا في جريمة السرقة:

سقوط الحدّ بالشبهة عام المجاعة:

إنّ عمر بن الخطاب رضي الله عنه أسقط القَطْع عن السارق في عام المجاعة.

عن عمر قال: لا تُقطَعْ اليد في عَذْقٍ ولا عامَ سنةٍ.

قال السعدي: سألتُ أحمد بن حنبل عن هذا الحديث فقال: العَذْقُ النخلة، وعام سنة: المجاعة.(٩١٦)

عن يحيى بن عبدِ الرحمن بن حاطبٍ: أنّ رقيقاً لحاطبٍ سَرَقوا ناقةً لرجلٍ من مُزَيْنةَ، فانتحروها، فرُفع ذلك إلى عمر بن الخطاب، فأمرَ عمرُ كثيرَ بن الصلْتِ أن يقطعَ أيديَهُم، ثم قال عمرُ: أراك تُجيعُهُم، ثم قال عمرُ: واللهِ لأُغَرِّمَنَّكَ غُرْماً يشُقُّ عليك، ثم قال للمُزَنِيِّ: كم ثمنُ ناقتِك، فقال المُزَنِيُّ: قد كُنتُ واللهِ أمْنَعها من أربعمائةِ درهمٍ،

---

(٩١٣) وكيع، **أخبار القضاة**، ج ١، ص ٣٢٤-٣٢٥.
(٩١٤) **سنن الدارقطني**، كتاب الحدود والديات، ج ٣، ص ١٦٤، ١٦٥، حديث رقم (٢٤٣).
(٩١٥) المتقي الهندي، **كنز العمّال**، ج ٥، ص ٤١٦.
(٩١٦) ابن قيّم الجوزيّة، **أعلام الموقّعين عن ربّ العالمين**، ج ٣، ص ١٧.

فقال عمر: أعْطِهِ ثمانمائةِ درهمٍ.[٩١٧]

نلاحظ هنا أنّ عمر حكم على حاطب بن أبي بلتعة بدفع الثمانمائة، ولم يحكم على غلمانه السارقين، لأنّه كان السبب المباشر لتحريضهم على السرقة، أمّا هم فكانوا في حالة اضطرار للسرقة ليسدّوا بِها رمقهم، وهذا العذر هو الذي جعل عمر يتسامح في عدم قطع أيديهم.

قال ابن القيّم: فإنّ السنة إذا كانت سنة مجاعة وشدّة غَلَبَ على الناس الحاجة والضرورة، فلا يكاد يسلم السارق من ضرورة تدعوه إلى ما يسدّ به رمَقه، ويجب على صاحب المال بَذْلُ ذلك له، إمّا بالثمن أو مجاناً.[٩١٨]

الاعتراف بالسرقة:

عن عِكرمةَ بن خالدٍ أنّ عمر بن الخطاب أُتِيَ بسارقٍ قد اعترفَ فقال: أرى يدَ رجلٍ ما هي بيدِ سارقٍ، فقال الرجلُ: واللهِ ما أنا بسارقٍ، ولكنَّهم تَهدَّدوني فخلّى سبيله ولم يقطعه.[٩١٩]

٤ - قضايا في شرب الخمر:

روى الدارقطني عن السائب بن يزيد أنّه حضر عمر بن الخطاب يضرب رجلاً وجد منه ريح الخمر.[٩٢٠]

وكذلك عزل الفاروق قدامة بن مظعون، وكان والي الجباية في البحرين، لأنّه شرب الخمر، فأقام عليه الحدّ، ولكن لم يكفره.[٩٢١]

عن أبي بكر بن عمرو بن حزمٍ أنّ عمر أقام على رجلٍ شرب الخمرَ الحدَّ وهو مريضٌ وقال: أخشى أن يموتَ قبل أن يُقام عليه الحدُّ.[٩٢٢]

حكمه على من شرب الخمر وزعم أنّها حلال:

عن العلاءِ بن بدرٍ أنّ رجلاً شرب الخمرَ أو الطِّلاءَ شك هُشيمٌ، فأتى عمرَ فقال: ما شربتُ إلاّ حلالاً، فقال: قوله أشدُّ عندَه مما صنع، فاستشارَ فيه، فأشاروا عليه إلى

(٩١٧) **موطأ مالك**، كتاب الأقضية، ص ٥٣٠- ٥٣١، حديث رقم (١٤٣٢).
(٩١٨) ابن قيّم الجوزيّة، **أعلام الموقّعين عن ربّ العالمين**، ج ٣، ص ١٧-١٨.
(٩١٩) المتقي الهندي، **كنز العمّال**، ج ٥، ص ٥٤١.
(٩٢٠) **سنن الدارقطني**، كتاب الحدود والديّات، ج ٣، ص ١٦٧، حديث رقم (٢٤٦).
(٩٢١) محمصاني، **تراث الخلفاء الراشدين في الفقه والقضاء**، ص ٢٣٩.
(٩٢٢) المتقي الهندي، **كنز العمّال**، ج ٥، ص ٤٧٥.

ضربه ثمانينَ، فصارتْ سُنَّةً بعدُ.(٩٢٣)

أمر عمر أبا عبيدة بن الجراح يستتيب نفراً شربوا الخمر، ومنهم ضرار وأبو جندل، وأن يكتفي بجلدهم إن أقرّوا بأنّ شربها حرام، وأن يقتلهم إنْ زعموا أنّها حلال.(٩٢٤)

حكمه على من شرب الخمر في رمضان:

عن إسماعيل بن أميّة أنّ عمر بن الخطاب كان إذا وجدَ شارباً في رمضان نفاهُ مع الحدَّ.

عن ابن المسيَّب قال: غرَّب عمر أبا بكرٍ بن أُميّة بن خلفٍ في الشرابِ إلى خيبر، فلحقَ بِهرقل فتنصّر، قال عمر: لا أغرّبُ بعده مسلماً أبداً.(٩٢٥)

٥ - حكمه في قضايا الطلاق:

التفريق بين الزوجين إذا تمّ العقد في العدّة:

عن سعيد بن المسيَّب، وعن سُليمان بن يسار: أنَّ طُلَيْحَة الأسديَّة كانت تحت رُشَيْدٍ الثَّقفيّ، فطلَّقها، فنكَحَتْ في عِدَّتَها، فضربَها عمر بن الخطاب، وضرب زوجها بالمِخْفَقة(٩٢٦) ضربات، وفرّق بينهما، ثم قال عمر بن الخطاب: أيّما امرأةٍ نَكَحَتْ في عدَّتِها فإنّ كان زوجُها الذي تزوجها لم يدخل بِها فُرِّق بينهما، ثم اعتدّت بقية عِدَّتها من زوجِها الأول، ثم كان الآخرُ خاطِباً من الخُطاب، وإن كان دخل بِها، فُرِّق بينهما ثم اعتدَّت بقية عِدّتها من الأول، ثم اعتدّت من الآخر، ثم لا يجتمعان أبداً.

قال مالك: وقال سعيد بن المسيّب: ولها مَهرُها بما استحلَّ منها.(٩٢٧)

أمره غيلان أن يراجع نساءه:

أسلم غيلان بن سلمة وعنده عشر نسوة، فأمر النبي صلى الله عليه وسلم أن يمسك منهنّ أربعاً. فلمّا كان عهْدِ عمر طلَّق نساءه، وقسَّم ماله بين بنيه، فبلغ ذلك عمر؛

(٩٢٣) المتقي الهندي، **كنز العمّال**، ج ٥، ص ٤٧٥.
(٩٢٤) محمصاني، **تراث الخلفاء الراشدين في الفقه والقضاء**، ص ٢٤٣.
(٩٢٥) المتقي الهندي، **كنز العمّال**، ج ٥، ص ٤٧٥-٤٧٦.
(٩٢٦) المِخْفَقة: الدرّة التي يضرب بها. ابن منظور، **لسان العرب**، ج ١٠، ص ٨٢.
(٩٢٧) **موطأ مالك**، كتاب النكاح، ص ٣٦٤، حديث رقم (١١٢٧).

فقال: والله إنّي لأظنُّ الشيطانَ فيما يسترق من السمع سمع بموتِك فقذفه في نفسك، ولا أراك تمكثُ إلاّ قليلاً، وايم الله لترجعنّ في مالِك، وليرجعن نساؤك أو لأورثهنّ منك، ولآمرنّ بقبرك فيُرجَم كما يرجم قبرُ أبي رِغال[٩٢٨] [٩٢٩].

شهادة نسوة في قضية طلاق:

عن الزبير بن الحارث عن أبي لبيد: أنّ سكراناً طلّق امرأته ثلاثاً، فشهد عليه أربع نسوة فرفع إلى عمر بن الخطاب، فأجاز شهادة النسوة، وفرّق بينهما.[٩٣٠]

٦ - ولد يرث أبوين:

روى قتادة عن سعيد بن المسيّب في رجلين - اشتركا في طهر امرأة، فحملت غلاماً يشبههما - فرفع ذلك إلى عمر بن الخطاب، فدعا القافة، فقال لهم: انظروا فنظروا، فقالوا: نراه يشبههما، فألحقه بِهما، وجعله يرثهما ويرثانه، وجعله بينهما. قال قتادة: فقلتُ لسعيد ابن المسيّب: لمن عصبته؟ قال: للباقي منهما.[٩٣١]

٧ - قضائه فيمن ارتدّ عن الإسلام:

عن محمد بن عبد الرحمن، عن أبيه قال: لمّا أتي عمر بفتح تستر، قال: هل كان شيء؟ قالوا: نعم، رجل ارتدّ عن الإسلام. قال: فما صنعتم به، قلنا: قتلناه، قال: فهلا أدخلتموه بيتاً وأغلقتم عليه، وأطعمتموه كل يوم رغيفاً فاسْتَتَبْتُموه، فإن تاب، وإلاّ قتلتموه. ثم قال: اللهم إنّي لم أشهد، ولم آمر ولم أرْضَ إذ بلغني.[٩٣٢]

أفاد الحديث على وجوب الاستتابة للمرتد قبل قتله.

(٩٢٨) هو قسيّ بن منبّه بن النبيت بن يقدم، من نبي رغال. صاحب القبر الذي يُرجم إلى اليوم بين مكة والطائف. وهو جاهلي. كان دليل الحبشة لما غزوا الكعبة، فهلك فيمن هلك منهم وذلك سنة ٥٠ ق هـ نحو ٥٧٥ م، ودفن في ((المغمّس)) وقبره معروف. ولما ظهر الإسلام كان خبر الحبشة ومحاولتهم احتلال مكة حديث الناس يتناقلونه لقرب عهده، ولم يمض عليه أكثر من قرن ونصف، فمرّ النبي صلى الله عليه وسلم بقبر ((أبي رغال)) فأمر برجمه فرُجم، فكان ذلك سنّة. الزركلي، **الأعلام**، ج ٥، ص ١٩٨.

(٩٢٩) ابن حجر، **الإصابة في تمييز الصحابة**، ج ٥، ص ٢٥٦.

(٩٣٠) ابن قيّم الجوزيّة، **الطرق الحكميّة في السياسة الشرعيّة**، ص ١١٨.

(٩٣١) ابن قيّم الجوزيّة، **الطرق الحكميّة في السياسة الشرعيّة**، ص ١٦٩.

(٩٣٢) ابن الجوزي، **مناقب أمير المؤمنين عمر**، ص ٧٦-٧٧ - **موطأ مالك**، كتاب الأقضية، ص ٥٢٣، حديث رقم (١٤١٢).

٨ - أمره بقتل من سبّ النبي صلى الله عليه وسلم:

عن مجاهد قال: أُتي عمر رضي الله عنه برجل سبّ النبي صلى الله عليه وسلم فقتله. ثم قال عمر رضي الله عنه: من سبّ الله ورسوله أو سبّ أحداً من الأنبياء فاقتلوه. ثم قال مجاهد عن ابن عباس رضي الله عنهما: أيّما مسلم سبّ الله ورسوله أو سبّ أحداً من الأنبياء فقد كذّب برسول الله صلى الله عليه وسلم. وهي ردّة يستتاب، فإن رجع وإلاّ قتل. وأيّما معاهد، عاند فسبّ الله أو سبّ أحداً من الأنبياء، أو جهر به فقد نقض العهد فاقتلوه.(٩٣٣)

٩ - الأحوال المالية (العلاقات الجوارية في العقارات الخاصّة):

إنّ تصرّف المالك مقيّد بالمصلحة العامّة، وبحقوق الغير، وبوجوب عدم التعسّف، لا سيما في المعاملات الجوارية بين أصحاب العقارات.(٩٣٤)

وبخصوص المياه، قضى الفاروق بإرغام المالك على تمرير مياه جاره في أرضه، إن لم يكن في ذلك ضرر عليه.(٩٣٥)

عن عمرو بن يحيى المازنيِّ، عن أبيه، أنَّ الضحّاك بن خليفةَ(٩٣٦)، ساق خَليجاً له من العُرَيْضِ(٩٣٧)، فأراد أن يمرَّ به في أرضِ محمد بن مسلمة، فأبى محمدٌ، فقال له الضحّاك: لِمَ تَمْنَعُني؟ وهو لك منفعةٌ تشربُ به أوّلاً وآخِراً، ولا يضُرُّكَ، فأبى محمدٌ، فكلَّم فيه الضحاكُ عمر بن الخطاب، فدعا عمر بن الخطاب محمدَ بن مسلمةَ فأمرَهُ أنْ يُخلّي سبيله، فقال محمد: لا، فقال عمر، لِمَ تمنعُ أخاك ما ينفَعُهُ، وهو لكَ نافِعٌ، تسقي به أوّلاً وآخِراً، وهو لا يَضُرُّكَ، فقال محمد: لا واللهِ، فقالَ عمر: واللهِ ليَمُرَّنَّ به ولو على

(٩٣٣) ابن قيّم الجوزيّة، **زاد المعاد**، ج ٣، ص ٢١٤.
(٩٣٤) محمصاني، **تراث الخلفاء الراشدين في الفقه والقضاء**، ص ٤٣٦.
(٩٣٥) محمصاني، **تراث الخلفاء الراشدين في الفقه والقضاء**، ص ٤٣٨.
(٩٣٦) هو الضحّاك بن خليفة بن ثعلبة بن عديّ بن كعب بن عبد الأشهل الأنصاري الأشهليّ. شهد غزوة بني النضير. وهو ولد أبي جَبيرة بن الضحاك، شهد أُحُداً، وتوفي في آخر خلافة عمر بن الخطاب رضي الله عنه، وهو أبو ثابت بن الضحاك، وأبو أبي جبيرة بن الضحاك، ولهما أخت تسمى نبيشة، وكلهم بنو الضحاك بن خليفة. وقيل: إن أوّل مشاهده غزوة بني النضير. ابن عبد البر، **الإستيعاب في معرفة الأصحاب**، ج ٢، ص ٧٤١-٧٤٢ - ابن حجر، **الإصابة في تمييز الصحابة**، ج ٣، ص ٣٨٤.
(٩٣٧) عُرَيْضٌ: هو واد بالمدينة له ذكر في المغازي: خرج أبو سفيان من مكة حتى بلغَ العُريض وادي المدينة فأحرق صَوْراً من صيران وادي العريض ثم انطلق هو وأصحابه هاربين إلى مكة. ياقوت الحموي، **معجم البلدان**، ج ٤، ص ١١٤.

بَطْنِكَ، فأَمَرَهُ عمرُ أنْ يَمُرَّ به، ففعلَ الضحّاكُ.[٩٣٨]

قضية في تحويل ربيع:

وكذلك أمر يحيى المازنيّ بأن يسمح لعبد الرحمن بن عوف بتحويل ربيعه إلى ناحية من بستانه.

عن مالك، عن عمرو بن يحيى المازنيّ، عن أبيه، أنّه قال: كان في حائطِ جدّه ربيعٌ لعبدِ الرحمنِ ابن عَوْفٍ، فأرادَ عبدُ الرحمن بن عَوْفٍ أن يُحوِّلَهُ إلى ناحيةٍ من الحائطِ هيَ أقربُ إلى أرْضِهِ، فمنعهُ صاحِبُ الحائِطِ، فكلّم عبد الرحمن بن عوفٍ عمر بن الخطّاب في ذلك، فقضى لعبدِ الرَّحمن بن عوفٍ بتحويلِهِ.[٩٣٩]

أبو سفيان يحبس الماء عن أهل مكّة:

عن يحيى بن عبد الرحمن بن حاطب، عن أبيه قال: قدمنا مكة مع عمر، رضوان الله عليه، فأقبل أهل مكّة، يسعون: يا أمير المؤمنين، أبو سفيان حبس مسيل الماء علينا ليهدم منازلنا، فأقبل عمر ومعه الدرّة، فإذا أبو سفيان قد نصب أحجاراً فقال: ارفع هذا، فرفعه، ثم قال: وهذا وهذا، حتى رفع أحجاراً كثيرة خمسة أو ستة، ثم استقبل عمر الكعبة، فقال: الحمد لله الذي جعل عمر يأمر أبا سفيان ببطن مكة فيطيعه.[٩٤٠]

١٠ - قصّة المصري وابن عمرو بن العاص:

عن أنس رضي الله عنه أنّ رجلاً من أهل مصر أتى عمر بن الخطاب رضي الله عنه فقال: يا أمير المؤمنين! عائذ بك من الظلم! قال: عذت معاذاً. قال: سابقتُ ابن عمرو بن العاص فسبقته، فجعل يضربني بالسوط ويقول: أنا ابن الأكرمين. فكتب عمر إلى عمرو - رضي الله عنهما - يأمره بالقدوم ويقدم بابنه معه. فقدم فقال عمر: أين المصري؟ خذ السوط فاضرب، فجعل يضربه بالسوط ويقول عمر: اضرب ابن الألأمين. قال أنس: فضرب والله! لقد ضربه نحب ضربه؛ فما أقلع عنه حتى تمنّينا أنّه يرفع عنه. ثم قال للمصري: ضع على صلعة عمرو. فقال يا أمير المؤمنين! إنّما ابنه الذي ضربني وقد استَقَدْت منه. فقال عمر لعمرو: مذ كم تعبّدتم الناس وقد ولدتْهم

---

(٩٣٨) **موطّأ مالك**، كتاب الأقضية، ص ٥٢٩، حديث رقم (١٤٢٨).
(٩٣٩) **موطّأ مالك**، كتاب الأقضية، ص ٥٢٩، حديث رقم (١٤٢٩).
(٩٤٠) ابن الجوزي، **مناقب أمير المؤمنين عمر**، ص ٩٧.

أمّهاتُهم أحراراً؟ قال: يا أمير المؤمنين! لم أعلم ولم يأتيني.[٩٤١]

١١ - جلده في التعريض والقذف:

روى الدارقطني عن حمزة بن عبد الله عن أبيه قال: كان عمر بن الخطاب يجلد في التعريض الحدّ.[٩٤٢]

عن أبي رجاءِ العطاردي قال: كان عُمر وعثمان يعاقبانِ على الهجاء.[٩٤٣]

حدّ المريب:

قال نافع بن أبي نعيم: مرّ رجل من بني مُزينة بباب رجل من الأنصار، وقد كان يتهم بامرأته فتمثّل:

هلاّ علمت وما استودعت مكتوم

فاستعدى ربّ البيت عليه عمر. فقال عمر: ما أردت؟ قال: شعراً. قال: قد كان له موضع غير هذا، ثم أمر به فعوقب.[٩٤٤]

قضية المغيرة:

عن قسامة بن زهير قال: لما كان من شأن أبي بكرة والمغيرةِ الذي كان، ودعا الشهودَ، فشهدَ أبو بكرةَ وشهد ابن معبدٍ ونافع بن عبدِ الحارثِ، فشَقَّ على عمر حين شهد هؤلاء الثلاثة، فلما قام زيادٌ، قال عمر: إنّي أرى غلاماً كيّساً لن يشهد إن شاء اللهُ إلاّ بحقٍ، قال زيادٌ: أمّا الزِنا فلا أشهدُ به، ولكن قد رأيتُ أمراً قبيحاً، قال عمر: الله أكبر حُدُّوهم، فجلدوهم، فقال أبو بكرة: أشهدُ أنّه زانٍ، فهمَّ عمرُ أن يعيدَ عليه الحدَّ فيها، فنهاهُ عليٌّ وقال: إن جلدتَهُ، فارحم صاحبَك، فتركه ولم يجلده.[٩٤٥]

رجل قذف والديْه:

عن عَمْرَةَ بنتِ عبدِ الرحمن: أنَّ رجلين استَبَّا في زمان عمر بن الخطاب، فقال أحدُهُما للآخر: واللهِ ما أبي بزانٍ ولا أمّي بزانيةٍ، فاستشارَ في ذلك عمر بن الخطاب، فقال قائلٌ: مدحَ أباهُ وأُمُّهُ، وقال آخرونَ: قد كان لأبيه وأمّه مدحٌ غيرُ هذا، نرى أن

(٩٤١) الكاندهلوي، **حياة الصحابة**، ج ٢، ص ٢٣٥-٢٣٦ - العقاد، **عبقرية عمر**، ص ٥٣.
(٩٤٢) **سنن الدارقطني**، كتاب الحدود والديات، ج ٣، ص ٢٠٨، حديث رقم (٣٧٣).
(٩٤٣) المتقي الهندي، **كنز العمّال**، ج ٥، ص ٥٦٣.
(٩٤٤) الطنطاوي، **أخبار عمر وأخبار عبد الله بن عمر**، ص ١٩٠.
(٩٤٥) المتقي الهندي، **كنز العمّال**، ج٥، ص ٤٢٣.

تجْلِدَهُ الحدَّ، فجلَدَهُ عمرُ الحدَّ ثمانين.(٩٤٦)

عن الزهري أنّ عمرَ بن الخطاب جلدَ الحدَّ رجلاً في أُمِّ رجلٍ هلكتْ في الجاهلية فقذفها.(٩٤٧)

حكمه في رجل أنكر ولده:

قضى عمر في رجل أنكر ولد امرأته ثم اعترف به وهو في بطنها، حتى إذا ولد أنكره. فأمر عمر بجلده ثمانين جلدة لافترائه، ثم ألحق به ولدها. وكان يقول: إذا أقرّ الرجل بولده طرفة عين فليس له أن ينفيه، وإن أحق الرجل أن يصدّق في اعترافه بولده عند موته.(٩٤٨)

١٢ - قصّة الرجل الذي جلده أبو موسى الأشعري:

عن جرير بن عبد الله البجلي، أنّ رجلاً كان مع أبي موسى الأشعري وكان ذا صوت ونكاية في العدو، فغنموا مغنماً فأعطاه أبو موسى بعض سهمه، فأبى أن يقبله إلا جميعاً، فجلده أبو موسى عشرين سوطاً وحلقه فجمع الرجل شعره، ثم رحل إلى عمر بن الخطاب، حتى قدم عليه فدخل على عمر بن الخطاب، قال جرير: وأنا أقرب الناس من عمر بن الخطاب، ثم قال: أما والله لولا النار، فقال عمر صدق والله لولا النار، فقال: يا أمير المؤمنين إنّي كنت ذا صوت ونكاية فأخبره بأمره وقال: ضربني أبو موسى عشرين سوطاً، وحلق رأسي وهو يرى أنّه لا يُقتصّ منه فقال عمر، رضوان الله عليه: لأن يكون الناس كلهم على صرامة هذا، أحبَ لي من جميع ما أفاء الله علينا، فكتب عمر إلى أبي موسى: ((سلام عليك أما بعد، فإنّ فلاناً أخبرني بكذا وكذا، فإن كنت فعلت ذاك في ملأ من الناس فعزمت عليك لما قعدت له في ملأ من الناس، حتى يقتصّ منك، وإن كنت فعلت ذلك في خلاء من الناس، فاقعد له في خلاء من الناس، حتى يقتص منك، فقدم الرجل فقال له الناس: أعف عنه فقال: لا والله لا أدعه لأحد من الناس، فلما قعد أبو موسى ليقتص منه، رفع الرجل رأسه إلى السماء ثم قال: اللهم إنّي قد عفوت عنه.(٩٤٩)

فهنا نلمس المساواة التامة في تطبيق العدالة بين الرعيّة.

---

(٩٤٦) **موطأ مالك**، كتاب الحدود، ص ٥٩٦، حديث رقم (١٥١٢).
(٩٤٧) المتقي الهندي، **كنز العمّال**، ج ٥، ص ٥٦٤.
(٩٤٨) محمصاني، **تراث الخلفاء الراشدين في الفقه والقضاء**، ص ٣٦٩.
(٩٤٩) ابن الجوزي، **مناقب أمير المؤمنين عمر**، ص ٩٥.

١٣ - قصّة السائب بن الأقرع والكنز:

عن السائب بن الأقرع(٩٥٠)، أنّه كان جالساً في إيوان كسرى، قال: فنظر إلى تمثال يشير بإصبعه إلى موضع، فوقع في روعي أنّه يشير إلى كنز، فاحتفرت ذلك الموضع، فأخرجتُ منه كنزاً عظيماً، فكتبتُ إلى عمر أخبره، وكتبت أنّ هذا الشيء أفاءه الله علي من دون المسلمين، قال: فكتب عمر: إنّك أمير من أمراء المسلمين فاقسمه بين المسلمين.(٩٥١)

١٤ - محاولة رشوة:

عن إسحاق بن راهَوَيه قال: ذُكِر لنا أنّ امرأة من قريش كان بينها وبين رجل خصومة، فأراد أن يخاصمها إلى عمر، فأهدتْ المرأة إلى عمر فخذَ جَزور(٩٥٢) ثم خاصمته إليه فوجّه القضاء عليها، فقالت: يا أمير المؤمنين، افصِل القضاء بيننا كما يُفْصل فخذ الجزور. فقضى عليها عمر وقال: إيّاكم والهدايا. وذكر القصّة.(٩٥٣)

رأينا كيف كان عدل عمر القضائي، وكيف سوّى بعدله بين أبنائه وسائر المسلمين، فبلغ بذلك مبلغ البطولة في هذه الصفة النادرة بين الحكام التي تملأ النفس بالرغبة في التحدّث بِها. فإنّ هذه القضايا المثالية تحسب من اليوم من نوادر الدنيا بأسرها، لا من نوادر الجزيرة العربية وحدها.

٣ - القضاة في عهده

اتّسعت رقعة الدولة الإسلامية في عهد عمر، وفتحت عدّة بلدان وأمصار، وعيّن عليها الولاة والقضاة، وفصل القضاء عن الولاية في بعض البلدان، وعيّن بعض القضاة في المدينة المنورة، وباشر القضاء بنفسه، وخاصة أنّ خلافته طويلة، وامتدّتْ إحدى

(٩٥٠) هو السائب بن الأقرع بن عوف بن جابر بن سفيان بن سالم بن مالك بن حُطيط بن جُشَم الثقفيّ. إنّ أمّه مُليكة دخلتْ به على النبي صلى الله عليه وسلم وهو غلام فمسح رأسه ودعا له. ولي أصبهان ومات بها، وعَقِبُه بها. شهد فتح نهاونْد، وسار بكتاب عمر إلى النعمان بن مُقرّن، واستعمله عمر على المدائن. ابن حجر، **الإصابة في تمييز الصحابة**، ج ٣، ص ١٤-١٥.

(٩٥١) ابن الجوزي، **مناقب أمير المؤمنين عمر**، ص ٩٧.

(٩٥٢) الجَزور: الناقة المَجْزورَة، والجمع جزائر وجُزُرٌ. والجَزَرُ: الشياه السمينة، الواحدة جَزَرَةٌ.ابن منظور، **لسان العرب**، ج ٤، ص ١٣٤.

(٩٥٣) ابن قتيبة، **عيون الأخبار**، ج ١، ص ٩٤.

عشرة سنة، فتوالى عدّة قضاة أحياناً في عهده على مدينة واحدة كالكوفة والبصرة، ولذلك كثر عدد القضاة والولاة في عهد عمر رضي الله عنه، وكان لكثير منهم سجل حافل بالقضاء، وسيرة واسعة في أعمال القضاء، وصدرتْ منهم عدّة أقضية، ويقال عن أشهر الأقضية في زمانه، مثل أقضية شريح، وكعب بن سور، وعلي بن أبي طالب، وأقضية عبد الله بن مسعود، وغيرهم، وسأذكر أهم هؤلاء القضاة ونماذج من الأقضية التي قضوا بِها.

١ - القاضي شريح بن الحارث الكندي:

ترجمته:

هو الفقيه أبو أميّة، شريح بن الحارث بن قيس بن الجهم الكِنديّ، قاضي الكوفة. ويقال: هو من أولاد الفرس الذين كانوا باليمن. يقال: له صُحبة، ولم يصِحّ،بل هو ممن أسلم في حياة النبي صلى الله عليه وسلم وانتقل من اليمن زمن الصدّيق.(٩٥٤)

قال العِجلي: كوفي تابعي ثقة.(٩٥٥)

حدّث عن عمر وعلي، وعبد الرحمن بن أبي بكر.

حدّث عنه: قيس بن أبي حازم، ومُرّة الطيِّب، وتميم بن سلمة، والشّعبي، وغيرهم.(٩٥٦)

وروى شريح أقوال بعض السلف الصالح. وروى بوجه خاص،عن عمر بن الخطاب رضي الله عنه طائفة من الوصايا، التي وجهها إليه في مسائل القضاء. وكان دائماً يطلب الأثر، ويتحرى عنه.(٩٥٧)

وقال ابن مَنْدَه: ولاه عمر القضاء، وله أربعون سنة. وكان في زمن النبي صلى الله عليه وسلم ولم يره ولم يسمع عنه.(٩٥٨)

عن شريح قال: أتيتُ النبي صلى الله عليه وسلم فقلتُ: يا رسول الله، إنّ لي أهل

---

(٩٥٤) الذهبي، **سير أعلام النبلاء**، ج ٤، ص ١٠٠.
(٩٥٥) ابن حجر، **الإصابة في تمييز الصحابة**، ج ٣، ص ٤٧١.
(٩٥٦) الذهبي، **سير أعلام النبلاء**، ج ٤، ص ١٠١.
(٩٥٧) محمصاني، **المجتهدون في القضاء**، ص ١٧.
(٩٥٨) ابن حجر، **الإصابة في تمييز الصحابة**، ج ٣، ص ٢٧١ - **تهذيب تاريخ ابن عساكر**، ج ٦، ص ٣٠٤.

بيت ذوي عددٍ باليمن. قال: ((جئْ بِهِم)) فجاء بِهِم والنبيُّ صلى الله عليه وسلم قد قُبض.[٩٥٩]

وقال الشّعْبيّ: بعث عُمرُ ابن سور على قضاء البصرة، وبعث شُريْحاً على قضاء الكوفة.[٩٦٠]

وقد ولي شريح القضاء في الكوفة بعد الصحابي عبد الله بن مسعود. وكان سبب استقضائه قضية تحكيم لعمر بن الخطاب رضي الله عنه.[٩٦١]

وقال الشعبي: كان سبب تولية عمر لشريح أنّ عمر أخذ فرساً من رجل على سوم فحمل عليه رجلاً فعطب عنده، فحاكمه صاحب الفرس، فقال له عمر: اجعل بيني وبينك رجلاً، فقال الرجل: إنّي أرضى بشريح العراقي. فتحاكما إليه فقال شريح لعمر: أخذته صحيحاً سليماً فأنت له ضامن حتى تردّه صحيحاً سليماً، فأعجب عمر حكمه فبعثه قاضياً على الكوفة.[٩٦٢]

وقال الشعبي: رزقه عمر مائة درهم على القضاء وقال له: اقض بما استبان لك من كتاب الله، فإن لم تعلم كتاب الله كله، فاقض بما استبان لك من قضاء رسول الله صلى الله عليه وسلم، فإن لم تعلم كل أقضية رسول الله صلى الله عليه وسلم، فاقض بما استبان لك من أمر الأئمة المهتدين، فإن لم تعلم كل ما قضت به الأئمّة المهتدون فاجتهد رأيك، واستشر أهل العلم والصلاح.[٩٦٣]

وقد بقي شريح قاضياً في الكوفة أثناء خلافتي عمر وعثمان رضي الله عنهما. ولما قدم علي بن أبي طالب، كرّم الله وجهه، الكوفة، ولّى قضاءها سعيد بن نمران الهمذاني. ثم عزله وولّى مكانه عبيدة السلماني، ثم عزل هذا وولّى شريحاً.

كان قاضي الكوفة زمن عمر وعثمان وعلي رضي الله عنهم، وزمن الخلافة الأموية، وذلك مدّة خمس وسبعين سنة، لم يتعطّل فيها إلاّ ثلاث سنين زمن فتنة ابن

---

(٩٥٩) ابن حجر، **الإصابة في تمييز الصحابة**، ج ٣، ص ٢٧١.
(٩٦٠) الذهبي، **سير أعلام النبلاء**، ج ٤، ص ١٠٢.
(٩٦١) محمصاني، **المجتهدون في القضاء**، ص ١٩.
(٩٦٢) **تهذيب تاريخ ابن عساكر**، ج ٦، ص ٣٠٥ - وكيع، **أخبار القضاة**، ج ٢، ص ١٨٩ - ابن قيّم الجوزيّة، **أعلام الموقّعين عن ربّ العالمين**، ج ١، ص ٦٧.
(٩٦٣) **تهذيب تاريخ ابن عساكر**، ج ٦، ص ٣٠٥ - ابن قيّم الجوزيّة، **أعلام الموقعين عن ربّ العالمين**، ج١، ص٦٦-٦٧- ١٥٦.

الزبير.[٩٦٤]

عن شريح قال: ولِّيتُ القضاء لعمر، وعثمان، وعلي، فمن بعدهم، إلى أنْ استُعفيت من الحجاج. وكان له يوم استُعفي مائة وعشرون سنة. وعاش بعد ذلك سنة.

يقال: إنّه عاش مائة وعشرين سنة، ومات سنة ثمان وسبعين. في قول الواقدي وجماعة.

وقال ابن المَدينيّ: ولي قضاء الكوفة ثلاثاً وخمسين سنة، ونزل البصرة سبع سنين. يقال إنّه تعلم من معاذ إذ كان باليمن.

وقال عمرو بن دينار، عن أبي الشعثاء: أتانا زياد بشُريح فقضى فينا - يعني بالبصرة - سنة لم يقضِ قبله مثله ولا بعده.[٩٦٥]

كان شريح الكندي عالماً، ومحدّثاً، وأديباً وشاعراً، وفقيهاً وقاضياً ونزيهاً. ففي العلم، كان شريح من أبرز علماء الكوفة.[٩٦٦]

وقال الشعبي: كان شُرَيح أعْلمهم بالقضاء، وكان عبيدةُ يوازيه في علم القضاء.

وقال إبراهيم النّخعي: كان شُريح يقضي بقضاء عبد الله.[٩٦٧]

وكذلك اتصف شريح بتواضع العلماء. فكان إلى علو قدره في الفقه، وإلى وجاهته في القضاء، يقرّ بجواز وقوعه في الخطأ.

فقد روى وكيع أنّ شريحاً كان يطوف فجاء إليه رجل، فقال: كيف القضاء في كذا وكذا؟ قال: كذا وكذا. قال: فوربّ هذه البنية لقد قضيتَ علي بخلاف هذا! قال: فانتزع يده من يده، وقال: لئن رأيت أنّي لا أخطئ لبئس ما رأيت.[٩٦٨]

وإلى جانب عمله القضائي، كان شريح لا يتوانى عن إفتاء الناس بإعطائهم المشورة في مشاكلهم التي كانوا يستفتونه فيها ولكنه، في أقضيته، كان يقول: ((أنا أقضي، ولا أفتي)).[٩٦٩]

لا ريب في أنّ أبرز صفات شريح كانت نزاهته وعدله في القضاء والفتيا. فكان

---

(٩٦٤) محمصاني، **المجتهدون في القضاء**، ص ١٩- ٢٠.
(٩٦٥) ابن حجر، **الإصابة في تمييز الصحابة**، ج ٣، ص ٢٧١-٢٧٢.
(٩٦٦) محمصاني، **المجتهدون في القضاء**، ص ١٦.
(٩٦٧) الذهبي، **سير أعلام النبلاء**، ج ٤، ص ١٠٢-١٠٣.
(٩٦٨) وكيع، **أخبار القضاة**، ج ٢، ص ٢١٢.
(٩٦٩) محمصاني، **المجتهدون في القضاء**، ص ١٧.

بعبارة ابن خلكان: ((أعلم الناس بالقضاء، ذا فطنة وذكاء ومعرفة وعقل ورصانة)).[٩٧٠]

كان رحمه الله من أفطن القضاة وأعرفهم بحيل الخصوم.

قال الشعبي: حضرتُ شُرَيحاً ذات يوم وجاءته امرأة تخاصم زوجها، فأرسلتْ عينيها فبكتْ، فقلتُ: يا أبا أميّة ما أظنها إلاّ مظلومة. فقال: يا شعبي، إنّ إخوة يوسف جاءوا أباهم عِشاء يبكون.[٩٧١]

وعلاوة على علمه في الفقه والقضاء، كان أيضاً قائفاً، أي ملمّاً بعلم القيافة.

وكان شريح مشهوراً بحسن الخلق، والتأدب في معاملة الناس.[٩٧٢]

مجلس قضائه:

ومنها ما رُوي عن شريح، فقد جاء في تَهذيب ابن عساكر أنّه:

((كان إذا جلس للقضاء يقول: سيعلم الظالمون حظ من نقصوا. إنّ الظالم ينتظر العقاب. وإنّ المظلوم ينتظر النصر.)).[٩٧٣]

ثم يبدأ محاكمته، فيسلم على الخصوم، ويستمع إليهم وإلى بيّناتِهم. ثم بعد نِهاية المحاكمات، وإصدار الأحكام فيما يعرض عليه من القضايا، كان شريح لا يقوم عن مجلسه، حتى يتأكّد من عدم وجود متظلم بدون استماعه. فينادي: ((هل من خصم، أو مستثبت، أو مستفتي؟)).[٩٧٤]

عدله وحلمه ونزاهته:

كان تصرف شريح في مجلس القضاء دليلاً على حياده. وبعبارته، قال: ((ما شددتُ على عضد خصم، ولا لقّنت خصماً قط)). وقد ذكرنا مثلاً من حياده وعدله في قضية الأعرابي والخليفة عمر الفاروق رضي الله عنه.

ومن نزاهته وصلابته في اتباع الحق أنّ ابنه تكفّل برجل، ففرّ المكفول. فتقدم المكفول له إلى شريح، فحكم هذا بحبس ابنه، إنفاذاً لكفالته. ثم بعد انتهاء مجلس قضائه، لم ينس صفته الأبوية، فأمر بإرسال الطعام إلى ابنه في السجن.

(٩٧٠) ابن خلكان، **وفيات الأعيان**، ج ٢، ص ٤٦١.
(٩٧١) ابن قتيبة، **عيون الأخبار**، ج ١، ص ١٠٦ - ابن قيّم الجوزيّة، **الطرق الحكمية في السياسة الشرعيّة**، ص ٢٠.
(٩٧٢) محمصاني، **المجتهدون في القضاء**، ص ١٧- ١٨.
(٩٧٣) **تهذيب ابن عساكر**، ج٦، ص٣٠٨ - القاسمي، **نظام الحكم**، ص٤٧٠.
(٩٧٤) محمصاني، **المجتهدون في القضاء**، ص ٢١ -٢٢.

وقد اشتهر شريح بحياده السياسي، وعدم انغماسه في تحزباتِها ومنازعاتِها. وهذا من الصفات الأساسية، التي ينبغي للقاضي أن يتحلّى بِها في كل زمان ومكان.[٩٧٥]

وذكر الخصاف (عن شريح أنّه قضى بقضية فقال له رجل: والله! لقد قضيتَ عليَّ بغير الحق، فقال له شريح: والله ما أنا بالشاق الشعرة شعرتين).

يعني لست من المجتهدين الذين يصيبون الحق بالاجتهاد لا محالة فإنّي لا أقدر عليه كما لا أقدر على شق الشعرة شعرتين، لكني أعتمد على قول الشهود وأعمل بالظاهر، فبعد ذلك لا يضرّني قولك ((قضيتَ عليّ بغير الحق)). فيه دليل أنّ القاضي ينبغي أن يحلم عن الخصوم ويتحمّل منهم مثل هذه الكلمات كما فعله شريح ولم يضجر ولم يغضب، وهكذا ينبغي للمفتي مع المستفتي.[٩٧٦]

اختصم إلى شريح رجلان فقضى على أحدهما فقال: قد علمتُ من حيث أُتيتُ. فقال له شريح: لعن الله الراشي والمرتشي والكاذب.[٩٧٧]

وقوله هذا قسم من حديث شريف. عن ابن ماجة عبد الله بن عمرو؛ قال: قال رسول الله صلى الله عليه وسلم: «**لَعْنَةُ الله على الرّاشي والمُرْتَشي**».[٩٧٨]

ومن أقواله:

عن شريح؛ قال: ما اقترض رجل إلاّ كان المقرِض أعظم أجراً من المقترض، وإن أحسن القضاء.[٩٧٩]

من أقضيته:

القصاص في الجناية على ما دون النفس:

قضى القاضي شريح، بالقصاص في قطع الأطراف وفي اللطمة. مثاله: أتاه رجل قطع أُذن رجل آخر، فقضى بقطع أذنه. وقضى بالقصاص أيضاً في نتف الشعر، وبذلك يوزن ما يجب أخذه من الرأس للمماثلة.[٩٨٠]

---

(٩٧٥) محمصاني، **المجتهدون في القضاء**، ص ٢٢- ٢٣.
(٩٧٦) الخصّاف، **شرح أدب القاضي**، ص ١٦-١٧.
(٩٧٧) ابن سعد، **الطبقات الكبرى**، ج ٦، ص ١٣٥.
(٩٧٨) **سنن ابن ماجة**، كتاب الأحكام، باب التغليظ في الحيف والرشوة، ج ٢، ص ٣٤، حديث رقم ١٨٧١ (٢٣١٣).
(٩٧٩) وكيع، **أخبار القضاة**، ج ٢، ص ٢١١.
(٩٨٠) محمصاني، **المجتهدون في القضاء**، ص ٩٨-٩٩.

شهادة مقطوع في السرقة:

عن شريح أنّه أجاز شهادة أقطع اليد والرجل من سرقة، فسأل عنه فأثنى عليه خيراً، فقال له: أتجيز، وأنا أقطع؟ قال: نعم وأراك لهذا أهلاً.(٩٨١)

عن أبي حصين، أنّ شريحاً أجاز شهادة رجل منّا، قطعت يده: ورجله في السرقة، فسأل عنه فذكر فيه خير، فأجاز شهادته.(٩٨٢)

تفريقه بين زوجين:

عرضت على القاضي شريح قضية امرأة نشزت عن زوجها. فقال: ابعثوا حكماً من أهله وحكماً من أهلها. فنظر الحكمان في أمر الزوجين، فرأيا أن يفرقا بينهما لعدم تمكّنهما من مصالحتهما. فكره الزوج ذلك. أمّا شريح، فقد قضى بالتفريق بينهما على اعتبار أن الحكمين يملكان حق الجمع أو التفريق.(٩٨٣)

الشروط الخاصة:

تزوج رجل وشرط لزوجته دارها. هذا الشرط جوّزه عمر بن الخطاب رضي الله عنه، قائلاً: المسلمون على شروطهم عند مقاطع حقوقهم)). وبذلك قضى القاضي شريح، ومن ثم قضى بأنّه إذا لم يقم الزوج بإيفاء هذا الشرط، فللزوجة فسخ النكاح.(٩٨٤)

ومن أقضية شريح أيضاً: أنّ امرأة ادّعتْ على زوجها، قائلة: ((هذا تزوّجني، وأخذ مالي، وجعل لي كل امرأة يتزوجها فهي طالق)). فقال شريح: ((إن يتزوج فقد أحلّ الله من النساء له مثنى وثلاث ورباع، وإن طلقك أخذنا منه مالك)).(٩٨٥)

المواريث:

روي عن القاضي شريح أنّه قضى بالتنزيل في قضية عرضت عليه. وخلاصتها أنّ مولى للأشعث بن قيس مات، فاختصم في إرثه بنو الأشعث وبعض بني ولد الأشعث،

---

(٩٨١) وكيع، **أخبار القضاة**، ج ٢، ص ٣٩٥.
(٩٨٢) وكيع، **أخبار القضاة**، ج ٢، ص ٢٨٨.
(٩٨٣) محمصاني، **المجتهدون في القضاء**، ص ١١٧.
(٩٨٤) محمصاني، **المجتهدون في القضاء**، ص ١٣١-١٣٢.
(٩٨٥) وكيع، **أخبار القضاة**، ج ٢، ص ٣٨٦.

فجعلهم شريح في الميراث سواء.[٩٨٦]

الأهلية والحجر:

قضى القاضي شريح بأنّ الولد إذا بلغ سبعاً، وليس بمعتوه، خيّر بين أبويه إذا تنازعا فيه. فمن اختاره منهما، فهو أولى به. وبذلك قضى قبله عمر وعلي رضي الله عنه.[٩٨٧]

قضائه في الديْن:

ذكر الخصّاف (عن طلق بن معاوية قال: كان لي على رجل ثلاثمائة درهم فخاصمته إلى شريح فقال الرجل: إنّهم قد وعدوني أن يحسنوا إليّ، فقال شريح: إنّ الله يأمركم أن تؤدوا الأمانات إلى أهلها، قال: وأمر بحبسه وما طلبت إليه أن يحبسه حتى صالحني على مائة وخمسين درهماً).

أراد شريح بالأمانة هاهنا الديْن.[٩٨٨]

الوفاء بالعقود:

من أقضية شريح في هذا المجال ما ذكر وكيع أنّ رجلاً باع من رجل بيعاً؛ فقال: إن لم أجئ يوم كذا وكذا، فالبيع بيني وبينك، فلم يأته لذلك الوقت وجاء بعد ذلك، فخاصمه إلى شريح؛ فقال: أنت أخلفته.[٩٨٩]

الوقف:

أبطل القاضي شريح الوقف مطلقاً. وقال لرجل حبس داره عن ولده: ((لا حبس عن فرائض الله)). وأوضح قوله بأنه بعدما أنزلت أحكام الإرث في سورة النساء، نَهى النبي صلى الله عليه وسلم عن الوقف.[٩٩٠]

٢ - علي بن أبي طالب رضي الله عنه:

وكان قضاؤه بالمدينة في عهد عمر رضي الله عنه مشهوراً، حتى تكررت عبارة

---

(٩٨٦) محمصاني، **المجتهدون في القضاء**، ص ١٥٤.
(٩٨٧) محمصاني، **المجتهدون في القضاء**، ص ١٦٥.
(٩٨٨) الخصّاف، **شرح أدب القاضي**، ص ٢١٦-٢١٧.
(٩٨٩) وكيع، **أخبار القضاة**، ج ٢، ص ٣٤٢.
(٩٩٠) محمصاني، **المجتهدون في القضاء**، ص ٢٤٠ - وكيع، **أخبار القضاة**، ج ٢، ص ٢٩٥.

عمر ((قضية ولا أبا الحسن لها)).[٩٩١]

عن إبراهيم النخعي، قال: لما ولي عمر قال لعلي، رضوان الله عليهما: ((اقض بين الناس وتجرّد للحرب)).[٩٩٢]

ومن أقضيته في عهد عمر:

فراسة علي في قضية امرأة قد زنت:

ومن ذلك: أنّ امرأة رُفعت إلى عمر بن الخطاب رضي الله عنه، قد زنت. فسألها عن ذلك، فقالت: نعم يا أمير المؤمنين، وأعادت ذلك وأيّدته. فقال علي: إنّها لتستهلّ به استهلال من لا يعلم أنّه حرام. فدرأ عنها الحدّ.

وهذا من دقيق الفراسة.[٩٩٣]

قضية تزوير:

روى البلاذري في فتوحه أنّ رجلاً يقال له معن بن زائدة انتقش على خاتم الخلافة على عهد عمر فأصاب مالاً من خراج الكوفة - إلى أن قال: فلما صلى عمر صلاة الصبح قال للناس: مكانكم وذكر قصّته لهم وقال ما تقولون فيه؟ فقال قائل: اقطع يده، وقال قائل: اصلبه، وعليّ ساكت، فقال له عمر: ما تقول يا أبا الحسن؟ قال: رجل كذب كذباً عقوبته في بَشَره، فضربه عمر ضرباً شديداً وحبسه.[٩٩٤]

٣ - زيد بن ثابت:

كان زيد بن ثابت مترئساً بالمدينة في القضاء والفتوى والقراءة والفرائض في عهد عمر وعثمان وعلي في مُقامه بالمدينة، وبعد ذلك خمس سنين حتى ولي معاوية سنة أربعين، فكان كذلك أيضاً حتى توفي زيد سنة خمس وأربعين.[٩٩٥]

ما كان عمر ولا عثمان يقدّمان على زيد بن ثابت أحداً في القضاء والفتوى والفرائض والقراءة.

خطب عمر بن الخطّاب بالجابية فقال: مَنْ كان يريد أن يسأل عن الفرائض

---

(٩٩١) الزحيلي، **تاريخ القضاء في الإسلام**، ص ١٣٨.
(٩٩٢) ابن الجوزي، **مناقب أمير المؤمنين عمر**، ص ٧٣.
(٩٩٣) ابن قيّم الجوزيّة، **الطرق الحكمية**، ص ٤٣.
(٩٩٤) التستري، **قضاء أمير المؤمنين علي بن أبي طالب عليه السلام**، ص ٦٤ - ابن حجر، **الإصابة في تمييز الصحابة**، ج ٦، ص ٢٩١.
(٩٩٥) ابن سعد، **الطبقات الكبرى**، ج ٢، ص ٣٦٠.

فليأتِ زيد بن ثابت.(٩٩٦)

وقال ابن سعد: استعمل عمر بن الخطاب زيد بن ثابت على القضاء، وفرض له رِزقاً.(٩٩٧)

وكان من حملة الحُجَّة، وكان عمر بن الخطاب يستخلفه إذا حجّ على المدينة.(٩٩٨)

قال ابن سعد: كان عمر يَستخلف زيد بن ثابت في كلّ سفر، وكان يُفرّق الناس في البلدان ويوجّهه في الأمور المهمّة، ويُطْلَبُ إليه الرجال المُسَمَّوْن فيقال له زيد بن ثابت، فيقول: لم يسقُط عليّ مكان زيد، ولكن أهل البلد يحتاجون إلى زيد فيما يجدون عنده فيما يَحْدُثُ لهم ما لا يجدون عند غيره.(٩٩٩)

احتكام عمر رضي الله عنه وأبيّ إلى زيد بن ثابت:

عن الشعبي قال: كان حائط بين عمر وأبيّ بن كعب رضي الله عنهما فكانا جميعاً يدّعيانه، فتقاضيا إلى زيد بن ثابت رضي الله عنه، فأتياه فضربا الباب، فسمع زيد صوت عمر فاستقبله فقال: ألا أرسلْت إليّ يا أمير المؤمنين، فقال: في بيته يؤتى الحَكَم، فلما ألقى وسادة، فقال: هاهنا في الرحب يا أمير المؤمنين. قال: هذا أول جورك. فجلسا بين يدي زيد. فقال أبيّ: حائطي، فقال زيد: بيّنتك، وإن رأيت أن تعفي أمير المؤمنين عن اليمين فاعفه. فقال عمر: وأيضاً، فقال أبيّ: لا بل نعفيه ونصدقه، فقال عمر: لا بل تقضي عليّ باليمين ثم لا أحلف.(١٠٠٠)

أفاد الحديث فوائد منها أنّ التحكيم جائز كما فعله رضي الله عنه، ومنها أنّ الإمام متى وقعت له خصومة مع بعض الناس فلا ينبغي أن يتولّى فصلها بنفسه، بل يأمر غيره بذلك، ثم إذا أمر غيره بذلك صار ذلك المأمور بمنزلة القاضي المولى النافذ الحكم في تلك الحادثة، ومنها أنّه إذا أمر الإمام أحداً بفصل خصومته فلا ينبغي أن يدعوه إلى منزله، بل يحضر عنده تعظيماً له، كما فعله عمر رضي الله عنه، ومنها أنّ

(٩٩٦) ابن سعد، **الطبقات الكبرى**، ج ٢، ص ٣٥٩.
(٩٩٧) ابن سعد، **الطبقات الكبرى**، ج ٢، ص ٣٥٩ - وكيع، **أخبار القضاء**، ج١، ص١٠٨.
(٩٩٨) الذهبي، **سير أعلام النبلاء**، ج٢، ص٤٢٧
(٩٩٩) طبقات الكبرى، **ابن سعد**، ج٢، ص٣٥٩-٢٦٠
(١٠٠٠) الخصاف، **شرح أدب القاضي**، ص ١٠٣ - وكيع، **أخبار القضاة**، ج ١، ص ١٠٨-١٠٩.

الخصومة كانت تجري بين صغار الصحابة وكبارهم، ولكن خصومتهم لم تكن مكابرة ومعاندة للحقّ بل لالتباس المحق منهم بالمبطل، فإذا عرفهم القاضي ذلك انقادوا له، ولهذا كان القاضي في زمانِهم مفتياً.

وقول عمر رضي الله عنه (هذا أوّل جورك)، يعني تركت التسوية بين الخصوم وهو جور وظلم. وقوله بعد ذلك (وأيضاً) يعني وهذا جور أيضاً لأنّ القاضي لا ينبغي له أن يشفع لأحد الخصمين فإنّ ذلك ظلم.[١٠٠١]

٤ - يزيد بن سعيد:

هو يزيد بن سعيد بن ثمامة بن الأسود بن عبد الله بن الحارث بن الولادة الكنديّ، والدالسائب بن يزيد المعروف بابن أخت النمر، حليف بني أميّة بن عبد شمس.[١٠٠٢]

عن السائب بن يزيد، عن أبيه، أنّ عمر قال له: اكفني صِغار الأمور، فكان يقضي في الدِّرهم ونحوه.[١٠٠٣]

عن الزهري؛ قال: حدّثني السائب بن يزيد: أنّ أباه، كان يُقوّم خيله، فيدفع صدَقتها من أثمانِها إلى عمر بن الخطاب.[١٠٠٤]

٥ - عبد الله بن مسعود:

هو عبد الله بن مسعود بن غافل بن حبيب بن شمْخ، أبو عبد الرحمن.

سيّره عمر إلى الكوفة ليعلّمهم أمورَ دينهم؛ وبعث عمّاراً أميراً، وقال: إنّهما من النجباء مِن أصحاب محمد فاقتدوا بِهما.[١٠٠٥]

بعثه عمر على بيت المال والقضاء بالكوفة، حتى قال الشعبي: أوّل من قضى بالكوفة عبد الله ابن مسعود.[١٠٠٦]

ومن قضايه في عهد عمر:

أُتي عبد الله بن مسعود برجل من قريش، وُجد مع امرأة في ملحفتها، ولم تقم

(١٠٠١) الخصّاف، **شرح أدب القاضي**، ص ١٠٣-١٠٤.
(١٠٠٢) ابن حجر، **الإصابة في تمييز الصحابة**، ج ٦، ص ٥١٦.
(١٠٠٣) وكيع، **أخبار القضاة**، ج ١، ص ١٠٦.
(١٠٠٤) وكيع، **أخبار القضاة**، ج ١، ص ١٠٧.
(١٠٠٥) ابن حجر، **الإصابة في تمييز الصحابة**، ج ٤، ص ١٩٨-١٩٩- ٢٠١.
(١٠٠٦) وكيع، **أخبار القضاة**، ج ٢، ص ١٨٤-١٨٨.

البيّنة على غير ذلك، فضربه عبد الله أربعين، وأقامه للناس، فانطلق قوم إلى عمر بن الخطاب فقالوا: فضح منّا رجلاً، فقال عمر لعبد الله: بلغني أنك ضربتَ رجلاً من قريش. فقال: أجل! أتيتُ به قد وُجد مع امرأة في ملحفتها، ولم تقم البيّنة على غير ذلك، فضربته أربعين، وعرفته للناس. قال: أرأيتَ ذلك؟ قال: نعم. قال: نِعم ما رأيتَ. قالوا: جئنا نستعديه عليه، فاستفتاه.(١٠٠٧)

٦ - سليمان بن ربيعة(١٠٠٨):

هو سلمان بن ربيعة بن يزيد بن عمرو بن سَهْم بن ثعلبة الباهلي. مختلف في صحبته. يكنى أبا عبد الله.

روى عنه كبار التابعين كأبي وائل وأبي ميسرة وأبي عثمان النهدي وسويد بن غفلة. وشهد فتوح الشام وسكن العراق، وولي غزو أرمينية في زمن عثمان فاستشهد قبل الثلاثين أو بعدها.(١٠٠٩)

عن الشعبي: أنّ أول من قضى بالعراق سلمان بن ربيعة الباهلي، شهد القادسية فقضى بِها، ثم قضى بينهم بالمدائن، قال الشعبي: ثم عزله عمر، واستقضى شرحبيل بن جبر، وجبر هو القشعم الكندي، على المدائن، ثم عزله عمر واستقضى أبا قُرّة الكندي، وهو اسمه، فاختط الناس بالكوفة، وقاضيهم أبو قرة.(١٠١٠)

وقال ابن حبان في ثقات التابعين كان يلي الخيول أيام عمر وهو أول من استقضي بالكوفة، وكان رجلاً صالحاً يحج كل سنة.

وعن أبي وائل: اختلفت إلى سليمان بن ربيعة أربعين صباحاً فلم أجد عنده فيها خصماً.(١٠١١)

قال أبو بكر: قتل سلمان بن ربيعة وكان على قضاء الكوفة خمسين يوماً في مجلس قضائه فلم يأته أحد.(١٠١٢)

(١٠٠٧) وكيع، **أخبار القضاة**، ج ٢، ص ١٨٨.
(١٠٠٨) ذكره وكيع مرة باسم سلمان، ومرة باسم سليمان، وذكره ابن سعد باسم سلمان، وذكره ابن حجر باسم سلمان.
(١٠٠٩) ابن حجر، **الإصابة في تمييز الصحابة**، ج ٣، ص ١١٧.
(١٠١٠) وكيع، **أخبار القضاة**، ج ٢، ص ١٨٤-١٨٥.
(١٠١١) ابن حجر، **الإصابة في تمييز الصحابة**، ج ٣، ص ١١٧.
(١٠١٢) وكيع، **أخبار القضاة**، ج ٢، ص ١٨٦.

من قضاياه:

عن أبي إسحاق، عن مرة قال: أتي سليمان بن ربيعة في فريضة، فأخطأ فيها، فقال عمرو بن شرحبيل: القضاء فيها كذا وكذا، فغضب سلمان، فرفع إلى أبي موسى، فقال: أما أنت يا سلمان، فما ينبغي أن تغضب، وأما أنت يا عمرو ما كان ينبغي لك أن تشاوره في أذنه.(١٠١٣)

عن القاسم؛ قال: ضرب رجل دابة رجل فنفحت رجلاً فقطعت أذنه، فاختصموا إلى سلمان ابن ربيعة، وهو على القضاء في القادسية، فقضى أنّ الضمان على الراكب، فبلغ ذلك ابن مسعود فقضى أنّ الضمان على الضارب، لأنّه إنّما أصابه نفحة ضربته.(١٠١٤)

٧ - أبو قُرّة الكندي:

هو أبو قُرّة بن معاوية بن وهب بن قيس بن حُجر الكندي. كان شريفاً، وفد على النبي صلى الله عليه وسلم.(١٠١٥)

استقضاه عمر على المدائن بعد عزل جبر بن القشعم، واختطّت الكوفة في زمنه، فصار قاضياً فيها، وقال عبد العزيز بن أبان: أول من قضى بالكوفة أبو قرة الكندي، ثم سليمان بن ربيعة، ثم عيّن عبد الله بن مسعود.(١٠١٦)

وذكر ابن سعد أنّ ابنه عمرو بن قُرة وَلي قضاء الكوفة بعد شُريح.(١٠١٧)

٨ - إياس بن صُبَيح:

هو إياس بن صُبَيح بن المُحَرِّش بن عبد عمرو الحنفي، يكنى أبا مريم.

كان من أصحاب مسليمة، ثم تاب وحَسُن إسلامه، وولي قضاء البصرة في زمن عمر.(١٠١٨)

عن ابن سيرين؛ قال: أول من قضى بالبصرة إياس بن صُبيح أبو مريم

(١٠١٣) وكيع، **أخبار القضاة**، ج ٢، ص ١٨٥.
(١٠١٤) وكيع، **أخبار القضاة**، ج ٢، ص ١٨٦.
(١٠١٥) ابن حجر، **الإصابة في تمييز الصحابة**، ج ٧، ص ٢٧٦.
(١٠١٦) وكيع، **أخبار القضاة**، ج ٢، ص ١٨٥-١٨٧ - الزحيلي، **تاريخ القضاء في الإسلام**، ص ١٣٩.
(١٠١٧) ابن حجر، **الإصابة في تمييز الصحابة**، ج ٧، ص ٢٧٦ - ابن سعد، **الطبقات الكبرى**، ج ٦، ص ١٤٨.
(١٠١٨) ابن حجر، **الإصابة في تمييز الصحابة**، ج ١، ص ٣٦٢.

الحنفي.[١٠١٩]

كان الأمير على البصرة أيام عمر عُتبة بن غَزوان في سنة أربع عشرة، فولّى أبا مريم القضاء، فلم يزل قاضياً حتى مات عُتبة بن غَزوان بطريق مكة، وَوَلي المُغيرة بن شُعبة فأقرّ أبا مريم على القضاء.[١٠٢٠]

عن ابن عمر؛ قال: شُكِيَ ضعف أبي مريم الحنفي إلى عمر فأمر بعزله.

قال عمر: لأنزعنّ فلاناً عن القضاء، ولأستعملنّ رجُلاً إذا رآه فاجر فرقه.

عن ابن سيرين؛ أنّ عمر بن الخطاب كتب إلى أبي موسى الأشعري: أن ينظر في قضايا أبي مريم، فكتب إليه: إنّي لا أتّهم أبا مريم.[١٠٢١]

٩ - كعب بن سور:

هو كعب بن سُور بن بكر بن عبيد بن ثعلبة بن سليم بن ذُهْل بن لقيط بن الحارث بن مالك ابن فَهْم بن غنم بن دَوْس الأزدي.

كان مسلماً في عهد رسول الله صلى الله عليه وسلم ولم يره، وهو معدود في كبار التابعين.[١٠٢٢]

من أعيان المقدمين في صدر الإسلام.[١٠٢٣]

ولاه عمر قضاء البصرة بعد أبي مريم. قال ابن حِبّان: هو أوّل قاضٍ بالبصرة.[١٠٢٤]

عن ابن سيرين؛ قال: لمّا استُخلف عثمان أقرّ أبا موسى على البصرة، على صلاتِها، وأحداثها، وعزل أبا موسى عن البصرة، وولّى عبد الله بن عامر بن كُريز، فولّى عبد الله بن عامر كعب ابن سُور القضاء؛ فلم يزل قاضياً حتى قُتل يوم الجمل.[١٠٢٥]

شهد كعب بن سُور الجمل مع عائشة، فلمّا اجتمع الناسُ خرج وبيده مصحف فنشره وجالَ بين الصفين يناشِدُ الناس في تركِ القتال فأتاه سهم غَرْب فقُتل، وكانت

(١٠١٩) وكيع، **أخبار القضاة**، ج ١، ص ٢٦٩.
(١٠٢٠) وكيع، **أخبار القضاة**، ج ١، ص ٢٦٩-٢٧٠.
(١٠٢١) وكيع، **أخبار القضاة**، ج ١، ص ٢٧٠.
(١٠٢٢) ابن حجر، **الإصابة في تمييز الصحابة**، ج ٥، ص ٤٨٠.
(١٠٢٣) الزركلي، **الأعلام**، ج ٥، ص ٢٢٧.
(١٠٢٤) ابن حجر، **الإصابة في تمييز الصحابة**، ج ٥، ص ٤٨٠.
(١٠٢٥) وكيع، **أخبار القضاة**، ج ١، ص ٢٧٤-٢٧٥.

وقعةُ الجمل في جمادى سنة ست وثلاثين.(١٠٢٦)

عن الزبير بن الحُريث؛ قال: مَرَّ به علي، وهو قتيل، فقام عليه؛ فقال: والله ما علمت: إن كنتَ لصُلباً في الحق، قاضياً بالعدل، وكنت وكنت؛ فأثنى عليه.(١٠٢٧)

عن بكر بن عبد الله المُزني؛ قال عُمر لِكعب بن سور: نِعم القاضي أنت.(١٠٢٨)

عن أيوب عن محمد؛ قال: كان قضاء كعب بن سور لا يختلف فيه.

عن مزعجة اللقيطة تحدِّث نساء الحي: أنّ أباها حدّثها: أنّ كعب بن سور كان يقضي في داره، وخيلنا ترعى العِكْرِش ما بيننا وبين المسجد الجامع.(١٠٢٩)

ومن قضاياه:

كعب يقضي أمام عمر بأمره:

ظهرت نجابته وأهليّته للقضاء في مجلس عمر، وقضى في قضية امرأة شكت زوجها إلى عمر فبعثه قاضياً على البصرة. وذكر ابن القيّم هذه القضية فقال:

فهذا عمر بن الخطاب رضي الله عنه، أتته امرأة فشكرت عنده زوجها وقالت: هو من خيار أهل الدنيا، يقوم الليل حتى الصباح، ويصوم النهار حتى يمسي. ثم أدركها الحياء، فقال: جزاك الله خيراً فقد أحسنتِ إلينا. فلما ولّت قال كعب بن سُور: يا أمير المؤمنين، لقد أبلغت في الشكوى إليك، فقال: وما اشتكَتْ؟ قال: زوجَها. قال عليَّ بِهما. فقال لكعب: اقض بينهما. قال: أقضي وأنت شاهد؟ قال: إنّك قد فطنت إلى ما لم أفطن له. قال: إنّ الله تعالى يقول: (فَانْكِحُوا مَا طَابَ لَكُمْ مِنَ النِّسَاءِ مَثْنَى وَثُلَاثَ وَرُبَاعَ) (١٠٣٠) صم ثلاثة أيام، وأفطر عندها يوماً. وقم ثلاث ليال، وبت عندها ليلة، فقال عمر: هذا أعجب إليّ من الأوّل. فبعثه قاضياً لأهل البصرة. فكان يقع له في الحكومة من الفراسة أمور عجيبة.(١٠٣١)

(١٠٢٦) ابن حجر، **الإصابة في تمييز الصحابة**، ج ٥، ص ٤٨١ - وكيع، **أخبار القضاة**، ج ١، ص ٢٨١.
(١٠٢٧) وكيع، **أخبار القضاة**، ج ١، ص ٢٨٢.
(١٠٢٨) وكيع، **أخبار القضاة**، ج ١، ص ٢٨٣.
(١٠٢٩) وكيع، **أخبار القضاة**، ج ١، ص ٢٧٥.
(١٠٣٠) سورة: النساء، آية: ٣.
(١٠٣١) ابن قيّم الجوزيّة، **الطرق الحكمية**، ص ٢٠ - النباهي المالقي، **تاريخ قضاة الأندلس**، ص ٢٢-٢٣ - وكيع، **أخبار القضاة**، ج ١، ص ٢٧٥-٢٧٦.

كعب يراجع عمر في قضائه في عين ماء:

وذكر أبو عُبَيدة مَعمر بن المُثَنّى أنّ صاحب عين هَجَر[١٠٣٢] أتى عمر، وعنده كعب بن سُور؛ فقال: يا أمير المؤمنين إنّ لي عيناً فاجعل لي خراج ما تسقى؛ فقال: هو لك؛ فقال كعب: يا أمير المؤمنين ليس ذاك له؛ قال: ولِمَ؟ قال: لأنّه يفيض ماؤه عن أرضه فيسقي أرض الناس، ولو حَبس ماءه في أرضه لغرقت، فلم ينتفع بمائه، ولا بأرضه، فَمُره، فليحبس ماءه عن أرض الناس إن كان صادقاً، فقال له عمر: أتستطيع أن تحبس ماءك؟ قال: لا؛ قال: هذه لِكعب مع الأولى.[١٠٣٣]

كعب يفتي في حادثة نسب بالقيافة:

ومن المنقول عن كعب بن سور، قاضي عمر بن الخطاب: أنّه اختصم إليه امرأتان، كان لكل واحدة منهما ولد. فانقلب إحدى المرأتين على أحد الصبيين فقتلته، فادّعت كل واحدة منهما الباقي. فقال كعب: لست بسليمان بن داود. ثم دعا بتراب ناعم ففرشه. ثم أمر المرأتين فوطئتا عليه، ثم مشى الصبي عليه، ثم دعا القائف، فقال: انظر في هذه الأقدام. فألحقه بإحداهما.[١٠٣٤]

كعب بن سور يفتي في جارية ربّاها رجل:

عن أبي لَبيد؛ قال: جاء كعبُ بن سور إلى مسجدنا، فسأله رجل من الحي؛ قال: إنّي ربيّت جارية يتيمة، وأنّها تدعوني يا أبته، وأنا أقول لها: يا ابنته؛ أفترى لي أن أتزوّجها؟ قال: هي لك حلال، وأحبُ إليّ ألا تتزوجها.[١٠٣٥]

كعب يفتي في أرض معيّبة:

اشترى رجل من رجل أرضاً، فوجدها صخرة، فاختصما إلى كعب بن سُور؛ فقال كعب: أرأيت لو وجدتَها ذهباً أكنت تردُّها؟ قال: لا؛ قال: فهي لك.[١٠٣٦]

(١٠٣٢) هَجَرُ: التي ينسب إليها القلال الهَجَريّة، فهي قرية من قرى المدينة. ابن منظور، **لسان العرب**، ج ٥، ص ٢٥٧.
(١٠٣٣) وكيع، **أخبار القضاة**، ج ١، ص ٢٧٧-٢٧٨ - ابن قيّم الجوزيّة، **الطرق الحكميّة**، ص ٥١.
(١٠٣٤) ابن قيّم الجوزيّة، **الطرق الحكميّة**، ص ٥٠-٥١ - وكيع، **أخبار القضاة**، ج ١، ص ٢٨٠.
(١٠٣٥) وكيع، **أخبار القضاة**، ج ١، ص ٢٧٩.
(١٠٣٦) وكيع، **أخبار القضاة**، ج ١، ص ٢٧٩.

١٠ - أبو موسى الأشعري:

كان عامل النبي صلى الله عليه وسلم على زبيد وعدَن وغيرهما من اليمن وسواحلها، ولمّا مات النبي صلى الله عليه وسلم قدم المدينة وشهد فتوح الشام ووفاة أبي عبيدة، واستعمله عمر على إمْرة البصرة بعد أن عزل المغيرة، وهو الذي افتتح الأهواز وأصبهان، وأقرّه عثمان على عمله قليلاً ثم صرفه، واستعمل عبد الله بن عامر، فسكن الكوفة وتفقّه به أهلها حتى استعمله عثمان عليهم بعد عَزْل سعيد ابن العاص.[١٠٣٧]

روى وكيع أنّ أبا موسى الأشعري بقي إلى أيّام عمر على القضاء.[١٠٣٨]

عن الشعبي: كتب عمر في وصيته: لا يقر لي عامل أكثر من سنة، وأقروا الأشعري أربع سنين.[١٠٣٩]

دعا عمر بن الخطاب أبا موسى الأشعري حين وجّهه إلى البصرة؛ فقال له: ((أبعثك إلى أخبث حيّين نصب لهما إبليس لواءه، ورفع لهما عسكره؛ إلى بني تميم أفظّه، وأغلظه، وأبخله، وأكذبه؛ وإلى بكر بن وائل، أروعه، وأخفه، وأطيشه، فلا تَسْتعين بأحد منهما في شيء من أمر المسلمين)).[١٠٤٠]

كتب عمر إلى أبي موسى: ((إنّه لم يزل للناس وجوه يرفعون حوائج الناس، فأكرموا وجوه الناس، فإنّه فحسب المسلم الضعيف أن يَنتصف في الحكم والقسمة)).

وكتب عمر بن الخطاب إلى أبي موسى: ((إنّ الحِكمة ليست عن كِبر السّنّ، ولكنه إعطاء الله يُعطيه من يشاء، فإيّاك ودناءة الأمور، ومداني الأخلاق)).[١٠٤١]

وكتب عمر إلى أبي موسى الأشعري رسالة في القضاء مشهورة ومعروفة، جمع فيها جمل الأحكام واختصرها بأجود الكلام، وجعل الناس بعده يتّخذونَها إماماً، ولا يجد محق عنها معدلاً، ولا ظالم عن حدودها محيصاً، فإنّها تعتبر أساس علم المرافعات في القضاء الإسلامي.

قال عمر لأبي موسى حين وجهه إلى البصرة: يا أبا موسى إيّاك والسَّوط،

(١٠٣٧) ابن حجر، **الإصابة في تمييز الصحابة**، ج ٤، ص ١٨٢.
(١٠٣٨) وكيع، **أخبار القضاة**، ج ١، ص ١٠٢.
(١٠٣٩) ابن حجر، **الإصابة في تمييز الصحابة**، ج ٤، ص ١٨٢.
(١٠٤٠) وكيع، **أخبار القضاة**، ج ١، ص ٢٨٥.
(١٠٤١) وكيع، **أخبار القضاة**، ج ١، ص ٢٨٥.

والعصا، اجتنبهما حتى يُقال لين في غير ضعف، واستعملهما حتى يُقال: شديد في غير عنف.

وإنّ عمر كتب إلى أبي موسى: إن كاتبك الذي كتب إليّ لحن فاضربه سوطاً.[١٠٤٢]

وكان أبو موسى هو الذي فقّه أهل البصرة وأقرأهم. وقال الشعبي: انتهى العلم إلى ستة: فذكره فيهم.

وقال المدائنيّ: قضاة الأمّة أربعة: عمر، وعلي، وأبو موسى، وزيد بن ثابت.

وعن الحسن، قال: ما أتاها - يعني البصرة - راكبٌ خيرٌ لأهلها منه، يعني من أبي موسى.[١٠٤٣]

ومن كلامه في كيفية القضاء:

ذكر الخصاف (عن قتادة عن أبي موسى الأشعري رضي الله عنه قال: لا ينبغي للقاضي أن يقضي حتى يتبيّن له الحق كما يتبيّن الليل من النهار؛ فبلغ ذلك عمر بن الخطاب رضي الله عنه فقال: صدق أبو موسى).[١٠٤٤]

ومن قضاياه:

وصية رجل مسلم مات عند نصرانيان:

عن عامر الشعبي، قال: شهد رَجُلان من أهل دَقوقاء نصْرانيان على وصِيَّة رجل مسلم مات عندهم، فارتاب أهل الوصية، فأتوا بِهما أبا موسى الأشعري، فاستحلفهما بعد صلاة العصر، بالله ما اشترينا به ثمناً، ولا كتمنا شهادة إنّا إذاً لمن الآثمين؛ قال عامر: ثم قال أبو موسى: والله إنَّ هذه لقضية ما قضِيَ بِها منذ مات رسول الله صلى الله عليه وسلم قبل اليوم.[١٠٤٥]

قضية ميراث:

روى الدارقطني عن هزيل بن شرحبيل قال: أتى رجل أبا موسى الأشعري وسلمان بن ربيعة، فسألهما عن ابنة وابنة ابن وأخت لأب وأم، فقالا: للابنة النصف،

(١٠٤٢) وكيع، **أخبار القضاة**، ج ١، ص ٢٨٥ -٢٨٦.
(١٠٤٣) ابن حجر، **الإصابة في تمييز الصحابة**، ج ٤، ص ١٨٢.
(١٠٤٤) الخصّاف، **شرح أدب القاضي**، ص ١٥.
(١٠٤٥) وكيع، **أخبار القضاة**، ج ١، ص ٢٨٦-٢٨٧ - **سنن الدارقطني**، كتاب النذور، ج ٤، ص ١٦٦، حديث رقم (٢٣).

وللأخت ما بقي، وقالا: انطلق إلى عبد الله، فسأله فإنّه سيتابعنا، فأتى عبد الله فسأله، فأخبره بما قالا، قال: ولكني أقضي فيها كما قضى رسول الله صلى الله عليه وسلم النصف للابنة، ولابنة الابن السدس، تكملة الثلثين، وللأخت ما بقي.[١٠٤٦]

حكمه بالقافة:

وعن ابن سيرين قال: ((اختصم إلى أبي موسى الأشعري في ولد ادعاه دهقان[١٠٤٧] ورجل من العرب، فدعا القافة، فنظروا إليه، فقالوا للعربي: أنت أحب إلينا من هذا العِلَج[١٠٤٨]، ولكن ليس ابنك، فخلِّ عنه، فإنّه ابنه)).[١٠٤٩]

١١ - قيس بن أبي العاص:

وهو قيس بن أبي العاص بن قيس بن عدي بن سُعَيد بن سَهْم القرشي السهمي.

ذكره ابن سعد في الصحابة فيمن أسلم يوم الفتح. قال أبو سعيد بن يونس: يقال إنّ له صحبة، وشهد حُنيناً، وهو من مسلمة الفتح.

كتب عمر لعمرو بن العاص أن أنظر مَنْ قبلك ممن بايع تحت الشجرة فافرض له مائة دينار وأتمّها لنفسك لإمرَتك، ولخارجة بن حذيفة لشجاعته، ولقيس بن أبي العاص لضيافته.[١٠٥٠]

قال الكندي: كان أوّل قاضٍ قضى بمصر قيس بن أبي العاص بن قيس بن عبد قيس.[١٠٥١]

عن يزيد بن أبي حبيب قال: إنّ عمر بن الخطاب رضي الله عنه كتب إلى عمرو بن العاص بتولية قيس بن أبي العاص القضاء.

قال ابن لهيعة: قال يزيد هو أول قاضٍ قضى بِها في الإسلام.[١٠٥٢]

(١٠٤٦) **سنن الدارقطني**، كتاب الفرائض والسير، ج ٤، ص ٧٩-٨٠، حديث رقم (٣٨).

(١٠٤٧) الدِّهْقان والدُّهقان: التاجر. والدُّهقان والدَّهقان: القويّ على التصرف مع حِدَّة. ابن منظور، **لسان العرب**، ج ١٣، ص ١٦٣-١٦٤.

(١٠٤٨) العِلْج: الرجل من كفّار العجم. والعِلْج: الكافر؛ ويقال للرجل القويّ الضخم من الكفار: عِلْج. ابن منظور، **لسان العرب**، ج٢، ص٣٢٦.

(١٠٤٩) ابن القيّم الجوزيّة، **الطرق الحكميّة**،ص١٦٩.

(١٠٥٠) ابن حجر، **الإصابة في تمييز الصحابة**، ج ٥، ص ٣٦٩.

(١٠٥١) الكندي، **الولاة والقضاة**، ص ٣٠٠.

(١٠٥٢) الكندي، **الولاة والقضاة**، ص ٣٠١.

مات في شهر ربيع الأول سنة ثلاث وعشرين.(١٠٥٣)

١٢ - عبادة بن الصامت:

هو عُبادة بن الصّامت بن قيس بن أصْرم بن فِهْر بن قيس بن ثعلبة الأنصاري الخزرجي، أبو الوليد. وأمّه قُرَّة العين بنت عُبادة بن نَضْلة بن العجلان.

شهد بدراً. وقال ابن سعد: كان أحد النقباء بالعَقَبة، وآخى رسول الله صلى الله عليه وسلم بينه وبين أبي مَرْثَد الغَنَويّ، وشهد المشاهد كلّها بعد بَدْر. وقال ابن يونس: شهد فتْح مصر، وكان أمير رُبْع المدد.

وروى عن النبي صلى الله عليه وسلم كثيراً. وروى عنه أبو أمامة، وأنس، وأبو إدريس الخولاني، وأبو مسلم الخولاني، وجُنادة بن أميّة، وغيرهم.

وهو ممن جمع القرآن في عهد النبي صلى الله عليه وسلم.ولاّه أبا عبيدة إمرة حمص، ثم صرفه؛ وولى عبد الله بن قُرط.

كتب يزيد بن أبي سفيان إلى عمر: قد احتاج أهل الشام إلى منْ يعلّمهم القرآن ويفقههم؛ فأرسل معاذاً وعُبادة وأبا الدرداء، فأقام عبادة بفلسطين.

قال عبد الصَّمد بن سعيد في تاريخ حمص: هو أول مَنْ ولي قضاءَ فلسطين.(١٠٥٤)

ولقد ذكرت سابقاً قصة معاوية رضي الله عنه، مع عبادة بن الصامت قاضي فلسطين، وكان معاوية قد خالفه في شيء أنكره عليه عبادة بتنفيذ حكم قضائي من عبادة، فأغلظ له معاوية في القول، فرحل عبادة إلى المدينة. فقال له بأن يرجع إلى مكانه؛ وكتب عمر إلى معاوية: لا إمرة لك على عبادة.(١٠٥٥)

ويظهر من هذه القصّة أنّ عمر حجب سلطة معاوية الوالي والحاكم عن أعمال ونفوذ عبادة القاضي.

ولعبادة قصص متعددة مع معاوية، وإنكاره عليه أشياء، وفي بعضها رجوعُ معاويةَ له، وفي بعضها شكواه إلى عثمان منه، تدلُّ على قوته في دين الله، وقيامه في الأمر بالمعروف.(١٠٥٦)

(١٠٥٣) ابن حجر، **الإصابة في تمييز الصحابة**، ج ٥، ص ٣٦٩.
(١٠٥٤) ابن حجر، **الإصابة في تمييز الصحابة**، ج ٣، ص ٥٠٦-٥٠٧.
(١٠٥٥) ابن عبد البر، **الإستيعاب في معرفة الأصحاب**، ج ٢، ص ٨٠٨.
(١٠٥٦) ابن حجر، **الإصابة في تمييز الصحابة**، ج ٣، ص ٥٠٧.

وروى ابن سعد في ترجمته أنّه كان طُوالاً جميلاً جسيماً، ومات بالرّمْلة سنة أربع وثلاثين.

وقيل: إنّه عاش إلى سنة خمس وأربعين.(١٠٥٧)

وكان هؤلاء القضاة يمارسون القضاء في عهد عمر بشكل مستقل، وقد يضاف لهم الولاية أحياناً، أو يتولون الولاية بعد ذلك، وكلّف عمر بقية الولاة بعمل القضاء، وهم:

١٣ - نافع بن عبد الحارث الخزاعي:

هو نافع بن عبد الحارث بن حُبالة بن عُمير بن عُبشان الخزاعي.

روى عن النبي صلى الله عليه وسلم، روى عنه أبو الطّفيل وغيره.

قال ابن عبد البرّ: كان من كبار الصحابة، وفضائلهم، ويقال إنّه أسلم يوم الفتح، فأقام بمكة ولم يهاجر؛ فأنكر الواقديّ أن تكون له صحبة.

وأمّره عمر على مكة. اشترى نافع بن الحارث لعمر من صفوان بن أمية دار السجن بمكة.(١٠٥٨)

١٤ - يعلى بن أمية:

استعمل أبو بكر يعلى على ((حلوان)) في الردّة، ثم استعمله عمر على ((نجران)).(١٠٥٩)

عمل لعمر على بعض اليمن، فحمى لنفسه حِمى فعزله.(١٠٦٠)

واستعمله عثمان على اليمن فأقام ((بصنعاء)).(١٠٦١)

وحجّ سنة قُتِل عثمان، فخرج مع عائشة في وقعة الجمل، ثم شهد صِفّين مع علي. ويقال: إنّه قُتِل بِها سنة ٣٧ هـ(١٠٦٢)

١٥ - سفيان بن عبد الله الثقفي:

وهو سفيان بن عبد الله بن أبي ربيعة بن الحارث بن مالك بن حُطيط بن جُشم

(١٠٥٧) ابن حجر، **الإصابة في تمييز الصحابة**، ج ٣، ص ٥٠٧.
(١٠٥٨) ابن حجر، **الإصابة في تمييز الصحابة**، ج ٦، ص ٣٢١-٣٢٢.
(١٠٥٩) الزركلي، **الأعلام**، ج ٨، ص ٢٠٤.
(١٠٦٠) ابن حجر، **الإصابة في تمييز الصحابة**، ج ٦، ص ٥٣٩.
(١٠٦١) الزركلي، **الأعلام**، ج ٨، ص ٢٠٤.
(١٠٦٢) ابن حجر، **الإصابة في تمييز الصحابة**، ج ٦، ص ٥٣٩.

الثقفي الطائفي. أسلم مع الوفد. واستعمله عمر على صدقات الطائف.

روى عنه أولاده: عاصم، وعبد الله، وعلقمة، وعمرو، وأبو الحكم، وغيرهم.[(١٠٦٣)]

١٦ - المغيرة بن شعبة:

هو المغيرة بن شعبة بن أبي عامر بن مسعود بن معتب بن مالك بن كعب بن عمرو بن سعد ابن عوف بن قيس الثقفي، أبو عيسى أو أبو محمد. أسلم قبل عمرة الحديبية، وشهدها وبيعة الرضوان؛ وله فيها ذكر.

وحدّث عن النبي صلى الله عليه وسلم. روى عنه أولاده: عروة، وعقار، وحمزة ومولاه. ومن الصحابة المِسْوَر ابن مخرمة؛ ومن المخضرمين فمن بعدهم؛ قيس بن أبي حازم، ومسروق، ونافع بن جبير وآخرون.[(١٠٦٤)]

وقال الطبريّ: كان لا يقعُ في أمر إلا وجد له مخرجاً، ولا يلتبس عليه أمران إلا ظهر الرأيُ في أحدهما.

وقال ابن سعد: كان يقال له مغيرة الرأي. وشهد اليمامة وفتوح الشام والعراق.

وقال الشعبيُّ: كان من دهاة العرب، وكذا ذكره الزهري.

وقال قبيصة بن جابر: صحبت المغيرة، فلو أنّ مدينة لها ثمانية أبواب لا يخرج من باب منها إلا بالمكر لخرج المغيرة من أبوابِها كلها، وولاه عمر البصرة، ففتح مَيْسان[(١٠٦٥)] وهمذان وعدة بلاد إلى أن عزله لما شهد عليه أبو بكر ومَن معه.[(١٠٦٦)]

قال البغوي: كان أول من وضع ديوان البصرة. وقال ابن حبان: كان أول من سلم عليه بالإمرة؛ ثم ولاه عمر الكوفة، وأقرّه عثمان ثم عزله؛ فلما قتل عثمان اعتزل القتال إلى أن حضر مع الحكَمين، ثم بايع معاوية بعد أن اجتمع الناس عليه، ثم ولاه بعد ذلك الكوفة فاستمرّ على إمرتِها حتى مات سنة خمسين عند الأكثر.

(١٠٦٣) ابن حجر، **الإصابة في تمييز الصحابة**، ج ٣، ص ١٠٤.
(١٠٦٤) ابن حجر، **الإصابة في تمييز الصحابة**، ج ٦، ص ١٥٦.
(١٠٦٥) مَيْسان: اسم كورة واسعة كثيرة القرى والنخل بين البصرة وواسط. وكان أمير المؤمنين عمر بن الخطاب، رضي الله عنه، لمّا فتحت ميسان في أيّامه ولاّها النعمان بن عديّ بن نضلة بن عبد العزّى، وكان من مهاجرة الحبشة، ولم يولّ عمر أحداً من قوم بني عدي ولاية قط غيره لما كان في نفسه من صلاحة. ياقوت الحموي، **معجم البلدان**، ج ٥، ٢٤٢-٢٤٣.
(١٠٦٦) ابن حجر، **الإصابة في تمييز الصحابة**، ج ٦، ص ١٥٦-١٥٧.

وقال ابنُ سعد: كان رجلاً طوالاً مُصاب العين، أصيبت عينه باليرموك، أصهب الشَّعر، أقلص الشَّفتين، ضخم الهامة، عَبْل الذراعين، عريض المنكبين؛ وكان يقال له مغيرة الرأي.[١٠٦٧]

ومن فراسة المغيرة بن شعبة الصادقة:

استعمل عمر المغيرة بن شعبة على البحرين، فكرهه أهلها فعزله عمر، فخافوا أن يردّه عليهم. فقال دهقانهم: إن فعلتم ما آمركم به لم يرده علينا. قالوا: مُرْنا بأمرك. قال: تجمعون مائة ألف درهم، حتى أذهب بِها إلى عمر، وأقول: إنّ المغيرة اختان هذا ودفعه إليّ.

فجمعوا ذلك، فأتى عمر، فقال: يا أمير المؤمنين، إنّ المغيرة اختان هذا، فدفعه إليَّ. فدعا عمر المغيرة، فقال: ما يقول هذا؟ قال: كذب، أصلحك الله. إنّما كانت مائتي ألف. فقال: ما حملك على ذلك؟ قال: العيال والحاجة. فقال عمر للدهقان: ما تقول؟ فقال: لا والله، لأصدقنّك. والله ما دفع إليّ قليلاً ولا كثيراً. ولكن كرهناه، وخشينا أن تردّه علينا. فقال عمر للمغيرة: ما حملك على هذا؟ قال: إنّ الخبيث كذّب عليّ. فأردتُ أن أخزيه.[١٠٦٨]

١٧ - عثمان بن أبي العاص:

ولاه عمر ((عُمان)) و((البحرين)) سنة ١٥ هـ وكتب له أن يستخلف على الطائف من أحب، فاستخلف أخاه الحكم. واستمرّ في البحرين إلى أن آلت الخلافة لعثمان بن عفان، فعزله، فسكن البصرة إلى أن توفي سنة ٥١ هـ.[١٠٦٩]

١٨ - معاوية بن أبي سفيان:

هو معاوية بن أبي سفيان: صخر بن حَرْب بن أمية بن عبد شمس بن عبد مناف القرشي الأمويّ، أمير المؤمنين.[١٠٧٠]

مؤسس الدولة الأموية في الشام، وأحد دهاة العرب المتميّزين الكبار. كان فصيحاً حليماً وقوراً.[١٠٧١]

(١٠٦٧) ابن حجر، **الإصابة في تمييز الصحابة**، ج ٦، ص ١٥٧- ١٥٨.
(١٠٦٨) ابن قيّم الجوزيّة، **الطرق الحكميّة**، ص ٢٩.
(١٠٦٩) الزركلي، **الأعلام**، ج ٤، ص ٢٠٧.
(١٠٧٠) ابن حجر، **الإصابة في تمييز الصحابة**، ج ٦، ص ١٢٠.
(١٠٧١) الزركلي، **الأعلام**، ج ٧، ص ٢٦١.

وُلد قبل البعثة بخمس سنين، وقيل بسبع، وقيل بثلاث عشرة. والأول أشهر.

وحكى الواقدِيُّ أنّه أسلم بعد الحديبية وكتم إسلامه حتى أظهره عامَ الفتح، وأنّه كان في عُمرة القضاء مسلماً .

وعن خالد بن معدان: كان طويلاً أبيض أجلح؛ وصحب النبي صلى الله عليه وسلم؛ وكتب له؛ وولاّه عمر الشام بعد أخيه يزيد بن أبي سفيان؛ وأقرّه عثمان؛ ثم استمرّ فلم يبايع علياً؛ ثم حاربه؛ واستقلّ بالشام، ثم أضاف إليها مصر؛ ثم تسمّى بالخلافة بعد الحَكَمين، ثم استقلّ لما صالح الحسن؛ واجتمع عليه الناس؛ فسمّي ذلك العام عام الجماعة.(١٠٧٢)

ودامت لمعاوية الخلافة إلى أن بلغ سن الشيخوخة، فعهد بِها إلى ابنه يزيد. ومات بدمشق سنة (٦٠ - ٥ ٦٨٠ م).(١٠٧٣)

وقال المدائنيُّ: كان زيد بن ثابت يكتب الوَحْي؛ وكان معاوية يكتب للنبيّ صلى الله عليه وسلم فيما بينه وبين العرب.(١٠٧٤)

له ١٣٠ حديثاً، اتفق البخاري ومسلم على أربعة منها، وانفرد البخاري بأربعة ومسلم بخمسة.(١٠٧٥)

وقد روى معاوية أيضاً عن أبي بكر، وعمر، وعثمان، وأخته أم المؤمنين أم حَبيبة بنت أبي سفيان.

وروى عنه من الصحابة: ابن عباس، وعبد الله بن الزبير، والنعمان بن بشير، وغيرهم.

ومن كبار التابعين: مروان بن الحكم، وسعيد بن المسيب، وأبو إدريس الخولاني، ومطرف بن عبد الله بن الشخِّير؛ وآخرون.(١٠٧٦)

وهو أحد عظماء الفاتحين في الإسلام، بلغت فتوحاته المحيط الأتلانطيقي، وافتتح عامله بمصر بلاد السودان (سنة ٤٣ هـ).وهو أول مسلم ركب بحر الروم للغزو. وفي أيامه فتح كثير من جزائر يونان والدردينل. وحاصر القسطنطينية براً وبحراً (سنة ٤٨ هـ). وهو أول من جعل دمشق مقرّ خلافة، وأول من اتّخذ المقاصير (الدور الواسعة

(١٠٧٢) ابن حجر، **الإصابة في تمييز الصحابة**، ج ٦، ص ١٢٠.
(١٠٧٣) الزركلي، **الأعلام**، ج ٧، ص ٢٦١-٢٦٢.
(١٠٧٤) ابن حجر، **الإصابة في تمييز الصحابة**، ج ٦، ص ١٢١.
(١٠٧٥) الزركلي، **الأعلام**، ج ٧، ص ٢٦٢.
(١٠٧٦) ابن حجر، **الإصابة في تمييز الصحابة**، ج ٦، ص ١٢١-١٢٢.

المحصّنة المقصورة)، وأول من اتّخذ الحرس والحجاب في الإسلام. وأول من نصب المحراب في المسجد. وضربت في أيّامه دنانير ((عليها صورة أعرابي متقلّد سيفاً)). وكان أمير المؤمنين عمر بن الخطاب إذا نظر إليه يقول: هذا كسرى العرب!.[١٠٧٧]

١٩ - عُمير بن سَعْد:

هو عُمير بن سَعْد بن عبيد بن النعمان بن قَيْس بن عمرو بن عوف.

صحب رسول الله صلى الله عليه وسلم، وهو الذي رفع إلى النبي صلى الله عليه وسلم كلام الجُلاس بن سُوَيد، وكان يتيماً في حجره، وشهد فتوحَ الشام؛ واستعمله عُمَر على حِمص إلى أن مات. وكان من الزهاد. توفي في خلافة معاوية. روي عن النبي صلى الله عليه وسلم. روى عنه راشد بن سعد، وحبيب بن عبيد.

وقال الواقديّ: كان عُمر يقول: ودِدت أن لي رجلاً مثل عُمَيْر بن سعد أستعين بِهم على أعمال المسلمين.[١٠٧٨]

٢٠ - أبو عبيدة بن الجراح:

هو عامر بن عبد الله بن الجراح بن هلال بن أهيب، أبو عبيدة بن الجراح. كان إسلامه هو وعثمان بن مظعون، وعبيدة بن الحارث بن المطلب، وعبد الرحمن بن عوف، وأبو سلمة بن الأسد في ساعة واحدة قبل دخولِ النبي صلى الله عليه وسلم دار الأرقم.

أحد العشرة السابقين إلى الإسلام، وهاجر الهِجرَتين، وشهد بدراً وما بعدها.[١٠٧٩]

عن أنس بن مالك أنّ رسولَ الله صلى الله عليه وسلم قال: «**لكلِّ أُمَّةٍ أمينٌ، وإنَّ أمينَنا أَيَّتُها الأمَّةُ أبو عبيدةَ بن الجرّاح**».[١٠٨٠]

وعن أنس أنّ أهل اليمن قدِموا على رسولِ الله صلى الله عليه وسلم، فقالوا:

(١٠٧٧) الزركلي، **الأعلام**، ج ٧، ص ٢٦٢.
(١٠٧٨) ابن حجر، **الإصابة في تمييز الصحابة**، ج ٤، ص ٥٩٦.
(١٠٧٩) ابن حجر، **الإصابة في تمييز الصحابة**، ج ٣، ص ٤٧٥.
(١٠٨٠) **صحيح البخاري**، كتاب فضائل أصحاب النبي صلى الله عليه وسلم، باب مناقب أبي عبيدة بن الجراح رضي الله عنه، ج ٤، ص ٥٨٦، حديث رقم (٣٧٤٤) - **صحيح مسلم**، كتاب فضائل الصحابة رضي الله تعالى عنهم، باب فضائل أبي عبيدة بن الجراح، رضي الله تعالى عنه، ج ٤، ص ٩٣، حديث رقم ٥٣ (٢٤١٩).

ابْعَثْ مَعَنا رجُلاً يُعَلِّمنا السُّنَّة والإسلام، قال: فأخذ بيدِ أبي عُبيدة فقال: **«هذا أمينُ هذه الأُمّة»**.[(١٠٨١)]

وسيَّره رسول الله صلى الله عليه وسلم إلى الشام أميراً، فكان فتح أكثر الشام على يده. وله عن النبي صلى الله عليه وسلم أحاديث.

وقال الواقِديُّ: آخى رسول الله صلى الله عليه وسلم بينه وبين سعد بن معاذ، وهو الذي قال لعمر: أنفِرُّ من قدَرَ الله؟ فقال: لو غيرك قالها يا أبا عبيدة. نعم نفرُّ من قَدر الله تعالى إلى قدر الله تعالى. وذلك دالٌّ على جلالة أبي عبيدة عند عمر.[(١٠٨٢)]

ولاّه عمر بن الخطاب قيادة الجيش الزاحف إلى الشام، بعد خالد بن الوليد، فتمّ له فتح الديار الشاميّة، وبلغ الفرات شرقاً وآسية الصغرى شمالاً، ورتّب للبلاد المرابطين والعمّال، وتعلّقت به قلوب الناس لرفقه وأناته وتواضعه.[(١٠٨٣)]

كان أبو عبيدة أميراً على الشام فخطب فقال: والله ما منكم أحد يفضلني بتقًى إلا وددت أنّي في سلامة.

انطلق أبو عبيدة يريد الصلاة ببيت المقدس، فأدركه أجَلُه فتوفي هناك، وأوصى أن يدفنَ حيث قضى؛ وذلك بِفحْل من أرضِ الأردن. ويقال: إنّ قبره بِبَيْسان[(١٠٨٤)]. عاش ثمانياً وخمسين سنة.[(١٠٨٥)]

كتاب عمر إلى أبي عبيدة في قتل يهودي:

إنّ رجلاً مسلماً قتل رجلاً من أهل الذمة بالشام فرُفِع إلى أبي عبيدة بن الجراح رضي الله عنه، فكتب فيه إلى عمر بن الخطاب بن الخطاب رضي الله عنه، فكتب عمر إن كان ذاك فيه خُلُقاً فقدمه فاضرب عنقه، وإن كان هي طِيرة طارها فأغرمه دية أربعة

(١٠٨١) **صحيح مسلم**، كتاب فضائل الصحابة رضي الله تعالى عنهم، باب فضائل أبي عبيدة بن الجراح، رضي الله تعالى عنه، ج ٤، ص ٩٣، حديث رقم ٥٤ (٢٤١٩).
(١٠٨٢) ابن حجر، **الإصابة في تمييز الصحابة**، ج ٣، ص ٤٧٦.
(١٠٨٣) الزركلي، **الأعلام**، ج ٣، ص ٢٥٢.
(١٠٨٤) بَيْسان: مدينة بالأردن بالغور الشامي، يقال هي لسان الأرض، وهي بين حَوران وفلسطين، وتوصف بكثرة النخل. وهي بلدة وبئة حارَّة. ياقوت الحموي، **معجم البلدان**، ج ١، ص ٥٢٧.
(١٠٨٥) ابن حجر، **الإصابة في تمييز الصحابة**، ج ٣، ص ٤٧٨.

آلاف.[١٠٨٦]

ويضاف إلى هؤلاء ما ورد عن بعض الصحابة أنّهم عيّنوا للقضاء في عهد عمر، أو كلّفوا برعايته، منهم:

٢١ - معاذ بن جبل:

هو معاذ بن جَبَل بن عمرو بن أوس الأنصاري الخزرجيّ. الإمام المقدّم في علم الحلال والحرام.[١٠٨٧]

قال أبو عمر: كان عمر قد استعمله على الشام حين مات أبو عبيدة، فمات من عامِهِ ذلك في ذلك الطاعون، فاستعمل موضعه عمرو بن العاص.[١٠٨٨]

قال الأعمش، أبي سفيان: حدّثني أشياخ منا. فذكر قصّة فيها: فقال عمر: عجزت النساء أن يلِدْنَ مِثل معاذ؛ ولولا معاذ لهلك عمر.[١٠٨٩]

٢٢ - أبو الدرداء:

الإمام القدوة، قاضي دمشق، وصاحب رسول الله صلى الله عليه وسلم، أبو الدراء عويمر بن زيد بن قيس، ويقال: عويمر بن عامر. وقيل: ابن ثعلبة بن عبد الله الأنصاري الخزرجي. حكيم هذه الأمة، وسيّد القرّاء بدمشق.[١٠٩٠]

أسلم يوم بدر، وشهد أحُداً وأبْلَى فيها.

روى عن النبي صلى الله عليه وسلم، وعن زيد بن ثابت، وعائشة، وأبي أمامة، وفضالة بن عبيد. روى عنه ابنه بلال، وزوجته أم الدرداء، وأبو إدريس الخولاني، وسويد بن غَفَلة، وآخرون.[١٠٩١]

يُروى له مئة وتسعة وسبعون حديثاً.[١٠٩٢]

تصدّر للإقراء بدمشق في خلافة عثمان، وقبل ذلك.[١٠٩٣]

(١٠٨٦) الكاندهلوي، **حياة الصحابة**، ج ٢، ص ٢٤٤.
(١٠٨٧) ابن حجر، **الإصابة في تمييز الصحابة**، ج ٦، ص ١٠٧.
(١٠٨٨) ابن عبد البر، **الإستيعاب في معرفة الأصحاب**، ج ٣، ص ١٤٠٥.
(١٠٨٩) ابن حجر، **الإصابة في تمييز الصحابة**، ج ٦، ص ١٠٨.
(١٠٩٠) الذهبي، **سير أعلام النبلاء**، ج ٢، ص ٣٣٥.
(١٠٩١) ابن حجر، **الإصابة في تمييز الصحابة**، ج ٤، ص ٦٢١- ٦٢٢.
(١٠٩٢) الذهبي، **سير أعلام النبلاء**، ج ٢، ص ٣٣٧.
(١٠٩٣) الذهبي، **سير أعلام النبلاء**، ج ٢، ص ٣٣٥.

عن أنس: مات النبي صلى الله عليه وسلم، ولم يجمع القرآن غير أربعة: أبو الدرداء، ومعاذ، وزيد بن ثابت، وأبو زيد.[١٠٩٤]

وقال ابن حِبّان: ولاه معاوية قضاءَ دمشق في خلافة عمر.[١٠٩٥]

وولي القضاء بدمشق، في دولة عثمان. فهو أول من ذُكر لنا من قُضاتِها.[١٠٩٦]

كان الصحابة يقولون: أتبعنا للعلم والعمل أبو الدرداء.[١٠٩٧]

وعن ابن مسعود: علماء الناس ثلاثة: واحد بالعراق، وآخر بالشام - يعني أبا الدرداء - وهو يحتاج إلى الذي بالعراق - يعني نفسه - وهما يحتاجان إلى الذي بالمدينة - يعني علياً رضي الله عنه.[١٠٩٨]

عن يزيد بن معاوية، قال: إنّ أبا الدرداء من العلماء الفقهاء، الذين يشفون من الدّاء.[١٠٩٩]

بلغ عمر أنّ أبا الدرداء، ابتنى كنيفاً[١١٠٠] بحمص. فكتب إليه: يا عويمر، أما كانت لك كفاية فيما بَنَت الرّوم عن تزيين الدنيا، وقد أذِنَ الله بخرابِها. فإذا أتاك كتابي، فانتقل إلى دمشق.

كان أبو الدرداء، إذا قضى بين اثنين، ثم أدبرا عنه، نظر إليهما، فقال: ارجعا إليّ، أعيدا عليّ قضيّتكما.

عن أبي الدرداء: إنّي لآمركم بالأمر وما أفعله، ولكن لعلّ الله يأجُرُني فيه.[١١٠١]

عن يزيد بن أبي كبشة أنّ أبا الدرداء أُتي بامرأة سرقت، فقال: أسرقتِ؟ قولي: لا.[١١٠٢]

(١٠٩٤) الذهبي، **سير أعلام النبلاء**، ج ٢، ص ٣٣٩.
(١٠٩٥) ابن حجر، **الإصابة في تمييز الصحابة**، ج ٤، ص ٦٢٢.
(١٠٩٦) الذهبي، **سير أعلام النبلاء**، ج ٢، ص ٣٣٦.
(١٠٩٧) الذهبي، **سير أعلام النبلاء**، ج ٢، ص ٣٤١.
(١٠٩٨) الذهبي، **سير أعلام النبلاء**، ج ٢، ص ٣٤٣.
(١٠٩٩) الذهبي، **سير أعلام النبلاء**، ج ٢، ص ٣٤٦
(١١٠٠) الكَنيف: الخلاء وكلّه راجع إلى السّتر، وأهل العراق يسمون ما أشرعوا من أعالي دورهم كنيفاً، واشتقاق اسم الكَنيف كأنّه كُنِف في أستر النواحي. وكل ما ستر من بناء أو حظيرة، فهو كنيف. ابن منظور، **لسان العرب**، ج ٩، ص ٣١٠.
(١١٠١) الذهبي، **سير أعلام النبلاء**، ج ٢، ص ٣٤٥.
(١١٠٢) ابن قتيبة، **عيون الأخبار**، ج ١، ص ١١٣.

مات أبو الدرداء وكَعْب الأحبار لسنتين بقيتا من خلافة عثمان. وقال الواقدي وجماعة: مات سنة اثنتين وثلاثين. وقال ابن عبد البر: إنّه مات بعد صِفين. والأصح عند أهل الحديث أنّه مات في خلافة عثمان.(١١٠٣)

٢٣ - أبي بن كعب:

هو أبيّ بن كعب بن قيس بن عبيد بن زيد بن معاوية بن عمرو بن مالك بن النجار الأنصاري، أبو المنذر وأبو الطفيل سيّد القراء.(١١٠٤)

كان قبل الإسلام حبراً من أحبار اليهود، مطلعاً على الكتب القديمة، يكتب ويقرأ - على قلّة العارفين بالكتابة في عصره - ولمّا أسلم كان من كتاب الوحي.

وشهد بدراً وأُحداً والخندق والمشاهد كلها مع رسول الله صلى الله عليه وسلم، وكان يفتي على عهده.(١١٠٥)

قال الذهبي: كان أصحاب الفتوى من أصحاب رسول الله صلى الله عليه وسلم: عُمر، وعليّ، وابن مسعود، وزيد، وأُبيّ، وأبو موسى.(١١٠٦)

قال له النبي صلى الله عليه وسلم: «**واللهِ! لِيَهْنِكَ العِلْمُ أبا المُنْذِرِ**».(١١٠٧)

وكان عمر يسميه سيد المسلمين.

قال الواقِديّ: وهو أوّل من كتب للنبي صلى الله عليه وسلم، وأوّل من كتب في آخر الكتاب: وكتب فلان ابن فلان، وكان رَبْعة أبيض اللحية لا يغيِّر شَيْبَه.(١١٠٨)

وشهد مع عمر بن الخطاب وقعة الجابية، وكتب كتاب الصلح لأهل بيت المقدس.

وأمره عثمان بجمع القرآن، فاشترك في جمعه. وله في الصحيحين وغيرهما ١٦٤ حديثاً.(١١٠٩)

(١١٠٣) ابن حجر، **الإصابة في تمييز الصحابة**، ج ٤، ص ٦٢٢.
(١١٠٤) ابن حجر، **الإصابة في تمييز الصحابة**، ج ١، ص ١٨٠-١٨١.
(١١٠٥) الزركلي، **الأعلام**، ج ١، ص ٨٢.
(١١٠٦) الذهبي، **سير أعلام النبلاء**، ج ٢، ص ٤٣٣.
(١١٠٧) **صحيح مسلم**، كتاب صلاة المسافرين وقصرها، باب فضل سورة الكهف وآية الكرسي، ج ١، ص ٤٤٩، حديث رقم ٢٥٨ (٨١٠).
(١١٠٨) ابن حجر، **الإصابة في تمييز الصحابة**، ج ١، ص ١٨١.
(١١٠٩) الزركلي، **الأعلام**، ج ١، ص ٨٢.

وفي الحديث: «**وأقرؤُهُم أُبيٌّ بن كعبٍ**».[١١١٠]

وممن روى عنه من الصحابة عمر، وكان يسأله عن النوازل، وتحاكم إليه في المعضلات، وأبو أيوب، وعبادة بن الصامت، وسَهْل بن سعد، وأبو موسى، وابن عباس، وأبو هريرة، وأنس، وسليمان بن صُرَد؛ وغيرهم.

عن يحيى بن معين قال: مات أبيّ بن كعب سنة عشرين أو تسع عشرة.

وقال الواقديّ: ورأيت آل أُبيّ وأصحابنا يقولون: مات سنة اثنتين وعشرين. فقال عمر: اليوم مات سيد المسلمين.[١١١١]

من قضاياه في عهد عمر:

احتكام عمر ومعاذ ابن عفراء إلى أبيّ:

كان بين عمر بن الخطاب وبين ومعاذ ابن عفراء دعوى في شيء، فحكّما أبيّ بن كعب فقصّ عليه عمر، فقال: أبيّ: اعف أمير المؤمنين فقال: لا، لا تعفيني منها إن كانت عليّ، قال أبيّ: فإنّها عليك يا أمير المؤمنين، قال: فحلف عمر، ثم قال: أتراني قد أستحقّها بيميني، اذهب الآن فهي لك.[١١١٢]

قصّة العباس وعمر في توسيع المسجد النبوي:

أخرج عبد الرزاق عن زيد بن أسلم قال: كان للعباس بن عبد المطلب - رضي الله عنهما - دار إلى جنب مسجد المدينة. فقال له عمر رضي الله عنه: بِعْنيها، فأراد عمر أن يزيدها في المسجد؛ فأبى العباس أن يبيعها إيّاه. فقال عمر: فهَبْها لي، فأبى. فقال: فوسِّعْها أنت في المسجد، فأبى. فقال عمر: لا بدّ لك من إحداهن، فأبى عليه. فقال: خذ بيني وبينك رجلاً، فأخذ أبيّ بن كعب رضي الله عنه، فاختصما إليه. فقال أبيّ لعمر: ما أرى أن تخرجه من داره

حتى ترضيه. فقال له عمر: أرأيت قضاءك هذا في كتاب الله وجدته أم سنّةً من رسول الله صلى الله عليه وسلم؟ فقال أبيّ: بل سنّة من رسول الله صلى الله عليه وسلم. فقال عمر: وما ذاك؟ فقال: إنّي سمعتُ رسول الله صلى الله عليه وسلم يقول: ((إنّ

(١١١٠) **سنن الترمذي**،أبواب المناقب، مناقب معاذ بن جبل وزيد بن ثابت وأُبيّ بن كعب وأبي عبيدة بن الجراح رضي الله عنهم، ج٥،ص٣٣٠، حديث رقم (٣٨٧٩)
(١١١١) ابن حجر، **الإصابة في تمييز الصحابة**، ج ١، ص ١٨١.
(١١١٢) **سنن الدارقطني**، كتاب في الأقضية والأحكام، ج ٤، ص ٢٤٢، حديث رقم (١٣٨).

سليمان بن داود - عليهما الصلاة والسلام - لما بنى بيت المقدس جعل كلّما بنى حائطاً أصبح منهدماً، فأوحى الله إليه أن لا تبني في حق رجل حتى ترضيه)). فتركه عمر فوسَّعها العباس - رضي الله عنهما - بعد ذلك في المسجد.(١١١٣)

٢٤ - عبد الله بن عتبة:

هو عبد الله بن عتبة بن مسعود الهُذَلي، ابن أخي عبد الله بن مسعود، أبو عبد الرحمن.

كان صغيراً على عهد النبي صلى الله عليه وسلم، وقد حفظ عنه يسيراً. وإنّ عمر استعمله على السوق.

وروى عن عمّه وعُمر وعمار وغيرهم. وروى عنه ابناه: عبيد الله وهو الفقيه المشهور، وعَوْف والشّعبي، وحميد بن عبد الرحمن بن عوف، وأبو إسحاق السبيعي، ومحمد بن سيرين؛ وآخرون.

وقال ابن سعد: كان رفيعاً، أي رفيع القَدْر، كثير الحديث والفتيا فقيهاً.

وقال ابن حِبّان: كان يوم يؤمُّ الناسَ بالكوفة. ومات في ولاية بشر بن مروان على العراق سنة أربع وسبعين.(١١١٤)

٢٥ - أبو إدريس الخولاني:

هو عائذ الله بن عبد الله بن عمرو الخولاني العوذي الدمشقي، ولد سنة ٨ هـ، تابعي، فقيه.(١١١٥)

قاضي دمشق وعالِمها وواعِظُها. ولد عام الفتح.

وحدّث عن أبي ذرّ، وأبي الدَّرداء، وحُذَيفة، وأبي موسى، وشدَّاد بن أوس، وعُبادة بن الصامت، وأبي هريرة، وغيرهم.(١١١٦)

وقد فوّض إليه عمر رضي الله عنه النظر في المظالم.(١١١٧)

(١١١٣) الكاندهلوي، **حياة الصحابة**، ج ٢، ص ٢٣٠-٢٣١ - محمصاني، **تراث الخلفاء الراشدين في الفقه والقضاء**، ص ٤٥٧ - ابن عساكر، **تهذيب تاريخ ابن عساكر**، ج ٧، ص ٢٤٩.
(١١١٤) ابن حجر، **الإصابة في تمييز الصحابة**، ج ٤، ص ١٤٢-١٤٣.
(١١١٥) الزركلي، **الأعلام**، ج ٣، ص ٢٣٩.
(١١١٦) الذهبي، **سير أعلام النبلاء**، ج ٤، ص ٢٧٢- ٢٧٣.
(١١١٧) ابن عرنوس، **تاريخ القضاء في الإسلام**، ص ٢٥.

وولاه عبد الملك القضاء في دمشق.[١١١٨]

كان أبو إدريس عالم الشام بعد أبي الدرداء.

عزل عبد الملك بن مروان بلالاً عن القضاء - يعني وولّى أبا إدريس.

عن ابن جابر، أنّ عبد الملك عزل أبا إدريس عن القصص، وأقَرَّه على القضاء؛ فقال أبو إدريس: عزلتموني عن رغْبتي، وتركتموني في رهْبتي.

قال النَّسائي وغير واحد: أبو إدريس ثقة.

مات أبو إدريس الخَولاني سنة ثمانين. فعلى، مولِده عام حُنَيْن، يكون عُمرُه اثنتين وسبعين سنة، رحمه الله ولأبيه صُحبة.[١١١٩]

٢٦ - الشفاء أم سليمان بن أبي حثمة:

هي الشفاء بنت عبد الله بن عبد شمس بن خلف بن صدّاد - ويقال ضرار - بن عبد الله بن قرط بن رزاح بن عديّ بن كعب القرشية العدوية من المبايعات.

اسمها ليلى، وغلبت عليها الشفاء. أمّها فاطمة بنت أبي وهب بن عمرو بن عائذ بن عمر بن مخزوم، أسلمت الشفاء قبل الهجرة فهي من المهاجرات الأول، وبايعت النبي صلى الله عليه وسلم، كانت من عقلاء النساء وفضلائهن، وكان رسول الله صلى الله عليه وسلم يأتيها ويقيل عندها في بيتها، وكانت قد اتّخذت له فراشاً وإزاراً ينامُ فيه، فلم يزَلْ ذلك عند ولدها حتى أخذه منهم مروان، وقال لها رسول الله صلى الله عليه وسلم: علّمي حفْصَة رُقية النملة كما علّمتها الكتاب.

وأقطعها رسول الله صلى الله عليه وسلم داراً عند الحكاكين فنزلَتْها مع ابنها سليمان، وكان عمر يقدمها في الرأي ويَرْضاها ويفضلها، وربما ولاّها شيئاً من أمر السوق.[١١٢٠]

(١١١٨) الزركلي، **الأعلام**، ج ٣، ص ٢٣٩.
(١١١٩) الذهبي، **سير أعلام النبلاء**، ج ٤، ص ٢٧٤- ٢٧٥-٢٧٦.
(١١٢٠) ابن عبد البر، **الإستيعاب في معرفة الأصحاب**، ج ٤، ص ١٨٦٨-١٨٦٩.

الفصل السابع

القضاء في عهد عثمان بن عفّان

رضي الله عنه

٣ - القضاة في عهده

١ - وصاياه

لمّا بويع عثمان للخلافة حذا حذو عمر بن الخطّاب، ومن سبقه، في حسن اختيار القضاة وتزويدهم بالنصائح. وكان يعتمد في قضائه على الكتاب والسنّة، ثم على قضاء من سبقه من الخلفاء الراشدين. وكان إذا لم يجد فيها جواب مسألته، رجع إلى استشارة الصحابة في الأمر عملاً بقوله تعالى: (وَأَمْرُهُمْ شُورَىٰ بَيْنَهُمْ) [١١٢١]، وقد اشتهر عثمان بالفقه، وكان من رواة الحديث.

كان عثمان يعتمد كباقي الخلفاء الراشدين بأنّ الرأي الذي يفتي به، ليس بلازم للأمّة أنْ تأخذ به، فمن شاء أخذ به، ومن شاء تركه.[١١٢٢]

أعلن التزامه بمبدأ العدل من خلال كتبه التي بعث بها في بداية عهده إلى عمّاله.

وأرسل عثمان إلى العمّال والقوّاد وعمّال الخراج وعامّة المسلمين بالأمصار كتباً يحثّهم فيها على الأمر بالمعروف والنهي عن المنكر والعطف على أهل الذمّة وجباية الخرج بالعدل والإنصاف ونصح عمّال الخراج فقال: ((أمّا بعد، فإنّ الله خلقَ الخلْق بالحقّ، فلا يقبل إلاّ الحقّ. خذوا الحقَّ وأعطوا الحقَّ به. والأمانة الأمانة؛ قوموا عليها، ولا تكونوا أوّل مَن يسلبها، فتكونوا شركاءَ من بعدكم إلى ما اكتسبتم. والوفاء الوفاء؛ لا تظلموا اليتيم ولا المعاهد، فإنّ الله خصمٌ لمن ظلمهم)).[١١٢٣]

٢ - أقضيته

كان عثمان رضي الله عنه عادلاً في جميع أحكامه، وإنّ الكتب الفقهية والتاريخية قد أوردت أمثلة وشواهد لا يستهان بها عن عدالته.

ومن الأمثلة على عدله نذكر: إقامة الحدّ على والي الكوفة الوليد بن عقبة (أخوه لأمّه) لإقدامه على شرب الخمر، وعزله عن الولاية بسبب ذلك.[١١٢٤]

وعن أبي الفرات قال: كان لعثمان رضي الله عنه عبد، فقال له: إنّي كنت عركت أُذنك فاقتص منّي، فأخذ بأذنه ثم قال عثمان رضي الله عنه: اشدد يا حبذا! قصاص في

(١١٢١) سورة: الشورى، آية: ٣٨.
(١١٢٢) مشرفة، **القضاء في الإسلام**، ص ١٠٣- ١٠٤.
(١١٢٣) الطبري، **تاريخ الرسل والملوك**، ج ٤، ص ٢٤٥.
(١١٢٤) صمد، **نظام الحكم في عهد الخلفاء الراشدين**، ص ١٤٩.

الدنيا، لا قصاص في الآخرة.[١١٢٥]

نظر عثمان رضي الله عنه في الخصومات، وفصل في القضاء، وله قضايا كثيرة أهمّها:

١ - قضية قتل:

وهي أول قضية نظر فيها عثمان رضي الله عنه، وواجهته بعد تولي الخلافة، وكانت خطيرة وحساسة لأنها تتعلّق بقتل عمر من جهة، وما يترتّب عليها من انتقام وثأر، وذلك أنّ أبا لؤلؤة المجوسي طعن عمر بخنجر ذي رأسين، نصابه في وسطه، ثلاث طعنات، أدّت إلى استشهاده، وشاع فيما بعد أنّ هناك مؤامرة مدبّرة لذلك، وليست مقصورة على أبي لؤلؤة، ذلك أنّ عبد الرحمن قال غداة طعن عمر رضي الله عنه: مررت على أبي لؤلؤة عشي أمس، ومعه جفينة والهرمزان، وهم نجي، فلمّا رهقهم، ثاروا، وسقط منهم خنجر له رأسان، نصابه في وسطه، فانظروا بأي شيء قتل، فلمّا جاؤوا بالخنجر الذي ضرب به أبو لؤلؤة عمر، وجد كما وصفه عبد الرحمن بن أبي بكر، وعندئذ ترجح لدى عبيد الله بن عمر بن الخطّاب أنّ أبا لؤلؤة والهرمزان وجفينة قد تآمروا على أبيه، فأخذ سيفه ثم مضى إلى الهرمزان فقتله، وإلى جفينة فقتله، وكذلك ابنة أبي لؤلؤة، وكاد عبيد الله أن لا يترك سبياً في المدينة إلاّ قتله.

ولم يوافق الصحابة على تصرف عبيد الله، لأنّه لم يؤذن له بالقصاص، ولم يثبت عنده دليل، لذلك ثار المسلمون عليه، فأمسكوا بعبيد الله وحبسوه في دار سعد بن أبي وقاص، فلمّا تولى عثمان رضي الله عنه، طلب منه المسلمون النظر في قضية عبيد الله.

استشار الصحابة في ذلك فاختلفت آراؤهم اختلافاً كثيراً، فأصدر عثمان حكمه، وكانت نتيجة الحكم أن حكم بالديّة للثلاثة، مع اختلاف التفاصيل، بأنّه وليهم فعفا عن القصاص، وطلب الديّة، وفي قول أنّه لم يكن لابنة أبي لؤلؤة ولي يطالب بدمها، وكذلك جفينة، أمّا الهرمزان فكان ابنه القماذان فحكم له عثمان بأن يقتص من عبيد الله، وأمكنه منه، ثم عفا القماذان عن القصاص، وأخذ الدية.[١١٢٦]

٢ - قضية رجم:

عن مالكٍ، أنّه بَلغَهُ، أنّ عثمان بن عفان: أُتِيَ بامرأةٍ قد وَلَدَتْ في ستةِ أشهرٍ، فأمر

(١١٢٥) الكاندهلوي، **حياة الصحابة**، ج ٢، ص ٢٤٨-٢٤٩ - محب الطبري، **الرياض النضرة في مناقب العشرة**، ج ٢، ص١١١.
(١١٢٦) الزحيلي، **تاريخ القضاء في الإسلام**، ص ١٤٧-١٤٨.

بِها أن تُرْجَمَ، فقال له عليّ بن أبي طالب: ليس ذلكَ عليها، إنّ الله تبارك وتعالى يقولُ في كتابه: ﴿ وَحَمْلُهُ وَفِصَالُهُ ثَلَاثُونَ شَهْرًا ﴾[١١٢٧]. وقال: ﴿ وَالْوَالِدَاتُ يُرْضِعْنَ أَوْلَادَهُنَّ حَوْلَيْنِ كَامِلَيْنِ لِمَنْ أَرَادَ أَنْ يُتِمَّ الرَّضَاعَةَ ﴾[١١٢٨]، فالحملُ يكونُ سِتةَ أشهرٍ، فلا رجْمَ عليها، فبعث عثمانُ بن عفان في أثَرِها فوجدَها قد رُجِمتْ.[١١٢٩]

٣ - قضية سكر وإقامة الحدّ على أخيه:

ولّى عثمان على الكوفة أخاه من أمّه الوليد بن عقبة[١١٣٠] سنة خمس وعشرين، فمكث في الكوفة خمس سنوات، وهو أحب الناس إلى أهلها، ونالهم في عهده خير كثير، وكان له أثر في الفتوح مدّة ولايته، إلى أن وقعت فتنة من شباب أهل الكوفة، وكانوا من أشرافهم، فنقبوا جداراً، وقتلوا صاحب البيت، فأحاطوا بِهم وأخذوهم إلى الوليد، وثبتت الجريمة، فكتب فيهم إلى عثمان، فأمر بقتلهم قصاصاً فقتلهم، فنقموا عليه، وشهدوا أنّه شرب الخمر، وقيل إنّه شربَها حقيقة، وصلى بِهم الصبح أربعاً، وقيل إنّه قال في سجوده: إشربْ واسقِني، وسمع عثمان الشكوى فاستقدم الوليد إليه من الكوفة، وطلب الشهود فشهدوا... وحلف الوليد أنّه لم يشرب الخمر، وقال لعثمان: يا أمير المؤمنين، أنشدك الله، فوالله إنّهما لخصمان موتوران، فقال عثمان: لا يضرّك ذلك، إنّما نعمل بما ينتهي إلينا، فمن ظُلم، فالله ولي انتقامه، ومن ظلم فالله ولي جزائه، وأمر عثمان سعيد بن العاص فجلده حدّ شارب الخمر، ولم يتوان عن إقامة الحدّ على أخيه لأمّه، وواليه،وجلده لمصلحة اقتضتْ ذلك في نظره، وأنّه يحكم بالظاهر والبيّنة،

(١١٢٧) سورة: الأحقاف، آية: ١٥.
(١١٢٨) سورة: البقرة، آية: ٢٣٣.
(١١٢٩) **موطأ مالك**، كتاب الحدود، ص ٥٩٣، حديث رقم (١٥٠٢).
(١١٣٠) هو الوليد بن عقبة بن أبي معيط، أبو وهب، الأموي القرشي: والٍ. من فتيان قريش وشعرائهم وأجوادهم. فيه ظرف ومجون ولهو. وهو أخو عثمان بن عفان لأمّه. أسلم يوم فتح مكّة، وبعثه رسول الله صلى الله عليه وسلم على صدقات بني المصطلق، ثم ولاّه عمر صدقات بني تغلب، وولاّه عثمان الكوفة بعد سعد بن أبي وقاص (سنة ٢٥هـ) فانصرف إليها، وأقام إلى سنة ٢٩، فشهد عليه جماعة عند عثمان بشرب الخمر، فعزله ودعا به إلى المدينة، فجاء، فحدّه وحبسه. ولمّا قتل عثمان تحول الوليد إلى الجزيرة الفراتية، فسكنها. واعتزل الفتنة بين علي ومعاوية، ولكنه رثى عثمان وحرض معاوية على الأخذ بثأره. ومات بالرقّة سنة ٦١ هـ ٦٨٠م.
الزركلي، **الأعلام**، ج ٨، ص ١٢٢.

والله يتولى السرائر.[١١٣١]

وجلد عثمان معتادي السكر، وهدد بالنفي عن المدينة كل من عكف على البدع فاستقامت أحوال الرعيّة.[١١٣٢]

٤ - قضائه في جريمة السرقة:

عن عَمْرَةَ بنتِ عبدِ الرحمن: أنّ سارِقاً سرقَ في زمان عُثمان، أُتْرُجَّةً، فأمر بِها عثمان بن عفّان أن تُقوَّمَ، فقُوِّمَتْ بثلاثةِ دراهِمَ من صَرْفِ اثني عَشَر درْهَماً بدينارٍ، فقطع عثمانُ يدَهَ.[١١٣٣]

والأترُجّةُ خرزةٌ من ذهبٍ تكون في عنق الصبي.[١١٣٤]

عن سليمان بن موسى في السارق يوجد في البيتِ قد جمعَ المتاعَ أنَّ عثمان قضى أن لا قطعَ عليه، وإن كان قد جمعَ المتاعَ، فأراد أن يسرقَ حتى يحمله ويخرج به.[١١٣٥]

٥ - قضائه في ميراث:

روى الدارقطني عن الزهري أنّ طلحة بن عبد الرحمن بن عوف حدّثه أنّ عثمان بن عفان ورّث تماضر بنت الأصبغ[١١٣٦] من عبد الرحمن بن عوف، وكان عبد الرحمن طلقها وهي آخر طلاقها في مرضه.[١١٣٧]

وعن محمد بن يحيى بن حبّان أنّه كان عند جدّه حَبَّان بن منقذٍ امرأتان هاشمية وأنصارية، فطلّق الأنصارية وهي تُرضعُ، فمرَّت بِها سنةٌ لم تحِضْ ثم هلَك، فقالت: أنا أرِثُهُ لم أحِضْ، فاختصموا إلى عثمان بن عفان، فقضى لها بالميراث، فلامت الهاشمية عثمان بن عفان، فقال لها: هذا عملُ ابن عمِّك هو أشار علينا بِهذا، يعني عليّ بن أبي

(١١٣١) الزحيلي، **تاريخ القضاء في الإسلام**، ص ١٤٨.
(١١٣٢) مشرفة، **القضاء في الإسلام**، ص ١٠٤.
(١١٣٣) **موطأ مالك**، كتاب الحدود، ص ٥٩٨، حديث رقم (١٥١٦).
(١١٣٤) المتقي الهندي، **كنز العمّال**، ج ٥، ص ٥٤٧.
(١١٣٥) المتقي الهندي، **كنز العمّال**، ج ٥، ص ٥٤٧.
(١١٣٦) هي تماضر بنت الأصبغ بن عمرو بن ثعلبة الكلبية. تزوج عبد الرحمن بن عوف تماضر بنت الأصبغ بن عمرو، ثم قدم بِها المدينة، وهي أم أبي سلمة بن عبد الرحمن بن عوف وهي أول كلبية نكحها قرشي، ولم تلد لعبد الرحمن غير أبي سلمة. لمّا طلق عبد الرحمن امرأته الكلبية تماضر متعها بجارية سوداء. ابن حجر، **الإصابة في تمييز الصحابة**، ج ٨، ص ٥٦- ٥٧.
(١١٣٧) **سنن الدارقطني**، كتاب الطلاق والخلع والإيلاء، ج ٤، ص ٦٥، حديث رقم (١٥٨).

طالب.[(١١٣٨)]

٦ - قضائه في بيع كان فيه عيب:

عن سالمِ بن عبد الله، أنّ عبد الله بن عُمر باع غُلاماً له بثمانمائة دِرْهم، وباعهُ بالبراءة، فقال الذي ابْتاعَهُ لعبدِ الله بن عُمر: بالغُلامِ داءٌ لم تُسمِّهِ لي، فاختَصَما إلى عثمان بن عفان، فقال الرَّجلُ: باعَني عبْداً وبه داءٌ لم يُسمِّهِ، وقال عبدُ اللهِ: بِعْتُهُ بالبراءةِ، فقضى عُثمانُ بن عفّانَ على عبد الله بن عمر أنْ يَحْلِفَ له، لقد باعَه العبدَ وما بِه داءٌ يَعْلَمُهُ، فأبى عبدُ اللهِ أن يَحْلِفَ، وارْتَجَعَ العبدَ فصَحَّ عندَه، فباعَهُ عبدُ اللهِ بعد ذلكَ بألفٍ وخَمْسمائةِ دِرْهَم.[(١١٣٩)]

٧ - جرُّ العبد الولاء إذا أعْتِق:

عن ربيعة بن عبدِ الرَّحمن: أنّ الزُّبير بن العوّامِ اشترى عبداً فأعتَقه، ولذلك العبدِ بنونَ من امرأةٍ حُرَّةٍ، فلمّا أعتقهُ الزُّبير قال: هم مواليَّ. وقال موالي أُمِّهم: بل هم مَوالينا. فاختصموا إلى عثمان بن عفان فقضى عثمان للزُّبيرِ بولائهم.[(١١٤٠)]

٨ - قضائه في ضفير لسدّ ماء السيل:

كان الإمام علي قد بنى على عهد عمر بن الخطّاب، ضفيراً لسدّ ماء السيل بين أرضه وأرض طلحة بن عبيد الله. فاختصما بسببه إلى عثمان بن عفّان. فركب هذا مع الطرفين إلى مكان الضفير، حتى رآه. ثم قال: ((لا أرى منه ضرراً، وقد كان على عهد عمر، ولو كان جوراً لم يدعه)).[(١١٤١)]

٩ - قضية في اللواطة:

عن سلم بن عبد الله وأبان بن عثمانَ وزيد بن حسنٍ، أنّ عثمان بن عفان أُتِيَ برجلٍ قد فجرَ بغلامٍ من قريش، فقال عثمان: أَحْصَنَ؟ قالوا: قد تزوّجَ بامرأةٍ ولم يدخُل بِها بعدُ، فقال عليٌّ لعثمان: لو دخل بِها لحلَّ عليه الرجمُ، فأمّا إذا لم يدخل بِها فاجلدهُ الحدَّ، فقال أبو أيّوبَ: أشهدُ أنّي سمعتُ رسول الله صلى الله عليه وسلم يقولُ الذي ذكرَ أبو الحسن، فأمرَ به عثمانُ فجُلِدَ.[(١١٤٢)]

(١١٣٨) المتقي الهندي، **كنز العمّال**، ج ٥، ص ٨٢٨-٨٢٩.
(١١٣٩) **موطأ مالك**، كتاب البيوع، ص ٤٢٢، حديث رقم (١٢٩٣).
(١١٤٠) **موطأ مالك**، كتاب العتاقة والولاء، ص ٥٥٦-٥٥٧، حديث رقم (١٤٧٧).
(١١٤١) محمصاني، **تراث الخلفاء الراشدين في الفقه والقضاء**، ص ١٦٠ - السرخسي، **المبسوط**، ج ١٩، ص ٣-٤.
(١١٤٢) المتقي الهندي، **كنز العمّال**، ج ٥، ص ٤٦٩.

١٠ - الحبس تعزيراً:

ومن القضايا الغريبة التي عرضت على عثمان أنّ الشاعر ضابي بن الحرث البرجمي[(١١٤٣)] استعار كلباً من قوم، وأبى ردّه إليهم، فأخذوه قهراً منه، فهجاهم بأقذع الهجاء، ورمى أمّهم بالكلب، وقال:

فيا راكباً إما عرضت فبلغن   أمامة عنّي والأمور تدور

فأمكم لا تتركوها وكلبكم   فإنّ عقوق الوالدات كبير

وهجا القوم، وقال في كبيرهم:

فإنك كلب قد ضريت بما ترى   سميع بما فوق الفراش بصير

فلمّا شكوه إلى عثمان أمر بحبسه، وقال: ما رأيتُ أحداً رمى قوماً بكلب قبلك، وظلّ هذا الشاعر في الحبس حتى مات.[(١١٤٤)]

٣ - القضاة في عهده

استمر بعض القضاة من عهد عمر إلى عهد عثمان، كما بقي على البلدان معظم الولاة على الولاية والقضاء، وعيّن عثمان مجدداً بعض القضاة، وبعض الولاة الذين يمارسون القضاء أيضاً، ولذلك نعدد معظمهم.[(١١٤٥)]

١ - أبو الدرداء:

هو عويمر بن عامر.

تصدّى للإقراء بدمشق في خلافة عثمان، وقبل ذلك.[(١١٤٦)]

ولي قضاء دمشق في زمن عثمان رضي الله عنه. وكانت داره بباب البريد.[(١١٤٧)]

(١١٤٣) هو ضابئ بن الحارث بن أرطاة التميمي البرجمي. شاعر، خبيث اللسان، كثير الشر. عرف في الجاهلية، وأدرك الإسلام، فعاش بالمدينة إلى أيام عثمان. وكان مولعاً بالصيد، وله خيل. وكان ضعيف البصر. سجنه عثمان بن عفان لقتله صبيّاً بدابته، ولم ينفعه الاعتذار بضعف بصره. ولمّا انطلق هجا قوماً من بني نهشل، فأعيد إلى السجن. وعُرض السجناء يوماً فإذا هو قد أعدّ سكيناً في نعله يريد أن يغتال بِها عثمان، فلم يزل في السجن إلى أن مات سنة ٣٠ هـ، ٦٥٠م. الزركلي، **الأعلام**، ج ٣، ص ٢١٢.

(١١٤٤) الزحيلي، **تاريخ القضاء في الإسلام**، ص ١٤٨-١٤٩.
وهذه القضية تشبه قضية الحطيئة التي هجا فيها الزبرقان بن بدر هجاءاً مرأً فشكاه إلى عمر فحبسه.

(١١٤٥) الزحيلي، **تاريخ القضاء في الإسلام**، ص ١٤٤.

(١١٤٦) الذهبي، **سير أعلام النبلاء**، ج ٢، ص ٣٣٥.

وقال الذهبي: ولي القضاء بدمشق، في دولة عثمان. فهو أوّل ما ذُكر لنا من قُضاتِها.[١١٤٨]

عن سعيد بن عبد العزيز: مات أبو الدرداء وكَعْب الأحبار لسنتين بقيتا من خلافة عثمان.[١١٤٩]

٢ - **نافع بن عبد الحارث الخزاعي:** أمير مكّة وقاضيها في عهد عمر، وأقرّه عثمان.[١١٥٠]

٣ -**سفيان بن عبد الله الثقفي:** أمير الطائف وقاضيها في عهد عمر، وأقرّه عثمان.[١١٥١]

٤ - **يعلى بن أميّة:** أمير صنعاء.

استعمل أبو بكر يعلى على حلوان[١١٥٢] في الردّة، ثم عمل لعمر على بعض اليمن، فحمى لنفسه حِمىً فعزله، ثم عمل لعثمان على صَنْعاء اليمن، وحجّ سنة قُتِل عثمان، فخرج مع عائشة في وقعة الجمل، ثم شهد صِفين مع علي. ويقال: إنّه قُتِل بِها.[١١٥٣]

٥ - **أبو موسى الأشعري:** أمير البصرة، ثم الكوفة.

وكان عامل النبي صلى الله عليه وسلم على زبيد وعدَن وغيرها من اليمن وسواحلها.

واستعمله عمر على إمْرة البصرة بعد أن عزل المغيرة. وأقرّه عثمان على عمله قليلاً ثم صرفه، واستعمل عبد الله بن عامر، فسكن الكوفة وتفقّه به أهلها حتى استعمله

=

(١١٤٧) ابن طولون، **قضاة دمشق**، ص ٢.
(١١٤٨) الذهبي، **سير أعلام النبلاء**، ج ٢، ص ٣٣٦.
(١١٤٩) ابن حجر، **الإصابة في تمييز الصحابة**، ج ٤، ص ٦٢٢.
(١١٥٠) الزحيلي، **تاريخ القضاء في الإسلام**، ص ١٤٥.
(١١٥١) الزحيلي، **تاريخ القضاء في الإسلام**، ص ١٤٥.
(١١٥٢) حلوان: حُلوان في عدّة مواضع منها: حلوان العراق، هي في آخر حدود السواد مما يلي الجبال من بغداد، وقيل: إنّها سميت بحلوان بن عمران بن الحاف بن قُضاعة، كان بعض الملوك أقطعه إيّاها فسميت به. ياقوت الحموي، **معجم البلدان**، ج ٢، ص ٢٩٠.
(١١٥٣) ابن حجر، **الإصابة في تمييز الصحابة**، ج ٦، ص ٥٣٩.

عثمان عليهم بعد عَزْل سعيد بن العاص.(١١٥٤)

٦ - **عبد الله بن عامر بن كُرَيز:** أمير البصرة بعد أبي موسى الأشعري.

هو عبد الله بن عامر بن كُرَيز بن ربيعة بن حبيب بن عبد شمس بن عبد مناف القرشي العَبْشَمي. ابن خال عثمان بن عفان؛ لأنّ أم عثمان هي أَرْوَى بنت كُرِيز المذكور؛ وأمُّها البيضاء بنت عبد المطلب بن هاشم، واسم أمّ عبد الله هذا دجاجة بنت أسماء بنت الصلت السلمية.(١١٥٥)

أمير فاتح. ولد بمكة سنة ٤ من الهجرة (٦٢٥م).(١١٥٦)

وكان عبد الله جواداً شجاعاً ميموناً، ولاه عثمان البصرة بعد أبي موسى الأشعري سنة تسع وعشرين، وضمّ إليه فارس بعد عثمان بن أبي العاص. فافتتح خراسان كلّها، وأطراف فارس، وسجستان، وكرمان وغيرها، حتى بلغ أعمال غزّة؛ وفي إمارته قتل يزْدجرد آخر ملوك فارس، وأحرم ابن عامر من نيسابور شكراً لله تعالى، وقدم على عثمان فلامه على تعزيره بالنسك، وقدم بأموال عظيمة ففرَّقها في قريش والأنصار.(١١٥٧)

كان وصولاً لقومه، رحيماً، محبّاً للعمران، اشترى كثيراً من دور البصرة وهدمها فجعلها شارعاً.(١١٥٨)

وهو أوّل من اتخذ الحياض بعرفة، وأجرى إليها العين، وقُتل عثمان وهو على البصْرة، فسار بما كان عنده من الأموال إلى مكّة، فوافى أبا طلحة والزبير فرجع بِهم إلى البصرة، فشهد معهم وقْعَةَ الجمل، ولم يحضر صِفّين؛ وولاه معاوية البصرة ثلاث سنين بعد اجتماع الناس عليه، ثم صرفه عنها، فأقام بالمدينة.(١١٥٩)

ومات بمكة سنة ٥٩ من الهجرة (٦٧٩م)، ودفن بعرفات.

قال الإمام عليّ: ابن عامر سيد فتيان قريش.

ولمّا بلغ معاوية نبأ وفاته، قال: يرحم الله أبا عبد الرحمن، بمن نفاخر

(١١٥٤) ابن حجر، **الإصابة في تمييز الصحابة**، ج ٤، ص ١٨٢.
(١١٥٥) ابن حجر، **الإصابة في تمييز الصحابة**، ج ٥، ص ١٤.
(١١٥٦) الزركلي، **الأعلام**، ج ٤، ص ٩٤.
(١١٥٧) ابن حجر، **الإصابة في تمييز الصحابة**، ج ٥، ص ١٤.
(١١٥٨) الزركلي، **الأعلام**، ج ٤، ص ٩٤.
(١١٥٩) ابن حجر، **الإصابة، في تمييز الصحابة**، ج ٥، ص ١٥.

ونباهي!.[١١٦٠]

٧ - **معاوية بن أبي سفيان**: أمير دمشق.

ولاّه عمر الشام بعد أخيه يزيد بن أبي سفيان؛ وأقرّه عثمان.[١١٦١]

٨ - **عمرو بن العاص**: والي مصر.

ولي عمرو إمْرةَ مصر في زمن عمر بن الخطاب، وهو الذي افتتحها، وأبقاه عثمان قليلاً ثم عزله.[١١٦٢]

٩ -**عبد الله بن سعد**: أمير مصر.

هو عبد الله بن سعد بن أبي سَرْح بن الحارث بن حُبَيب، بن حذافة بن مالك بن حِسْل بن عامر بن لؤي القرشيّ العامري. يُكنى أبا يحيى، وكان أخا عثمان من الرضاعة.[١١٦٣]

فاتح إفريقية، وفارس بني عامر. من أبطال الصحابة. أسلم قبل فتح مكّة، وهو من أهلها.

وكان من كتّاب الوحي للنبي صلى الله عليه وسلم.[١١٦٤]

شهد فتح مصر، واختط بِها، وكان صاحب الميمنة في الحرب مع عمرو بن العاص في فتح مصر، وله مواقف محمودة في الفتوح، وأمّره عثمان على مصر.[١١٦٥]

ولي مصر سنة ٢٥ من الهجرة، بعد عمرو بن العاص، فاستمر نحو ١٢ عاماً، زحف في خلالها إلى إفريقية بجيش فيه الحسن والحسين ابنا عليّ، وعبد الله بن عباس، وعقبة بن نافع. ولحق بِهم عبد الله بن الزبير. فافتتح ما بين طرابلس الغرب وطنجة، ودانت له إفريقية كلها. وغزا الروم بحراً، وظفر بِهم في معركة ((ذات الصواري)) سنة ٣٤ من الهجرة، وعاد إلى المشرق. ثم بينما كان في طريقه بين مصر والشام، علم بمقتل عثمان وأنّ عليّاً أرسل إلى مصر والياً آخر (وهو قيس بن سعد بن

(١١٦٠) الزركلي، **الأعلام**، ج ٤، ص ٩٤-٩٥.
(١١٦١) ابن حجر، **الإصابة في تمييز الصحابة**، ج ٦، ص ١٢٠.
(١١٦٢) ابن حجر، **الإصابة في تمييز الصحابة**، ج ٤، ص ٥٤٠.
(١١٦٣) ابن حجر، **الإصابة في تمييز الصحابة**، ج ٤، ص ٩٤.
(١١٦٤) الزركلي، **الأعلام**، ج ٤، ص ٨٨ -٨٩.
(١١٦٥) ابن حجر، **الإصابة في تمييز الصحابة**، ج ٤، ص ٩٥.

عبادة) فتوجه إلى الشام، قاصداً معاوية، واعتزل الحرب بينه وبين عليّ (بصفّين) ومات بعسقلان فجأة سنة ٣٧ من الهجرة (٦٥٧م)، وهو قائم يصلي.(١١٦٦)

١٠ - **سعد بن أبي وقّاص:** والي الكوفة.

هو سعد بن مالك بن أُهيب ويقال له ابن وُهيب بن عبد مناف بن زُهرة بن كِلاب القرشي الزهريّ، أبو إسحاق، ابن أبي وقاص. أحد العشرة وآخرهم موتاً، وأمّه حَمْنَة بنت سفيان بن أميّة بنت عم أبي سفيان بن حرب بن أمية. وكان أحد الفرسان؛ وهو أول من رَمى بسهم في سبيل الله، وهو أحد الستة أهل الشورى.(١١٦٧)

ولد سنة ٢٣ قبل الهجرة. أسلم وهو ابن ١٧ سنة، وشهد بدراً، وافتتح القادسية، ونزل أرض الكوفة فجعلها خططاً لقبائل العرب. وابتنى بِها داراً فكثرت الدور فيها. وظلّ والياً عليها مدة عمر بن الخطّاب، وأقرّه عثمان زمناً، ثم عزله، فعاد إلى المدينة، فأقام قليلاً وفقد بصره.(١١٦٨)

وكان عمر أمّره على الكوفة سنة إحدى وعشرين، ثم لما ولي عثمان أمّره عليها، ثم عزله بالوليد بن عقبة سنة خمس وعشرين.(١١٦٩)

ولمّا قتل عثمان اعتزل الفتنة ولزم بيته. مات سعد بالعَقيق(١١٧٠)، وحُمل إلى المدينة، فصلى عليه في المسجد. وقال الواقدي: أثبت ما قيل في وقت وفاته أنّها سنة خمس وخمسين.(١١٧١)

له في كتب الحديث ٢٧١ حديثاً.(١١٧٢)

وكان مجاب الدعوة مشهوراً بذلك.

عن أبي إسحاق، قال: كان أشد أصحاب رسول الله صلى الله عليه وسلم أربعة:

(١١٦٦) الزركلي، **الأعلام**، ٤، ص ٨٩.
(١١٦٧) ابن حجر، **الإصابة في تمييز الصحابة**، ج ٣، ص ٦١-٦٢.
(١١٦٨) الزركلي، **الأعلام**، ج ٣، ص ٨٧.
(١١٦٩) ابن حجر، **الإصابة في تمييز الصحابة**، ج ٣، ص ٦٤.
(١١٧٠) العقيقُ: تقول العرب لكل مسيل شقّه السيلُ في الأرض فأنهره ووَسعه عقيق. وفي بلاد العرب أربعة أعقَّة وهي أودية عاديّة شقّها السيول. منها عقيق بناحية المدينة وفيه عيون ونخل. قال القاضي عياض: العقيق وادٍ عليه أموال أهل المدينة، وهو على ثلاثة أميال أو ميلين. ياقوت الحموي، **معجم البلدان**، ج ٤، ص ١٣٨-١٣٩.
(١١٧١) ابن حجر، **الإصابة في تمييز الصحابة**، ج ٣، ص ٦٣.
(١١٧٢) الزركلي، **الأعلام**، ج ٣، ص ٨٧.

عمر، وعلي، والزبير، وسعد.[(١١٧٣)]

وقالوا في وصفه: ((كان قصيراً دحداحاً، ذا هامة، شثن الأصابع، جعد الشعر)).[(١١٧٤)]

١١ - **الوليد بن عقبة:** والي الكوفة بعد عزل سعد بن أبي وقّاص.

هو الوليد بن عقبة بن أبي مُعيط أبان بن أبي عمرو ذَكْوان بن أمية بن عبد شمس بن عبد مناف الأمويّ، أخو عثمان بن عفان لأمّه، أمّهما أروى بنت كريز بن ربيعة بن حبيب بن عبد شمس، وأمّها البيضاء بنت عبد المطلب. يكنى أبا وهب.

قُتِل أبوه بعد الفراغِ من غزوةِ بدر صبراً، وكان شديداً على المسلمين، كثر الأذى لرسول الله صلى الله عليه وسلم؛ فكان ممن أسر ببدر، فأمر النبيُّ صلى الله عليه وسلم بقتله. وأسلم الوليد وأخوه عمارة يوم الفتح.

وكان الوليد شجاعاً شاعراً جواداً.[(١١٧٥)]

بعثه رسول الله صلى الله عليه وسلم على صدقات بني المصطلق، ثم ولاّه عمر صدقات بني تغلب، وولاّه عثمان الكوفة بعد سعد بن أبي وقّاص (سنة ٢٥ من الهجرة) فانصرف إليها، وأقام إلى سنة ٢٩ فشهد عليه جماعة عند عثمان بشرب الخمر، فعزله ودعا به إلى المدينة، فجاء، فحدّه وحبسه.[(١١٧٦)]

ولمّا قتل عثمان اعتزل الوليد الفتنة، فلم يشهد مع علي ولا مع غيره، ولكنّه كان يحرِّض على قتال علي بكتبه وبشعره.[(١١٧٧)]

ومات بالرقة سنة ٦١ من الهجرة (٦٨٠م).[(١١٧٨)]

١٢ - **سعيد بن العاص:** والي الكوفة بعد الوليد بن عقبة.

هو سعيد بن العاص بن سعيد بن العاص بن أميّة القرشيّ الأمويّ، أبو عثمان، أمّه أم كلثوم بنت عبد الله بن أبي قيس بن عمرو العامريّة. ولم يكن للعاص ولدٌ غير سعيد المذكور.

(١١٧٣) ابن حجر، **الإصابة في تمييز الصحابة**، ج ٣، ص ٦٢- ٦٣.
(١١٧٤) الزركلي، **الأعلام**، ج ٣، ص ٨٧.
(١١٧٥) ابن حجر، **الإصابة في تمييز الصحابة**، ج ٦، ص ٤٨١- ٤٨٢.
(١١٧٦) الزركلي، **الأعلام**، ج ٨، ص ١٢٢.
(١١٧٧) ابن حجر، **الإصابة في تمييز الصحابة**، ج ٦، ص ٤٨٢.
(١١٧٨) الزركلي، **الأعلام**، ج ٨، ص ١٢٢.

قال ابن أبي حاتمٍ، عن أبيه: له صحبة.كان له يوم مات النبي صلى الله عليه وسلم تسع سنين، وقُتِل أبوه يوم بَدْرٍ، قتله علي.[(١١٧٩)]

وهو من الأمراء الولاة الفاتحين. ربي في حجر عمر بن الخطاب. وولاّه عثمان الكوفة وهو شاب، فلما بلغها خطب في أهلها، فنسبهم إلى الشقاق والخلاف، فشكوه إلى عثمان، فاستدعاه إلى المدينة، فأقام فيها إلى أن كانت الثورة عليه، فدافع سعيد عنه وقاتل دونه إلى أن قُتل عثمان، فخرج إلى مكة، فأقام إلى أن ولي معاوية الخلافة، فعهد إليه بولاية المدينة، فتولاها إلى أن مات.[(١١٨٠)]

وغزا طبرستان ففتحها، وغزا جُرجان[(١١٨١)]، وكان في عسكره حذيفة وغيره من كبار الصحابة.[(١١٨٢)]

وهو أحد الذين كتبوا المصحف لعثمان. اعتزل فتنة الجمل وصِفين. وكان قوياً، فيه تجبّر وشدّة؛ سخيّاً، فصيحاً. توفي سنة ٥٩ من الهجرة (٦٧٩م).[(١١٨٣)]

ورُوي عن صالح بن كيسان، قال: كان سعيد بن العاص حليماً وقوراً، وكان إذا أحبَّ شيئاً أو أبْغَضه لم يذكر ذلك، ويقول: إنَّ القلوبَ تتغيَّر، فلا ينبغي للمرءِ أن يكون مادحاً اليوم عائباً غداً.

ومن محاسن كلامه: لا تمازح الشريف فيحقد عليك، ولا تمازح الدنيء فتهون عليه.

وقال مُصْعَب الزُّبَيْرِيُّ: كان يقال له عُكَّة العسَل.[(١١٨٤)]

١٣- علي بن أبي طالب:

كان يشاوره عثمان في القضاء، وكان يقضي بين الناس، كما كان عثمان يستدعي

(١١٧٩) ابن حجر، **الإصابة في تمييز الصحابة**، ٣، ص ٩٠.
(١١٨٠) الزركلي، **الأعلام**، ج ٣، ص ٩٦.
(١١٨١) جُرجان: مدينة مشهورة عظيمة بين طبرستان وخراسان، بعضٌ يعدها من هذه وبعض يعدّها من هذه. وقيل: إنّ أول من أحدث بناءها يزيد بن المهلّب بن أبي صفرة، وقد خرج منها خلق من الأدباء والعلماء والفقهاء والمحدّثين. ولجُرجان مياه كثيرة وضياع عريضة. ياقوت الحموي، **معجم البلدان**، ج ٢، ص ١١٩.
(١١٨٢) ابن حجر، **الإصابة في تمييز الصحابة**، ج ٣، ص ٩٠-٩١.
(١١٨٣) الزركلي، **الأعلام**، ج ٣، ص ٩٦.
(١١٨٤) ابن حجر، **الإصابة في تمييز الصحابة**، ج ٣، ص ٩٢.

معه طلحة بن عبيد الله، والزبير بن العوام، وعبد الرحمن بن عوف، ويأخذ رأيهم في الخصومة والدعوى والحكم.

فقد روى وكيع عن عبد الله بن سعيد (أبو عبد الرحمن بن سعيد) قال: رأيت عثمان بن عفان في المسجد إذا جاءه الخصمان قال لهذا: اذهب فادع عَليّاً، وللآخر: فادْعُ طلحة بن عُبيد الله، والزُّبير، وعبد الرَّحمن، فجاءوا، فجلسوا، فقال لهما: تكلَّما، ثم يُقْبل عليهم فيقول: أشيروا عَليّ؛ فإن قالوا ما يوافق رأيه أمضاه عليهما، وإلاّ نظر فيقومون مُسَلّمين.(١١٨٥)

١٤- **عبد الله بن مسعود:** استمرّ على القضاء بالكوفة في عهدعثمان.(١١٨٦)

١٥- **زيد بن ثابت:**

قال ابن سعد: كان زيد مترئساً بالمدينة في القضاء والفتوى والقراءة والفرائض في عهد عمر وعثمان وعلي في مُقامه بالمدينة، وبعد ذلك خمس سنين حتى ولي معاوية سنة أربعين، فكان كذلك أيضاً حتى توفي زيد سنة خمس وأربعين.(١١٨٧)

ما كان عمر ولا عثمان يقدّمان على زيد بن ثابت أحداً في القضاء والفتوى والفرائض والقراءة.(١١٨٨)

قضائه في طلاق العبد:

عن سليمان بن يسارٍ: أنّ (نُفَيْعاً) - مُكاتَباً كان لأمِّ سلمة زوج النبي صلى الله عليه وسلم أو عبداً لها - كانت تحتَهُ امرأةٌ حُرَّة، فطلَّقها اثنتين، ثم أراد أن يُراجِعها، فأمره أزواج النبي صلى الله عليه وسلم أن يأتي عثمان بن عفان فيسأله عن ذلك، فلقيهُ عند الدَّرجِ آخذاً بيد زيد بن ثابت، فسألَهما، فابْتَدَراه جميعاً فقالا: حَرُمَتْ عليك، حَرُمَتْ عليك.(١١٨٩)

(١١٨٥) وكيع، **أخبار القضاة**، ج١، ١١٠.
(١١٨٦) الزحيلي، **تاريخ في الإسلام**، ص ١٤٦.
(١١٨٧) ابن سعد، **الطبقات الكبرى**، ج ٢، ص ٣٦٠.
(١١٨٨) ابن سعد، **الطبقات الكبرى**، ج ٢، ٣٩٥.
(١١٨٩) **موطأ مالك**، كتاب الطلاق، ص ٣٩٢، حديث رقم (١٢٠٨).

١٦ - **عبادة بن الصامت:**

كان يقضي بفلسطين والشام في عهد عثمان رضي الله عنه.[(١١٩٠)]

ولعبادة قصص متعددة مع معاوية، وإنكاره عليه أشياء، وفي بعضها رجوعُ معاوية له، وفي بعضها شكواه إلى عثمان منه، تدلُّ على قوته في دين الله، وقيامه في الأمر بالمعروف.[(١١٩١)]

١٧ - **شريح بن الحارث:**

بقي على القضاء بالكوفة في خلافة عثمان رضي الله عنه.

عن شريح قال: ولِّيتُ القضاء لعمر، وعثمان، وعلي، فمن بعدهم، إلى أن استُعفيت من الحجاج.[(١١٩٢)]

١٨ - **عثمان بن قيس بن أبي العاص:**

هو عثمان بن قَيْس بن أبي العاص بن قَيْس بن عَدِيّ السهمي. شهد فتح مصر مع أبيه.[(١١٩٣)]

ولي قضاء مصر في آخر سنةٍ من خلافة عمر؛ واستمر على ذلك طولَ خلافة عثمان إلى أن صُرِف في سنة اثنتين وأربعين في خلافة معاوية.[(١١٩٤)]

قال الكندي: مات عثمان بن قَيس بن أبي العاص بعد قتل عثمان رضي الله عنه، فلم يكن بمصر قاضٍ حتى قام معاوية.[(١١٩٥)]

وكان عابداً مجتهداً غَزير الدمعة، وكان إذا حكم بين الناس يبكي، ويقول: ويل لمن جار في حُكْمِه.[(١١٩٦)]

اختصم نفر من جُذام إلى عبد الله بن سعد بن أبي سَرْح فقال لهم: ارتفعوا إلى القاضي عثمان بن قَيس فلتجدُنَّه مستضلِعاً يحمل أثقالكم.[(١١٩٧)]

(١١٩٠) الزحيلي، **تاريخ القضاء في الإسلام**، ص ١٤٥.
(١١٩١) ابن حجر، **الإصابة في تمييز الصحابة**، ج ٣، ص ٥٠٧.
(١١٩٢) ابن حجر، **الإصابة في تمييز الصحابة**، ج ٣، ص ٢٧١.
(١١٩٣) ابن حجر، **الإصابة في تمييز الصحابة**، ج ٤، ص ٣٨٠.
(١١٩٤) ابن حجر، **الإصابة في تمييز الصحابة**، ج ٤، ص ٣٨٠-٣٨١.
(١١٩٥) الكندي، **الولاة والقضاة**، ص ٣٠٢-٣٠٣.
(١١٩٦) ابن حجر، **الإصابة في تمييز الصحابة**، ج ٤، ص ٣٨١.
(١١٩٧) الكندي، **الولاة والقضاة**، ص ٣٠٢.

وطلب عثمان رضي الله عنه من **عبد الله بن عمر** أن يتولى القضاء، فامتنع على رغم من إصراره.

عن عبد الله بن موهب أنّ عثمان بن عفان قال لابن عمر: اقضِ بين الناس، قال: لا أقضي بين رجلين ولا أؤمّهما، قال: فإنّ أباك كان يقضي، فقال: إنّ أبي كان يقضي فإن أشكل عليه شيء سأل النبي صلى الله عليه وسلم، وإن أشكل على رسول الله صلى الله عليه وسلم شيء سأل جبريل. وأنا لا أجد من أسأله، لستُ مثل أبي، وإنّه بلغني أنّ القضاة ثلاثة: رجل حافَ[١١٩٨] فمال به الهوى فهو في النار، ورجل تكلّف القضاء فقضى بجهلٍ فهو في النار، ورجل اجتهد فأصاب فذاك ينجو كفافاً لا له ولا عليه، وهل سمعت رسول الله صلى الله عليه وسلم يقول: «**من عاذ بالله فلقد عاذ بمَعَاذٍ**»، قال: بلى، قال: فإنّي أعوذ بالله منك أن تجعلني قاضياً، فأعفاه وقال: لا تُخْبِرَنَّ أحداً.[١١٩٩]

(١١٩٨) الحَيْفُ: المَيْلُ في الحُكم، والجَوْرُ والظُّلم. حافَ عليه في حُكْمِه يَحيفُ حَيْفاً: مالَ وجارَ. ابن منظور، **لسان العرب**،ج ٩، ص٦٠.

(١١٩٩) ابن حجر، **المطالب العالية**، كتاب القضاء والشهادات، باب ما يخشى على من قضى بغير حق، ج ٢، ص ٢٤٥-٢٤٦.

الفصل الثامن

القضاء في عهد علي بن أبي طالب رضي الله عنه

٤ - القضاة في عهده

١ - وصاياه للعمّال والقضاة

اشتهر عن الإمام علي فصاحته وبلاغته، وتفوّقه في القضاء، فلمّا ولي الخلافة أرسل عدّة كتب إلى الولاة والقضاة يرشدهم إلى أفضل السبل، وأنجح الطرق في القضاء بالحق والعدل، واختيار القضاة، ورعاية شؤون الأمّة، وأشهر كتبه وأفضلها كتابه إلى عامله على مصر الأشتر النخعي، فوّض له فيه اختيار القاضي بعد أن أرشده إلى الصفات الواجبة فيه، وهو كتاب طويل، وسأذكر بعض منه من كتاب تاريخ القضاء في الإسلام لابن عرنوس، قال فيه:

((ثم اخترْ للحكم بين الناس أفضل رعيَّتك في نفسك ممن لا تضيق به الأمور ولا تُمْحِكُه[١٢٠٠] الخصوم ولا يتمادى في الزلّة، ولا يَحْصَرُ[١٢٠١] من الفيء[١٢٠٢] إلى الحقّ إذا عرفه، ولا تستشرفه نفسه على طمع، ولا يكتفي بأدنى فهم إلى أقصاه،وأوقفهم في الشُبُهات، وآخذهم بالحجج، وأقلّهم تبرّماً بمراجعة الخصوم، وأصبرهم على كشف الأمور، وأصرمهم عند اتضاح الحُكُم، ممن لا يزدهيه إطراء، ولا يستميله إغراء، وأولئك قليل. ثم أكثِرْ تعاهد قضائه، وأفسحْ له في البذل ما يزيل علّته، وتقلُّ معه حاجته إلى الناس، وأعطِه من المنزلة لديك ما لا يطمع فيه غيره من خاصّتك، فيأمن بذلك اغتيال الرجال له عندك)).[١٢٠٣]

فأننا نرى هذه المقطوعة دستوراً من دساتير الفصاحة والقضاء لا يقل كمالاً عن أحدث ما وصلت إليه أرقى الأمم المتمدنة في عصرنا هذا.

ومما جاء في هذا الكتاب: ((ثم انظر في أمور عمالك فاستعملهم اختباراً ولا تولّهم محاباة وأثرة، فإنّهم جماع من شُعَب الجور والخيانة، وتوخ منهم أهل التجربة والحياء من أهل البيوتات الصالحة والقَدَم في الإسلام المتقدمة. فإنّهم أكثر أخلاقاً

(١٢٠٠) المَحْكُ: التمادي في اللّجاجة عند المُساوَمة والغضب ونحو ذلك. ورجل محِكٌ ومُماحِك إذا كان لجوجاً عسر الخُلُق. ابن منظور، **لسان العرب**، ج ١٠، ص ٤٨٦.

(١٢٠١) الحَصَرُ: ضربٌ من العِيِّ. حَصِر الرجل حَصَراً مثل تعبَ تَعَباً. ابن منظور، **لسان العرب**، ج٤، ص١٩٣.

(١٢٠٢) الفَيْء: الرُّجوع. ابن منظور، **لسان العرب**، ج١، ص١٢٧.

(١٢٠٣) ابن عرنوس، **تاريخ القضاء في الإسلام**، ص١٧.

وأصحّ أعراضاً وأقلّ في المطامع إشرافاً، وأبلغ في عواقب الأمور نظراً، ثم أسبغ عليهم الأرزاق فإنّ ذلك قوة لهم على استصلاح أنفسهم، وغنى لهم عن تناول ما تحت أيديهم وحجة عليهم إن خالفوا أمرك أو ثلموا أمانتك، ثم تفقّد أعمالهم وأبعث العيون من أهل الصدق والوفاء عليهم، فإن تعاهدك في السر لأمورهم حدوة لهم على استعمال الأمانة والرفق بالرعيّة ...)).

وجاء في هذا الكتاب أيضاً: ((ثم إنّ للوالي خاصة وبطانة فيهم استئثار وتطاول وقلّة وإنصاف في معاملة، فاحسم مادة أولئك بقطع أسباب تلك الأحوال ولا تقطعنّ لأحد من حاشيتك وحامّتك قطيعة، ولا يطمعنّ منك في اعتقاد عقدة تضرّ بمن يليها من الناس في شرب أو عمل مشترك يحملون مؤنته على غيرهم.)).(١٢٠٤)

كانت طريقة علي بن أبي طالب في الإدارة طريقة من سبقوه إلى الأمانة: يولي العامل ويطلق يده على الجملة ويكشف حاله، ويدعو عمّاله إلى التبلغ بميسور العيش والرفق بالرعية، ويصنع لهم المنهاج الذي يسيرون عليه.(١٢٠٥)

وأمّا آراؤه في العمّال والقضاة فخلاصتها أنّه يطلب إليهم أن يتخلّقوا بالتواضع والمواساة والمساواة بين الناس وأن يكون آثرهم عندهم أفضلهم وأقولهم للحق وأبعدهم عن الأشرار، قال يوصي الأشتر النخعي لمّا ولاّه على مصر: ((إنّ شر وزرائك من كان للأشرار وزيراً، وممن شركهم في الآثام فلا يكون لك بطانة، فإنّهم أعوان الأثمة، وأخوان الظلمة وأنت واجد فيهم خير الخلف ممن له مثل آرائهم ونفاذهم، وليس عليه مثل آصارهم وأوزارهم ممن لم يعاون ظالماً على ظلمه ولا آثماً على إثمه... فاتّخذ أولئك خاصّة لخلواتك وحفلاتك، ثم ليكن آثرهم عندك أقولهم بمرّ الحق لك، وأقلّهم مساعدة فيما يكون منك مما كره الله لأوليائه... ثم رُضهم على أن لا يطروك ولا يبجحوك بباطل لم تفعله، فإن كثرة الإطراء تحدث الزهو)).(١٢٠٦)

وقد اقتفى الإمام عليّ خطى أسلافه في رفع شأن القضاة، ومنحهم رواتب من النقود، أو الطعام، بما يكفيهم ويكفي أولادهم من بيت المال. فكان القضاء في عهده مستقلاً محترم الجانب عظيم الإجلال. وكان القاضي غزير العلم واسع المعرفة

(١٢٠٤) كرد علي، **الإدارة الإسلامية**، ص ٥٩- ٦٠.
(١٢٠٥) كرد علي، **الإدارة الإسلامية**، ص ٥٨.
(١٢٠٦) طلس، **الخلفاء الراشدون**، ص ٢٠٥.

يتساوى أمامه الرفيع والوضيع، والمسلم والذميّ عملاً بقوله تعالى: ﴿ وَإِذَا حَكَمْتُم بَيْنَ النَّاسِ أَن تَحْكُمُوا بِالْعَدْلِ﴾[١٢٠٧] [١٢٠٨].

ومن كتاب له إلى بعض عمّاله وفيه جماع سياسة المخالفين والموافقين إذا جعله كل عامله دستوره في عمله قال: ((أمّا بعد، فإنّ دهاقين (أرباب الأملاك من العجم) أهل بلدك شكوا منك غلظة وقسوة واحتقاراً وجفوة، ونظرتُ فلم أرهم أهلاً لأن يُدْنوا لشركهم، ولا أن يُقْصوا ويُجفوا لعهدهم، فالبس لهم جلباباً من اللين تشوبه بطرف من الشدّة، وداول لهم بين القسوة والرأفة، وامزج لهم بين التقريب والإدناء، والإبعاد والإقصاء إن شاء الله)).[١٢٠٩]

وأوصى أحد عمّاله بأهل عمله فقال: ((إذا قدمت عليهم فلا تبيعنّ لهم كسوة شتاءً ولا صيفاً، ولا رزقاً يأكلونه، ولا دابّة يعملون عليها، ولا تضرب أحداً منهم سوطاً واحداً في درهم، ولا تقمه على رجله في طلب درهم... فإنّما أمرنا أن نأخذ بالعفو)).[١٢١٠]

وكتب علي إلى بعض عمّاله: ((رويداً فكأن قد بلغت المدى، وعرضت عليك أعمالك بالمحل الذي ينادي المغتر بالحسرة، ويتمنى المضيع التوبة، والظالم الرجعة)).[١٢١١]

فقد كتب الإمام علي رضي الله عنه كتباً كثيرة إلى ولاته وقضاته وعمّاله، يحثهم فيها على التزام العدل، وتطبيق الشرع، والتحذير من الظلم والعدوان والاعتداء على الناس. وكان شديداً على من يطيل يده بالأذى إلى الرعيّة وإلى أموال الدولة، وكان هديه هدى أصحابه الثلاثة من قبل.

تواترت أقوال علي رضي الله عنه وخطبه وعظاته ووصايا في الحكمة والأدبيات.

وقد ذكرت حكمة للإمام علي في القاضي الظلوم الجهول فقال:

((ذمتي رهينة وأنا به زعيم لمن صرحت له العِبَر ألاّ يهلك على التقوى زرعُ قوم

(١٢٠٧) سورة: النساء، آية: ٥٨.
(١٢٠٨) مشرفة، **القضاء في الإسلام**، ص ١٠٨.
(١٢٠٩) الزحيلي، **تاريخ القضاء في الإسلام**، ص١٠١ - كرد علي، **الإدارة الإسلامية**، ص٦١.
(١٢١٠) الزحيلي، **تاريخ القضاء في الإسلام**، ص ١٠٠ - كرد علي، **الإدارة الإسلامية**، ص٥٩.
(١٢١١) ابن كثير، **البداية والنهاية**، ج ٨، ص ٧.

ولا يظمأ على التقوى سِنْخ أصل. ألا وإنّ أبغض خلق الله إلى الله رجل قَمَش جهلاً، غاراً بأغْباش[١٢١٢] الفتنة، عِمَياً بما في عقد الهدنة، سمّاه أشباهه من الناس عالماً، ولم يُغْنِ في العلم يوماً سالماً. بكّر فاستكثر، ما قلّ منه فهو خير مما كثر، حتى إذا ما ارتوى من آجِنٍ[١٢١٣]، واكتنز من غير طائل، قعد بين الناس قاضياً لتخليص ما التبس على غيره، وإن نزلت به إحدى المبهمات هيأ حشوا رثّاً من رأيه، فهو من قَطْعِ الشبهات في مثل غزل العنكبوت. لا يعلم إذا أخطأ، لأنّه لا يعلم أأخطأ أم أصاب. خبّاط عَشَوات، ركّاب جهالات. لا يعتذر مما لا يعلم فيسلم، ولا يَعَضّ في العلم بضرس قاطع. يَذْرو[١٢١٤] الرواية ذَرْوَ الريحُ الهشيمَ، تبكي منه الدماء، وتصرُخ من المواريث، ويستحلّ بقضائه الفرجُ الحرام. لا مَلئٌ والله بإصدار ما ورد عليه، ولا أهلٌ لما قُرِّظ[١٢١٥] به)).[١٢١٦]

٢ - ذكر اختصاصه بأنّه أقضى الأمّة

وكان علي بن أبي طالب رضي الله عنه أقضى الصحابة، ومرجع الناس في القضاء منذ العهد النبوي، وطوال العهد الراشدي، واستمرّ على ممارسة القضاء والفصل في المنازعات أثناء خلافته، وأقضيته كثيرة، مع رسائله الشهيرة في القضاء، ومتابعته لشؤون القضاة في الأمصار والولايات.

وكان علي، من أيام النبي صلى الله عليه وسلم وبعدها، من أقدر القضاة والمفتين.

وروى وكيع عن ابن عمر، قال: قال رسول الله صلى الله عليه وسلم: أقضى أمّتي

(١٢١٢) الغَبَش: شدّة الظُّلْمة. وفي حديث علي، كرّم الله وجهه: قمَش عِلماً غاراً بأغْباش الفتنة أي بظُلَمِها. ابن منظور، **لسان العرب**، ج٦، ص ٣٢٢-٣٢٣.

(١٢١٣) آجِن: هو الماء المتغيِّرُ الطعمِ واللون. ابن منظور، **لسان العرب**، ج ١٣، ص ٨.

(١٢١٤) ذَرَتِ الريح الترابَ تذروه وتَذْريه أي طيَّرته. ومنه حديث عليّ، كرّم الله وجهه: يذْرو الرواية ذَرْوَ الريحِ الهشيمَ أي يسْرُدُ الرِّواية كما تَنْسِفُ الريحُ هَشيمَ النَّبْت. ابن منظور، **لسان العرب**، ج ١٤، ص ٢٨٣.

(١٢١٥) التقريظ: مدح الحيّ ووصفُه. ومنه حديث علي، عليه السلام: ولا هو أهل لما قُرِّظَ به أي مُدِح. ابن منظور، **لسان العرب**، ج ٧، ص ٤٥٥.

(١٢١٦) ابن قتيبة، **عيون الأخبار**، ج ١، ص ١٠٢ - وكيع، **أخبار القضاة**، ج ١، ص ٣٢-٣٣.

علي.[١٢١٧]

عن ابن عبّاسٍ قال: قال عمر رضي الله عنه: ((أَقْرَؤُنا أُبَيٌّ، وأَقْضانا عَلِيٌّ)).[١٢١٨]

عن أنس بن مالك؛ أن رسول الله صلى الله عليه وسلم قال: «**أرْحَمُ أُمّتي بأمَّتي أبو بكر. وأَشَدُّهم في دينِ الله عمر. وأَصْدَقُهُمْ حياء عثمانُ. وأقضاهُمْ عليٌّ بن أبي طالب. وأقْرَؤُهُمْ لكتابِ الله أُبيٌّ بن كعبٍ. وأعْلَمُهُمْ بالحلالِ والحرامِ معاذُ بن جبلٍ. وأفْرَضُهُمْ زيدُ بن ثابتٍ. ألا وإنَّ لِكُلِّ أُمَّةٍ أميناً. وأمينُ هذه الأمَّةِ أبو عبيدةَ بن الجرَّاحِ**».[١٢١٩]

وعن ابن عبّاس، قال: قال عمر: عليٌّ أقضانا.[١٢٢٠]

وأخرج الحاكم عن علقمة بن عبد الله قال: كنّا نتحدّث أنّ أقضى أهل المدينة عليّ بن أبي طالب رضي الله عنه.[١٢٢١]

وأخرج ابن عساكر عن ابن مسعود قال: أفرض أهل المدينة وأقضاها علي بن أبي طالب.[١٢٢٢]

وعن ابن عبّاس، قال: إذا بلغنا شيء تكلّم به عليّ قضاء، أو فتيا لم نجاوزه إلى غيره.

قال ابن شُبرمة: إذا ثبت لنا الحديث من عليّ أخذناه، وتركنا ما سواه.[١٢٢٣]

وكان أبو بكر وعمر وعثمان يرجعون إليه في المشاكل العلمية والقضائية وفي

(١٢١٧) وكيع، **أخبار القضاة**، ج١، ص٨٨.

(١٢١٨) **صحيح البخاري**، كتاب تفسير القرآن، باب قوله (مَا نَنْسَخْ مِنْ آيَةٍ أَوْ نُنْسِهَا))، ج ٥، ص ١٧٧، حديث رقم (٤٤٨١). ونص الحديث: ((أَقْرَؤُنا أُبَيٌّ، وأَقْضانا عَلِيٌّ، وإِنَّا لَنَدَعُ مِنْ قَوْلِ أُبَيٍّ وذاكَ أنَّ أُبَيّاً يقول: لا أدعُ شيئاً سَمِعْتُهُ مِنْ رسولِ الله صلى الله عليه وسلم وقدْ قال تعالى: (مَا نَنسَخْ مِنْ آيَةٍ أَوْ نُنسِهَا).

(١٢١٩) **سنن ابن ماجة**، المقدمة، باب في فضائل أصحاب رسول الله صلى الله عليه وسلم، ج ١، ص ٣١، حديث رقم ١٢٥ (١٥٤).

(١٢٢٠) وكيع، **أخبار القضاة**، ج ١، ص ٨٩.

(١٢٢١) الحاكم النيسابوري، **المستدرك على الصحيحين في الحديث**، كتاب معرفة الصحابة، ج ٣، ص ١٣٥ - وكيع، أخبار القضاة، ج١، ص ٨٩.

(١٢٢٢) السيوطي، **تاريخ الخلفاء**، ص ١٥٣.

(١٢٢٣) وكيع، **أخبار القضاة**، ج ١، ص ٩١.

كثير من معرفة أحكام الدين.[١٢٢٤]

عن أنس؛ قال عمر لرجل: اجْعل بيني وبيْنك مَن كُنّا أُمِرنا - إذا اختلفنا في شيء - أن نحكِّمه؛ يعني علياً.[١٢٢٥]

خلف الإمام علي عدداً كبيراً من القضايا والفتاوى والأحكام الشرعية في القضاء والفتيا والفقه، ولا عجب فقد كان من أقضى أهل زمانه وأعلمهم بالفقه وأجدرهم على استنباط الأحكام الشرعيّة من القرآن والسنّة والعرف. وكان عمر وعثمان وبقية الصحابة يلجؤون إلى علي رضي الله عنه في القضاء والملمّات والمعضلات، ويشاورونه في القضاء وغيره. وكان عمر بن الخطّاب كلما وجد مشكلة دينية عويصة أو قضية فقهية استشار علي رضي الله عنه.

قال النباهي المالقي: وكان عمر يتعوّذ من مُعْضِلة ليس فيها أبو حسن. فكان عمر يقول: ((لولا عليٌّ، هلك عُمر!)).[١٢٢٦]

وكان علي بارعاً بعلم الفرائض والمواريث والحساب، وذلك لأنّه كان صافي الذهن، ذا ذكاء وقريحة صافية ولا أدلّ على ذلك مما روي عنه أنّ امرأة جاءت إليه وشكت أنّ أخاها مات عن ستمائة دينار ولم يقسم لها سوى دينار واحد فقال لها: لعلّ أخاك ترك زوجة وابنتين وأمّاً واثني عشر أخاً وأنت؟ فقالت: نعم، فقال لها: لقد أخذت حقك.[١٢٢٧]

وقد حفظت لنا كتب الفقه والتشريع والأحاديث والأخبار كثيراً من الأقوال والأحكام والفتاوى التي تدل على سعة علم، وغزارة فهم وتعمّق في دراسة الشرع المطهر، ومعرفة أحكامه، فقد كان الإمام علي معلماً ومرشداً بسيرته المستقيمة، وأخلاقه القويمة، كما كان معلماً ومرشداً بدروسه وفتاويه وقضائه وإرشاداته، وكان يمشي في الأسواق ويرشد الناس ويهذِّبهم ويقوّم اعوجاجهم ويريهم الطريق السوي في المعاملات الدنيوية، ويؤدِّبهم بالآداب الإسلامية ويساوي بينهم في القسمة والحقوق.[١٢٢٨]

(١٢٢٤) طلس، **الخلفاء الراشدون**، ص ١٩٨.
(١٢٢٥) وكيع، **أخبار القضاة**، ج ١، ص ٨٩.
(١٢٢٦) النباهي، المالقي، **تاريخ قضاة الأندلس**، ص٢٣.
(١٢٢٧) طلس، **الخلفاء الراشدون**، ص ٢٥٠.
(١٢٢٨) طلس، **الخلفاء الراشدون**، ص ٢٥٧.

وظهرت شجاعة الإمام علي رضي الله عنه في إعلاء الحق، والتمسك بالعدالة القضائية والاجتماعية، حتى صارت مضرب الأمثال.

قال اليعقوبي: ((إنّ علياً حكم بأحكام عجيبة حتى إنّه حرق قوماً ودخّن على آخرين، وقطع بعض أصابع اليد في السرقة، وهدم حائطاً على اثنين وجدهما على فسق، وكان يقول استتروا ببيوتكم والتوبة وراءكم، من أبدى صفحته للحق هلك، إنّ الله أدّب هذه الأمّة بالسوط والسيف، وليس لأحد عند الإمام هوادة)).[١٢٢٩]

٣ - أقضيته

كان علي رضي الله عنه من أقضى الصحابة، وتولى القضاء منذ العهد النبوي، ومارس القضاء والفصل في الخصومات طوال العهد الراشدي في خلافة أبي بكر وعمر وعثمان رضي الله عنهم، كما استمر على النظر في الخصومات، وإصدار الأحكام القضائية أثناء خلافته، وصدرت عنه رسائل قيّمة، وتوجيهات قضائية مهمة، وله أقضية كثيرة في الحدود والقصاص والنسب والأموال، وكل قضية فيها اجتهاد ورأي وفراسة وذكاء وخبرة ما يحير العقول، ويستخرج منها فوائد عديدة، وقواعد قضائية، وأحكام كثيرة.

لقد امتلأت كتب الفقه باجتهاد هذا الإمام القاضي، وبطرائف أحكامه، التي اتصفت بالفطنة والذكاء، والدقّة وصواب التفكير، وأدّت إلى سداد الرأي وإحقاق الحقّ. ونذكر طرفاً منها:

١ - قضاؤه في جريمة القتل:

ومن قضايا علي رضي الله عنه: أنّه أتى برجل وُجد في خَرِبة بيده سكين متلطخ بدم، وبين يديه قتيل يَتَشَحَّط في دمه. فسأله، فقال: أنا قتلته. قال: اذهبوا به فاقتلوه. فلمّا ذهبوا به أقبل رجل مسرعاً. فقال: يا قوم، لا تعجلوا، ردّوه إلى علي، فردّوه. فقال الرجل: يا أمير المؤمنين، ما هذا صاحبه، أنا قتلته. فقال عليّ للأول: ما حملك على أن قلت: أنا قاتله، ولم تقتله؟ قال: يا أمير المؤمنين، وما أستطيع أن أصنع؟ وقد وقف العَسَسُ على الرجل يتشحّط في دمه، وأنا واقف، وفي يدي سكين، وفيها أثر الدم، وقد أخذتُ في خربة، فخفتُ ألاّ يقبل منّي، وأن يكون قُسامة. فاعترفت بما لم أصنع، واحتسبتُ نفسي عند الله. فقال عليّ: بئس ما صنعتَ. فكيف كان حديثك؟

(١٢٢٩) كرد علي، **الإدارة الإسلامية**، ص ٦٢.

قال: إنّي رجل قصّاب، خرجتُ إلى حانوتي في الغَلس، فذبحت بقرة وسلختها. فبينما أنا أصلحها والسكين في يدي أخذني البول. فأتيت خربة كانت بقربي فدخلتها، فقضيتُ حاجتي، وعدتُ أريدُ حانوتي، فإذا بِهذا المقتول يتشحط في دمه. فراعني أمره، فوقفتُ إليه والسكين في يدي، فلم أشعر إلاّ بأصحابِك قد وقفوا عليّ، فأخذوني. فقال الناس: هذا قتل هذا، ما له قاتل سواه. فأيقنتُ أنك لا تترك قولهم لقولي، فاعترفْتُ بما لم أجْنه.

فقال علي للمقرّ الثاني: فأنتَ كيف كانت قصّتك؟

فقال: أغواني إبليس، فقتلتُ الرجل طمعاً في ماله، ثم سمعت حِسّ العسس، فخرجت من الخربة، واستقبلتُ هذا القصّاب على الحال التي وصف، فاستترتُ منه ببعض الخربة حتى أتى العسس، فأخذوه وأتوك به، فلمّا أمرتَ بقتله علمتُ أنّي سأبوء بدمه أيضاً. فاعترفت بالحق. فقال للحسن: ما الحكم في هذا؟ قال: يا أمير المؤمنين، إن كان قد قتل نفساً فقد أحيا نفساً. وقد قال الله تعالى:(وَمَنْ أَحْيَاهَا فَكَأَنَّمَا أَحْيَا النَّاسَ جَمِيعًا)[١٢٣٠]. فخلّى عليٌّ عنهما، وأخرج ديّة القتيل من بيت المال.[١٢٣١]

حكمه في امرأة تخون زوجها:

قضى علي في امرأة تزوجت، فلمّا كان ليلة زفافها أدخلت صديقها الحَجَلة سرّاً، وجاء الزوج فدخل الحجلة، فوثب إليه الصديق فاقتتلا، فقتل الزوج الصديق، فقامت إليه المرأة فقتلته، فقضى بديّة الصديق على المرأة، ثم قتلها بالزوج. وإنّما قضى بديّة الصديق عليها: لأنّها هي التي كانت عرّضته لقتل الزوج له، فكانت هي المتسببة إلى قتله، وكانت أولى بالضمان من الزوج المباشر، لأنّ المباشر قتَله قتلاً مأذوناً فيه، دفعاً عن حرمته. فهذا من أحسن القضاء الذي يهتدي إليه كثير من الفقهاء، وهو الصواب.[١٢٣٢]

حكم من يمسك القتيل وهو ينظر إليه حين القتل:

وقضى في رجل فرّ من رجل يريد قتله، فأمسكه له آخر، حتى أدركه فقتله،

(١٢٣٠) سورة: المائدة، آية: ٣٢.
(١٢٣١) ابن قيّم الجوزيّة، **الطرق الحكميّة في السياسة الشرعيّة**، ص ٤٣.
(١٢٣٢) ابن قيّم الجوزيّة، **الطرق الحكمية في السياسة الشرعية**، ص ٣٩.

وبقُربه رجل ينظر إليهما، وهو يقدر على تخليصه، فوقف ينظر إليه حتى قتله، فقضى أن يقتل القاتل، ويحبس الممسك حتى يموت، وتفقأ عين الناظر الذي وقف ينظر ولم ينكر.[١٢٣٣]

ولعلّ عليّاً رأى في تعزير الناظر بفقء عينه مصلحة للأمّة، وتأديباً له على إهماله السعي لمنع ذلك المنكر. وهذا التعزير شبيه بما نراه اليوم في أرقى قوانين العقوبات.[١٢٣٤]

تفريق عليّ رضي الله عنه بين الشهود:

كان علي رضي الله عنه يستشهد كل شاهد على حدة كما هو متّبع الآن في القوانين الحديثة، فالاستجواب كان أوّل من أجراه الإمام علي باعترافه هو. وإنّا نورد هنا مثلاً نبيّن فيه طريقة الاستجواب.

فقد ذكر ابن قيّم في الطرق الحكميّة:

إنّ شاباً شكا إلى علي رضي الله عنه نفراً، فقال: إنّ هؤلاء خرجوا مع أبي في سفر، فعادوا ولم يَعُدْ أبي، فسألتهم عنه؟ فقالوا: مات، فسألتهم عن ماله؟ فقالوا: ما ترك شيئاً. وكان معه مال كثير. وترافعنا إلى شُريح، فاستحلفهم وخلّى سبيلهم، فدعا عليّ بالشُّرَط، فوكّلَ بكل رجل رجليْن، وأوصاهم أن لا يمكنوا بعضهم يدنو من بعض، ولا يمكنوا أحداً يكلّمهم، ودعا كاتبه، ودعا أحدهم، فقال: أخبرني عن أبي هذا الفتى: أي يوم خرج معكم؟ وفي أي منزل نزلتم؟ وكيف كان سيركم؟ وبأيّ علّة مات؟ وكيف أصيب بماله، وسأل عمن غسّله ودفنه؟ ومن تولى الصلاة عليه؟ وأين دفن؟ ونحو ذلك، والكاتب يكتب، فكبّر عليّ، وكبّر الحاضرون، والمتّهمون لا علم لهم إلاّ أنّهم ظنّوا أنّ صاحبهم قد أقرّ عليهم. ثم دعا آخر بعد أن غَيَّبَ الأول عن مجلسه، فسأله كما سأل صاحبه، ثم الآخر كذلك، حتى عرف ما عند الجميع. فوجد كل واحد منهم يخبر بضد ما أخبر به صاحبه، ثم أمر بردّ الأول فقال: يا عدو الله، قد عرفتُ عنادك وكذبك بما سمعتُ من أصحابك، وما ينجيك من العقوبة إلاّ الصدق، ثم أمر به إلى السجن، وكبّر، وكبّر معه الحاضرون، فلمّا أبصر القوم الحال شكّوا أنّ صاحبهم أقرّ عليهم، فدعا آخر

(١٢٣٣) ابن قيّم الجوزيّة، **الطرق الحكميّة في السياسة الشرعيّة**، ص ٣٩ - التستري، **قضاء الإمام علي عليه السلام**، ص ٥١.
(١٢٣٤) محمصاني، **تراث الخلفاء الراشدين في الفقه والقضاء**، ص ٢٧٧.

منهم، فهدده، فقال: يا أمير المؤمنين، والله لقد كنتُ كارهاً لما صنعوا، ثم دعا الجميع فأقرّوا بالقصّة، واستدعى الذي في السجن، فقيل له: قد أقرّ أصحابك ولا ينجيك سوى الصدق، فأقرّ بكل ما أقرّ به القوم، فأغرمهم المال، وأقاد منهم بالقتيل.[١٢٣٥]

فهذه القضيّة تثبت جواز تفريق المدّعي عليهم، لأجل التحرّي عن الحقيقة، والوصول إلى الحكم بالعدل. وتثبت أنّ الإقرار على أثر ذلك يعتبر صحيحاً غير مشوب بالإكراه.[١٢٣٦]

وهذا من السياسة الحسنة.

عن الشعبي عن مسروق: ((أنّ ستة غلمان ذهبوا يسبحون، فغرق أحدهم. فشهد ثلاثة على اثنين أنّهما أغرقاه، وشهد اثنان على الثلاثة أنّهم أغرقوه. فقضى علي بن أبي طالب على الثلاثة بخمسي الديّة، وعلى الاثنين بثلاثة أخماسها)).[١٢٣٧]

قضاؤه في أربعة شربوا مسكراً واقتتالهم بعضهم بعضاً:

قضى أمير المؤمنين في أربعة شربوا مسكراً فأخذ بعضهم على بعض السلاح فاقتتلوا، فقُتِل اثنان وجُرح اثنان، فأمر بالمجروحين فضرب كل واحد منهما ثمانين جلدة، وقضى بديّة المقتولين على المجروحين، وأمر أن يقاس جراحة المجروحين فترفع من الدية، فإن مات المجروحان فليس على أحد من أولياء المقتولين شيء، فمحمول على معلومية كون القاتل المجروحين بأن كانا في طرف، والمقتولان في طرف، وعلى مقاصّة الديّة مع موت الآخرين، لأنّه حينئذ كما أنّ لأولياء المقتولين الأوّلين ديتان كذلك عليهم ديّتان للآخرين.[١٢٣٨]

٢ - قضاؤه في جريمة الزنا:

الاضطرار إلى الزنا يسقط الحدود:

ومن ذلك: أنّ عمر بن الخطاب رضي الله عنه أتى بامرأة زنت، فأقرّت فأمر برجمها. فقال علي: لعلّ لها عذراً. ثم قال لها: ما حملكِ على الزنا؟ قالت: كان لي

(١٢٣٥) ابن قيّم الجوزيّة، **الطرق الحكميّة في السياسة الشرعيّة**، ص ٣٨ - ابن فرحون، **تبصرة الحكّام**، ج ٢، ص ١٢٠-١٢١.
(١٢٣٦) محمصاني، **تراث الخلفاء الراشدين في الفقه والقضاء**، ص ١٨٣.
(١٢٣٧) ابن قيّم الجوزيّة، **الطرق الحكميّة**، ص ١٣٢ - التستري، **قضاء الإمام علي**، ص ٣٠.
(١٢٣٨) التستري، **قضاء الإمام علي**، ص ٣٠.

خليط[١٢٣٩]، وفي إبله ماء ولبن، ولم يكن في إبلي ماء ولا لبن. فظمئت فاستسقيته، فأبى أن يسقيني حتى أعطيه نفسي. فأبيت عليه ثلاثاً. فلمّا ظمئت وظننتُ أنّ نفسي ستخرج أعطيته الذي أراد. فسقاني. فقال عليّ: الله أكبر (فَمَنِ اضْطُرَّ غَيْرَ بَاغٍ وَلَا عَادٍ فَلَا إِثْمَ عَلَيْهِ إِنَّ اللَّهَ غَفُورٌ رَحِيمٌ)[١٢٤٠] [١٢٤١].

إقامته الحدّ على امرأة ونفيها إلى هرى كربلا:

عن العلاء بن بدرٍ قال: فجرت امرأةٌ على عهدِ علي بن أبي طالب وقد تزوجتْ ولم يُدخل بِها، فأتى بِها عليٌّ فجلدَها مائةً، ونفاها سنة إلى هرى كربلا.[١٢٤٢]

إقامته الحدّ على شُراحة:

قال الشعبي: كان لشُراحةَ زوجٌ غائب بالشام، وإنّها حَمَلَتْ، فجاء بِها مولاها إلى أمير المؤمنين علي بن أبي طالب رضي الله عنه، فقال: إنَّ هذه زنتْ واعترفتْ، فجلدها يوم الخميس مائة، ورجمها يوم الجمعة، وحَفَرَ لها إلى السُّرَّة، وأنا شاهِدٌ، ثم قال: إنّ الرجمَ سُنَّةٌ سنَّها رسولُ الله صلى الله عليه وسلم، ولو كان شهد على هذه أحد لكان أوّل من يرمي الشاهِدُ بشهادته، ثم يُتْبِعُ شهادتَهُ حجَره، ولكنّها أقرّتْ، فأنا أوّل من رماها، فرماها بحجرٍ، ثم رمى الناسُ وأنا فيهم، فكنتُ والله فيمن قتلها.[١٢٤٣]

وروى الدارقطني عن الشعبي قال: أُتي علي بن أبي طالب بمولاة لسعيد بن قيس قد فجرتْ، فضربَها مائة، ثم رجمها، ثم قال: جلدتُها بكتاب الله، ورجمتها بسنّة رسول الله صلى الله عليه وسلم.[١٢٤٤]

عن عبد الرحمن بن أبي ليلى عن رجلٍ من هذيلٍ قال: كنتُ مع علي حين رجم شراحة فقلتُ: لقد ماتتْ هذه على شرِّ حالها، فضربني بقضيبٍ كان في يده حتى

(١٢٣٩) الخَليطُ: المُشارِكُ في حُقوقِ المِلك كالشِّرْب والطريق ونحو ذلك. ابن منظور، **لسان العرب**، ج ٧، ص ٢٩١.
(١٢٤٠) سورة: البقرة، آية: ١٧٣.
(١٢٤١) ابن قيّم الجوزيّة، **الطرق الحكميّة في السياسة الشرعيّة**، ص ٤١ - المتقي الهندي، **كنز العمّال**، ج ٥، ص ٤٥٦.
(١٢٤٢) المتقي الهندي، **كنز العمّال**، ج ٥، ص ٤٢٠.
(١٢٤٣) الشوكاني، **نيل الأوطار**، ج ٧، ص ١١٤.
(١٢٤٤) **سنن الدارقطني**، كتاب الحدود والديّات، ج ٣، ص ١٢٣، حديث رقم (١٣٦).

أوجعني فقلتُ: أوجعْتني، قال: وإن أوجعتُك، إنّها لَنْ تسأل عن ذنبِها أبداً، كالدَّيْن يُقضى.[١٢٤٥]

قضية في خمسة نفر أخذوا في الزنا:

أتى عمر بخمسة نفر أخذوا في الزنا، فأمر أن يقام على كل واحد منهم حدّ، وكان أمير المؤمنين حاضراً فقال: يا عمر ليس هذا حكمهم، قال: فأقم أنت عليهم الحدّ. فقدم واحداً منهم فضرب عنقه، وقدم الثاني فرجمه، وقدم الثالث فضربه الحدّ، وقدم الرابع فضربه نصف الحدّ، وقدم الخامس فعزره، فتحيّر عمر، وتعجب الناس من فعله، فقال عمر: يا أبا الحسن خمسة نفر في قضية واحدة، أقمتَ عليهم خمس حدود، وليس شيء يشبه الآخر! فقال أمير المؤمنين: أمّا الأول فكان ذمّياً خرج عن ذمّته ولم يكن له حكم إلاّ السيف، وأمّا الثاني فرجل محصن كان حدّه الرجم، وأمّا الثالث فغير محصن حدّه الجلد، وأمّا الرابع فعبد ضربناه نصف الحدّ، وأمّا الخامس فمجنون مغلوب على عقله.[١٢٤٦]

إدّعاء امرأة على زوجها أنّه زنى بجاريتها:

جاءت إلى علي رضي الله عنه امرأة، فقالت: إنّ زوجي وقع على جاريتي بغير أمري. فقال الرجل: ما تقول؟ قال: ما وقعتُ عليها إلاّ بأمرها. فقال: إن كنتِ صادقة رجمته، وإن كنتِ كاذبة جلدتكِ الحدّ، وأقيمت الصلاة، وقام ليصلّي، ففكرت المرأة في نفسها، فلم تر لها فرجاً في أن يرجم زوجها ولا في أن تجلد. فولّت ذاهبة ولم يسأل عنها علي.[١٢٤٧]

تأخير الحدّ على النفساء:

عن أبي عبد الرحمن، قال: خطَبَ عليٌّ فقال: يا أيُّها الناسُ! أقيموا على أرِقَّائِكُم الحدَّ، من أحْصَنَ منهم ومن لم يُحْصِن. فإنّ أمةً لرسولِ الله صلى الله عليه وسلم زَنَتْ، فأمرني أن أجْلِدَها، فإذا هي حديثةُ عهد بنَفاسٍ، فَخَشِيتُ إنْ أنا جَلَدْتُها أنْ أقْتُلَها. فذكرتُ ذلك للنبيّ صلى الله عليه وسلم، فقال: «**أحْسَنْتَ**».[١٢٤٨]

(١٢٤٥) المتقي الهندي، **كنز العمّال**، ج ٥، ص ٤٢٢.
(١٢٤٦) التستري، **قضاء الإمام علي**، ص ٣٥.
(١٢٤٧) ابن قيّم الجوزيّة، **الطرق الحكميّة في السياسة الشرعيّة**، ص ٥٠.
(١٢٤٨) **صحيح مسلم**، كتاب الحدود، باب تأخير الحدّ عن النفساء، ج ٣، ص ١٤٠، حديث رقم

وفي ذلك دليل على أنّ المريض يمهل حتى يبرأ أو يقارب البرء.

إدّعاء امرأة على ولدها أنّه قتل زوجها وادّعاء الولد على أمّه أنّها زنت:

روى الدارقطني عن ميسرة قال: جاء رجل وأمّه إلى علي بن أبي طالب رضي الله عنه فقالت: إنّ ابني هذا قتل زوجي، فقال الابن: إنّ عبدي وقع على أمي، فقال علي: خبتما وخسرتما، إن تكوني صادقة، يُقتل ابنك، وإن يكن ابنك صادقاً نرجمكِ، ثم قام علي رضي الله عنه للصلاة، فقال الغلام لأمّه: ما تنظرين أن يقتلني أو يرجمكِ، فانصرفا، فلمّا صلّى سأل عنهما، فقيل انطلَقا.(١٢٤٩)

٣ - قضاؤه في جريمة السرقة:

عن علي قال: إذا سرق السارق قطعت يده اليمنى، فإذا عاد قطعتْ رجله اليسرى، فإن عاد ضمنته السجن يحدث خيراً، إنّي أستحي من الله أن أدعه ليس له يد يأكل بِها ويستنجي بِها، ورِجل يمشي عليها.(١٢٥٠)

عن عكرمة بن خالد قال: كان عليٌّ لا يقطعُ سارقاً حتى يأتي بالشهداء، فيوقفَهم عليه ويثبطه(١٢٥١)، فإن شهدوا عليه قطعهُ، وإن نكلوا تركه. فأتي مرّةً بسارقٍ فسجنَه حتى إذا كان الغدُ دعا به وبالشاهدين فقيل: تغيَّبَ أحد الشاهدين، فخلّى سبيلَ السارق ولم يقطعه.(١٢٥٢)

شهادة زور في السرقة:

قال الأصبع بن نباتة: بينما علي رضي الله عنه جالس في مجلسه، إذ سمع ضجّة. فقال: ما هذا؟ فقالوا: رجل سرق، ومعه من يشهد عليه. فأمر بإحضارهم. فدخلوا، فشهد شاهدان في أمره. فخرج علي إلى مجمع الناس بالسوق. فدعا بالشاهدين فأشهدهما الله وخوّفهما. فأقاما على شهادتِهما. فلمّا رآهما لا يرجعان أمر بالسكين وقال: ليمسك أحدكما يده ويقطع الآخر. فتقدما ليقطعاها. فهاج الناس، واختلط

=

٣٤ (١٧٠٥) - **سنن الترمذي**، أبواب الحدود، باب ما جاء في إقامة الحدّ على الإماء، ج ٢، ص ٤٤٨، حديث رقم (١٤٦٨)، وقال الترمذي هذا حديث صحيح.

(١٢٤٩) **سنن الدارقطني**، كتاب الحدود والديّات، ج ٣، ص ١٠٣، حديث رقم (٧٥).

(١٢٥٠) **سنن الدارقطني**، كتاب الحدود والديّات، ج ٣، ص ١٠٣، حديث رقم (٧٤).

(١٢٥١) ثَبَطْتُ الرجلَ ثَبْطاً: حبسْته. ابن منظور، **لسان العرب**، ج ٧، ص ٢٦٧.

(١٢٥٢) المتقي الهندي، **كنز العمّال**، ج ٥، ص ٥٤٩.

بعضهم ببعض. وقام عليّ عن الموضع. فأرسل الشاهدان يد الرجل وهربا. فقال علي: من يدلّني على الشاهدين الكاذبين؟ فلم يقف لهما أحد على خبر، فخلّى سبيل الرجل.

وهذا من أحسن الفراسة وأصدقها. فإنّه ولّى الشاهدين من ذلك ما توليا، وأمرهما أن يقطعا بأيديهما من قطعا يده بألسنتهما.(١٢٥٣)

وقضى علي رضي الله عنه في رجل شهد عليه رجلان بأنّه سرق؛ فقطع يده حتى إذا كان بعد ذلك جاء الشاهدان برجل آخر فقلا هذا السارق وليس الذي قطعت يده إنّا اشتبهنا ذلك بِهذا، فقضى عليهما أن غرمهما نصف الدية ولم يجر شهادتَهما على الآخر.(١٢٥٤)

شهادة مقطوع في السرقة:

وعن السكوني أنّ أمير المؤمنين شهد عنده رجل وقد قطعت يده ورجله بشهادة، فأجاز شهادته، وقد كان تاب وعرفت توبته.(١٢٥٥)

قضاؤه في رجلين يبيع أحدهما صاحبه:

وقضى في رجلين حُرّين يبيع أحدهما صاحبه على أنّه عبد، ثم يهربان من بلد إلى بلد بقطع أيديهما، لأنّهما سارقان لأنفسهما، ولأموال الناس.(١٢٥٦)

٤ - قضاؤه في شرب الخمر:

قضى علي رضي الله عنه فيمن قتل وشرب خمراً وسرق وقام عليه الحدّ فجلده لشربه الخمر وقطع يده في سرقته وقتله بقتله.(١٢٥٧)

قضاؤه في شرب الخمر على عهد عمر رضي الله عنه:

روى الدارقطني عن ابن عبّاس أنّ الشّرّاب كانوا يُضربون على عهد رسول الله صلى الله عليه وسلم بالأيدي والنّعال وبالعصى، ثم توفي رسول الله صلى الله عليه وسلم، فكان في خلافة أبي بكر أكثر منهم في عهد رسول الله صلى الله عليه وسلم، فكان أبو بكر يجلدهم أربعين حتى توفي، فكان عمر من بعده فجلدهم أربعين كذلك،

(١٢٥٣) ابن قيّم الجوزيّة، **الطرق الحكميّة في السياسة الشرعيّة**، ص ٥٠.
(١٢٥٤) التستري، **قضاء الإمام علي**، ص ٥٧.
(١٢٥٥) التستري، **قضاء الإمام علي**، ص ٥٨.
(١٢٥٦) ابن قيّم الجوزيّة، **الطرق الحكميّة**، ص ٣٩.
(١٢٥٧) التستري، **قضاء الإمام علي**، ص ٦٠.

حتى أتي برجل من المهاجرين الأوّلين وقد شرب، فأمر به أن يجلد، فقال: لم تجلدني؟ بيني وبينك كتاب الله، فقال عمر: وأي كتاب الله تجد أن لا أجلدك؟ فقال له: إنّ الله عزّ وجلّ يقول في كتابه: ليس على الذين آمنوا وعملوا الصالحات جناح فيما طعموا،الآية، فأنا من الذين آمنوا وعملوا الصالحات، ثم اتّقوا وآمنوا، ثم اتّقوا وأحسنوا، والله يحب المحسنين، شهدتُ مع رسول الله صلى الله عليه وسلم بدراً وأحداً والخندق والمشاهد، فقال عمر: ألا تردّون عليه ما يقول؟ فقال ابن عباس: إنّ هؤلاء الآيات أنزلت عذراً للماضين، وحجّة على المنافقين، لأنّ الله عز وجلّ يقول: يا أيّها الذين آمنوا إنّما الخمر والميسر، الآية، ثم قرأ حتى أنفذ الآية الأخرى، فإن كان من الذين آمنوا وعملوا الصالحات، الآية، فإنّ الله قد نَهاه أن يشرب الخمر، فقال عمر رضي الله عنه: صدقت، ماذا ترون؟ قال علي رضي الله عنه: إنّه إذا شرب سكر، وإذا سكر هذى وإذا هذى افترى، وعلى المفتري ثمانون جلدة، فأمر به عمر فجلد ثمانين.[(١٢٥٨)]

قضاؤه فيمن شرب الخمر في رمضان:

أُتي الإمام علي بالنجاشي الشاعر قد شرب الخمر في شهر رمضان، فضربه ثمانين، ثم حبسه ليلاً، ثم دعا به إلى الغد فضربه عشرين سوطاً، فقال: يا أمير المؤمنين ما هذا؟ ضربتني ثمانين في شرب الخمر، وهذه العشرون ما هي؟ فقال: هذا لتجريك على شرب الخمر في شهر رمضان.[(١٢٥٩)]

٥ - قضاؤه في المواريث:

وكثيراً ما استفتى في المواريث، والمشكل من القضايا، فقد قضى أنّ الزوجة التي توفي زوجها قبل أن يدخل بِها، ودون أن يفرض لها صداقاً، لا حقّ لها في صداق المثل. قياساً على المطلّقة. إذ قال تعالى: ﴿ لَا جُنَاحَ عَلَيْكُمْ إِن طَلَّقْتُمُ النِّسَاءَ مَا لَمْ تَمَسُّوهُنَّ أَوْ تَفْرِضُوا لَهُنَّ فَرِيضَةً﴾[(١٢٦٠)] [(١٢٦١)].

وروى وكيع أنّ شُريحاً أتي في امرأة تركتْ ابني عمّها، أحدهما زوجها، والآخر أخوها لأمّها، فقال شريح: للزوج النصف، وللأخ لأم ما بقي، فارتفعوا إلى علي عليه

(١٢٥٨) **سنن الدارقطني**، كتاب الحدود والديّات، ج ٣، ص ١٦٦، حديث رقم (٢٤٥).
(١٢٥٩) التستري، **قضاء الإمام علي**، ص ٤٤ - المتقي الهندي، **كنز العمّال**، ج ٥، ص ٤٨٤.
(١٢٦٠) سورة: البقرة، آية: ٢٣٦.
(١٢٦١) مشرفة، **القضاء في الإسلام**، ص ١٠٦.

السلام، فقالوا: إنّ شريحاً قال كذا وكذا، قال: ادعوا لي العبد، فأتاه، فقال: أفي كتاب الله وجدت هذا أو في سنّة رسول الله صلى الله عليه وسلم؟ قال: في كتاب الله، قال الله تعالى: (وَأُولُو الْأَرْحَامِ بَعْضُهُمْ أَوْلَى بِبَعْضٍ فِي كِتَابِ اللَّهِ)(١٢٦٢) قال: أفهو هذا، قال علي: للزوج النصف، وللأخ لأم السدس، وما بقي فهو بينهما.(١٢٦٣)

والإمام علي نقض الحكم السابق لمخالفته للقرآن والسنّة في إعطاء الفروض لأهلها، والباقي للعصبة، فالزوج له النصف، والأخ لأم له السدس بنص القرآن، والباقي لأبناء العم عصبة بالتساوي للحديث.(١٢٦٤)

قضية وراثة في مولود ولد له رأسان وصدران:

وقضى الإمام علي في مولود وُلد له رأسان وصدران في حِقْوٍ واحد، فقالوا له: أيورَّث ميراث اثنين، أم ميراث واحد؟ فقال: يترك حتى ينام، ثم يُصاح به، فإن انتبها جميعاً كان له ميراث واحد، وإن انتبه واحد وبقي الآخر، كان له ميراث اثنين.(١٢٦٥)

٦ - قضايا في النسب:

قضاؤه في نسب ولد على عهد الرسول صلى الله عليه وسلم:

عن زيد بن أرقم، قال: كنت جالساً عند النبي صلى الله عليه وسلم، فجاء رجل من أهل اليمن، فقال: إنّ ثلاثة نفر من أهل اليمن أتَوْا علياً يختصمون إليه في ولد قد وَقَعُوا على امرأة في طُهْر واحد، فقال لاثنين: طيبا بالولد لهذا، فقالا: لا، ثم قال لاثنين: طيبا بالولد لهذا، فقالا: لا، ثم قال لاثنين: طيبا بالولد لهذا، فقالا: لا،، فقال: أنتم شُرَكاءُ مُتَشاكسون، إنّي مُقْرِعٌ بينكم، فمن قَرَعَ فله الولد وعليه لصاحبيه ثلثا الدية، فأقرع بينهم، فجعله لمن قَرَعَ له. فضحك رسولُ الله صلى الله عليه وسلم حتى بَدَتْ أضراسُه أو نواجِذُه.(١٢٦٦)

(١٢٦٢) سورة: الأنفال، آية: ٧٥.
(١٢٦٣) وكيع، **أخبار القضاة**، ج ٢، ص ١٩٦.
(١٢٦٤) الزحيلي، **تاريخ القضاء في الإسلام**، ص ١٥٤.
(١٢٦٥) ابن قيّم الجوزيّة، **الطرق الحكمية في السياسة الشرعيّة**، ص ٤٠ - ابن فرحون، **تبصرة الحكّام**، ج ٢، ص ١٢١.
(١٢٦٦) ابن قيّم الجوزيّة، **أعلام الموقّعين ربّ العالمين**، ج ٢، ص ٣٤ - وكيع، **أخبار القضاة**، ج ١، ص ٩١ - محب الطبري، **الرياض النضرة في مناقب العشرة**، ج ٣، ص ١٦٩ - الحاكم النيسابوري، **المستدرك على الصحيحين في الحديث**، كتاب معرفة الصحابة، ج ٣، ص ١٣٥

حكمه بالقافة:

وروى قابوس بن أبي ظبيان عن أبيه عن علي: أنّ رجلين وقعا على امرأة في طهر واحد، فجاءت بولد، فدعا له علي رضي الله عنه القافة. وجعله ابنهما يرثهما ويرثانه)).[١٢٦٧]

تنازع امرأتان في طفل:

إنّ امرأتين تنازعتا على عهد عمر في طفل ادّعته كل واحدة منهما ولداً لها بغير بيّنة، ولم ينازعهما فيه غيرهما، فالتبس الحكم في ذلك على عمر، ففزع فيه إلى أمير المؤمنين، فاستدعى المرأتين ووعظهما وخوّفهما، فأقامتا على التنازع والاختلاف، فقال عند تماديهما في النزاع ائتوني بمنشار، فقالت المرأتان ما تصنع؟ فقال: أقده نصفين لكل واحدة منكما نصفه، فسكتت إحداهما؛ وقالت الأخرى: الله الله يا أبا الحسن إن كان لا بدّ من ذلك فقد سمحت به لها، فقال: الله أكبر هذا ابنكِ دونها، ولو كان ابنها لرقت عليه وأشفقت؛ فاعترفت المرأة الأخرى أنّ الحقّ مع صاحبتها والولد لها دونها، فسرى عن عمر ودعا لأمير المؤمنين بما فرج عنه في القضاء.[١٢٦٨]

٧ - الحكم بالفراسة والأمارات:

رُفع إلى بعض القضاة رجل ضرب رجلاً على هامته، فادّعى المضروب: أنّه أزال بصره وشمّه، فقال: يُمتحن، بأن يرفع عينيه إلى قرص الشمس، فإن كان صحيحاً لم تثبت عيناه لها، وينحدر منهما الدمع. وتحرق خرقة وتقدم إلى أنفه، فإن كان صحيح الشم، بلغت الرائحة خيشومه ودمعتْ عيناه.[١٢٦٩]

وقال ابن القيّم: ورأيت في أقضية علي رضي الله عنه نظير هذه القضيّة، وأنّ المضروب ادّعى أنّه أخرس، وأمر أن يخرج لسانه ويُنخس بإبرة. فإن خرج الدم أحمر فهو صحيح اللسان، وإن خرج أسود فهو أخرس.[١٢٧٠]

وقال أصبغ بن نباتة: قيل لعلي رضي الله عنه في فداء أسرى المسلمين من أيدي

.١٣٦-

(١٢٦٧) ابن قيّم الجوزيّة، **الطرق الحكمية في السياسة الشرعيّة**، ص ١٦٩.
(١٢٦٨) التستري، **قضاء أمير المؤمنين علي بن أبي طالب**، ص ١٢.
(١٢٦٩) ابن قيّم الجوزيّة، **الطرق الحكميّة**، ص ٣٨.
(١٢٧٠) ابن قيّم الجوزيّة، **الطرق الحكميّة**، ص ٣٨.

المشركين، فقال: فادوا منهم من كانت جراحته بين يديه، دون من كانت من ورائه. فإنّه فارّ.[١٢٧١]

ومن فراسته في عهد عمر رضي الله عنه:

ومن ذلك: أنّ رجلين من قريش دفعا إلى امرأة مائة دينار وديعة، وقالا: لا تدفعيها إلى واحد منّا دون صاحبه. فلبثا حولاً. فجاء أحدهما فقال: إنّ صاحبي قد مات فادفعي إليّ الدنانير. فأبت، وقالت: إنّكما قلتما لي لا تدفعيها إلى واحد منّا دون صاحبه، فلست بدافعتها إليك، فثقّل عليها بأهلها وجيرانِها حتى دفعتها إليه، ثم لبثت حولاً آخر، فجاء الآخر فقال: ادفعي إليّ الدنانير. فقالت: إنّ صاحبك جاءني، فزعم أنّك قد مِتَّ، فدفعتُها إليه. فاختصما إلى عمر رضي الله عنه. فأراد أن يقضي عليها. فقالت: ادفعنا إلى علي بن أبي طالب، فعرف عليٌّ أنّهما قد مكرا بِها. فقال: أليس قد قلتما: لا تدفعيها إلى واحد منّا دون صاحبه؟ قال: بلى. قال: فإن مالك عندها، فاذهب فجئ بصاحبك حتى تدفعه إليكما.[١٢٧٢]

٨ - منع بيع أمّهات الأولاد:

منع عمر بيع أمّهات الأولاد. وإنّما كان رأياً منه رآه للأمّة، وإلاّ فقد بِعْن في حياة رسول الله صلى الله عليه وسلم، ومدّة خلافة الصدّيق، ولهذا عزم علي بن أبي طالب على بيعهنّ، وقال: ((إنّ عدم البيع كان رأياً اتّفق عليه هو وعمر)) فقال له قاضيه عبيدة السلماني: يا أمير المؤمنين، رأيكَ مع رأي عمر في الجماعة أحَبُّ إلينا من رأيك وحدك، فقال: ((اقضوا كما كنتم تقضون. فإنّي أكره الخلاف)). فلو كان عنده نص من رسول الله صلى الله عليه وسلم بتحريم بيعهنّ لم يضف ذلك إلى رأيه ورأي عمر، ولم يقل ((إنّي رأيتُ أن يبعن)).[١٢٧٣]

٩ - الصداق:

<u>صداق الأخت في الرضاع:</u>

عن علي أنّ رجلاً نكح امرأةً فأعطاها صداقَها وكانت أُخْتَهُ من الرَّضاعة، ولم يكن دخَلَ بِها، قال: تَرُدّ إليه ماله الذي أعطاها ويفترقان.[١٢٧٤]

(١٢٧١) ابن قيّم الجوزيّة، **الطرق الحكميّة**، ص ٣٨ - ابن فرحون، **تبصرة الحكّام**، ج ٢، ص ١٢١.
(١٢٧٢) ابن قيّم الجوزيّة، **الطرق الحكميّة**، ص ٢٤.
(١٢٧٣) ابن قيّم الجوزيّة، **الطرق الحكميّة**، ص ١٤.
(١٢٧٤) المتقي الهندي، **كنز العمّال**، ج ٥، ص ٨٢٨.

صداق المجوسية التي أسلمت:

أسلمت مجوسيّة قبل أن يدخل بِها زوجها، فقال عليّ لزوجها أسلم، فأبى زوجها أن يسلم فقضى بِها عليه نصف الصداق وقال: لم يزدها الإسلام إلاّ عزاً.[(١٢٧٥)]

١٠ - تحريق علي رضي الله عنه الزنادقة:

لما فرغ علي من البصرة أتاه سبعون رجلاً من الزطّ[(١٢٧٦)]، فسلّموا عليه وكلّموه بلسانِهم، فردّ عليهم بلسانِهم، ثم قال لهم: إنّي لستُ كما قلتم، أنا عبد الله مخلوق فأبوا عليه وقالوا أنت هو، فقال لهم: لئن لم تنتهوا وترجعوا عمّا قلتم فيّ وتتوبوا إلى الله عزّ وجلّ لأقتلنّكم، فأبوا أن يرجعوا ويتوبوا، فأمرهم أنْ تُحفر لهم آبار، فحفرت ثم خرق بعضها إلى بعض، ثم قذفهم فيها، ثم خمر رؤوسها، ثم ألهب النار في بئر منها ليس فيها أحد منهم، فدخل الدخان عليهم فماتوا.[(١٢٧٧)]

تحريق علي رضي الله عنه الزنادقة الرافضة، وهو يعلم سنّة رسول الله صلى الله عليه وسلم في قتل الكافر، ولكن رأى أمراً عظيماً جعل عقوبته من أعظم العقوبات، ليزجر الناس عن مثله. ولذلك قال:

لمّا رأيتُ الأمر أمراً منكراً أججت ناري ودعوتُ قنبراً وقنبر غلامه.[(١٢٧٨)]

عرض لعليّ رجلان في خصومة، فجلس في أصل الجدار، فقال له رجل: الجدار يقع، فقال عليّ: امض، كفى بالله حارساً!! فقضى بينهما، فقام، ثم سقط الجدار.[(١٢٧٩)]

ونكتفي بِهذه الأمثلة عن أقضية علي رضي الله عنه، وهي كثيرة وعظيمة وباهرة، كما صدرت أقضية كثيرة أخرى في عهده من قضاته في الكوفة والبصرة والمدينة ومصر ومختلف البلدان.

٤ - القضاة في عهده

أقرّ علي رضي الله عنه بعض القضاة الذين ثبتت جدارتَهم، وكانوا على القضاء

(١٢٧٥) التستري، **قضاء أمير المؤمنين علي بن أبي طالب عليه السلام**، ص ٥٥-٥٦.
(١٢٧٦) الزُّطّ: وهم جنس من السُّودان والهنود، والواحد زُطّيّ. ابن منظور، **لسان العرب**، ج ٧، ص ٣٠٨.
(١٢٧٧) التستري، **قضاء أمير المؤمنين علي**، ص ٢٠٨.
(١٢٧٨) ابن قيّم الجوزيّة، **الطرق الحكميّة**، ص ١٥.
(١٢٧٩) السيوطي، **تاريخ الخلفاء**، ص ١٥٨.

قبله، وعيّن قضاة وولاة آخرين، منهم:

١ - شُريح بن الحارث:

كان على قضاء الكوفة، وأقرّه علي عليها، وكان يرزقه كل شهر خمسمائة درهم.[١٢٨٠]

ولي قضاء الكوفة، في زمن عمر وعثمان وعلي ومعاوية. واستعفى في أيّام الحجّاج، فأعفاه سنة ٧٧ هـ.[١٢٨١]

لمّا قدم علي عليه السلام الكوفة، ولّى قضاءها سعيد بن نمران الهمذاني. ثم عزله وولّى مكانه عبيدة السلماني، ثم عزله وولّى شريحاً.[١٢٨٢]

وجمع عليّ الناس في الرّحْبة[١٢٨٣]، وقال: إنّي مفارقكم، فاجتمعوا في الرّحبة، فجعلوا يسألونه حتى نَفِد ما عندهم ولم يبق إلاّ شُريح، فجثا على ركبتيه، وجعل يسأله. فقال له عليّ: اذهب فأنتَ أقضى العرب.

وهذه شهادة خبير تصدر عن أقضى الصحابة، بشهادة النبي صلى الله عليه وسلم في قوله الشريف: ((أقضى أمّتي علي)).

ومن نوادر قضائه:

احتكام علي رضي الله عنه ويهودي إليه في درع:

عن شريح، قال: لمّا توجه علي عليه السلام إلى قتال معاوية افتقد درعاً له، فلمّا رجع وجدها في يد يهودي يبيعها بسوق الكوفة، فقال: يا يهودي الدرع درعي لم أهب ولم أبع، فقال اليهودي: درعي وفي يدي، فقال: بيني وبينك القاضي، قال: فأتياني، فقعد عليّ إلى جنبي واليهودي بين يدي، وقال: لولا أنّ خصمي ذمي لاستويتُ معه في المجلس، ولكنّي سمعتُ رسول الله صلى الله عليه وسلم يقول: اصغروا بِهم كما

(١٢٨٠) وكيع، **أخبار القضاة**، ج ٢، ص ٢٢٧.
(١٢٨١) الزركلي، **الأعلام**، ج ٣، ص ١٦١.
(١٢٨٢) وكيع، **أخبار القضاة**، ج ٢، ص ٣٩٦.
(١٢٨٣) الرُّحبَةُ: ماء لبني قَرير بأجاءٍ. والرُّحبة أيضاً: قرية بحذاء القادسية على مرحلة من الكوفة على يسار الحُجّاج إذا أرادوا مكّة، وقد خربت الآن بكثرة طروق العرب لأنّها في ضفّة البرّ ليس بعدها عمارة. وهي من القادسية على ثلاثة أيّام. والرُّحب، بالضم، في اللغة: السعة، والرَّحب، بالفتح: الواسع. ورُحبة: قرية قريبة من صنعاء اليمن على ستة أيّام منها، وهي أودية تنبت الطلحَ وفيها بساتين وقُرًى. والرُّحبة: ناحية بين المدينة والشام قريبة من وادي القُرى. ياقوت الحموي، **معجم البلدان**، ج ٣، ص ٣٣.

صغر الله بِهم، ثم قال: هذه الدرع درعي، لم أبع، ولم أهب، فقال اليهودي: ما تقول؟ قال: درعي وفي يدي، وقال شريح: يا أمير المؤمنين هل من بيّنة؟ قال: نعم الحسن ابني، وقنبر يشهدان أنّ الدرع درعي، قال شريح: يا أمير المؤمنين شهادة الابن للأب لا تجوز، فقال علي: سبحان الله! رجل من أهل الجنّة لا تجوز شهادته، سمعتُ رسول الله صلى الله عليه وسلم يقول: الحسن والحسين سيدا شباب أهل الجنّة، فقال: اليهودي: أمير المؤمنين قدّمني إلى قاضيه، وقاضيه يقضي عليه، أشهد أنّ هذا الدين على الحقّ، وأشهد أن لا إله إلاّ الله، وأنّ محمداً عبده ورسوله وأنّ الدّرع درعك يا أمير المؤمنين، سقطت معك ليلاً، وتوجه مع علي يقاتل معه بالنهروان[١٢٨٤] فقُتل.[١٢٨٥]

٢ - أبو موسى الأشعري:

ولاّه عثمان القضاء بالكوفة، فأقرّه علي، ثم عزله.[١٢٨٦]

٣ - الأشتر النخعي:

هو مالك بن الحارث بن عَبْد يغوث بن مسلمة بن ربيعة بن الحارث بن جَذيمة بن مالك ابن النخع النخعيّ المعروف بالأشتر.[١٢٨٧]

أمير، من كبار الشجعان. كان رئيس قومه. أدرك الإسلام. وله شعر جيد. ويعدّ من الشجعان الأجهاد العلماء الفصحاء. سكن الكوفة، وكان له نسل فيها.[١٢٨٨]

وذكر البخاري أنّه شهد خطبة عمر بالجابية. وذكر ابن حبّان في ((ثقات التابعين)) أنّه شهد اليرموك، فذهبت عَيْنه؛ قال: وكان رئيس قومه.[١٢٨٩]

وصحِب علي وشهد معه الجمل؛ وله فيها آثار، وكذلك في صفّين. وولاّه عليّ

(١٢٨٤) نَهْروان: وهي كورة واسعة بين بغداد وواسط من الجانب الشرقي، حدّها الأعلى متّصل ببغداد وفيها عدّة بلاد متوسطة، منها: إسكاف وجرجرايا والصافية ودير قُنّى وغير ذلك، وكانت بِها وقعة لأمير المؤمنين علي بن أبي طالب، رضي الله عنه، مع الخوارج مشهورة؛ وقد خرج منها جماعة من أهل العلم والأدب، فمن كان من مدُنها نسب إلى المدينة ومن كان من قراها الصغار نسب إلى الكورة. ياقوت الحموي، **معجم البلدان**، ج ٥، ص ٣٢٥.

(١٢٨٥) وكيع، **أخبار القضاة**، ج ٢، ص ٢٠٠ - ابن العِماد الحنبلي، **شذرات الذهب في أخبار من ذهب**، ج ١، ص ٨٥ - ابن كثير، **البداية والنهاية**، ج ٨، ص ٤.

(١٢٨٦) الزحيلي، **تاريخ القضاء في الإسلام**، ص ١٤٩.

(١٢٨٧) ابن حجر، **الإصابة في تمييز الصحابة**، ج ٦، ص ٢١٢.

(١٢٨٨) الزركلي، **الأعلام**، ج ٥، ص ٢٥٩.

(١٢٨٩) ابن حجر، **الإصابة في تمييز الصحابة**، ج ٦، ص ٢١٢.

مصر بعد صَرْف قيس بن سعد بن عبادة عنها.[١٢٩٠]

بعث عليّ مالك الأشتر أميراً على مصر، فسار يُريد مصر حتى نزل جِسر القُلزُم[١٢٩١] مستهلّ رجب سنة سبع وثلاثين فصلّى حين نزل من راحلته، ودعا الله إن كان في دخوله مصر خيراً أن يُدخله إيّاها وإلاّ لم يقضِ له بدخولها فشرب شربةً من عسَل فمات. فبلغ عمرو ابن العاصِ موته فقال: إنّ لله جنوداً من العَسَل.[١٢٩٢]

فقال علي: رحم الله مالكاً فلقد كان لي كما كنت لرسول الله.[١٢٩٣]

وكتب له الإمام عليّ رسالة مهمة ومشهورة، فوّض له فيها اختيار القاضي بعد أن أرشده إلى الصفات الواجبة فيه، وهذه الرسالة تعتبر دستوراً من دساتير الفصاحة والقضاء ولكنه مات قبل أن يصل إلى مصر.

روى عن عمر، وخالد بن الوليد، وأبي ذَرّ، وعليّ.

روى عنه ابنه إبراهيم، وأبو حسّان الأعرج، وكنانة مولى صفيّة، وعبد الرّحمن بن يزيد النّخعيّ، وعلقمة، وغيرهم.[١٢٩٤]

٤ - عثمان بن حنيف:

هو عثمان بن حنيف بن وهب الأنصاري الأوسي، أبو عمرو. وال، من الصحابة.[١٢٩٥]

شهد بدراً. وقال الجمهور: أوّل مشاهده أحُد.

بعث عمر عثمان بن حُنَيف على مساحة الأرض - يعني بعد أن فتحت الكوفة.

(١٢٩٠) ابن حجر، **الإصابة في تمييز الصحابة**، ج ٦، ص ٢١٢.

(١٢٩١) القُلْزُمُ: وهو المكان الذي غرق فيه فرعون وآله. وبحر القلزم مثل الوادي فيه جبال كثيرة قد علا الماءُ عليها. وبين مدينة القلزم وبين مصر ثلاثة أيّام، وهي مدينة مبنية على شفير البحر. وليس بِها زرع ولا شجر ولا ماء وإنّما يُحمل إليها من ماء آبار بعيدة منها، وهي تامة العمارة، وبِها فرضة مصر والشام، ومنها تحمل حمولات مصر والشام إلى الحجاز واليمن. هذا صفة القلزم قديماً، فأمّا اليوم فهي خراب، وصارت الفرضة موضعاً قريباً منها يقال لها سويس وهي أيضاً كالخراب ليس بِها كثير أناس.
ياقوت الحموي، **معجم البلدان**، ج ٤، ص ٣٨٧-٣٨٨.

(١٢٩٢) الكندي، **الولاة والقضاة**، ص ٢٣.

(١٢٩٣) الزركلي، **الأعلام**، ج ٥، ص ٢٥٩.

(١٢٩٤) ابن حجر، **الإصابة في تمييز الصحابة**، ج ٦، ص ٢١٢.

(١٢٩٥) الزركلي، **الأعلام**، ج ٤، ص ٢٠٥.

وكان عليّ استعمله على البصرة قبل أنْ يقدم عليها، فغلبه عليها طلحة والزبير؛ فكانت القصّة المشهورة في وقعة الجمل.(١٢٩٦)

حضر مع علي وقعة الجمل. ثم سكن الكوفة، وتوفي في خلافة معاوية سنة٤١ هـ.(١٢٩٧)

روى عنه ابنُ أخيه أبو أسامة بن سَهْل وطائفة.(١٢٩٨)

٥ - قيس بن سعد:

هو قيس بن سعد بن عبادة بن دُلَيْم الأنصاري الخزرجي. وأمُّه بنت عمِّ أبيه؛ واسمها فكيهة بنت عبيد بن دُلَيْم.

قال أبو عُمَر: كان أحد الفضلاء الجلّة من دُهاة العرب من أهل الرأي والمكيدة في الحرب مع النجدة والسخاء والشجاعة، وكان شريف قومه غير مدافع، وكان أبوه وجدُّه كذلك.

كان قيس بن سعد بن عُبادة يقول: اللهم ارزقني مالاً، فإنّه لا يصلح الفعال إلاّ بالمال.

عن موسى بن أبي عيسى أنّ رجلاً استقرضَ من قيس ابن سعد ثلاثين ألفاً، فلمّا ردّها عليه أبى أن يقبلها؛ وشهد مع رسول الله صلى الله عليه وسلم المشاهد، وأخذ النبي صلى الله عليه وسلم يوم الفتح الرايةَ من أبيه، فدفعها له.

وفي ((صحيح البخاري))، عن أنس: كان قيس بن سعد من النبي صلى الله عليه وسلم بمنزلة صاحب الشرطة من الأمير.

شهد فتح مصر، واختطّ بِها داراً، ثم كان أميرها لعليّ.(١٢٩٩)

قال الكندي: ((ولي قيس بن سعد بن عُبادة الأنصاريُّ مصر من قبل أمير المؤمنين علي بن أبي طالب رضي الله عنه. لمّا بلغه مُصاب ابن أبي حُذيفة بعثه عليها وجمع له الصلوة والخراج، فدخلها مستهلّ شهر ربيع الأوّل سنة سبع وثلاثين، فجعل على شُرطته السائب ابن هشام بن كِنانة)).(١٣٠٠)

(١٢٩٦) ابن حجر، **الإصابة في تمييز الصحابة**، ج ٤، ص ٣٧٢.
(١٢٩٧) الزركلي، **الأعلام**، ج ٤، ص ٢٠٥.
(١٢٩٨) ابن حجر، **الإصابة في تمييز الصحابة**، ج ٤، ص ٣٧٢.
(١٢٩٩) ابن حجر، **الإصابة في تمييز الصحابة**، ج ٥، ص ٣٥٩-٣٦٠- ٣٦١.
(١٣٠٠) الكندي، **الولاة والقضاة**، ص ٢٠.

وصحب قيس علياً، وشهد معه مشاهدَه. وكان قد أمّره على مصر، فاحتال عليه معاوية فلم ينخدع له، فاحتال على أصحاب عليّ حتى حَسَّنُوا له توليةَ محمد بن أبي بكر فولاّه مصر، وارتحل قيس، فشهد مع عليّ صِفّين، ثم كان مع الحسين بن علي حتى صالح معاوية، فرجع قيْس إلى المدينة، فأقام بِها.

وروى ابن عُيَيْنة، عن عمرو بن دينار؛ قال: قال قيس: لولا الإسلام لمكرت مَكراً لا تطيقه العرب.[١٣٠١]

له ١٦ حديثاً.[١٣٠٢] روى قيس بن سعد، عن النبي صلى الله عليه وسلم، وعن أبيه. روى عنه أنس، وثعلبة بن أبي مالك، وأبو مَيْسَرة، وعبد الرحمن بن أبي ليلى، وعروة وآخرون.[١٣٠٣]

وقال ابنُ عُيَيْنَةَ، عن عمرو بن دينار: كان قيس ضخماً حسناً طويلاً إذا ركب الحمار خطّت رجلاه الأرض. وقال الواقدي: كان سخيّاً كريماً داهية.

وذكر الزبير أنّه كان سناطاً: ليس في وجْهه شعرة؛ فقال: إنّ الأنصار كانوا يقولون، ودِدنا أنْ نشتري لقيس بن سعد لحيةً بأموالنا.[١٣٠٤]

مات في آخر خلافة معاوية بالمدينة، وقال ابن حبّان: كان هرب من معاوية، ومات سنة خمس وثمانين في خلافة عبد الملك، قال: وقيل: مات في آخر خلافة معاوية[١٣٠٥].

٦ - عُمارة بن شِهاب الثوري:

قال الطّبرانيُّ: كانت له هجرة، واستعمله عليّ على الكوفة، واستدركه ابن فتحون.[١٣٠٦]

٧ - قُثَم بن العباس:

هو قُثَم بن العباس بن عبد المطلب بن هاشم، أخو عبد الله بن العباس وإخوته،

(١٣٠١) ابن حجر، **الإصابة في تمييز الصحابة**، ج ٥، ص ٣٦١.
(١٣٠٢) الزركلي، **الأعلام**، ج ٥، ص ٢٠٦.
(١٣٠٣) ابن حجر، **الإصابة في تمييز الصحابة**، ج ٥، ص ٣٦١.
(١٣٠٤) ابن حجر، **الإصابة في تمييز الصحابة**، ج ٥، ص ٣٦٠.
(١٣٠٥) ابن حجر، **الإصابة في تمييز الصحابة**، ج ٥، ص ٣٦١.
(١٣٠٦) ابن حجر، **الإصابة في تمييز الصحابة**، ج ٤، ص ٤٧٩.

أمّه أم الفضل.[١٣٠٧]

أدرك صدر الإسلام في طفولته، ومرّ به النبي صلى الله عليه وسلم وهو يلعب، فحمله. وولّاه عمه ((علي بن أبي طالب)) على المدينة، فاستمر فيها إلى أن قتل عليّ، فخرج في أيّام معاوية إلى سمرقند، فاستشهد بِها سنة ٥٧ ه. وكان يشبه رسول الله صلى الله عليه وسلم. وليس له عقب.[١٣٠٨]

٨ - عبد الله بن عباس:

هو عبد الله بن العباس بن عبد المطلب بن هاشم بن عبد مناف القرشي الهاشمي، أبو العباس، ابن عم رسول الله صلى الله عليه وسلم. أمّه أم الفضل لُبابة بنت الحارث الهلالية. وُلِد وبنو هاشم بالشِّعْبِ قبل الهجرة بثلاث. وكان له عند موت النبي صلى الله عليه وسلم ثلاث عشرة سنة.[١٣٠٩]

لازم رسول الله صلى الله عليه وسلم، وروى عنه الأحاديث الصحيحة. له في الصحيحين وغيرهما ١٦٦٠ حديثاً[١٣١٠].

قال ابن يونُس: غزا إفريقية مع عبد الله بن سعد سنة سبع وعشرين[١٣١١].

وشهد مع علي الجمل وصفين.[١٣١٢]

ولاه عليّ البصرة وكان على الميسرة يوم صفين، واستخلف أبا الأسود على الصلاة وزياداً على الخراج، وكان استكتبه فلم يَزَل ابن عباس على البصرة حتى قُتل علي؛ فاستخلف على البصرة عبد الله بن الحارث، ومضى إلى الحجاز.[١٣١٣]

وكفّ بصره في آخر عمره، فسكن الطائف، وتوفي بِها سنة ٦٨ هـ.[١٣١٤]

عن عمرو بن دينار، قال: لمّا مات عبد الله بن عبّاس قال: مات ربّاني هذه

(١٣٠٧) ابن حجر، **الإصابة في تمييز الصحابة**، ج ٥، ص ٣٢٠.
(١٣٠٨) الزركلي، **الأعلام**، ج ٥، ص ١٩٠.
(١٣٠٩) ابن حجر، **الإصابة في تمييز الصحابة**، ج ٤، ١٢٢.
(١٣١٠) الزركلي، **الأعلام**، ج ٤، ص ٩٥.
(١٣١١) ابن حجر، **الإصابة في تمييز الصحابة**، ج ٤، ص ١٢٣.
(١٣١٢) الزركلي، **الأعلام**، ج ٤، ص ٩٥.
(١٣١٣) ابن حجر، **الإصابة في تمييز الصحابة**، ج ٤، ص ١٢٩.
(١٣١٤) الزركلي، **الأعلام**، ج ٤، ص ٩٥.

الأمّة.(١٣١٥)

في صحيح البخاري: عن ابن عبّاس أنّ النبي صلى الله عليه وسلم دخل الخلاءَ فوضَعْتُ له وضوءاً، قال: «**من وضع هذا؟**» فأُخبِرَ، فقال: «**اللهم فقِّهْهُ في الدين**».(١٣١٦)

وفي صحيح البخاري عن ابن عباس قال: ضمّني النبيُّ صلى الله عليه وسلم إلى صدره وقال: «**اللّهمّ علّمْهُ الحِكمةَ**».(١٣١٧)

وعن الزهري، قال: قال المهاجرون لعمر: ألا تدعو أبناءنا كما تدعو ابن عبّاس؟ قال: ذاكم فتى الكهول، له لسان سؤول، وقلب عقول.

قال علي في ابن عباس إنّا لننظر إلى الغَيْث من ستر رقيق لعقله وفِطْنته.

وعن الشعبي، قال: ركب زيد بن ثابت فأخذ ابن عباس بركابه، فقال: لا تفعل يا ابن عم رسول الله. فقال: هكذا أمِرْنا أن نفعل بعلمائنا. فقبّلَ زيد بن ثابت يدَه، وقال: هكذا أمِرْنا أن نفعل بأهل بيت نبينا.

قال الأعمش: وسمعتهم يتحدّثون عن عبد الله، قال: ولنعم ترجمان القرآن ابن عباس.(١٣١٨)

وعن عطاء: ما رأيتُ قط أكرم من مجلس ابن عبّاس، أكثر فقهاً، وأعظم خشية؛ إنّ أصحاب الفقه عنده، وأصحاب القرآن عنده، وأصحاب الشعر عنده، يُصْدِهم كلّهم من وادٍ واسع.(١٣١٩)

وقال عطاء: كان ناس يأتون ابن عباس في الشعر والأنساب، وناس يأتونه لأيّام العرب ووقائعهم، وناس يأتونه للفقه والعلم، فما منهم صنف إلاّ يقبل عليهم بما يشاؤون. وكان كثيراً ما يجعل أيّامه يوماً للفقه، ويوماً للتأويل، ويوماً للمغازي، ويوماً

(١٣١٥) ابن حجر، **الإصابة في تمييز الصحابة**، ج ٤، ص ١٣٠.
(١٣١٦) **صحيح البخاري**، كتاب الوضوء، باب وضع الماء عند الخلاء، ج ١، ص ٥٦، حديث رقم (١٤٣).
(١٣١٧) **صحيح البخاري**، كتاب فضائل أصحاب النبي صلى الله عليه وسلم، باب ذكر ابن عباس رضي الله عنهما، ج ٤، ص ٥٨٩، حديث رقم (٣٧٥٦).
(١٣١٨) ابن حجر، **الإصابة في تمييز الصحابة**، ج ٤، ص ١٢٥-١٢٦.
(١٣١٩) ابن حجر، **الإصابة في تمييز الصحابة**، ج ٤، ص ١٢٧-١٢٨ - ابن قيّم الجوزيّة، **أعلام الموقّعين عن ربّ العالمين**، ج١، ص١٥.

للشعر، ويوماً لوقائع العرب. وكان عمر إذا أعضلتْ عليه قضيّة دعا ابن عبّاس وقال له: أنت لها ولأمثالها، ثم يأخذ بقوله ولا يدعو لذلك أحداً سواه. وكان آية في الحفظ.(١٣٢٠)

وعن مجاهد: كان ابن عبّاس يسمّى البحر لكثرة علمه.(١٣٢١)

وكان يقال له: حبر العرب.(١٣٢٢)

وقال عبيد الله بن عبد الله بن عُتْبَة: ما رأيت أحداً أعلم بالسنّة، ولا أجْلَد رأياً، ولا أثقب نظراً حين ينظر مثل ابن عبّاس، وإن كان عمر بن الخطاب ليقولُ له: طَرأتْ علينا عُضَلُ أقضيةٍ أنتَ لها ولأمثالها.(١٣٢٣)

وقال أبو عبيدة: كان ابن عبّاس يُفتي الناس ويحكم بينهم، وإنّه خرج إلى علي، ومعه أبو الأسود الدُّؤلي، وغيره من أهل البصرة، فاستقضى الحارث بن عبد عوف بن أصرم بن عمرو الهلالي، ثم قدِم ابن عباس فأقرّ الحارث، وابن عباس يتولّى عامّة الأحكام بالبصرة، ثم كان بعد ذلك كلما شَخَص عن البصرة استخلف أبا الأسود، فكان هو المفتي، والقاضي يومئذ يدعى المفتي، فلم يزل كذلك حتى قتل علي عليه السلام في سنة أربعين.(١٣٢٤)

وإنّ ابن عبّاس كان يغشى الناسَ في رمضان وهو أمير البصرة، فما ينقضي الشهر حتى يفقّههم.(١٣٢٥)

عن أبي بكرة، قال: قدم علينا ابنُ عباس البصرة وما في العرب مثله جسماً وعلماً وثياباً وجمالاً وكمالاً.

كان أبيض طويلاً مشرباً صفرة جسيماً وسيماً صبيحَ الوجه له وَفْرة يخضب بالحنّاء.

وعن أبي إسحاق: رأيتُ ابنَ عبّاس رجلاً جسيماً قد شاب مقدم رأسه وله جُمّة.

(١٣٢٠) الزركلي، **الأعلام**، ج ٤، ص ٩٥.
(١٣٢١) ابن حجر، **الإصابة في تمييز الصحابة**، ج ٤، ص ١٢٨ - ابن قيّم الجوزيّة، **أعلام الموقّعين عن ربّ العالمين**، ج ١، ص ١٥.
(١٣٢٢) ابن حجر، **الإصابة في تمييز الصحابة**، ج ٤، ١٢٢.
(١٣٢٣) ابن قيّم الجوزيّة، **أعلام الموقّعين رب العالمين**، ج ١، ص ١٥.
(١٣٢٤) وكيع، **أخبار القضاة**، ج ١، ص ٢٨٨.
(١٣٢٥) ابن حجر، **الإصابة في تمييز الصحابة**، ج ٤، ص ١٢٩.

وعن أبي حمزة: كان ابن عباس إذا قعد أخذ مقعد رجلين.(١٣٢٦)

قال ابن عباس في جزّ الرأس واللحية: ((جزُّ الرأس واللِّحية لا يصلح في العقوبة لأنّ الله عزّ وجلّ جعل حلق الرأس نُسُكاً لمرضاته)).(١٣٢٧)

قضية لابن عبّاس في طلاق البكر:

عن محمد بن إياس بن البُكَيْر، أنّه قال: طلَّق رجلٌ امرأتَه ثلاثاً قبل أن يدخُلَ بِها، ثم بدا له أن ينكِحَها، فجاء يستفتي، فذهبتُ معه أسأل له: فسأل عبد الله بن عبّاس وأبا هريرة عن ذلك، فقالا: لا نَرَى أن تنكِحها حتى تنكِحَ زوجاً غيرك، قال: فإنّما طلاقي إيّاها واحدة، قال ابن عباس: إنّك أرسلت مِنْ يدِك ما كان لك من فضل.(١٣٢٨)

٩ - سعيد بن نمران الهمذاني:

هو سعيد بن نمران بن نمر، الهمداني، ثم الناعطي. تابعي، كان سيد همدان. شهد اليرموك، واستكتبه عليّ بن أبي طالب. ثم ضمّه إلى عبيد الله بن العباس حين ولاّه اليمن. ولمّا صار الأمر إلى معاوية جاءه، مستشفعاً بحمزة بن مالك الهمداني، فخلّى معاوية سبيله، فرحل إلى جرجان، واختطّ فيها دوراً وضياعاً.

قال ابن عساكر: ثم أقامه مصعب بن الزبير قاضياً على الكوفة.(١٣٢٩)

وورد في أخبار القضاة لوكيع:

((لمّا قدم علي عليه السلام الكوفة ولّى سعيد بن نمران الهمذاني، ثم عزله، وولّى مكانه عبيدة السلماني، ثم عزله، وولّى شريحاً)).

((ثم استقضى ابن الزبير سعيد بن نمران الهمداني فقضى ثلاث سنين. ثم استقضى ابن الزبير عبد الله بن عتبة بن مسعود)).(١٣٣٠)

١٠ - عبيدة السَّلْماني:

هو عبيدة بن عمرو (أو قيس) السلماني المرادي، تابعي، أسلم باليمن. أيام فتح مكّة، ولم ير النبي صلى الله عليه وسلم.(١٣٣١)

(١٣٢٦) ابن حجر، **الإصابة في تمييز الصحابة**، ج ٤، ص ١٢٢-١٢٣- ١٢٤.
(١٣٢٧) ابن قتيبة، **عيون الأخبار**، ج ١، ص ١١٣.
(١٣٢٨) **موطأ مالك**، كتاب الطلاق، ص ٣٨٩، حديث رقم (١١٩٧).
(١٣٢٩) الزركلي، **الأعلام**، ج ٣، ص ١٠٣.
(١٣٣٠) وكيع، **أخبار القضاة**، ج ٢، ص ٣٩٦- ٣٩٧.
(١٣٣١) الزركلي، **الأعلام**، ج ٤، ص ١٩٩.

عن عبيدة، أنّه صلى قبل وفاة النبي صلى الله عليه وسلم بسنتين ولكنه لم ير النبي عليه السلام.[١٣٣٢]

وكان عريف قومه. وهاجر إلى المدينة في زمان عمر. وحضر كثيراً من الوقائع، وتفقه، وروى الحديث.[١٣٣٣]

عيّنه علي على قضاء الكوفة بعد عزل سعيد بن نمران الهمذاني، ثم عزله وعيّن شريحاً.[١٣٣٤]

توفي عبيدة سنة ٧٢ هـ.[١٣٣٥]

كان شريح أعلم الناس بالقضاء، وكان عبيدة يوازي شريحاً في القضاء.[١٣٣٦]

وروى وكيع عن عبيدة، قال: ((أرسل علي إليّ وإلى شريح: أقضوا كما كنتم تقضون فإنّي أبغض الاختلاف)).[١٣٣٧]

وعن عبيدة؛ قال: سمعتُ علياً عليه السلام يخطب؛ فقال: ((إنّ عمر شاورني في أمّهات الأولاد، فاجتمع رأيي ورأيه، على أن يعتقن، فقضى عمر بذلك، ثم ولي عثمان فقضى بذلك في حياته. ثم وليت فرأيتُ أنْ أرقهن، فقال له عبيدة: رأي عدلين في الفرقة)).[١٣٣٨]

وله أقضية طريفة، وكان من علماء الكوفة المشهورين، وكان شريح يستشيره ويرجع إليه. فقد ورد في أخبار القضاة لوكيع بعض من أقضيته.

روى وكيع عن ابن سيرين، قال: كنتُ أجالس شريحاً، فربّما أرسل إلى عبيدة يسأله، فقلتُ: من عبيدة هذا؟ قالوا: هذا رجل من بني سلمان، من أجرأ الناس على الفتيا، فأتيته فإذا هو أجبن الناس عما لا يعلم.[١٣٣٩]

(١٣٣٢) وكيع، **أخبار القضاة**، ج ١، ص ٤٠١.
(١٣٣٣) الزركلي، **الأعلام**، ج ٤، ص ١٩٩.
(١٣٣٤) وكيع، **أخبار القضاة**، ج ٢، ص ٣٩٦.
(١٣٣٥) الزركلي، **الأعلام**، ج ٤، ص ١٩٩.
(١٣٣٦) وكيع، **أخبار القضاء**، ج ١، ص ٤٠١.
(١٣٣٧) وكيع، **أخبار القضاء**، ج ٢، ص ٣٩٩.
(١٣٣٨) وكيع، **أخبار القضاء**، ج ٢، ص ٣٩٩-٤٠٠.
(١٣٣٩) وكيع، **أخبار القضاة**، ج ٢، ص ٤٠٠.

لا هديّة للميت:

وعن الشعبي، أنّ شريحاً أرسل إلى عبيدة يسأله عن رجل أهدى إلى رجل، وقد مات، فقال: إن كان هذا يوم أهدى له حيّاً فهو له، وإلاّ فإنّ الميت لا يهدى إليه تردّ إلى المهدي.(١٣٤٠)

عبيدة وصلح:

عن محمد بن سيرين أنّ قوماً أتوا عبيدة، يختصمون إليه ليصلح بينهم، فقال: لا حتى تؤمرني، كأنّه يرى للأمير شيئاً ليس للقاضي ولا غيره.(١٣٤١)

عبيدة يفتي في ميراث:

عن أبي إسحاق، قال: دخلتُ على شريح، وعنده عامر، وإبراهيم بن عبد الله فسألته عن فريضة امرأة منّا تركت زوجها، وابنها، وأخاها لأمّها، وجدّها، فقال: هل من أخت؟ قال: لا، قال: للبعل الشطر، وللأم الثلث، فجهدت أن يجيبني، فلم يجيبني إلاّ بذلك.

قال أبو إسحاق: فأتيت عبيدة، وكان يقال ليس بالكوفة أحد أعلم بفريضة من عبيدة، والحارث، وكان عبيدة يجلس في المسجد، فإذا وردت على شريح فريضة فيها جدّ دفعهم إلى عبيدة ففرض فيها، فسألته عنها؛ فقال: إن شئتم أنبأتكم بفريضة عبد الله بن مسعود في هذه، وأنا شاهد، جعل للزوج النصف ستة أسهم، وللأم ثلث ما بقي من رأس المال، وللأخ سهم، وللجدّ سهم، قال أبو إسحاق: الجدّ أبو الأبّ.(١٣٤٢)

١١ - محمد بن يزيد بن خليدة الشيباني:

عيّنه علي قاضياً على الكوفة، وله أقضية فيها.

اختلف الناس فيمن ولي قضاء الكوفة بعد شريح؛ فقال علي بن محمد المدائني: استقضى علي بن أبي طالب عليه السلام على الكوفة محمد بن يزيد بن خليدة الشيباني، فاشترى رجل عبداً من أرض العدو، فأخذه رجل، وقال: عبدي وأنا آخذه بالقيمة، وخاصمه إلى محمد بن يزيد، فلم ير له حقّاً، وقال شريح: المسلم يرد على

(١٣٤٠) وكيع، **أخبار القضاة**، ج ٢، ص ٤٠٠.
(١٣٤١) وكيع، **أخبار القضاة**، ص ٤٠١.
(١٣٤٢) وكيع، **أخبار القضاة**، ج ٢، ص ٤٠٢.

المسلم بالقيمة، فعزل علي محمداً، وردّ شريحاً على القضاء.[١٣٤٣]

(١٣٤٣) وكيع، أخبار القضاة، ج ٢، ص ٣٩٥.

الخاتمة والاستنتاجات

امتدّ العهد الراشدي ثلاثين سنة، وهو أطول من العهد النبوي بثلاثة أضعاف، وقد اتّسعت رقعة الدولة الإسلامية في العهد الراشدي أكثر من عشرة أضعاف مساحتها وسكانها وشعوبها في العهد النبوي، ويحتل القضاء في العهد الراشدي أهمية عظيمة من الناحية الموضوعيّة والتنظيميّة والتاريخيّة، ومن ناحية أثره على العهود اللاحقة، فالقضاء في العهد الراشدي يمثل الدرجة الثانية بعد القضاء في العهد النبوي الذي يمثّل الجذور والأساس. ويمثل القضاء في العهد الراشدي البناء الكامل، والتنظيم الشامل من جهة، ويعطي الصورة البرّاقة للقضاء الإسلامي من جهة ثانية، ويعتبر مثلاً وقدوة وتحت محط الأنظار طوال العهود التالية.

ويمكننا أن نشير باختصار وإيجاز إلى أهم مميزات القضاء في العهد الراشدي، وهي:

١ - كان القضاء في العهد الراشدي **امتداداً لصورة القضاء في العهد النبوي**، بالالتزام به، والتأسّي بمنهجه، وانتشار التربية الدينية، والارتباط بالإيمان والعقيدة، والاعتماد على الوازع الديني، والبساطة في سير الدعوى، واختصار الإجراءات القضائية، وقلّة الدعاوى والخصومات إذا قورنت باتساع الدولة، وتعدد الشعوب والأمصار، وحسن اختيار القضاة، وتوفر الشروط الكاملة فيهم.

٢ - يعتبر القضاء في العهد الراشدي **صورة صحيحة وصادقة وسليمة للقضاء الإسلامي**، ولذلك صار محطّ الأنظار للفقهاء، وصارت الأحكام القضائية، والتنظيم القضائي في العهد الراشدي **مصدراً للأحكام الشرعيّة**، والاجتهادات القضائية، والآراء الفقهية في مختلف العصور.

٣ - **مارس الخلفاء الراشدين، وبعض ولاة الأمصار، النظر في المنازعات**، وتولي القضاء بجانب الولاية، كما أولَوْا الاهتمام الكامل لتولي قضاء المظالم وقضاء الحسبة.

٤ - كان الخلفاء الراشدون في الغالب ينظرون في قضايا **المظالم**، وكانوا يواصلون مراقبة عمّالهم، للتحقيق من نزاهتهم، ومن طريقة عيشهم وسيرتِهم. كان قضاء المظالم محدوداً في العهد الراشدي إذا ما قارنّاه بالمظالم في عهد عبد الملك بن مروان وأيام المهدي من بني العباس. فقد ظهرت بذرة قضاء المظالم منذ العهد النبوي، ونمت طوال العهد الراشدي، وأثمرت ونضجت وحققت الغاية المرجوة منها في العهد الأموي والعهد العباسي.

وكان الخلفاء الراشدون معتنين بأمر **الحسبة** ومهتمين بشأنِها، ومع هذا فقد كانت الحسبة في عهد الخلفاء رضي الله عنهم في دائرة ضيّقة بالقدر الذي كانت تسمح به حاجاتهم كما كان على عهد الرسول عليه الصلاة والسلام. ففي العهد العباسي صار لقضاء الحسبة

وظيفة خاصّة ومستقلّة ومتميّزة عن بقية الأعمال.

٥ - عيّن الخلفاء الراشدون في أكثر المدن والأقطار الإسلامية **قضاة لممارسة القضاء خاصّة**، دون بقية السلطات، وظهر بشكل مبدئي - ولأوّل مرة - فصل السلطة القضائية عن بقيّة السلطات، فكان عمر بن الخطاب أوّل من عيّن القضاة المستقلّين في الولايات، وخصّهم بولاية القضاء وحدها وبشكل مستقلّ عن الأمراء والولاة، وجعل عمر سلطة القضاء تابعة له مباشرة، وأنّ الولاة لا سلطان لهم على القضاة في المدن الكبرى التي تمّ فيها تعيين القضاة بجانب الولاة، بينما يتولى الولاة في بقية المدن والأمصار القضاء والولاية معاً.

٦ - **كان القضاة في العهد الراشدي مجتهدين** لا يرجعون فيما يقضون به إلاّ إلى القرآن الكريم والسنة النبوية الشريفة. فإن لم يجدوا فيها نصاً يقضون به اجتهدوا رأيهم وقضوا به، وكان على القاضي الذي لم يجد نصاً في القرآن أن يرجع إلى من معه من فقهاء الصحابة وحفاظهم ومجتهديهم، ليرى هل في ذلك قضاء للنبي صلى الله عليه وسلم، فإن وجد أخذ به، وإن لم يجد اجتهد برأيه. وكان استنباط الحكم في الغالب شورى بينهم، إذ كان القاضي على اتصال مستمرّ برجال التشريع، وبذلك كان الحكم يصدر بعد مشورتِهم، ليكون أقرب إلى الصواب ولكيلا يخالف سنّة غابت عن القاضي. وهذا ما حدا ببعض القضاة إلى استفتاء الخليفة في بعض ما يرد عليهم من خصومات باعتبار أنّه أكثر اتصالاً منهم برجال التشريع.[١٣٤٤]

ولما كان قضاء القاضي في هذا العهد مبنيّاً على اجتهاده، وكان إذا قضى في حادثة بقضاء، ثم رفعت إليه حادثة مماثلة، وكان قد رأى غير الرأي الأول، قضى في الحادثة الجديدة بما رآه ولا ينقض قضاءه الأول، فما بني على اجتهاده لا ينقضه اجتهاده الآخر ولا اجتهاد قاض آخر، فإنّ الروح التي كانت تسود هذا العصر في التشريع والقضاء، أن لا يلزم القاضي إلا باتباع القرآن والسنّة، فكانت طريقهم في الحكم هي الالتجاء إلى كل ما يوصل إلى إحقاق الحق وإقامة العدل من قرينة أو بيّنة أو فراسة أو يمين أو غيرها.

٧ - **ظهرت مصادر جديدة للقضاء** في العهد الراشدي نتيجة للمنهج السابق الذي التزموه، وصارت مصادر الأحكام القضائية هي: القرآن الكريم، السنّة الشريفة، الإجماع، القياس، السوابق القضائية، الرأي الاجتهادي، مع الشورى.

٨ - تأكّد في هذا العهد ما كان في العهد النبوي من **مراقبة الأحكام القضائية**، وإقرار ما وافق القرآن والسنّة وما صدر عن الرأي والاجتهاد، لأنّ الاجتهاد لا ينقض بمثله، وينقض ما خالف القرآن والسنة.

(١٣٤٤) مشرفة، **القضاء في الإسلام**، ص ١٠٨-١٠٩.

٩ - **تمّ التنظيم الإداري الدقيق للقضاء** في العهد الراشدي، وأرسل عمر وعلي رضي الله عنهما الرسائل الخالدة والمشهورة إلى القضاة والولاة، لتنظيم شؤون القضاء، وبيان الدستور والمنهج، وتبع ذلك متابعة الخلفاء للقضاة، ومراقبتهم، وتبادل الرأي معهم، والسؤال عن أخبارهم وأقضيتهم، وطلب مراجعتهم في القضايا المهمة والمعضلة والخطيرة، وكانت هذه الميزة في أوجها في عهد عمر رضي الله عنه، وأشهرها كتاب الفاروق إلى أبي موسى الأشعري، حيث أوضح فيه أهمّ القواعد العادلة في البيّنات، وأصول المحاكمات، وعدالة الأحكام، لا سيما تنبيهه إلى أنّ الحقّ قديم، ومراجعته خير من التمادي في الباطل. وخفت هذه الرسائل قليلاً في عهد عثمان، وضعفت في عهد علي لاضطراب الأمور، وكثرة الفتن، ونشوب الحروب الداخلية، وظهور بذرة الاستقلال الذاتي في الشام وما يتبعها، مع تعدد السلطة.

١٠ - **كانت اختصاصات القاضي في الغالب عامة وشاملة** لجميع الوقائع، وكانت صلاحيات القاضي واسعة، وله الحرية الكاملة في الإجراءات، ولكن ظهر في هذا العهد نواة **الاختصاص الموضوعي والنوعي للقضاة**، وتمّ تعيين قضاة للنظر في القضايا الصغيرة والبسيطة، كما تمَّ تعيين قضاة للأحداث الجسيمة والوقائع الكبيرة، وبقي معظم الخلفاء يتولون النظر في الجنايات والحدود، وقام بِهذا الشأن بعض الولاة أيضاً، كما ظهر في هذا العهد **تعدد القضاة في وقت واحد** في المدن الكبرى والأقطار الواسعة كالمدينة المنورة، والكوفة، والبصرة، واليمن.

١١ - استحدث في العهد الراشدي **رواتب القضاة** بشكل منتظم، مع التوسعة على القضاة.

وكان الخلفاء الراشدون رضي الله عنهم، لا سيما عمر وعثمان، يرتبون أرزاقاً لجميع الموظفين، من أئمة ومؤذنين، وقضاة ومعلّمين.

فقد عيّن عمر رضي الله عنه رجالاً مخصوصين في القضاء، وحدّد لهم رزقاً وراتباً معيّناً، فاستحدث عمر فرض الأرزاق للقضاة.

وأقيمت **دار للقضاء**، ففي عهد عثمان رضي الله اتخذ داراً للقضاء، لتكون مكاناً مخصصاً له. فكان عثمان أوّل من أتخذ داراً للقضاء في المدينة، ثم شاع الأمر وانتشر بالتدريج في بقية المدن والأمصار.

وأنشئ **السجن للحبس**. كان الصحابة يحبسون إلاّ أنّه لم يكن لهم حبس معيّن، وكانوا ربّما حبسوا في المسجد أو في الدهليز. فلمّا آل الأمر إلى علي رضي الله عنه اتّخذ حبساً.

وقد ورد في أخبار أخرى، أنّ نافع بن عبد الحارث الخزاعي من عمّال عمر، اشترى داراً من صفوان بن أميّة للسجن بمكّة.

وكان القضاة والحكّام والولاة يحبسون من يرون حبسهم في تلك الدار، وانتشر إنشاء السجون في بقيّة المدن بحسب الأحوال والظروف.

كما ظهر ولأول مرة **امتناع كبار الصحابة عن القضاء**، كابن عمر الذي طلبه عثمان فامتنع، وكعب بن يسار بن ضَنّة الذي طلبه عمر ليتولى القضاء بمصر فأبى أن يقبل، وقيل قبله أيّاماً، ثم اعتزل.

١٢ - كانت **إجراءات التقاضي** في العهد الراشدي بسيطة وسهلة، بدءاً من سماع الدعوى إلى إقامة البينة والإثبات والحجج، إلى إصدار الحكم فيها، إلى التنفيذ، وكانت آداب القضاء مرعية في حماية الضعيف، ونصرة المظلوم، والمساواة بين الخصوم، وإقامة الحق والشرع على جميع الناس، ولو كان الحكم على الخليفة أو الأمير أو الوالي، وكان القاضي في الغالب يتولى تنفيذ الأحكام، إن لم ينفذها الأطراف طوعاً واختياراً، وكان التنفيذ عقب صدور الحكم فوراً.

وقد رسّخ الخلفاء الراشدون ضمانات القضاء. ومنها قاعدة الأصل براءة الذمّة، وما يتفرّع عنها من واجب الإثبات على المدّعي، وحقّ الدفاع للمدّعى عليه. ومنها العدالة في المحاكمات، والنزاهة والرزانة والحلم في معاملة الخصوم، وإحقاق الحقّ في الأحكام.

ولكن ظهرت في العهد الراشدي أمور تنظيمية جديدة، فوجد **كاتب للقاضي** في عهد عمر، وظهرت **الشرطة والأعوان** لمساعدة القاضي والوالي في عهد عثمان، وتطور **التحقيق الجنائي** على يد سيدنا علي رضي الله عنه، وفرّق بين الشهود للوصول إلى الحق وكشف الواقع حتى صار مضرب المثل.

وبكلمة أخيرة أقول أنّ القضاء في العهد الراشدي يعتبر صورة صحيحة وصادقة وسليمة للقضاء الإسلامي، وصارت الأحكام القضائية، والتنظيم القضائي في العهد الراشدي مصدراً للأحكام الشرعيّة، والاجتهادات القضائية، والآراء الفقهية في مختلف العصور.

وأختم بحثي بقول الله تعالى: (وَإِذَا حَكَمْتُم بَيْنَ النَّاسِ أَن تَحْكُمُوا بِالْعَدْلِ)(١٣٤٥).

وآخر دعواي أن الحمد لله ربّ العالمين.

(١٣٤٥) سورة: النساء، آية: ٥٨.

المصادر والمراجع

١ - ابن الإخوة، محمد بن محمد بن أحمد القرشي (ت ٧٢٩هـ/١٣٢٩م)، **معالم القربة في أحكام الحسبة**، تحقيق محمد محمود شعبان وصدّيق أحمد عيسى المطيعي، مصر:القاهرة، الهيئة المصرية العامّة للكتاب، ١٩٦٧م.

٢ - ابن تيمية، تقي الدّين أبو العباس أحمد بن عبد الحليم (ت ٧٢٨هـ/١٣٢٨م)، **الحسبة في الإسلام**، تحقيق سيد بن محمد بن أبي سعدة، الطبعة الأولى، الكويت، مكتبة دار الأرقم، ١٤٠٣هـ/١٩٨٣م.

٣ - ابن الجوزي، أبو الفرج عبد الرحمن بن علي بن محمد (ت ٥٩٧هـ/١٢٠١م)، **مناقب أمير المؤمنين عمر ابن الخطاب**، تحقيق الدكتورة زينب إبراهيم القاروط، الطبعة الأولى، لبنان: بيروت، دار الكتب العلمية، ١٤٠٠هـ/ ١٩٨٠م.

٤ - ابن الجوزي، أبو الفرج عبد الرحمن بن علي (ت ٥٩٧هـ/١٢٠١م)، **المنتظم في تاريخ الملوك والأمم ١٠ج**، الطبعة الأولى، حيدر آباد، مطبعة دائرة المعارف العثمانية، ١٣٥٨هـ و ١٣٥٩هـ.

٥ - ابن حجر العسقلاني، شهاب الدين أبو الفضل أحمد بن علي بن محمد بن علي، **الإصابة في تمييز الصحابة ٨ج**، تحقيق الشيخ عادل أحمد عبد الموجود والشيخ علي محمد معوّض، الطبعة الأولى، لبنان: بيروت، دار الكتب العلمية، ١٤١٥هـ/١٩٩٥م.

٦ - ابن حجر العسقلاني، شهاب الدين أبو الفضل أحمد بن علي بن محمد بن علي (ت٨٥٢هـ/١٤٤٩م)، **المطالب العالية بزوائد المسانيد الثمانية ٤ج**، تحقيق الشيخ حبيب الرحمن الأعظمي، الكويت، إدارة الشئون الإسلامية بوزارة الأوقاف، ١٩٧٣ م.

٧ - ابن حزم (ت ٤٥٦هـ/١٠٦٤م)، أبو محمد علي بن أحمد بن سعيد، **المحلّى ١١ج**، لبنان: بيروت، دار الفكر.

٨ - ابن حنبل، الإمام أحمد بن محمد (ت٢٤١هـ/٨٥٥م)، **المسند ١٥ج**، شرحه ووضع فهارسه أحمد محمد شاكر، مصر: القاهرة، دار المعارف، ١٩٥٥م.

٩ - ابن خلدون، عبد الرحمن بن محمد (ت ٨٠٨هـ/١٤٠٦م)، **المقدمة**، عبد الرحمن، مطبعة الكشاف، لبنان: بيروت.

١٠ - ابن خلّكان، أبي العبأس شمس الدين أحمد بن محمد بن إبراهيم بن أبي بكر (ت٦٨١هـ/١٢٨٢م)، **وفيات الأعيان وأنباء أبناء الزمان ٧ج**، تحقيق الدكتور إحسان عباس، لبنان:

بيروت، دار الثقافة.

١١ - ابن خليفة عليوي، **موسوعة فتاوى النبي صلى الله عليه وسلم ودلائلها الصحيحة من السنّة الشريفة**، وشرحها المُسمّى المنتقى في بيان فتاوى المصطفى، الطبعة الأولى، لبنان: بيروت، دار الكتب العلمية، ١٤١٢هـ/ ١٩٩٢م.

١٢ - ابن سعد، أبو عبد الله محمد (ت ٢٣٠هـ/٨٤٥م)، **الطبقات الكبرى ٩ج**، لبنان: بيروت، دار صادر، ١٣٨٨هـ/ ١٩٦٨م.

١٣ - ابن طولون، شمس الدين محمد بن علي بن أحمد بن علي بن خماويه (ت٩٥٣هـ/١٥٤٦م)، **قضاة دمشق ((الثغر البسّام في ذكر من وُلّي قضاء الشام))**، تحقيق الدكتور صلاح الدين المنجد، سوريا: دمشق، مطبوعات المجمع العلمي، ١٩٥٦م.

١٤ - ابن عابدين، محمد أمين بن عمر بن عبد العزيز (ت ١٢٥٢هـ/١٨٣٦م)، **حاشية ردّ المختار لخاتمة المحقّقين: شرح تنوير الأبصار في فقه مذهب الإمام أبي حنيفة النعمان ٨ج**، الطبعة الثانية، مصر: القاهرة، شركة مكتبة ومطبعة مصطفى البابي الحلبي، ١٣٨٦هـ/ ١٩٦٦م.

١٥ - ابن عبد البر، أبو عمر يوسف بن عبد الله بن محمد (ت ٤٦٣هـ/١٠٧١م)، **الإستيعاب في معرفة الأصحاب ٤ج**، تحقيق علي محمد البجاوي، مصر: القاهرة، مكتبة نهضة مصر ومطبعتها.

١٦ - ابن عرنوس، محمود بن محمد (ت ١٣٧٤هـ/١٩٥٥م)، **تاريخ القضاء في الإسلام**، مصر:القاهرة، المطبعة المصرية الأهلية الحديثة.

١٧ - ابن عساكر، ثقة الدين أبو القاسم علي بن الحسن (ت ٥٧١هـ/١١٦٧م)، **تَهذيب تاريخ ابن عساكر ٧ج**، تحقيق عبد القادر بدران، الطبعة الأولى، سوريا: دمشق، المكتبة العربيّة.

١٨ - ابن العِماد الحنبلي، أبو الفلاح عبد الحيّ بن أحمد (ت ١٠٨٩هـ/١٦٧٩م)، **شذرات الذهب في أخبار من ذهب ٨ج**، الطبعة الثانية، لبنان: بيروت، دار المسيرة، ١٣٩٩هـ/ ١٩٧٩م.

١٩ - ابن فرحون، الإمام برهان الدّين أبي الوفاء إبراهيم بن علي بن محمد (ت٧٩٩هـ/١٣٩٧م)، **تبصرة الحُكّام في أصول الأقضية ومناهج الأحكام ٢ج**، تحقيق الشيخ جمال مرعشلي، الطبعة الأولى، لبنان: بيروت، دار الكتب العلمية، ١٤١٦هـ/ ١٩٩٥م.

٢٠ - ابن قتيبة، أحمد بن عبد الله بن مسلم (ت ٣٢٢هـ/٩٣٤م)، **عيون الأخبار ٤ج**، تحقيق الدكتور محمد الإسكندراني، الطبعة الأولى، لبنان: بيروت، دار الكتاب العربي، ١٤١٤هـ/ ١٩٩٤م.

٢١ - ابن قدامة، موفق الدين عبد الله بن أحمد بن محمد (ت٦٢٠هـ/١٢٢٣م)، **المغني ١٢ج**

ويليه الشرح الكبير للإمام شمس الدين ابن أبي عمر ابن قدامة المقدسي، لبنان: بيروت، دار الكتاب العربي، ١٣٩٢هـ/ ١٩٧٢م.

٢٢ - ابن قيّم الجوزيّة، شمس الدين أبي عبد الله محمد بن أبي بكر، **أعلام المُوقّعين عن ربّ العالمين ٤ج**. لبنان: بيروت، دار الكتب العلمية، ١٤١٧هـ/ ١٩٩٦م.

٢٣ - ابن قيّم الجوزيّة، شمس الدين أبي عبد الله محمد بن أبي بكر (ت ٧٥١هـ/١٣٥٠م)، **زاد المعاد في هَدْي خير العباد ٤ج**. الطبعة الثانية، مصر: القاهرة، شركة مكتبة ومطبعة مصطفى البابي الحلبي، ١٣٦٩هـ/ ١٩٥٠م.

٢٤ - ابن قيّم الجوزيّة، شمس الدين أبي عبد الله محمد بن أبي بكر، **الطُرق الحكميّة في السياسة الشرعيّة**، أو **الفراسة المرضيّة في أحكام السياسة الشرعيّة**، خرّج آياته وأحاديثه الشيخ زكريا عميرات، الطبعة الأولى، لبنان: بيروت، ١٤١٥هـ/١٩٩٥م.

٢٥ - ابن كثير، عماد الدين أبو الفداء إسماعيل بن عمر (ت ٧٧٤هـ/١٣٧٣م)، **البداية والنهاية ٤ج**. الطبعة الأولى، لبنان: بيروت، مكتبة المعارف، ١٩٦٦م.

٢٦ - ابن ماجه، محمد بن يزيد الربعي القزويني (ت ٢٧٣هـ/٨٨٧م)، **صحيح سنن ابن ماجه ٢ج**. الطبعة الأولى، المملكة العربيّة السعوديّة الرياض، مكتب التربية العربي لدول الخليج، ١٤٠٧هـ/١٩٨٦م.

٢٧ - ابن مرشد، عبد العزيز بن محمد، **نظام الحسبة في الإسلام**، رسالة ماجستير، المملكة العربية السعوديّة: الرياض، جامعة الإمام محمد بن سعود الإسلامية.

٢٨ - ابن منظور، الإمام أبي الفضل جمال الدين محمد بن مكرم بن علي (ت٧١١هـ/١٣١١م)، **لسان العرب ١٥ج**. الطبعة الثالثة، لبنان: بيروت، دار صادر، ١٤١٤هـ/ ١٩٩٤م.

٢٩ - ابن هشام، عبد الملك (ت ٢١٣هـ/٨٢٨م) **السيرة النبوية ٤ج**. تحقيق وشرح مصطفى السقا وإبراهيم الأبياري وعبد الحفيظ شلبي، الطبعة الثانية، مصر: القاهرة، شركة مكتبة ومطبعة مصطفى البابي الحلبي، ١٣٧٥هـ/ ١٩٥٥م.

٣٠ - أبو داود، الإمام أبو داود سليمان بن الأشعث بن إسحاق بن بشير الأزدي السجستاني (ت ٢٧٥هـ/٨٨٩م)، **سُنن أبي داود ٣ج**. تحقيق عبد العزيز الخالدي، الطبعة الأولى، لبنان: بيروت، دار الكتب العلمية، ١٤١٦هـ/ ١٩٩٦م.

٣١ - الأصبهاني، أبو الفرج علي بن الحسين بن محمد بن أحمد (ت ٣٥٦هـ/٩٦٧م)، **الأغاني ٢١ج**. لبنان: بيروت، مؤسسة عزّ الدّين للطباعة والنشر.

٣٢ - البخاري، الإمام أبو عبد الله محمد بن إسماعيل بن إبراهيم بن المغيرة (ت٢٥٦هـ/٨٧٠م)، **صحيح البخاري ٨ج**. لبنان: بيروت، دار الكتب العلمية.

٣٣ - بلتاجي، محمد، **منهج عمر بن الخطاب في التشريع**، مصر: القاهرة، دار الفكر

العربي، ١٩٧٠.
٣٤ - الترمذي، الإمام أبو عيسى محمد بن عيسى (ت ٢٧٩هـ/٨٩٢م)، **سنن الترمذي وهو الجامع الصحيح ٥ج**، حقّقه وصحّحه عبد الوهاب عبد اللطيف، الطبعة الثانية، المملكة العربية السعوديّة: المدينة المنوّرة، قامت بنشره المكتبة السّلفية بالمدينة المنوّرة، ١٣٩٤هـ/ ١٩٧٤م.
٣٥ - التستري، محمد تقي، **قضاء أمير المؤمنين علي بن أبي طالب عليه السلام**، الطبعة الحادية عشرة، لبنان: بيروت، مؤسسة الأعلَمي للمطبوعات، ١٤١٣هـ/ ١٩٩٢م.
٣٦ - التنوخي، أبو علي المحسن بن علي (ت ٣٨٤هـ/٩٩٤م)، **المُستجاد من فعلات الأجواد**، عُني بنشره وتحقيقه محمد كرد علي، سوريا: دمشق، ١٩٧١م.
٣٧ - التنوخي، أبو علي المحسن بن علي (ت ٣٨٤هـ/٩٩٤م)، **نشوار المحاضرة وأخبار المذاكرة ٨ج**، تحقيق عبّود الشالجي، لبنان: بيروت، ١٣٩٣هـ/ ١٩٧٣م.
٣٨ - الجاحظ، أبو عثمان عمرو بن بحر بن محبوب (ت ٢٥٥هـ/٨٦٩م)، **البيان والتبيين ٣ج**، قدّم لها وبوّبها وشرحها الدكتور علي أبو ملحم، الطبعة الثانية، لبنان: بيروت، منشورات دار مكتبة الهلال، ١٤١٢هـ/ ١٩٩٢م.
٣٩ - الحاكم، أبو عبد الله محمد بن عبد الله (ت ٤٠٥هـ/ ١٠١٤م)، **المستدرك على الصحيحين في الحديث ٤ج**، وفي ذيله تلخيص المستدرك للذهبي، الرياض، مكتبة ومطابع النصر الحديثة.
٤٠ - حسن، إبراهيم حسن (ت ١٣٨٨هـ/١٩٦٨م)، **تاريخ الإسلام السياسي والديني والثقافي والإجتماعي ٤ج**، الطبعة السابعة، مصر: القاهرة، مكتبة النهضة المصرية، ١٩٦٤م.
٤١ - حسن، إبراهيم حسن(ت ١٣٨٨هـ/١٩٦٨م)، **النظم الإسلامية**، الطبعة الثالثة، مصر: القاهرة، مكتبة النهضة المصرية، ١٩٦٢م.
٤٢ - الخصّاف، الإمام أبو بكر أحمد بن عمر (ت ٢٦١هـ/٨٧٥م)، **شرح أدب القاضي**، شرحه الإمام عمر ابن عبد العزيز، حقّق أصوله الشيخ أبو الوفاء الأفغاني والشيخ أبو بكر محمد الهاشمي، الطبعة الأولى، لبنان: بيروت، دار الكتب العلمية، ١٤١٤هـ/ ١٩٩٤م.
٤٣ - الدارقطني، علي بن عمر بن أحمد بن مهدي (ت ٣٨٥هـ/٩٩٥م)، **سنن الدارقطني ٤ج** تحقيق السيد عبد الله هاشم يماني المدني، مصر: القاهرة: دار المحاسنة للطباعة، ١٣٨٦هـ/ ١٩٦٦م.
٤٤ - الذهبي، شمس الدين محمد بن أحمد بن عثمان (ت ٧٤٨هـ/١٣٤٨م)، **سير أعلام النبلاء ٢٥ج**، تحقيق شعيب الأرنؤوط، الطبعة الثانية، لبنان: بيروت، مؤسسة الرسالة، ١٤٠٢هـ/

١٩٨٢م.

٤٥ - الزبيدي، السّيد محمد مرتضى (ت ١٢٠٥هـ/١٧٩٠م)، **تاج العروس ١٠ج** بنغازي، دار ليبيا للنشر والتوزيع.

٤٦ - الزبيري، أبو عبد الله المصعب بن عبد الله بن المصعب (ت ٢٣٦هـ/٨٥١م)، **نسب قريش**، مصر: القاهرة، دار المعارف للطباعة والنشر، ١٩٥٣م.

٤٧ - الزحيلي، محمد، **تاريخ القضاء في الإسلام**، الطبعة الأولى، لبنان: بيروت، دار الفكر المعاصر، سوريا: دمشق، دار الفكر، ١٤١٥هـ/ ١٩٩٥م.

٤٨ - الزركلي، خير الدين، **الأعلام (قاموس تراجم) ٨ج** الطبعة العاشرة، لبنان: بيروت، دار العلم للملايين، ١٩٩٢م.

٤٩ - زيادة، نقولا، **الحسبة والمحتسب في الإسلام**، لبنان: بيروت، المطبعة الكاثوليكية، ١٩٦٢م.

٥٠ - السرخسي، شمس الدين محمد بن أحمد بن سهل (ت ٤٨٣هـ/١٠٩٠م)، **المبسوط ٣٠ج** مصر: القاهرة، مطبعة السعادة، ١٣٢٤هـ.

٥١ - السيد الشريف الجُرْجاني، أبو الحسن علي بن محمد بن علي (ت٨١٦هـ/١٤١٣م)، **التعريفات**، الطبعة الثالثة، لبنان: بيروت، دار الكتب العلمية، ١٤٠٨هـ/ ١٩٨٨م.

٥٢ - السيوطي، الإمام جلال الدين عبد الرحمن بن أبي بكر، **تاريخ الخلفاء**، اعتنى به وعلّق عليه محمود رياض الحلبي، الطبعة الثانية، لبنان: بيروت، دار المعرفة، ١٤١٧هـ/ ١٩٩٦م.

٥٣ - السيوطي، الإمام جلال الدين عبد الرحمن بن أبي بكر (ت ٩١١هـ/١٥٠٥م)، **لباب النقول في أسباب النزول**، قدّم له وراجعه الشيخ حسن تميم، الطبعة السابعة، لبنان: بيروت، دار إحياء العلوم، ١٤١٠هـ/ ١٩٩٠م.

٥٤ - شلبي، أحمد، **المجتمع الإسلامي أسس تكوينه أسباب تدهوره الطريق إلى إصلاحه**، الطبعة الثانية، مصر: القاهرة، مكتبة النهضة المصرية، ١٩٦٣م.

٥٥ - الشهاوي، إبراهيم دسقوي، **الحسبة في الإسلام**، مصر: القاهرة، دار العروبة، ١٣٨٢هـ/١٩٦٢م.

٥٦ - الشوكاني، محمد بن علي بن محمد (ت ١٢٥٠هـ/١٨٣٤م)، **نيل الأوطار شرح منتقى الأخبار من أحاديث سيد الأخيار ٨ج** الطبعة الثالثة، مصر: القاهرة، شركة مكتبة ومطبعة مصطفى البابي الحلبي، ١٣٨٠هـ/ ١٩٦١م.

٥٧ - الصالح، صبحي، **النظم الإسلامية نشأتها وتطوّرها**، الطبعة الأولى، لبنان: بيروت، دار العلم للملايين، ١٣٨٥هـ/١٩٦٥م.

٥٨ - الصمد، حمد محمد، **نظام الحُكم في عهد الخلفاء الراشدين**، الطبعة الأولى، لبنان:

بيروت، المؤسسة الجامعية للدراسات والنشر والتوزيع، ١٤١٤هـ/ ١٩٩٤م.

٥٩ - الطبري، أبو جعفر محمد بن جرير (ت ٣١٠هـ/٩٢٣م)، **تاريخ الرسل والملوك ١٠ج**، تحقيق محمد أبو الفضل إبراهيم، مصر: القاهرة، دار المعارف، ١٩٦٠م.

٦٠ - طلس، محمد أسعد، **الخلفاء الراشدون**، الطبعة الأولى، لبنان: بيروت، مكتبة الأندلس، .١٩٥٧

٦١ - الطنطاوي، علي، **أبو بكر الصديق**، الطبعة الثانية، مصر: القاهرة، المطبعة السلفية، ١٣٧٢هـ.

٦٢ - الطنطاوي، علي وناجي، **أخبار عمر وأخبار عبد الله بن عمر**، الطبعة الثانية، لبنان: بيروت، دار الفكر، ١٣٨٩هـ/ ١٩٧٠م.

٦٣ - العقاد، عباس محمود (ت ١٣٨٣هـ/١٩٦٤م)، **عبقرية عمر**، لبنان: صيدا - بيروت، منشورات المكتبة العصرية.

٦٤ - علي، جواد، **المفصّل في تاريخ العرب قبل الإسلام ١٠ج**، الطبعة الأولى، لبنان: بيروت، دار العلم للملايين، .١٩٧٣

٦٥ - الفرّاء، أبو يعلى محمد بن الحسين بن محمد بن خلف (ت ٤٥٨هـ/١٠٦٦م)، **الأحكام السلطانية**، صححه وعلّق عليه محمد حامد الفقي، الطبعة الأولى، مصر: القاهرة، شركة مكتبة ومطبعة مصطفى البابي الحلبي، ١٣٥٦هـ/ ١٩٣٨م.

٦٦ - القاسمي، ظافر، **نظام الحُكم في الشريعة والتاريخ الإسلامي** ((الكتاب الثاني السلطة القضائية))، الطبعة السابعة، لبنان: بيروت، دار النفائس، ١٤١٣هـ/١٩٩٢م.

٦٧ - القرطبي، محمد بن فرج (٤٩٧هـ/١١٠٤م)، **أقضية رسول الله صلى الله عليه وسلم**، تحقيق محمد نزار تميم وهيثم نزار تميم، الطبعة الأولى، لبنان: بيروت، شركة دار الأرقم بن أبي الأرقم، ١٤١٨هـ/١٩٩٧م.

٦٨ - القلقشندي، أبو العباس أحمد بن علي (ت ٨٢١هـ/١٤١٨م)، **صبح الأعشى في صناعة الإنشا ١٤ج**، مصر: القاهرة، وزارة الثقافة والإرشاد القومي، ١٩٦٣م.

٦٩ - الكاندهلوي، محمد يوسف، **حياة الصحابة ٤ج**، الطبعة الأولى، سوريا: دمشق، دار القلم، ١٣٨٩هـ/ ١٩٦٩م.

٧٠ - الكتّاني، السيّد محمد عبد الحيّ بن عبد الكبير (ت ١٣٨٢هـ/١٩٦٢م)، **نظام الحُكومة النبويّة** المسمّى **التراتيب الإدارية ٢ج**، تحقيق الدكتور عبد الله الخالدي، الطبعة الثانية، لبنان: بيروت، شركة دار الأرقم ابن أبي الأرقم.

٧١ - كرد علي، محمد بن عبد الرزاق بن محمد (ت ١٣٧٢هـ/١٩٥٣م)، **الإدارة الإسلامية في عزّ العرب**، مصر: القاهرة، مطبعة مصر، ١٣٥٢هـ/ ١٩٣٤م.

٧٢ - الكندي، أبو عمر محمد بن يوسف (ت ٣٥٥هـ/٩٦٦م)، **كتاب الولاة وكتاب القضاة**، لبنان: بيروت، مطبعة الآباء اليسوعيين، ١٩٠٨.

٧٣ - الإمام مالك، ابن أنس بن مالك (ت ١٧٩هـ/٧٩٥م)، **الموطأ**، الطبعة الخامسة، لبنان: بيروت، دار النفائس، ١٤٠١هـ/ ١٩٨١م.

٧٤ - الماوردي، أبو الحسن علي بن محمد بن حبيب البَصري البغدادي (ت٤٥٠هـ/١٠٥٨م)، **الأحكام السلطانية والولايات الدينية**، لبنان: بيروت، دار الكتب العلمية، ١٤٠٢هـ/ ١٩٨٢م.

٧٥ - الماوردي، أبو الحسن علي بن محمد بن حبيب البَصري البغداي، **أدب القاضي ٢ج**، تحقيق محي هلال السرحان، العراق: بغداد، رئاسة ديوان الأوقاف، ١٣٩١هـ/ ١٩٧١م.

٧٦ - المبرّد، أبو العبّاس محمد بن يزيد (ت ٢٨٦هـ/٨٩٩م)، **الكامل في اللغة والأدب ٢ج**، لبنان: بيروت، مؤسسة المعارف.

٧٧ - المتّقي الهندي، علي بن حسام الدين عبد الملك (ت ٩٧٥هـ/١٥٦٧م)، **كنز العمّال في سنن الأقوال والأفعال ٧ج**، ضبطه وفسّر غريبه الشيخ بكري حيّاني، صححه ووضع فهارسه ومفاتحه الشيخ صفوة السقا، الطبعة الأولى، سوريا: حلب، منشورات مكتبة التراث الإسلامي، ١٣٩٠هـ/ ١٩٧١م.

٧٨ - مجدلاوي، فاروق سعيد، **الإدارة الإسلامية في عهد عمر بن الخطاب**، الطبعة الأولى، لبنان: بيروت، دار النهضة العربية، ١٤١١هـ/ ١٩٩١م.

٧٩ - محب الطبري، أحمد بن عبد الله بن محمد (ت ٦٩٤هـ/١٢٩٥م)، **الرياض النضرة في مناقب العشرة**، الطبعة الأولى، لبنان: بيروت، دار الكتب العلمية،١٤٠٥هـ/١٩٨٤م.

٨٠ - محمصاني، صبحي، **تراث الخلفاء الراشدين في الفقه والقضاء**، الطبعة الأولى، لبنان: بيروت، دار العلم للملايين، ١٩٨٤م.

٨١ - محمصاني، صبحي، **المجتهدون في القضاء مختارات من أقضية السلف**، الطبعة الأولى، لبنان: بيروت، دار العلم للملايين، ١٩٨٠م.

٨٢ - المسعودي، أبو الحسن علي بن الحسين بن علي (ت ٣٤٦هـ/٩٥٧م)، **مروج الذهب ومعادن الجوهر ٥ج**، الطبعة الأولى، لبنان: بيروت، دار الأندلس ١٩٦٥م.

٨٣ - مسلم، الإمام أبو الحسين مسلم بن الحجّاج القشيري النيسابوري (ت٢٦١هـ/٨٧٥م)، **صحيح مسلم ٥ج**، تحقيق أحمد شمس الدين، الطبعة الأولى، لبنان: بيروت، دار الكتب العلمية، ١٤١٨هـ/١٩٩٨م.

٨٤ - مشرفة، عطيّة مصطفى، **القضاء في الإسلام**، الطبعة الثانية، مصر، شركة الشرق الأوسط، ١٩٦٦م.

٨٥ - المقريزي، تقي الدين أبو العباس أحمد بن علي (ت٨٤٥ هـ/١٤٤١م)، المواعظ والاعتبار بذكر الخطط والآثار ٢ج، لبنان: بيروت، دار صادر.

٨٦ - المودودي، أبو الأعلى، نظرية الإسلام وهديه في السياسة والقانون والدستور، لبنان: بيروت، دار الفكر، ١٣٨٩هـ/ ١٩٦٩م.

٨٧ - النُّباهي المالقي، علي بن عبد الله بن محمد بن محمد بن الحسن (ت بعد٧٩٢هـ/ بعد١٣١٣م)، تاريخ قضاة الأندلس، وسمّاه المرقبا العليا فيمن يستحق القضاء والفتيا، الطبعة الأولى، مصر: القاهرة، دار الكاتب المصري، ١٩٤٨م.

٨٨ - النووي، أبو زكريا محي الدين يحيى بن شرف بن مري بن حسن (ت٦٧٦هـ/١٢٧٧م)، تَهذيب الأسماء واللغات ٢ج، لبنان: بيروت، دار الكتب العلمية.

٨٩ - النويري، شهاب الدين أحمد بن عبد الوهاب (ت ٧٣٣هـ/١٣٣٣م)، نِهاية الأرب في فنون الأدب ١٨ج، مصر: القاهرة، وزارة الثقافة والإرشاد القومي.

٩٠ - وكيع، محمد بن خلف بن حيّان (ت ٣٠٦هـ/٩١٨م)، أخبار القضاة ٣ج لبنان: بيروت، دار عالم الكتب.

٩١ - ياقوت الحموي، شهاب الدين أبي عبد الله (ت ٦٢٦هـ/١٢٢٩م)، معجم البلدان ٥ج لبنان: بيروت، دار صادر، ١٤٠٤هـ/ ١٩٨٤م.

فهرس الموضوعات

Printed in the United States
By Bookmasters